북방 루트 리포트

북방 루트 리포트
—환동해 네트워크와 대륙철도

강태호 외 지음

2014년 12월 29일 초판 1쇄 발행
2015년 4월 30일 초판 2쇄 발행

펴낸이 한철희 | 펴낸곳 돌베개 | 등록 1979년 8월 25일 제406-2003-000018호
주소 (413-756) 경기도 파주시 회동길 77-20 (문발동)
전화 (031) 955-5020 | 팩스 (031) 955-5050
홈페이지 www.dolbegae.com | 전자우편 book@dolbegae.co.kr
블로그 imdol79.blog.me | 트위터 @Dolbegae79

책임편집 김진구
표지디자인 김동신 | 본문디자인 박정영·이은정
마케팅 심찬식·고운성·조원형 | 제작·관리 윤국중·이수민
인쇄·제본 상지사P&B

ISBN 978-89-7199-645-4 (03300)
이 도서의 국립중앙도서관 출판시도서목록(CIP)은 e-CIP 홈페이지
(http://www.nl.go.kr/ecip)에서 이용하실 수 있습니다.(CIP제어번호: CIP2014036777)

책값은 뒤표지에 있습니다.

※ 이 책은 한국해양수산개발원이 기획하는 환동해 연구 총서의 일환으로 출간되었습니다.

북방 루트 리포트

환동해環東海 **네트워크와 대륙철도**

강태호 외 지음

돌베개

일러두기

1부 1장·4장·5장은 강태호가, 2장은 손원제가, 3장은 최현준이 썼다. 2장의 전문가 기고문은 이성우가, 3장의 전문가 기고문은 이창주가, 4장과 5장의 전문가 기고문은 박성준이 썼다.
2부 1장·2장·4상은 강태호기, 3장은 손인걸이, 5장은 강태호와 송인걸이 썼다.
3부는 강재홍이 썼다.
4부와 5부는 강태호가 썼다.

북방에서 길을 찾다

"희망은 길과 같다." 중국의 문인이며 사상가인 루쉰의 말이다. 그는 어째서 희망이 길과 같은지 이렇게 설명했다. "희망이란 본래 있다고 할 수 없고, 없다고도 할 수 없다. 그것은 땅 위의 길과 같다. 본래 땅 위에는 길이 없었다. 걸어가는 사람이 많아지면 그것이 곧 길이 된다."

앞서간 이가 있고 그 뒤 많은 사람들이 함께 간다면 길을 만들 수 있듯이 희망을 그렇게 만들어갈 수 있다는 뜻일 것이다. 몇 년 전 루쉰의 말을 곱씹으며 이런 생각을 했다. 그가 말하려 한 건 희망이었지만, 우리에게는 길 자체가 희망이 아닐까 하는 생각 말이다.

"길은 희망과 같다." 어찌 보면 비슷한 말 같지만 말하려는 바는 다르다. 우리에겐 '북방으로 가는 길' 그 자체가 희망이 아닐까?

한반도는 지구상에서 정치·군사적으로 냉전과 분단이 여전히 작동하고 있는 유일한 지역이다. 무엇보다도 한반도 자체가 '거대한 단절구간'으로 존재해왔다. 분단된 한반도에서 '북방'은 늘 금기시되어왔다. 없었다고 해도 과언이 아니다. 사람들은 남한의 북쪽 끝 비무장지대 앞에서 북쪽으로 가는 방향을 상실했다. 그곳은 길이 끊어지고 철마는 멈춰 서 있는 막다른 곳이었다.

김대중 대통령이 그 길을 열었다. 그는 2000년 6월 12일 남북정상회담을 하기 위해 처음으로 북녘 땅을 밟았다. 남북정상회담을 마치고 돌아와 6월 15일 방북 성과 대국민 보고에서 경의선을 연결해 '철의 실크로드'를 건설하겠다고 말했다. 끊어진 철길 위 '철마는 달리고 싶다'가 분단의 상징이었듯이, 그 길은 우리의 희망이자 평화와 번영으로 가는 길이기도 했다.

"지금 우리 기차가 왜 런던을 못 가고, 파리를 못 갑니까? 경의선, 경원선이 끊어졌기 때문에 못 갑니다. 만주에서는 기차들이 자유롭게 가지 않습니까? 경의선은 불과 25킬로미터 정도밖에 끊어지지 않았습니다. 이것만 이으면 곧 갈 수가 있습니다. 물류비용 30퍼센트가 절감되고 수송기간은 훨씬 줄어듭니다. 북한하고만 해결되면 우리는 유럽까지 승승장구 뻗어갈 수가 있습니다. 그런 단계가 오면, 일본은 한·일 간 해저터널을 뚫어서 일본 기차가 한국과 북한을 거쳐서 유럽까지 가려고 할 겁니다. 이렇게 해서 새로운 '철의 실크로드'가 생겨납니다. 이런 새로운 시대를 열어서 남북 양측이 크게 경제 번영을 누릴 수 있는 시대가 오는 것입니다."

김대중 대통령이 명명한 '철의 실크로드'는 '길이 희망'임을 보여준다. 그건 개성공단과 금강산 관광의 남북 화해·협력이 경의선 동해선의 철길로 이어져 대륙으로 가는 꿈을 실현하는 것이었다.

노무현 대통령은 2003년 2월 취임사에서 그 희망을 이렇게 말했다. "부산에서 파리행 기차표를 사서 평양, 신의주, 중국, 몽골, 러시아를 거쳐 유럽의 한복판에 도착하는 날을 앞당겨야 합니다." 그리고 2007년 10월 2일 이번엔 그가 평양에서 남북정상회담을 하기 위해 군사분계선을 넘었다. 이번엔 비행기가 아니고 직접 걸어서 넘었다. 1948년 4월 19일 백범 김구 선생이 통일정부 수립을 위해 분계선을 넘은 이래 59년 만의 일이었다. 군사분계선 앞에 선 노 대통령은 이렇게 말했다. "눈에 보이는 것은 아무것도 없는데, 여기 있는 이 선이 지난 반세기 동안 우리 민족을 갈라놓고 있는 장벽이었습니다." 그리고 덧붙였다. "이제 저는 이번에 대통령으로서 이 금단의 선을 넘어갑니다. 제가 다녀오면 더 많은 사람들이 다녀오게 될 것이며, 그러면 마침내 이 금단의 선도 점차 지워질 것입니다. 장벽은 무너질 것입니다." 루쉰의 '희망은 길과 같다'는 말과 다를 바 없다. 길은 그렇게 만들어질 것이고 장벽은 그렇게 사라질 것이었다.

그런데 이명박 대통령이 취임하면서 남북은 그 희망과 점점 더 멀어졌다. 하지만 그의 꿈 역시 다르지 않았다. 이 대통령은 2008년 9월 취임 후 첫 러시아 방문에서 드미트리 메드베데프 러시아 대통령과 양해각서 MOU를 체결했다. 시베리아 천연가스를 남북을 경유하는 가스관을 통해 들여오기 위해서였다. 당시 홍준표 한나라당 대표는 "남북 가스관 사업은 이명박 대통령이 현대건설 때부터 꿈꾸던 사업"이라고 말했다. 그 뒤 남북은 연평도 포격 등 극단의 대결상태로 치달았다. 김정일 국방위원장 역시도 가스관 사업만큼은 추진하고자 했다. 2011년 8월 24일 특별열차를 타고 시베리아를 찾은 그는 바이칼호 인근 울란우데에서 메드베데프 러시아 대통령과의 정상회담을 통해 시베리아 가스관의 북한 통과에 합의했다.

철도와 도로 그리고 가스관으로 남북을 이어 대륙으로 나아가려는 세 대통령의 꿈은 같았다. 박근혜 대통령은 어떤가. 박 대통령은 2013년 10월 유라시아 이니셔티브(신유라시아 건설 구상)를 내놓았다. 푸틴 러시아 대통령의 방한을 앞둔 시점이었다. 그리고 2014년 3월 『조선일보』가 주최한 아시아리더십 콘퍼런스 인사말에서 유라시아 이니셔티브를 한반도 통일론과 연계시켰다. "칠흑 같은 어둠 속 한반도 북쪽과 불빛으로 반짝이는 남쪽은 마치 섬처럼 놓여 있습니다. 새로운 한반도를 유라시아 대륙과 연결해서 동아시아 전체의 새로운 성장 동력이자 번영의 불빛으로 승화시키는 것이 제가 꿈꾸는 한반도 통일시대입니다." 박 대통령과 푸틴 대통령은 당시 정상회담에서 무려 35개항의 합의문을 내놓았다. 핵심은 나진-하산 간 철도 복구, 나진항 3호부두의 현대화 등 남북·러 간 철도 및 항만 협력사업이었다.

지금 그 희망은 어디에 있는가? 2000년 9월 18일은 경의선 복원과 도로 건설을 위한 착공식이 열린 날이었다. 당시 독일 일간지 『디벨트』는 이를 두고 남·북한에게 베를린 장벽 붕괴에 비견되는 역사적 의미를 지닌다고 썼다. 지금 우리는 그날을 거의 기억하지 못한다. 2008년 7월 금강산 관광객 피살과 2010년 3월 천안함 사건으로 인해, 가는 길은 막혔고 오는 길은 끊어졌다. 사람과 물자가 오가던 길 위에 이제 한쪽에서는 삐라를 날려 보내고, 다른 한쪽에서는 고사총을 쏘아댄다. 물론 개성공단은 멈추지 않고 있다. 2014년 11월엔 러시아산 유연탄(4만 500톤)이 하산에서 나진항 3호부두를 통해 포항으로 들어왔다. 그렇다고 길이 열리고 있다고 할 수 있을까.

이 책은 '길은 희망과 같다'는 믿음에서 출발한다. 서로에게 길을 여는 국경도시들이 대륙과 바다에서 새롭게 그리고 있는 유라시아의 새로운 지도에 대한 기록이다. 나진·선봉, 창춘, 지린, 훈춘, 투먼, 하산, 블라디보스토크, 나홋카, 자루비노 등 귀에 익은 지명에서부터 얼렌하오터, 아얼산, 만저우리, 쑤이펀허, 수흐바타르, 자민우드, 초이발산, 에렌차브, 알탄불라크, 솔로비예프스크, 자바이칼스크, 나우시키, 코즈미노 등 중국, 몽골, 러시아의 낯선 지명의 국경도시들은 이제 서로 연계하며 대륙의 길을 만들어가고 있었다. '북방 루트'란 이 도시들을 서로 연결하며 만들어가는 길이자, 새로운 경제협력의 공간이다. 북방 루트는 우리가 꿈꾸고 나아가려 했으나 갑자기 단절된 길 너머에 있는 곳이다. 무엇보다도 철도와 도로의 건설, 가스와 석유 운송을 위한 에너지 인프라 건설을 통해 만들어지고 있는 유라시아 대륙의 협력과 통합이라는 거대한 흐름과 만나는 공간이다.

중국을 중심에 두고 보면 이렇다. 인구 13억을 넘어선 중국과 육지에서 국경을 접한 국가는 14개국이다. 바다를 사이에 두고 인접한 '해상 이웃국가'는 6개국이다. 중국은 2000년에 들어서며 신장자치구 등지에서의 서부대개발, 중부 6개성省의 획기적 발전을 위한 '중부굴기'中部崛起, 동북3성에서의 동북진흥계획 등 균형발전 전략을 추진했다. 동시에 이를 주변 20여 개 이웃국가와의 협력과 결합함으로써 지역 협력의 틀로 묶으려 한다. 이른바 육상과 해상을 아우르는 '신실크로드 경제권' 구상이다. 예컨대 1992년 소련으로부터 독립할 당시 중앙아시아 5개국과 중국의 쌍무 무역액은 4억 6000만 달러에 불과했다. 그러나 2013년 투르크메니스탄을 제외하고도 카자흐스탄, 우즈베키스탄, 타지키스탄, 키르기스스탄 중앙아시아 4개국과의 무역액은 400억 달러를 넘어섰다. 지금 중국은 이들 5개국의 최대 무역파트너이자 중앙아시아의 석유와 천연가스 최대 수입국이 됐다.

에너지만 놓고 봐도 러시아와의 협력관계는 더욱 놀랍다. 시진핑 주석과 블라디미르 푸틴 대통령은 2014년 5월 '세기의 협상'으로 불리는 4000억 달러 규모의 시베리아 동부 라인 천연가스 공급에 합의했다. 연간 380억 세제곱미터의 천연가스를 30년간 공급한다는 것이다. 그 뒤 11월에 양해각서를 체결한 시베리아 서부 라인까지 포함하면 러시아가 중국에 공급하는 천연가스는 연간 680억 세제곱미터에 이른다. 이는 러시아가 유럽연합에 공급하는 물량의 절반을 넘어서는 엄청난 규모다. 이미 2013년 중국과 이웃 주변국가의 무역액은 1조 3,000억 달러에 육박해 중국과 미국 및 유럽의 무역총액을 앞질렀다.

중국 동부 연안 지역에서 점→선→면의 방식으로 전개된, 이른바 중국식 개혁·개방의 발전은 서부, 중부, 동북부 개발로 확산되어 진행되고 있다. 5세대 시진핑 지도부는 이를 '실크로드 경제벨트'와 '해상 실크로드' 구상으로 확대하고자 한다. 육상으로는 중앙아시아, 몽골, 러시아, 북한 등 유라시아 대륙 전체, 해상으로는 동남아시아에서 인도와 스리랑카 등 서남아시아를 거쳐 중동으로 이어지는 바닷길을 연결해 세계 경제의 커다란 순환구조를 만들려는 것이다. '1벨트 1로드'(一帶一路)로 불리는 이 구상은 시진핑 시대 중국 외교의 핵심 전략이다. 경제 전문 보도매체인 『중국경제망』은 "육·해상 실크로드가 완성되면 26개 국가·지역의 인구 44억 명(세계 인구 63퍼센트)을 하나로 묶을 수 있고, 경제규모는 21조 달러(세계 경제 29퍼센트)에 이를 것"으로 추정했다.

북방 루트는 '북방'에서 전개되는, 이러한 거대한 변화에 동참하는 길이다. 하지만 이 책이 이 모든 내용을 다 담을 수는 없기에, 지역과 주제를 한정할 수밖에 없었다. 그래서 중앙아시아 지역과 해상 실크로드에 관한 내용은 제외했다(사실 해상 실크로드는 남방 루트다). 북한을 중심에 두면서 크게 두 가지 주제에 초점을 맞추고자 했다. 하나는 역동적으로 전개되는 두만강 지역 북한·중국·러시아 3국 관계와 몽골·한국·일본을 포함한 환동해 협력 네트워크의 전망이다. 다른 하나는 몽골까지 연결되는, 대륙에서 바다로 나오는(동시에 동해에서 대륙으로 이어지는) '중·몽·북·러 대통로'를 중심으로 한 대륙철도다. 이른바 만주횡단철도 TMR의 대륙철도화 내지 제2, 제3의 유라시아 대통로다.

첫 번째 주제는 1부 '환동해와 북방 협력의 현장을 가다'에서 다뤘다.

중국의 동북진흥계획의 일환으로 추진된 지린성의 창지투(창춘·지린·투먼 지역) 개발계획과 러시아의 시베리아 극동 개발을 위한 동진정책이 만나는 두만강 지역에서의 북·중·러 협력은 나진·선봉 지역을 사이에 두고 북·중, 북·러, 중·러 간 견제와 협력의 경쟁적 협력관계로 전개되고 있다. 과거 변방의 바다였던 동해는 바다로의 출구를 찾는 중국의 지린성과 내륙국가인 몽골, 대륙으로의 동북아 수송회랑을 구축하려는 일본의 동해 쪽 항만들, 그리고 한국의 유라시아 이니셔티브가 만나, 새로운 동북아 지역협력의 가능성을 보여주고 있다. 즉 변방의 닫힌 바다에서 협력과 소통의 미래를 보여주는 동해의 변화 가능성을 진단하고, 이를 중국, 러시아, 일본, 몽골로 각각 나눠 분석했다. 이 글은 2014년 4~5월 초 『한겨레』 기자와 한국해양수산개발원 전문가들로 이뤄진 네 개의 취재팀이 수행한 두만강 3각지대의 중국·러시아 국경 지역과 일본의 서쪽 동해에 면한 항만 그리고 몽골 현지 취재가 기본 골격이 됐다.

2부 '대륙의 길과 신대륙주의'에서는 유라시아 대륙 내부에서 러시아, 몽골, 중국 등 대륙 국가 간에 진행되는 에너지와 물류의 협력에 초점을 뒀다. 대륙을 가로지르는 중국횡단철도TCR, 시베리아횡단철도TSR 그리고 그 사이에서 남북으로 이어진 몽골종단철도TMGR를 둘러싸고 세 나라의 지정학적 관계는 역시 협력과 경쟁이다. 내륙국가 몽골은 중·러의 영향력에서 벗어나기 위해, 또 바다로의 출구를 찾기 위해 제3의 이웃 북한과 협력을 적극적으로 모색하고 있다. 그러면서도 중국이 절대적으로 필요로 하는 자원과 에너지를 몽골, 러시아가 공급할 수 있기에 이를 매개로 한 3각 협력 역시 본격화되고 있다. 중국이 중앙아시아 국가들과 함께 추진해온 신실크로드 경제벨트의 협력관계는 몽골, 러시아와의 관계에서도 재현되고 있다. 무엇보다도 철도, 석유·가스 파이프라인, 고속도로, 전력망에 대한 수요와 공급의 폭발적 증가는 유라시아 대륙 전역에 걸쳐 나타나고 있다. '신대륙주의'의 흐름인 것이다. 2부에 실린 글은 2014년 6월 중순에서 7월 초까지 한국해양수산개발원 전문가와 『한겨레』 기자로 공동 구성된 2개 취재팀의 현장 탐사를 수정하고 보완한 것이다. 한 팀은 중국 톈진에서 시작해 남쪽의 중국·몽골 간 국경을(얼렌하오터-자민우드), 다른 한 팀은 몽골 울란바토르에서 북쪽 몽골·러시아 간 국경(수흐바타르-나우시키, 알탄불라크-캬흐타) 그리고 동몽골의 초이발산에서 몽골·러시아·중국 3국 국경이 접하는 국경지대를(에렌차브-솔로비예프스크, 자바이칼스크-만저우리) 둘러봤다.

3부 '동북3성과 국제대통로'는 대륙철도의 한 부분이면서 한반도철도와 대륙철도를 이어주는 만주횡단철도TMR와 동변도철도 그리고 동북3성에서 진행되는 몽골, 러시아, 북한을 연결하는 사통팔달의 국제운송로 구축 움직임을 다뤘다. 여기에 실린 글은 강재홍 한국교통연구원 전 원장이 전문가로서 기고한 글을 주제에 맞춰 재정리한 것이다. 강재홍 전 원장은 2014년 5월과 6월 『한겨레』와 한국해양수산개발원이 공동으로 기획한 탐사 가운데 몽골을 중심으로 한 중국, 러시아 간 국경 취재에 참여했다. 그는 일제시대 부설한 동변도철도를 중국 정부가 동북3성 남쪽 랴오닝성의 다롄에서 시작해 단둥, 퉁화 등 북·중 국경선을 따라 옌지, 투먼을 거쳐 러시아와의 접경인 쑤이펀허까지 재개통한 것에 큰 의미를 뒀다. 앞으로 경의선, 동해선 축의 한반도종단철도TKR가 한반도 동쪽과 서쪽의 끝에서 대륙철도와 처음으로 만나게 되는 것이 동변도철도일 것이기 때문이다. 한반도종단철도는 극동 러시아의 국경지대 하산에서 시베리아횡단철도를 통해 대륙으로 나아갈 수 있다. 대륙철도는 이제 여러 갈래의 길을 만들고 있다.

4부와 5부에서는 질적 변화의 단계에 접어든 북·중협력을 중심에 두고 북한·러시아, 북한·몽골의 협력관계를 깊이 있게 다뤘다. 2013년 12

월 장성택 노동당 행정부장의 처형 뒤 북·중 관계는 심각한 양상의 불편한 상태에 있지만, 협력의 방향과 공동개발 공동관리라는 협력의 새로운 형식 그 자체는 변하지 않을 것이다. 북한, 중국의 국경지대 협력은 황금평·위화도, 나진·선봉에서 공동개발 공동관리 방식으로 진행되고 있다.

4부 '북한·중국 관계, 질적 변화의 단계에 들어서다'는 이와 같은 합의가 어떻게 가능했는지를 짚었다. 2010년 5월, 2010년 8월 그리고 2011년 5월까지 1년여 사이 세 번에 걸친 김정일 국방위원장의 중국 방문은 중국의 동북진흥계획과 북·중협력을 결합하기 위한 것이었다. 그 합의의 결실이 2011년에 6월에 정식으로 가동된 황금평·위화도특구의 설치와 나선경제특구의 공동개발 공동관리였다. 이는 북한이 과거 독자적으로 특구 개발을(1991년 나진·선봉자유무역경제지대, 2002년 신의주특구 등) 하려는 데서 나아가 접경지대에서 중국과의 협력을 통한 발전전략으로 선회한 것이다.

2008년 여름 뇌졸중으로 생사의 기로에 섰던 김정일 국방위원장은 2010년 5월 이후 1년 동안 세 차례 중국을 방문했는데, 열차 안에서 숙식을 하며 6,000킬로미터에 이르는 강행군을 마다하지 않았다. 그리고 불과 3개월 뒤인 2011년 8월엔 다시 러시아 울란우데에서 북·러 정상회담을 하기 위해 4,000여 킬로미터에 이르는 장거리 열차여행에 나섰다. 생애 마지막 대장정이라 할 만한 중국, 러시아와의 네 번에 걸친 정상회담은 그가 젊은 후계자에게 남겨주려는 미래가 '북방 협력'이었음을 말해준다.

5부 '국경의 빗장을 열다'에서는 나진·선봉, 훈춘, 투먼 등을 비롯해 압록강과 두만강에 면한 15개 통상구를 사이에 두고 진행되는 기업 간 협력과 투자, 백두산 관광 등의 관광협력을 다뤘다. 말 그대로 국경의 빗장이 열리며 확대되는 인적 교류의 실태와 이를 배경으로 한 19개에 이르는 북한의 지방급 경제개발구 설치 등의 개혁 조처를 담고자 했다. 필자는 2013년 10월 말, 11월 초 민족화해협력범국민협의회(민화협)의 2차 북·중 접경지대 현지 조사에 참여해, 옌지延吉를 중심으로 하여 함경북도 회령이 내려다보이는 두만강 접경지대 싼허三合, 투먼圖們 그리고 훈춘琿春과 인근의 취안허圈河, 팡촨防川을 돌아봤다. 이때 열린, 민화협 정책위원회와 옌볜대 동북아연구원이 주관한 '동북아평화협력 구상과 초국경 협력 방안' 세미나가 글을 쓰는 데 큰 도움이 됐다.

이 책이 북한을 포함한 국가 간 협력에 초점을 맞추고 있음에도 나진·선봉 등 북한에 대한 취재는 전혀 이뤄지지 못했다. 안타깝고 부끄러운 일이다. 그뿐만 아니다. 한국해양수산개발원의 지원과 협조를 얻어 전문가가 참여한 6개 취재팀이 한 달 반에 걸쳐 몽골, 러시아, 중국, 일본 등을 광범위하게 취재했지만 말 그대로 '주마간산'走馬看山일 수밖에 없었다. 우리 언론의 현실에 비춰보건대 그 정도의 시간과 취재 노력도 결코 흔한 일은 아니다. 하지만 일주일도 안 되는 시간에 일본의 서쪽 동해에 면한 항구들을 둘러본다는 건 취재하는 데 한계가 있을 수밖에 없었다. 그림 조각 몇 개로 유라시아가 만들어가는 새로운 질서의 큰 그림을 그려보겠다는 건 어설픈 시도일지도 모른다. 그럼에도 마음 한켠에는 북방으로 가는 길을 찾고 개척하고자 하는 이들에게 길잡이가 될 수 있지 않을까 하는 기대가 있다.

이 자리를 빌려 한국해양수산개발원 김성귀 원장님께 깊은 감사의 말씀을 드리고 싶다. 최재선 본부장님을 비롯해 한국해양수산개발원 연구자 분들의(이성우·박성준·이창주 박사) 조언과 참여, 지원이 없었다면, 이 기획은 여전히 구상 단계에 머물렀을 것이다. 책의 출판을 결정해주신 돌베개 출판사 한철희 사장님에 대한 감사의 말이 의례적인 게 아님은 물론이다. 지도, 사진, 수많은 지명의 표기들을 꼼꼼히 챙겨준 돌베개 편집부 김진구 씨는 큰 힘이 됐다. 불완전한 기획이었음에도 고생을 마다하지 않고 취재에 나선 『한겨레』 사회부 송인걸, 정치부 손원제, 탐사취재팀 최현준 기자와 사진부 강재훈, 이종근, 신소영, 류우종 기자, 그리고 몽골과 대륙철도에 대한 해박한 지식을 보여준 강재홍 한국교통연구원 전 원장님 모두가 이 책의 저자임을 밝힌다.

저자를 대표하여

강태호 기자

차례

환동해와 북방 협력의 현장을 가다

들어가며

한겨레신문사와 한국해양수산개발원KMI은 '환동해, 변방의 바다에서 동북아 협력의 미래'
라는 주제에 맞춰 2014년 4월 중순부터 5월 초까지 공동으로 환동해 관련 당사국(중국, 러
시아, 일본, 몽골)의 움직임을 현지 취재했다. 이 취재엔 한국해양수산개발원 전문가들이 동
행했다. 이는 『한겨레』 2014년 5월 16일자에 모두 6개면에 걸쳐 '떠오르는 환동해'라는 기
획특집으로 실렸다.

　1부에 담은 글들은 『한겨레』 창간 26주년을 기념하여 이뤄진 한겨레신문사와 한국해양수
산개발원의 공동기획을 바탕으로 했다. 이 가운데 전문가 분석, 좌담을 제외한 현장 취재는
참여 기자들이 전면 수정·보완했으며, 새로운 내용을 추가한 것이다.

1장

동해, 변방의 바다에서 동북아 협력의 미래로

강태호 기자

변방의 닫힌 바다, 동해

동해는 변방의 바다였다. 남북의 동해안, 중국의 지린吉林성, 러시아의 극동 연해주, 일본의 서쪽 지역이 면해 있는 동해는 각국 주변부의 중첩된 변방으로 존재했다. 일본까지 포함해 동해에 면하거나 인접한 지역은 자국 내 다른 지역에 비해 상대적으로 발전과 성장이 지체돼 있었다. 1970~80년대 일본 쪽에서 '탈구입아론'脫歐入亞論*이 부활하며 북한을 포함해 중국, 러시아와 경제협력을 활성화하기 위한 환동해 경제권 구상이 있었다. 그러나 구상일 뿐이었다. 일본은 태평양 쪽인 동남부 지역을 중심으로 발전했고, 남한도 미국과 유럽 등 남쪽의 바다를 통해 성장하고 발전했다. 경남, 부산에서 벗어나 동해에 면한 경북, 강원 쪽의 발전은 가로막혔다.

---

* 서구 중심주의에서 벗어나 아시아와 협력을 강화하자는 논리.

가장 큰 장애물은 남북의 분단과 냉전이었다. 동해는 사실상 닫혀 있는 바다였다. 분단은 비무장지대에만 있는 게 아니었다. 동해를 갈라놓고 북방으로 가는 길을 막았다. 중국·러시아의 대륙세력과 미국·일본의 해양세력은 동해를 사이에 두고 분리돼 있었다. 동해는 소통하고 협력하는 열린 공간이 아니라 하나의 경계였고, 열린 바다라기보다 갇힌 내해였다.

탈냉전 흐름으로 지역협력의 싹이 트다

그 냉전의 장벽이 무너지면서 변화가 나타났다. 1990년대 초 한국·중국, 한국·소련 수교와 남북 기본합의서로 길이 열리기 시작했다. 북한·중국·러시아의 협력도 시작됐다. 1991년 유엔개발계획UNDP이 추진한 북한의 두만강지역개발계획TRADP은 최초의 동북아(동북아시아) 경제협력 프로젝트이자 소지역협력이었다. 1991년 12월 북한의 나진·선봉특구 설치와 1992년 중국의 훈춘琿春 국제합작시범구 설치를 배경으로 해서 탈냉전의 큰 흐름이 있었기 때문이다. 북한은 중국과 협력하는 한편, 북한·일본 수교 협상에서 일본의 보상금과 투자 등을 기대했다. 일본이 보기에 이 지역은 대륙 만주로 가는 관문이자 투자거점으로 이점이 있었다. 중국은 1992년 덩샤오핑鄧小平의 이른바 남순강화를 통해 남부 연안 지역의 개혁·개방을 심화하고 동시에 북·중·러 국경협력을 통해 이 지역을 개발하고자 했다. 그러나 그 성과는 미미했다. 남한과 동해에 각각 면한 중국, 러시아 사이에는 페리호가 운항했지만 보따리 장사꾼들만 분주히 오가는 변방 무역 수준에 머물렀다. 그나마 속초 - 자루비노 - 훈춘 - 백두산을 연결하던 동춘항운은 손님이 줄어 운항을 중단할

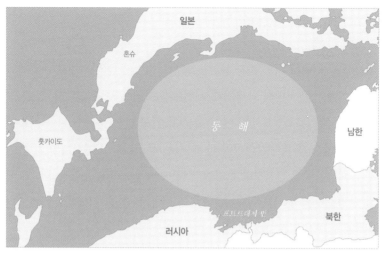

대륙 쪽에서 본 동해. 환동해의 지리적 특징을 볼 수 있다.

수밖에 없었고, 속초 – 니가타新潟 – 자루비노를 연결하는 동북아페리 역시 물동량 부족으로 면허를 반납해야 하는 상황에 처했다. 부산 – 나진을 오가며 남북을 직접 연결하던 동용해운은 2009년 3월 해산했다.

그러나 새로운 싹들이 자라고 있었다. 권세은 경희대 환동해지역연구센터 소장은 그럼에도 이때부터 "환동해는 지자체들이 국경을 초월해 능동적인 주체로서 서로 협력해나가는 지역협력의 미래적 형식을 보여왔다"라고 지적했다. 양기호 성공회대 교수도 "동북아지방자치단체연합, 환동해권 지방정부 지사·성장회의 등 지방정부 간 협력이 국익 우선인 중앙정부의 외교상 한계를 극복하면서 동해에서의 지리적 경제권 형성을 촉진해온 것"을 간과해서는 안 된다고 했다.

북한·중국·러시아 3각 협력과 동해

그로부터 20년이 지난 지금 동해는 북방의 두만강 삼각지대로부터 변화의 힘이 용솟음치면서 역동적으로 변모할 조짐을 보이고 있다. 물론 그힘은 중국의 '동북진흥계획'에서 나온다. 인구 1억 1,000만 명을 거느린 동북3성의 동해 출구전략이라 할 수 있는 동진전략이 러시아의 극동 연해주 개발전략인 남진전략과 나진·선봉에서 충돌하고 융합하면서 그 힘을 한편으로는 동해로, 다른 한편으로는 청진, 훈춘, 블라디보스토크의 내륙으로 확산하고 있다.

　2011년 5월 김정일 국방위원장의 생애 마지막 방문이 된 중국 방문과 뒤이은 8월의 시베리아 울란우데 방문은 그 계기로 작용했다. 중국의 독점적 영향력이 크면 클수록 그를 견제하기 위한 반작용으로서 북한·러시아 협력도 가속도가 붙을 수 있다. 러시아 동부 시베리아와 연해주의 인구는 600만 명에 불과하다. 중국의 영향력 확대에 대한 러시아의 위기의식은 북한의 러시아 끌어들이기와 맞물려, 러시아의 '극동발전전략 2025'를 좀 더 촉진했다. 러시아는 일찍부터 시베리아 철도의 종착지인 블라디보스토크와 크라스키노, 나홋카 일대, 두만강 접경 지역의 하산에서 포시에트만의 자루비노 등 극동 연해주 지역의 항만 개발과 시베리아횡단철도TSR와 한반도종단철도TKR의 연결 등 중국보다 앞서서 남진전략을 추진했다. 그리고 이런 물류 인프라의 확충을 에너지 개발전략과 밀접히 연계시켰다.

　2008년 발표한 '에너지 전략 2030'은 ①2030년까지 에너지 생산과 수출을 1.2~5배까지 증가, ②동부 지역 개발을 통한 에너지 생산 지역 다변화, ③아시아·태평양 지역으로 수출시장 다변화, ④극동 지역의 외국인 투자 유치 등을 목표로 했다. 그 핵심은 동시베리아와 사할린, 캄차

카의 석유·가스 등 에너지를 개발해 가스·석유 파이프라인과 액화천연 가스 터미널을 통해 세계 최대의 에너지 소비시장이 되고 있는 한국·중국·일본과 연계하겠다는 것이다. 이런 흐름은 청진－옌지延吉－블라디 보스토크를 잇는 두만강 대삼각 지역이 변경의 한계를 넘어 초국경 경제 권을 형성할 수 있으리라는 전망을 낳고 있다.

과거 대동아공영권을 내세운 일본의 만주 지배가 해양세력이 대륙에 진출한 것이었다면, 중국의 동해 진출은 러시아의 남진과 함께 대륙세력 이 해양에 진출하는 것이다. 특히 나진·선봉 지역은 20세기 초 일본 제 국주의가 만주로 들어가는 최종단항最終端港으로서 일제 대륙침략의 교 두보였다. 1930년대 만주국을 세운 일본은 창춘長春과 투먼圖們을 연결 하는 철도노선을 한반도 북단까지 연장하는 계획을 세웠고, 철도의 최종 도착 항구를 나진으로 정했다.

20세기 초 해양세력이 대륙으로 진출하는 입구였던 나진은 이제 중국 과 러시아의 대륙세력이 해양으로 진출하는 출구로 자리 잡아가고 있다. 한편 두만강 지역에서 북·중과 북·러, 중·러의 경쟁과 견제의 상호작 용은 오히려 협력을 확대하는 기제로 작동하고 있다. 자원 부국이자 내 륙국가인 몽골이 바다로 가기 위해 북한과 협력을 본격화하는 것도 같은 맥락이다. 중국 네이멍구內蒙古와 이어진 동북 지역에서 동해를 출구로 하는 새로운 통로가 구축되고 있는 것이다. 이는 동서의 권력이 반전되 는 새로운 세기의 흐름을 보여주는 것이기도 하다.

북극해 항로로 가는 관문, 동해

동해의 역동적 변화 가능성은 여기에서 그치시 않는다. 기후 변화에 따른 온난화로 북극해가 열리고 있기 때문이다. 동해는 북극해로 가는 동북아 항로의 관문이 될 수 있는 지리적 위치에 있다. 북극해 항로 개설이 실현될 경우 현재 싱가포르항이 있는 말라카해협과 같이 선박들이 북극해 항로로 접어들기 위해서 모여드는 길목 역할을 하게 된다. 그동안 아시아에서 유럽으로 가는 화물의 해상 루트는 수에즈운하를 통과하는 것이 거의 유일한 방법이었다.

동북아 – 북극해 항로는 유럽으로 가는 가장 빠른 길이다. 전찬영 한국해양수산개발원 항만연구본부장에 따르면 이미 한·중·일 세 나라의 총물동량은 세계 컨테이너 물동량의 30퍼센트를 차지한다. 또한 한·러, 한·중, 한·일 간의 컨테이너 물동량은 1995년 이래 연평균 11.2퍼센트씩 증가해왔다. 이미 동북아시아는 세계 경제의 3대 축이며, 세계 해상 물류의 또 다른 중심으로 자리 잡고 있는 것이다. 북극해 항로는 이 물류흐름을 동해 쪽으로 이동시킬 것이다. 북극해 항로의 상용화는 동해를 환동해 국가들만의 수송 루트가 아닌 세계의 주요 선박들이 이용하는 간선항로로 확장시킨다. 북극해 항로의 상용화가 가져올 물류혁명은 환동해 협력의 또 다른 기폭제로 작용할 것이다.

2012년 9월 북극해 항로에서 영구 결빙 지역으로 남아 있던 랍테프해가 녹아내려 전 구간의 얼음이 녹기 시작했다. 일시적이지만 쇄빙선 없이 일반 선박도 북극해 항로를 항해하게 된 것이다. 『파이낸셜타임스』(2013년 8월 11일자)에 따르면 러시아 정부가 2013년 승인한 북극해 항로 통과 선박은 372척에 달했다. 2012년에 46척이었고, 2011년에는 34척, 2010년엔 불과 4척이었다. 물론 2012년 수에즈운하를 통과한 선박이 1만 7,000여 척이었으니 기존 항로가 물동량 면에서는 여전히 압도적이다. 또 북극해 항로는 7월부터 11월까지만 열린다. 그러나 북극해 항로의 총연장은 약 1만 3,000여 킬로미터로, 수에즈운하 경유 항로에 비해 8,000

북극해 항로
부산-로테르담
1만 2,700㎞

블라디
보스토크

유럽
만주횡단철도

모스크바
시베리아횡단철도

중국횡단철도
울란바토르
부산

우루무치
텐진

몽골종단철도

인도양 항로
부산-로테르담
2만 100㎞

싱가포르

북극해 항로와 수에즈운하를 경유하는
인도양 항로.

여 킬로미터를 단축할 수 있다. 거리만 놓고 보면 북극해 항로 경유 화물 수송은 큰 이점이 있다.

한국은 2013년 북극해 항로의 시범운항에 성공했다. 현대글로비스는 9월 16일 러시아 우스트루가항을 출발한 스웨덴 국적의 스테나Stena 해운 유조선(스테나 폴라리스호)에 나프타 4만 4,000톤을 싣고 35일간 수송하여 10월 22일 광양항에 기항했다. 약 45일 걸리는 기존의 수에즈운하 경유 항로보다 운항기간을 10일 단축시킨 것이다. 그에 앞서 2009년 9월엔 독일 벨루가 해운 선박이 울산에서 네덜란드의 로테르담항까지 북극해 항로를 운항했다.

중국은 훨씬 더 적극적이다. 2012년 쇄빙선 쉐룽雪龍호가 최초로 북극해 항로를 통과한 중국은 13억 위안(약 2,200억 원)을 들여 대형 쇄빙선의 추가 건조에 나섰다. 핀란드의 아커 악틱Aker Arctic Technology(AARC)사와 공동으로 중국에서 건조 중인 쇄빙선은 길이 120미터, 폭 22.3미터로 2014년에 취항했다. 2013년 9월에는 중국 국영 해운기업 코스코그룹Cosco(중국원양운수집단) 소속 화물선 융성永盛호가 홍콩 깃발을 달고 베링해협과 빌키츠키해협을 통과해 러시아 북극해 연안을 따라 항해했다.[*] 이에 앞서 2010년 9월 노르웨이 츄디 해운Tschudi Shipping Company의 선박이 중국 정부와 합작으로 북극해를 통과하여 중국 장쑤성江蘇省 롄윈강連雲港에 도달함으로써 기존 항로보다 18일을 단축하는 기록을 세웠다. 2010년 10월엔 러시아 소브콤프로트Sovcomflot사의 11만 톤급 유조선이 러시아 북극연안 항구 무르만스크에서 중국 저장성浙江省 닝보寧波항까지 초대형 선박을 운항하는 데 성공하기도 했다. 중국의 북한 나진항 출구 확보는 동해에 한정된 게 아니다. 스웨덴의 스톡홀름국제평화문제연구소SIPRI가 2012년 11월 발표한 「중국의 북극해 야망」이란 종합 보고서에서는 "북극해 항로가 본격화되면 중국은 나진항을 북극해 항로의 허브로 삼을 것"이라고 전망했다.[**]

유라시아 이니셔티브와 북방 협력

박근혜 정부의 '북방을 향한 정책'은 이런 흐름을 배경으로 한다. 박근혜 대통령은 2013년 10월 18일 "유라시아를 진정한 하나의 대륙으로 다시 연결해 새로운 시대를 열어야 한다"라며 '유라시아 이니셔티브'를 제시했다. 이를 뒷받침하는 게 '실크로드 익스프레스'SRX 구상이다. "유라시아 동북부를 철도와 도로로 연결하는 복합 물류 네트워크를 구축하고 부산을 출발해 북한, 러시아, 중국, 중앙아시아, 유럽을 연결하는 하나의

---

[*] 『파이낸셜타임스』, 2013년 8월 11일.
[**] 「중국의 북극해 야망」China's Arctic Aspirations, 스톡홀름국제평화문제연구소 정책보고서 제34호 (SIPRI Policy Paper No. 34). http://books.sipri.org/product_info?c_product_id=449.

1부 환동해와 북방 협력의 현장을 가다

대륙, 평화의 대륙으로 만들어가겠다"는 것이다. 또 "새롭게 열리고 있는 북극해 항로와 연계해 유라시아 동쪽 끝과 해양을 연계하는 방안도 적극 모색하겠다"라고 밝혔다. 그리고 11월 서울을 방문한 블라디미르 푸틴 Vladimir Putin 러시아 대통령과의 정상회담에서 북극을 공동으로 개발하고 북극해 항로를 활용한다는 데 합의하고, 쇄빙선과 내빙선 건조 및 운항 분야의 협력을 강화하기로 했다.

시베리아와 만주를 포괄하는 동해에서 바이칼까지는 북방 경제협력의 길이다. 중국의 부상, 러시아의 도약을 바탕으로 러시아 연해주(시베리아), 중국 동북3성(만주) 등 이른바 북방 협력은 남한에게는 기존의 한·미·일 협력을 중심으로 한 성장을 넘어서는 새로운 성장의 모멘텀이 될 것이다.

새로운 변화에 대응하는 박근혜 정부의 유라시아 이니셔티브는 환동해 협력을 내다보며 북방으로의 방향성을 갖는 해양 전략으로 보완돼야 한다. 남북협력 또한 대륙을 시야에 넣는 북방 경제권 전략이 돼야 한다. 한반도의 '배꼽'인 강원도를 대륙 진출의 전진기지로 삼고 위로는 나진·선봉 지역으로 이어지는 남북협력 벨트의 동해 축을 만들어 두만강 지역의 북·중·러 협력에 적극 참여하며 일본까지 아우르는 환동해권 형성의 가능성을 내다보는 그랜드 디자인이 필요하다.

동해의 미래 비전과 현실의 괴리

남북의 대립은 여전하다. 한반도 신뢰프로세스가 남북 관계를 바꿔놓지 못한다면 유라시아 이니셔티브는 절름발이 신세가 될 것이다. 게다가 동해에서는 또 다른 역사적 갈등의 피도가 거세다. 북쪽으로는 러시아와

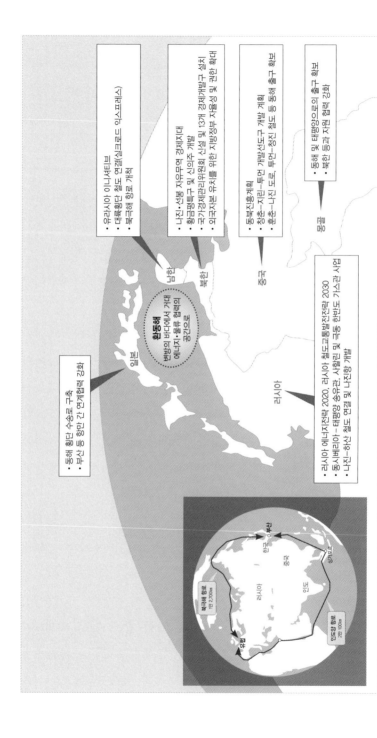

환동해 협력의 거대한 흐름.

일본이 쿠릴(북방) 4개 섬을 둘러싸고 한 치의 양보 없는 대결을 보이고 있고, 우리의 독도 영유권에 대한 일본의 도발로 긴장의 파고는 계속 높아지고 있다. 배타적 경제수역EEZ 경계 획정 문제를 비롯해, 일본해냐 동해냐의 명칭을 둘러싼 논란 등 언제 터질지 모르는 긴장이 계속되고 있다.

게다가 댜오위다오釣魚島(일본명 센카쿠열도) 등 해양에서의 영유권 분쟁은 중·일 관계를 크게 악화시키고 있다. 환동해 협력은 이런 현실의 장애물을 넘어서야 한다. 한쪽만 봐서도 안 된다. 환동해 협력만 놓고 보면 미국은 배제돼 있다. 국가 이익의 충돌이라는 현실의 갈등과 대결에서 동해도 예외가 아니다. 중국의 동진, 러시아의 남진은 대륙세력이 영향력을 확대하는 것이다. 중국의 패권, 영향력 확대에 미·일이 일본의 집단적 자위권 확대 등으로 공동 대응하는 구도는 동해에서 대륙과 해양세력의 충돌로 나타날 수 있다. 대륙세력과 해양세력의 지정학적 대결에 따른 분할구도가 각국의 역사 문제, 민족주의를 자극하는 분쟁 양상과 중첩될 경우 동해는 복합적인 갈등의 바다로 남을 수밖에 없다.

동해가 닫힌 변방의 바다에서 에너지와 물류, 인적 교류가 확대되는 거대 협력의 공간으로 변모해갈 수 있을 것인가. 동해가 잠에서 깨어나고 있는 것은 분명하다. 하지만 경제적 상호의존성의 확대라는 경제협력의 논리만으로 동북아 협력의 미래를 예견하는 건 지나친 낙관주의가 될 수 있다.

동해와 환동해권

동해는 대륙과 일본열도 사이에 거의 닫혀 있는 태평양의 연해이면서,

우리에게는 일본이 일본해로 명명해 명칭 문제와 더불어 독도 문제로 갈등하는 바다다. 지름이 약 2,000킬로미터인 동해의 해양관할권은 남한 육지면적의 4.5배에 이르는 44만 3,000제곱킬로미터이며, 그 속에 3,170개 도서가 있다. 해양자원 측면에서 동해는 연간 100조 원 규모로 추정되는 해양생태계 생산력을 지니고 있으며, 해양심층수, 메테인하이드레이트, 망간 등 해양에너지와 광물자원의 개발 잠재력도 큰 것으로 평가되고 있다.

환동해를 좁게 정의하면 남한(강원도, 경북, 대구, 경남, 울산, 부산), 북한(함북, 함남, 강원도), 중국(지린성, 헤이룽장성, 랴오닝성遼寧省), 일본(일본해 연안 14개 도부현道府縣), 러시아(연해주)를 포괄하는 지역이다. 여기에 내륙국가로서 동해 진출을 적극적으로 추진하고 있는 몽골도 환동해 협력의 범위에 포함될 수 있다. 환동해권 인구는 7,000만~1억 6,000만 명에 이르며, 지역 내 총생산GRDP은 1,300억~1,677억 달러(8,500억~1조 300억 위안)로 추정되고 있다.

북극해 항로와 북극해 자원

북극해는 북극점을 중심으로 유라시아 대륙과 북아메리카 대륙에 둘러싸인 해역이다. 북극해 면적은 1,400만 제곱킬로미터로 지구 해양의 3퍼센트, 한반도 면적의 약 55배지만 오대양 가운데는 면적이 가장 좁은 바다다. 평균 수심은 972미터이고 가장 깊은 곳은 5,502미터에 이른다.

북극해를 감싸고 있는 북극권은 북위 66.5도 이북 지역으로, 기후학적으로는 7월 평균 기온이 섭씨 10도 이하인 지역을 칭한다. 삼림

성장의 한계선, 북극에서 떠내려오는 빙하(일명 유빙)가 남하하는 한계선, 사계절 내내 땅이 얼어 있는 영구동토층 한계선이다. 북극권은 북극해와 8개 주변국(러시아, 미국, 캐나다, 핀란드, 노르웨이, 스웨덴, 덴마크, 아이슬란드)의 북방 영토 일부로 구성되어 있다. 북극권은 제2차 세계대전 이후 냉전 기간에 군사적 이유로 전혀 개방되지 않다가 1987년 10월 구소련 대통령 고르바초프가 무르만스크 선언에서 북극권 개방과 북극 평화 지역 설립을 제안했다.

북극해 항로는 크게 두 가지다. 캐나다 북부 해역을 따라 대서양–태평양을 잇는 북서항로Northwest Passage와 시베리아 북부 해안을 따라 대서양–태평양을 잇는 북동항로Northeast Passage(또는 Northern Sea Route, NSR)가 그것이다. 북서항로는 사용 빈도가 매우 낮지만 연중 사용되고 있으며, 서부 시베리아에서 생산되는 석유·광물·목재 등의 수송 수요가 있어 정기선도 곧 운항될 전망이다. 북동항로는 현재 국제항로로 개발 중이다. 북동항로를 이용하는 선박의 90퍼센트는 러시아 무르만스크 해운회사 소속이다. 러시아는 1987년 무르만스크에서 북동항로의 개방을 선언한 이후 러시아가 이 항로의 연안 관할권을 가진다고 주장하고 있다.

현재 북극해 항로개발은 자원개발에 초점을 맞추고 있다. 러시아 북극해 연안의 석유, 천연가스, 원목 등의 자원개발과 그 수송이 목적이다. 유럽과 아시아, 북미 서해안을 연결하는 최단 해운항로를 활용하는 것은 아직은 장기적 목표다.

2008년 미국지질조사국USGS 보고서는 북극 공해상에 석유 900억 배럴과 가스 1조 6,690억 세제곱미터(1,669bcm, 1bcm=10억 세제곱미터), 가스 콘덴세이트 440억 배럴이 집중 매장되어 있다고 평가했다. 이는 전 세계 미탐사 석유 매장량의 13퍼센트와 가스 매장량의 30퍼센트에 해당하는 규모다. 이 가운데 러시아 지리학회 보고서는 "기존에 러시아 영토이거나 현재 러시아가 영유권을 주장 중인 지역에 2억 5,000만 배럴 이상의 석유·가스가 매장되어 있는데, 이것은 북극 전체 매장량의 60.1퍼센트"라고 밝혔다. 그러나 자원의 시장가치를 평가하는 것은 아직 시기상조다. '매장량'으로 간주되려면 정확한 탐사가 우선되어야 하기 때문이다. 북극이라는 극한환경에서 유전을 개발하려면 엄청난 비용이 들어간다. 러시아 전문가들은 북극 유전 개발의 타당성에 의문을 표시하고 있다. 국제에너지기구IEA가 2006년에 실시한 평가에 따르면, 북극 유전 개발의 경제적 타당성은 배럴당 생산원가가 60달러 이하일 경우 확보된다. 그러나 실제 드는 비용은 그 3~5배에 달한다고 한다.

2장

러시아, 동북아 자원과 에너지의 공급기지로

손원제 기자_ 블라디보스토크·코즈미노·보스토치니·자루비노·슬라비얀카

먼 거리를 달려온 송유관, 중국·태평양으로 향하다

거대한 땅 러시아가 펄떡이고 있다. 러시아의 동쪽 끝 극동 연해주에도 봄의 기운이 약동했다. 2014년 4월 하순, 블라디보스토크 시내에는 분홍빛 벚꽃이 화사하게 피었다. 서울보다 한 달쯤 늦게 봄은 대륙을 물들이며 북상하고 있었다.

러시아는 에너지 대국이다. 극동의 생동감도 러시아가 지닌 막대한 에너지의 힘에서 가장 먼저 느껴졌다. 4월 24일 러시아의 극동 에너지 수출 창구인 코즈미노 원유 터미널을 찾았다. 최대 15만 톤 규모의 유조선이 접안할 수 있는 수백 미터 길이의 원유 주입 터미널이 위용을 자랑하고 있었다. 태평양 쪽으로 낸 러시아 최초의 원유 선저 터미널이다.

한국 언론이 터미널 완공 후 이곳을 공식 취재한 것은 이번이 처음이다. 2주일 전에 신상정보와 카메라, 노트북 등의 시리얼넘버를 알려줘야 했을 만큼 보안이 철저했다. 터미널 책임지인 보리스 넬니코프 종국장이

러시아 극동 지역의 에너지 수출창구인 코즈미노항의 원유저장탱크.　　　　　　　　　ⓒ류우종

사무동 건물 입구까지 나와 취재진을 맞았다.

　이곳의 원유는 동시베리아 타이셰트 기름밭에서부터 만리장성보다 긴 4,740킬로미터를 달려 여기에 도착한다. 지난해 이곳을 통해 수출된 원유는 모두 2,130만 톤이다. 이 가운데 300만 톤은 시베리아횡단열차로, 나머지 1,830만 톤은 동시베리아-태평양 송유관Eastern Siberia -Pacific Ocean Oil(ESPO)을 통해 운송됐다. 2012년 말 개통된 이 송유관은 중간지점인 스코보로디노에서 중국 다칭大慶으로 이어지는 지선과 갈라진다. 러시아는 장기적으로 다칭 라인을 통해 중국으로 3,000만 톤을, 코즈미노 라인을 통해 아·태(아시아·태평양) 지역으로 5,000만 톤을 매년 수출할 계획인 것으로 알려졌다.

푸틴의 신동방정책이 중국·러시아에 미친 영향

대륙적 규모의 송유관과 터미널은 푸틴 러시아 대통령이 집권 3기를 맞아 야심차게 내놓은 국가발전전략인 '신동방정책'을 상징한다. 푸틴 대통령은 2012년 12월 국정연설에서 시베리아·극동 개발의 중요성을 강조하고, 3기 내각에 극동개발부를 장관급 부처로 신설했다. 2013년 2월엔 '신외교 정책개념'을 채택하고 아·태 지역이 세계 경제와 국제정치의 중심으로 발전하고 있는 만큼 극동에서의 지역협력을 한층 강화할 것이라고 밝혔다. 러시아는 1856년 태평양에서 만난 첫 부동항에 '동방을 지배하라'는 뜻의 블라디보스토크란 이름을 붙여준 지 158년 만에 다시 동방의 가치에 눈길을 주고 있다.

동해와 시베리아횡단철도 등을 활용하는 유라시아 물류협력 또한 동방을 겨냥한 러시아의 주요 관심사다. 당장 코즈미노 터미널 자체가 한·중·일 등 태평양 국가에겐 중동 원유의 수입비용을 줄여주는 획기적인 대안이 될 수 있다. "아시아에 더 비싼 값을 부르는 중동산 원유의 이른바 '아시아 프리미엄'을 견제할 수단"(에너지경제연구원)이기도 하다. 한국석유공사 석유정보센터에서 2011년 발간한 보고서 「석유산업의 이해」는 "우리나라는 원유 수입의 중동 의존도가 86.3퍼센트에 달하는 취약한 원유공급 안보구조를 갖고 있으나, 동시베리아 – 태평양 원유를 전량 수입할 경우 우리나라 원유 소비량의 22퍼센트를 충당할 수 있다"고 지적했다. 또 "아시아 지역은 유럽 대비 배럴당 0.3~2.9달러, 미국 대비 1.3~3달러의 아시아 프리미엄을 중동 산유국에 지불하고 있지만, 동시베리아 – 태평양 송유관 출현 이후 아시아 디스카운트 현상도 발생하고 있다"라고 덧붙였다.

러시아도 유럽에 치중된 수출선을 다변화할 수 있으니 '누이 좋고 매

타이세트부터 코즈미노까지 4,700여 킬로미터를 연결하는 동시베리아 - 태평양 송유관 노선도.

부 좋은' 구도이다. 중국은 2013년에는 석유, 2014년에는 가스 수입 계약을 맺는 등 발빠르게 대응하고 있다. 2013년 3월엔 시진핑習近平 중국 주석이 모스크바를 방문해 연간 1,500만 톤 규모의 러시아산 원유 수입량을 이후 25년간 점진적으로 늘리기로 했다. 이 기간 원유 수입 금액은 600억 달러에 이른다. 2014년에는 푸틴 대통령이 상하이上海를 찾아 2018년부터 30년 동안 중국에 연간 380억 세제곱미터(38bcm)의 천연가스를 공급하는 계약을 체결했다. 이는 중국 소비량의 23퍼센트, 러시아 국영 가스프롬 수출량의 16퍼센트에 달하는 양으로, 금액으로는 4,000억 달러에 이를 것이라는 추산이 나온다. 양국은 특히 가스·원유 거래에서 미국 달러화 대신 자국 통화인 위안과 루블을 사용하기로 합의하는 등 미국의 통화 패권에 함께 맞선다는 데도 합의한 것으로 알려졌다. 중국이 안정적 에너지 수급을 보장받는 대신, 우크라이나 사태 이후 미국의 제재로 외화 조달에 어려움을 겪고 있는 러시아를 배려한 것이라는 풀이가 나온다.

한국은 아직 신중한 태도를 보이고 있다. 코즈미노 터미널 책임자 멜니코프 총국장은 "2013년 우리 수출량의 8퍼센트(블라디보스토크 주재 한국 총영사관 자료에는 10퍼센트로 기재)가 한국 몫"이라고 말했다.

북극해 정기항로 상용화의 득실은

아시아 국가들의 공산품을 배로 실어와 유럽으로 보내고, 러시아 시베리아의 철과 석탄 등을 아시아로 되실어 보내는 구상도 추진되고 있다. 기후온난화에 따른 북극해 항로 개척도 러시아와 협력해 막대한 물류비용을 절감할 수 있는 프로젝트이다. 한국, 중국, 일본 등이 모두 관심을 보이고 있지만, 먼저 상용화에 나선 곳은 일본이다. 일본 미쓰이상선商船三井이 2018년부터 러시아 극동 지역과 유럽을 잇는 북극해 정기항로를 운항하기로 한 것이다. 상용화된 정기항로를 운항하는 것은 미쓰이가 최초다. 미쓰이상선은 쇄빙선 기능을 갖춘 전용선 3척을 도입해 러시아 북부의 야말반도에서 생산된 액화천연가스LNG를 유럽과 아시아 등으로 운반할 예정이다.* 현재 일본에서 말라카해협과 수에즈운하를 통과해 유럽을 잇는 기존 항로를 이용하면 40일이 걸리지만, 북극해를 지나는 새 항로를 이용하면 30여 일밖에 걸리지 않는다. 한국에선 2013년 10월 현대 글로비스가 나프타 4만 4,000톤을 러시아 우스트루가항에서 전남 광양항까지 실어나르는 시범운항에 성공했지만, 이후 화주를 찾지 못해 추가 상업운항 계획은 확정하지 못한 상태다.

* 『니혼게이자이신문』, 2013년 7월 9일.

러시아 극동의 5대 항만.

악명 높은 러시아 극동의 5대 항만

해운 협력을 원활하게 수행하려면 먼저 러시아 항만의 규모와 효율성을 대폭 끌어올려야 한다. 러시아 교통부 보고서를 보면, 러시아 극동 지역 항만의 처리물동량은 2012년 1억 3,500만 톤으로, 전년보다 7퍼센트 증가했다. 이미 극동 최대 항구 블라디보스토크는 물동량이 터미널수용능력을 초과했다. 블라디보스토크 상업항은 러시아 최대 물류그룹 페스코의 소유이다보니 페스코 물동량이 최우선적으로 처리된다. 블라디보스토크항 부국장 올레그 본다렌코는 "항만을 더 늘릴 계획은 없다"고 말했다. 실제 블라디보스토크항은 주변이 높은 언덕과 건물들로 둘러싸여 더 뻗어나갈 공간도 찾기 어려웠다.

컨테이너항만으론 극동 최대 규모를 자랑하는 보스토치니항은 국내의 서너 배에 이르는 화물 처리비용으로 악명 높다. 자루비노, 슬라비얀카 등 블라디보스토크 남서쪽의 소규모 항만을 확장하는 방법도 있지만, 막대한 현대화 비용을 누가 어떻게 부담할 것인지 등이 선결돼야 한다. 이성우 한국해양수산개발원 국제물류연구실장은 "러시아는 거의 모든 항만이 개별 회사 소유로 쪼개져 민영화돼 있어 국가 차원에서 정책적으로 현대화 계획을 추진하기가 극히 어렵다"고 말했다.

1부 환동해와 북방 협력의 현장을 가다

러시아 극동 5대 항만의 주요 지표

	포시에트	나홋카	보스토치니	블라디보스토크	자루비노
운영 주체	메첼(97%)	예브라스 홀딩스(90%)	정부(20%), 민간(80%)	정부(20%), 민간(80%)	트랜스그룹AC
연간 화물량 (2007년, 천 톤)	1,736	9,000 (2005년)	16,346	4,850	204.7(2003년)
주요 화물	석탄 (99.8%)	철, 금속, 알루미늄, 곡류, 석탄, 기계 등	컨테이너, 석탄, 목재, 코크스, 금속제품	자동차, 특수기계	자동차, 고철, 목재, 컨테이너
부두	3개 선석	9개 선석	18개 선석	17개 선석	4개 선석
수심(m)	9.5	8.0~11.5	6.5~16.5	6.3~15	7.5~8.25
주요 국제항로	한국, 일본, 중국	일본, 한국, 대만	한국, 일본, 중국	일본, 한국, 베트남

한국교통연구원 자료 참고.

항만마다 주인이 다른 탓에 외국자본 참여를 두고도 받아들이는 태도가 극과 극이었다. 슬라비얀카 항만을 임대한 신예 기업 트랜지트-디브이의 올가 칸티셰바 사업개발 이사는 "현재 이곳에서 하고 있는 벙커링(선박에 운항용 연료를 돈을 받고 주유해주는 사업) 규모를 늘리고, 컨테이너 환적사업도 새로 시작할 계획이다. 한국 기업의 투자를 두 손 들어 환영한다"고 말했다. 반면, 슬라비얀카에서 한 시간 거리의 자루비노항 운영을 맡고 있는 트리니티 베이 포르트의 바비이 아르템 부국장은 "특별히 외국투자를 유치할 계획이 없다. 지금으로도 충분하다"며 시큰둥한 반응을 보였다.

일단 한국은 러시아 극동 5대 항만 현대화 사업 참여를 추진하고 있다. 2014년 7월 21일 러시아 소치에서 열린 한·러 교통협력위원회에서 양국은 극동 5대 항만 현대화 사업 기본계획 수립 및 타당성 조사 용역에 대한 합동보고회를 열었다. 이후 한국해양수산개발원 등에서 추가 연구를 진행하고 있다. 앞서 양국은 2013년 11월 한·러 정상회담에서 협력

자루비노항에서 화물을 선적하고 있다.   ©류우종

사업 추진에 합의하고, 이를 공동선언문에 명기한 바 있다. 이성우 실장
은 "극동 5대 항만은 블라디보스토크, 보스토치니, 나홋카, 자루비노, 포
시에트"라며 "한국 건설 엔지니어링 업체가 설계 등에 참여하는 방안이
협의될 것으로 보인다"고 말했다.

　시베리아횡단열차와 동해 항만 간 연계성과 효율을 강화하는 것도
한·러 물류협력 성공의 핵심적 선결 요건이다. 블라디보스토크에 진출
해 있는 한 한국 대기업의 현지 책임자는 "동해와 대륙을 연결한다는 게
말만큼 쉽지 않다. 현재 배로 들여오는 많지 않은 물동량도 열차로 환적
해 유럽이나 러시아 내륙으로 옮겨가려면 지연 현상이 심각한 것이 다반
사다"라고 말했다. 시베리아횡단열차의 운송능력이 제한된 탓에 러시아
자국 물동량에 우선권을 주다보니 외국 화물은 애초 기대했던 납기 단축
효과를 누리지 못한다는 것이다.

여러 어려움이 있지만 극동 러시아의 잠재력에 미래를 걸어야 한다는 것은 분명해 보였다. 보스토치니항에서 바로 연결된 철도로 쉴 새 없이 옮겨져 운송되는 컨테이너가 이를 웅변하는 듯했다. "우크라이나 사태로 러시아가 극동개발과 협력을 한층 가속화할 것"(이양구 블라디보스토크 총영사)이라는 긍정적 전망도 나온다. 실제 유리 트루트네프Yuri Petrovich Trutnev 부총리가 2014년 4월 말 북한을 방문해 극동 개발을 위한 남·북·러 경제협력을 제안하는 등 러시아 정부의 움직임이 빨라지고 있다. 막심 셰레이킨 러시아 극동개발부 차관은 4월 22일 블라디보스토크에서 열린 한·러 협력대화에서 "극동 지역 투자개발을 활성화하기 위해 규제완화·세금감면·원스톱 투자서비스 등 다양한 인센티브를 제공할 용의가 있다"고 강조했다. 이성우 실장은 "어렵지만 가지 않으면 안 되는 길"이라고 말했다.

환동해의 보석 '나진·하산 프로젝트'와 남·북·러 협력

2014년 4월 23일 오후 3시께 러시아 연해주 최남단 하산역에 들어섰다. 기자 일행이 탄 차량을 가로막는 경비원도, 표지판도 없었다. '한 달 전에 승인을 받지 않으면 출입할 수 없다던 말은 괜한 소리였나.' 오해는 금방 풀렸다. 역사를 채 한 바퀴 둘러보기도 전에 군인들이 출동했다. 한국인 넷, 러시아인 둘인 기자 일행은 이후 3시간여 조사 끝에 경위서를 쓰고, 열 손가락 지문을 찍고, 경고장까지 받고 풀려났다. 남·북·러 협력의 거점으로 떠오른 하산역을 먼발치에서나마 둘러보자던 소박한 욕심은 그렇게 한 차례 소동으로 끝났다.

　군 막사와 허름한 농가들로 둘러싸인 하산역은 지금 적어도 한국

중국 쪽 국경 팡촨 전망대 룽후커에서 바라본 하산역. ⓒ강태호

인이 극동 러시아에서 가장 주목하는 장소다. 북한의 나진항과 시베리아횡단철도를 연결하는 북·러 간 물류협력 프로젝트의 러시아 쪽 기점이기 때문이다. 2013년 11월 한·러 정상회담을 계기로 한국도 나진·하산 프로젝트 참여를 추진하고 있다. 북·러 합작회사의 러시아 쪽 지분 일부에 한국 기업이 투자하는 방식이다. 2014년 초 코레일·현대상선·포스코 컨소시엄이 1차 실사를 다녀왔고, 최연혜 코레일 사장도 4월 말 평양을 방문하고 돌아왔다. 또 7월 15~22일 이뤄진 남쪽 3사 컨소시엄과 정부 관계자의 2차 실사 땐 북한 쪽이 "남쪽 투자는 기본적으로 좋다"며 환영의 뜻을 나타낸 것으로 전해졌다. 2차 실사단은 나진항을 돌아보고 김창식 철도성 대외협력국장 등 북한 관계자를 만난 뒤 돌아왔다.

업계 관계자는 "나진·하산 프로젝트 참여는 푸틴 대통령의 '신동방정책'과 박근혜 대통령의 '유라시아 이니셔티브'가 맞물리며, 남북협력도 되살릴 수 있는 최적의 계기가 될 수 있다'고 기대했다. 2차 실사를 마치고 돌아온 정부 관계자는 "2013년 9월 개통된 나진·하산 사이 철로 54킬로미터도 현재 원활하게 운영되고 있었다"며 "철도가 시속 40~60킬로미터에 이르러, 화물 운송의 경제성엔 큰 문제가 없어 보였다"고 평가했다. 3사 컨소시엄은 두 차례 실사를 바탕으로 사업 타당성 평가를 마무리하고 러시아와 막바지 투자 참여 협상에 나설 계획이다. 정부 관계자는 "협상에 따라 금년 또는 내년 초 정도는 계약이 성사될 수 있을 것 같다"고 내다봤다.

남·북·러 협력이 추진되고 있지만, 나진·하산 프로젝트의 성패를 가를 최대 수요자는 중국이라고 보는 전문가들이 많다. 중국은 동해 쪽 출구가 하산·나진 국경에 가로막혀 있다. 동북3성의 막대한 자원과 제품을 지금은 황해 쪽 다롄大連항을 통해 운송한다. 이를 나진항을 통해 상하이 등 중국 남방 지역으로 실어나를 경우 1톤당 10달러 이상의 물류비가 절감된다(한국해양수산개발원 보고서). 2013년 8월 하산과 중국 훈춘 간 철도노선이 9년 만에 재개된 것도 중국의 수요를 노린 것이라는 관측이 나온다.

훈춘에서 포스코가 대규모 물류센터 건립에 나서는 등 화물을 내가기 위한 중국 쪽의 기반 작업에도 속도가 붙고 있다. 중국은 나진항은 물론 하산의 자루비노항도 동시에 이용하기를 바란다. 북한과 러시아, 어느 한쪽에 전적으로 물류를 의존하는 사태를 피하기 위해서다.

이럴 경우 자루비노항과 나진항이 경쟁관계에 들어갈 수도 있다. 러시아가 자국항인 자부비노를 위해 나진·하산 노선을 뒤로 물려둘 개연성도 있다. 한 한국 물류기업의 블라디보스토크 현지 책임자는 "나진·하산 프로젝트는 중국과 북한의 직통 협력을 차단하려는 러시아의 '알박기'로 봐야 한다"고 말했다. 물론 북한 역시 중국과의 직통노선 추진으로 대응할 수 있다. 나진·하산을 두고 유라시아 물류협력과 경쟁의 4국지가 펼쳐지는 셈이다.

하산, 북한·중국과 마주 보는 극동 러시아의 남서쪽 끝

하산이란 지명은 '하산 자치군'과 그 아래 소읍인 '하산'의 두 가지로 쓰인다. 한국에서 일반적으로 연해주 하산이라고 부르는 하산 자치군의 러시아 공식 명칭은 '하산스키'이다. 연해주 소속 22개 군 중 최남단에 자리 잡고 있다. 면적은 4,130제곱킬로미터, 인구는 2010년 인구센서스 기준 3만 5,500여 명이다. 1989년 4만 3,700여 명에서 2002년 3만 7,400여 명으로 인구가 계속 줄고 있다. 옛 소련 때 이곳으로 이주했던 우즈베키스탄, 카자흐스탄, 타지키스탄 등 중앙아시아권 출신 주민 상당수가 소련 붕괴 뒤 고향으로 돌아간데다 젊은 층이 블라디보스토크 등의 큰 도시로 옮겨가고 있어서다.

하산군은 두만강을 사이로 북한 나선특별시와 접경하고 있다. 또 중국 팡촨防川과도 마주한다. 두 나라와 국경을 맞댄 지역이라는 특성상 하산군은 교통의 요충지를 곳곳에 품고 있다. 러시아와 중국 간 교역의 주요 관문 구실을 하는 자루비노항, 선박수리업체와 소규모 벙커링 등이 이뤄지는 슬라비얀카항 등의 항만과 더불어, 북한 나진과 시베리아횡단철도를 연결하는 하산역이 자리 잡고 있다. 중국 훈춘과 블라디보스토크를 잇는 철도의 중간 역인 크라스키노역도 이곳에 있다.

하산군의 주된 산업은 어업과 농업이다. 두 나라와 마주하고 있다는 지리적 이점에도 소규모 선박수리업 정도를 빼면 제조업은 그다지 발달하지 못했다. 이는 이 지역 상당 부분이 군사보안구역이나 환경보호구역으로 지정돼 있다는 점과도 관련이 있다. 다만 국영 가스회사인 가스프롬이 이곳에 액화천연가스 공장을 짓기로 하고 135억 달러를 투자하기로 했다*는 등 개발 여지는 크다는 평가를 받는다. 이후 국경 교역이 활성화될 경우 항만과 철도 등 물류 및 교통 관련 산업과 관광업 등이 뻗어나갈 가능성도 있어 주목받고 있다.

하산군(하산스키)에 속한 하산은 하산역이 자리한 소읍이다. 러시아 행정단위로는 소규모 '도시형 정착지'urban type settlement에 해당한다. 인구는 2010년 기준 742명에 불과하다. 하산군에서도 가장 남서쪽 끝에 위치해 북한·중국과 직접 국경을 맞대고 있다. 러시아 국경수비대가 주둔하고 있으며, 규모가 상당히 큰 레이더 기지도 있다.

하산역은 시베리아횡단철도의 종착역인 블라디보스토크에서 출발해 북한 나진과 연결되는 극동철도 라인의 러시아 쪽 마지막 역이다. 러시아 극동철도는 두만강의 '조·러친선교'를 건너 북한 철도와 이어진다. 1952년 목제다리를 통해 양국 간 철도 운행이 처음 시작됐고, 1954년부터는 철도를 통한 상품 교역도 이뤄지게 된다. 교역이 증가하면서 1959년 목제다리 대신 철제다리가 들어섰다. 1988년 양국 간 철도 교역량은 한 해 500만 톤을 초과했다. 하지만 옛 소련 붕괴 뒤 교역량은 급격히 줄어 2001년엔 14만 4,000톤 수준으로 떨어졌다.

오랜 침체기를 지난 뒤 양국은 2008년 비로소 나진·하산 철도 구간을 개량하는 물류협력 프로젝트에 차수했다. 하산과 나진항을 잇는 54킬로미터 구간의 철로를 개·보수하고 나진항을 현대화해 동북아 물류협력의

---

* 『인테르팍스 통신』, 2013년 11월 21일.

거점으로 만든다는 구상이다. 러시아는 나진항 3개 부두 중 3호부두의 사용권도 확보해두었다. 이를 위해 러시아와 북한은 각각 70퍼센트와 30퍼센트씩 출자해 '라손 콘트란스'라는 합작회사를 설립했다. 공사 착수 5년 만인 2013년 9월 나진·하산 구간이 재개통됐다.

2014년 3월 말엔 러시아 중부 내륙 쿠즈바스 지역에서 채굴한 석탄을 화물열차에 실어 하산을 거쳐 나진항으로 운반한 뒤, 선박을 이용해 중국 동남부 공업지대로 수출하는 '시범운송'이 이뤄졌다. 한국도 2014년 2월과 7월 두 차례 실사단을 보내는 등 프로젝트 참여를 타진하고 있다. 한국이 참여할 경우 한반도종단열차와 시베리아횡단열차를 연계하거나 부산–나진항 사이 해상운송과 나진–하산–시베리아횡단열차로 이어지는 철도운송을 연계하는 다국적 물류협력이 가능해질 것이라는 전망이 나온다.

자루비노, 중국·러시아 교역의 관문으로 도약을 꿈꾸다

자루비노는 연해주 하산 자치군 포시에트만에 자리 잡은 항구 소읍(도시형 정착지)이다. 블라디보스토크에서 남서쪽으로 220킬로미터 거리에 있다. 연해주 최남단에 위치해 다른 지역에 견줘 기후가 온화한 편이어서 극동 러시아의 여름휴가 지역으로 이용된다. 인구는 2010년 기준 3,101명이다. 자루비노항과 수산물 기지가 가장 큰 일터이다.

자루비노항은 북한의 나진항과 더불어 중국 동북3성 기업들이 특히 눈독을 들이는 곳이다. 나진항 못지않게 환동해 물류협력에 적합한 입지 조건을 갖추었기 때문이다. 겨울이면 영하 22도까지 떨어지는 혹한이 오기도 하지만 그런 날은 연중 4~5일 정도에 그쳐 바다가 얼지 않는 부동

자루비노 - 속초를 오가는 스테나대아 라인의 뉴블루오션호.　　　　　　　©류우종

항의 자격을 갖췄다. 또 중국 국경과는 63킬로미터 떨어져 있다. 국경 통과 시간 등을 고려해도 중국 동북3성의 물류 중심지인 국경도시 훈춘과 자동차로 2~3시간 거리이다.

　자루비노항은 1972년 수산물 거점항으로 처음 개발됐다. 이후 점차 규모를 늘려 지금은 수산물과 농산물은 물론 중고자동차와 목재, 고철 등의 하역과 운송도 이뤄지고 있다. 한국 속초를 오가는 카페리 정기여객선 뉴블루오션호의 러시아 쪽 기항지도 이곳이다. 뉴블루오션호는 1만 6,500톤급으로 최대 750명이 탑승할 수 있다. 화물 컨테이너도 최대 182개까지 적재할 수 있다. 스웨덴 해운물류기업 스테나와 국내 여객선단 운영기업 대아가 합작 설립한 '스테니데이 라인'이 운영한다.

　2008년엔 일본 니가타와 속초, 자루비노, 훈춘을 연결하는 '동북아 페리 항로'가 개설되기도 했다. 1만 6,000톤급 '퀸 칭다오호'가 투입돼 운항에 나섰지만, 선박 용선傭船 계약 문제 등으로 2009년 9월 중단됐다.

이명박 정부 때는 한국이 자루비노 항만 개발에 직접 참여하는 방안이 검토되기도 했다. 당시 한국해양수산개발원 등을 중심으로 연구가 진행됐으나, 정부 예산이 확보되지 않은데다 글로벌 경제위기로 민간기업들의 참여 의지도 높지 않아 실제 투자로 이어지진 않았다.

그 공간을 파고든 건 중국이다. 푸틴 러시아 대통령이 중국을 방문하고 있던 2014년 5월 20일, 러시아 수머그룹은 상하이에서 중국 지린성 정부와 자루비노항 공동개발을 위한 협약을 체결했다. 이 협정에는 중국 기업과 중국 동북아시아철도공사의 자루비노항 이용 의향서가 포함된 것으로 알려졌다. 이어 7월엔 수머그룹 산하 물류기업 페스코가 중·러 공동개발계획의 구체적 청사진을 발표했다. 2018년까지 컨테이너 50만 TEU(Twenty-foot equivalent units, 20피트 컨테이너 박스 1개를 나타내는 단위), 양곡 및 일반화물 1,000만 톤의 처리 능력을 갖추는 1단계 사업을 추진한다는 내용이다.

자루비노항 개발을 제약하는 요인도 들여다볼 필요가 있다. 먼저 자루비노항 주변 땅과 바다 상당 부분이 자연보호구역으로 지정돼 있다는 점이다. 항만 터를 넓히거나 수심을 깊게 하기 위한 준설작업 등에 제약이 따를 여지가 있다. 자루비노항과 중국 훈춘 사이 환적 시스템이 제대로 갖춰지지 않은 것도 문제점으로 꼽힌다. 훈춘과 크라스키노에서 연속해 통관을 거쳐야 하는데, 특히 러시아 쪽 세관의 처리 속도에 중국 쪽 불만이 큰 것으로 알려졌다.

자루비노항과 같은 포시에트만에 자리한 슬라비얀카항도 최근 주목받고 있다. 슬라비얀카는 하산 자치군의 행정 중심지로 인구가 1만 4,036명(2010년 기준)에 이른다. 항구 한쪽을 선박수리소가 차지하고 있는 데다 화물부두의 수심이 최대 6.1미터에 그쳐 최대 9.1미터인 자루비노항에 비해 대형선박이 접안하기 어렵다는 단점이 있다. 하지만 일부에

선 북극해 항로 개설 등으로 극동 러시아를 경유하는 선박 수가 크게 늘어날 것에 대비해 슬라비얀카항을 벙커링 중심 항만으로 만든다는 구상을 추진하고 있다. 부두의 접안 수심은 낮지만 묘박지錨泊地 수심은 최대 15.2미터에 이르러 대형선박의 접근이 가능한 만큼, 부두에서 떨어진 해상 가운데에 주유 터미널을 설치할 경우 고객 선박 유치가 가능하다는 것이다. 그러나 이를 실현하기 위해선 대규모 선행 투자가 있어야 한다. 또 코즈미노 원유 터미널 등 다른 항만의 벙커링 업체를 따돌릴 수 있을 만큼 가격 경쟁력을 확보할 수 있느냐가 관건이 될 것으로 보인다.

코즈미노 – 러시아 송유관, 1만 리를 달려 태평양과 만나다

코즈미노 원유 선적 터미널은 푸틴 러시아 대통령의 '신동방정책'을 상징하는 구조물이다. 시베리아 이르쿠츠크 타이셰트에서 4,740킬로미터를 달려온 동시베리아 – 태평양 송유관ESPO은 코즈미노에서 바다와 만난다. 8만~15만 톤급 유조선들이 이곳 터미널에서 앞다퉈 시베리아산 석유를 싣고 일본과 한국, 미국 등으로 향한다. 유럽 일변도의 에너지 수출선을 아시아와 태평양 지역으로 다변화해 세계를 아우르는 진정한 '에너지 제국'을 건설하겠다는 푸틴의 야망이 무르익는 현장이다.

당연히 코즈미노 터미널은 동시베리아 – 태평양 송유관의 역사와 궤를 같이한다. 송유관 건설은 국영 송유관업체 트랜스네프트가 2006년 4월 시작했다. 2009년 5월 타이셰트에서 스코보로디노까지 1단계 구간 2,700킬로미터가 완공됐다. 이어 같은 해 10월 28일 코즈미노 터미널이 준공돼 가동에 들어갔다. 터미널 운영은 국영 석유회사 로스네프트와 트랜스네프트의 합작 자회사인 '스페츠모르네프테 포르트 코즈미노'가 맡았다. 스코보로디노에서 코즈미노까지 2단계 송유관 구간 2,100킬로미터는 2012년 12월 25일 완공됐다. 1단계와 2단계 완공 기간에는 스코보로디노에서 코즈미노까지 철도로 원유를 날라 유조선에 옮겨 실었다. 2단계가 완공된 뒤로는 열차 수송분을 점차 줄여나가고 있다. 2013년 코즈미노 터미널을 통해 러시아가 수출한 원유는 모두 2,130만 톤이며, 이 중 300만 톤은 시베리아횡단철도로, 1,830만 톤은 송유관으로 운송했다. 2014년에는 철도 수송 물량을 120만 톤으로 대폭 축소한다는 방침을 세웠다.

코즈미노 터미널은 크게 원유 저장고와 유조선 정박 부두로 구성돼 있다. 송유관을 거쳐온 원유는 부두 인근 야산에 들어선 10여 개 저유 탱크에 보관된다. 5만 세제곱미터짜리와 1만 세제곱미터짜리가 있는데, 총 저유 용량은 50만 세제곱미터에 이른다. 탱크의 원유는 배관을 통해 부두로 이어져 유조선에 주입된다. 부두는 2개로 각각 8만~15만 톤급, 8만~12만 톤급 선박이 접안할 수 있다. 8만~12만 톤급 부두는 유조선 이외 일반 상선 등의 운항연료를 보급하는 '벙커링' 용도로도 사용된다. 코즈미노 터미널은 러시아 원유 선적 터미널 중 세 번째 규모다.

코즈미노 터미널을 통해 러시아산 원유가 수출되는 나라는 일본, 미국, 중국, 한국, 타이, 말레이시아, 싱가포르, 필리핀, 타이완, 인도, 인도네시아, 페루, 뉴질랜드 등이다. 2013년엔 일본이 35.5퍼센트를 가져간 최다 수입국이었고, 중국(23퍼센트), 한국(10퍼센트) 등이 뒤따랐다. 미국은 코즈미노 터미널 가동 초기 일본에 이어 두 번째 수입국이었으나, 자국 내 셰일오일 생산이 늘면서 외국산 원유 수입을 크게 줄였다.

코즈미노 터미널은 연해주 나홋카시에 자리 잡고 있다. 나홋카시는 극동 러시아의 중심 도시인 블라디보스토크에서 남동쪽으로 130킬로미터 떨어진 나홋카만에 있다. 나홋카만은 1월 평균 기온이 섭씨 영하 9도

정도로, 연해주에서 가장 온화한 날씨를 자랑하는 지역이기도 하다. 나홋카시 인구는 2010년 기준 15만 9,000여 명에 이른다.

나홋카시에 자리 잡은 나홋카항은 선석船席(배가 정박하는 시설)을 22개 갖춘 연해주 세 번째 규모의 항만이다. 옛 소련 시기 외국인의 출입이 금지됐던 블라디보스토크를 대신해 1975년 이전까지는 시베리아횡단철도의 극동 연계 항만으로 이용되며 대외 교역의 관문 역할을 했다. 이후 시베리아횡단철도의 주 연계 항만은 인접한 보스토치니항으로 변경됐지만, 나홋카항은 현재까지 시베리아횡단철도와 연계되고 있다. 주로 석탄과 목재 같은 벌크 화물이나 비컨테이너형의 일반 화물을 취급한다. 2개 선석 규모의 컨테이너 터미널도 있지만, 물동량은 많지 않다. 컨테이너 화물은 주로 보스토치니항을 통해 처리된다. 보스토치니항은 나홋카시 인근 브란겔에 자리하고 있는데 15만 톤급 대형 선박까지 접안이 가능하다.

러시아는 동시베리아－태평양 송유관과 연계해 매년 원유 2,000만 톤을 가공처리하는 대규모 정유시설을 포함한 석유화학단지를 나홋카에 건설하는 프로젝트도 검토하고 있다. 코즈미노 터미널을 통해 원유를 그대로 수출하는 데 그치지 않고 고부가가치의 석유화학제품을 직접 생산하겠다는 것이다.

유라시아 이니셔티브, 첫 단추를 잘 꿰어야 한다

이성우_ 한국해양수산개발원 국제물류연구실 실장

_ 점·선·면의 지역 개발 원칙을 참조

박근혜 정부가 추진 중인 유라시아 이니셔티브는 '하나의 대륙', '창조의 대륙', '평화의 대륙'이라는 구호가 뜻하는 대로 우선 물류로 한반도, 아시아 그리고 유럽 대륙을 하나로 묶고, 연결된 유라시아 물류네트워크를 통해 산업을 활성화하겠다는 것이다. 이를 통해 중국·러시아와 경제협력을 강화하고 경제수준의 우위를 이용해 자연스럽게 북한의 시장을 열어 평화통일의 기반을 열어간다는 합리적인 전략이다. 과거 남북 간의 직접 협력을 통해서 북한 문제를 해결해보겠다는 정책과 6자회담 등 주변국과 정치적 관점에서 북한 문제를 해결해보겠다는 정책보다 진일보한 정책이라 할 수 있다. 그러나 이러한 '유라시아 이니셔티브' 정책에 대해 우려의 목소리도 있다. 현재 진행되고 있는 '유라시아 이니셔티브' 정책 사업의 추진 궤적을 보고 있으면 이런 우려가 근거가 없지 않다는 생각이 든다. 뚜렷한 마스터플랜이나 전략 없이 구호만 내세운 피상적인 정책이 추진될 뿐, 일관된 거버넌스(공공적 관리) 체계 아래 단계적·종합적으로 추진되는 것이 아니기 때문이다. 게다가 중앙부처, 국회의원들이 저마다 개별 목적과 해석에 따라 단편적 정책 아이템을 추진하고 있다는 생각을 지울 수 없다.

우선 지역 개발 관점에서 고민이 필요하다. 과거 중국은 점·선·면이라는 원칙을 바탕으로 국토개발을 추진하였다. 연안 지역의 거점 도시들을 처음 개발한 이후, 이를 기반으로 내륙 지역과 물류망으로 연결하였고, 나아가 지역 전체를 발전시켜나가는 정책을 펴왔다. 해당 정책은 큰 성과를 가져왔고, 중국은 연안도시에서 물류 네트워크를 통해 서부와 동북 지역의 발전을 도모하고 있으며, 궁극적으로 중국 전체의 국토 균형개발을 추구하고 있다. 이러한 측면에서 극동 러시아의 개발 역시 점·선·면의 원칙을 지키면서 추진되어야 하며, 해당 지역의 진출 방식도 같은 맥락을 따를 필요가 있다.

_ 항만 배후 지역 등에 대한 선행 투자

극동 러시아 진출을 예로 들어보자. 우리나라가 러시아 시장에 진출하는 데 큰 걸림돌 중 하나는 물류인프라와 서비스 부족이다. 이와 같은 구조적 문제를 단기간에 해소하기는 쉽지 않다. 따라서 이러한 문제를 최소화할 수 있는 항만 배후 지역과 같은 입지에서 지역 발전, 화물 창출, 화물 불균형 해소, 비즈니스 관행 습득 및 개선 등의 효과를 단기간에 볼 수 있는 소규모 투자가 필요하다.

특히 해당 항만 배후 가공단지 건설은 극동 러시아 지역정부가 원하는 지역경제를 활성화하는 기반이 될 뿐만 아니라, 우리나라 기업들이 진출할 때 교두보가 될 수 있는 상호 원원 전략이다. 결국 유라시아 이니셔티브라는 큰 그림을 완성하기 위해서는 극동 러시아 항만 주변에 우리나라 기업들의 진출이 선행되어야 한다. 과거 많은 기업이 러시아 진출에서 실패의 쓴잔을 마셨다. 사업 실패에는 다양한 이유가 있으나 기본적으로 러시아에 대한 이해 부족과 물류의 중요성에 대한 인식 부족에서 기인한 바가 크다. 국토가 좁은 우리나라의 경우 6시간 정도면 국토 전체를 커버할 수 있는 물류체계가 구축되어 있으나 광대한 러시아의 경우 국토 전체를 커버하려면 최소 15일 이상 소요되는 물류체계가 필요하다. 결국 러시아 물류체계의 특성을 잘 이해하고 그 한계를 제대로 인지할 수 있을 때만 우리나라 기업들이 현지에서 성공할 수 있다.

극동 러시아 항만 배후에 우리나라 전용 물류가공단지가 설립될 경우 현지와 우리나라에서 조달된 화물을 기반으로 완제품이나 반제품을 생산할 수 있으며, 이로써 유라시아 전역에 우리 제품을 수출할 수 있는 원동력이 될 것이다. 이는 서쪽에서 동쪽으로 이동하는 러시아 자원수출 화물에 대응하여 동쪽에서 서쪽으로 이동하는 대체 화물의 창출을 뜻하며, 아울러 극동 지역 이동화물의 물류비를 크게 절감하게 된다는 것을 뜻한다. 극동 러시아에 이러한 선순환 구조를 만들 경우 자연스럽게 후속으로 우리나라 다수 기업이 러시아 시장에 진입하게 될 것이고, 점차 내륙 지역으로까지 물류인프라와 서비스 개선이 진행되는 '스필 오버'(흘러넘치는) 효과를 거둘 수 있을 것이다. 따라서 항만에서 도시로, 항만도시에서 내륙 지역으로 점차 이동하는 단계적·공간적인 접근과 함께 물류와 연동된 가공형 기업들의 현지 진출이 선행될 필요가 있다.

_ 실크로드 익스프레스와 철도 화물운송의 문제점

박근혜 정부는 시베리아횡단철도와 우리나라 철도를 연결하여 한반도에서 유럽으로 가자는 '실크로드 익스프레스'SRX를 제안하였는데, 활용 가능성을 면밀히 검토해야 한다. 물류적 측면에서 살펴보자. 현재 우리나라 수출입의 99퍼센트를 차지하는 해운과 비교했을 때 철도는 물류비와 화물처리 용량 부분에서 큰 난점이 있다. 물론 운송비의 경우 화물의 종류에 따라 고가 화물일수록 철도운송을 선호한다는 점에서 철도와 해운 간 시장이 구분될 수 있다. 그러나 화물처리 용량 면에서 컨테이너 기준으로 철도가 1행차에 100TEU를 소화할 수 있는 반면, 해운은 1만TEU급 선박의 경우 1만TEU 이상을 처리할 수 있다는 점을 염두에 두어야 한다. 게다가 러시아의 시베리아횡단철도는 러시아 철도전문가들의 의견을 빌리자면 투자를 많이 하더라도 현재 용량에서 최대 20퍼센트 정도밖에 증가할 수 없는 상황이라고 한다. 시베리아횡단열차가 처리할 수 있는 전체 화물은 1억 7,000만 톤 이하, 컨테이너는 80만TEU 이하밖에 안 된다. 이 때문에 러시아는 기존 철도의 용량 한계를 극복하는 한편 자국 자원수출에도 더 유리한 신규 BAM(시베리아횡단철도 북쪽의 바이칼 – 아무르 간 철도)라인 건설을 자국 물류인프라 투자 1순위 사업으로 추진하고 있다.

기본적으로 국가의 철도망은 자국 여객 1순위, 화물 2순위, 외국 통과화물 3순위로 운영된다는 점도 고려해야 한다. 우리나라 화물이 중국을 통과하는 중국횡단철도TCR를 이용할 때 가장 큰 불편을 겪는 것이 바로 성수기에 중국 자국 여객과 화물 배차에 우선권을 부여하고 외국 통과 화물을 후순위로 돌린다는 점이다. 우리나라 기업들이 성수기에 철도가 아니라 해운을 이용하는 이유도 가장 중요한 시기에 자사의 화물을 수송하지 못하게 되는 사태를 우려하여 상대적으로 운송 스케줄의 안정성이 보장된 해운을 찾는다는 데 있다. 시베리아횡단철도도 비슷한 문제에 노출돼 있다.

더 큰 문제는 러시아 열차의 요율정책이 오락가락한다는 것이다. 러시아의 화물운송 요율은 예측하기 어려운 것으로 악명 높다. 동서 이동 화물의 불균형과 함께 러시아 세관의 불합리한 통관절차, 이동 과정에서의 화물 유실 등도 간단치 않은 문제라 할 수 있다. 엄청난 공사비를 수반하는 북한 철도의 복원 문제를 떠나서 러시아 철도의 활용성과 경제성 문제가 있다.

현재 러시아가 제안한 나진항 공동개발 부분도 과연 러시아 화물들이 나진항을 얼마나 이용할 것인가에 대한 타당성 검토가 꼭 따라야 한다. 나진항 1호 부두는 중국이 우선 사용권을 가지고 있고 2호 부두는 북한이 이용하고 있다. 그리고 4호, 5호 부두는 중국이 개발계획을 가지고 있다. 해당 부두 사이에 끼여 있는 러시아의 3호 부두는 배후로는 산을 지고 있고, 좌우로는 북한과 중국 부두가 에워싸고 있어 확장 가능성에 제약이 크다. 이런 상태에서 본래 기능을 수행할 수 있을지 의문이 드는 것이다.

궁극적으로 한반도에서 출발한 철도가 북한을 거쳐 러시아를 통해 유럽으로 가야 한다는 원론적인 방향에 대해서는 동의한다. 그러나 현 시점에서 필요한 경제성, 활용성, 위험 통제 가능성 등을 엄밀히 분석한 후에 이 계획을 추진해야 할 것으로 보인다.

_ 한·중·러 3국 간 물류협력 체제 구축

유라시아 이니셔티브를 효율적으로 추진하기 위해서는 무엇보다 한·중·러 삼자 간 물류분야 협력체계를 구축하는 것이 중요하다. 화물수급 면에서는 우선 극동 러시아의 발전에 따른 화물 창출로 유라시아 대륙을 오고갈 수 있는 화물량이 늘어나는 것이 중요하다. 이와 함께 중국 동북3성의 넘치는 화물들을 극동 러시아 지역으로 유인하여 극동 러시아 지역경제 활성화로 연결하는 작업이 주요 사안으로 대두된다. 그러나 현재 중국 동북3성에서 극동 러시아로 넘어오는 두 물류 회랑인 프리모리예 1(하얼빈哈爾濱 - 연해주 - 나홋카 - 아·태 지역)과 프리모리예 2(창춘 - 지린 - 연해주 - 자루비노 - 아·태 지역) 지역은 우리가 생각하는 만큼 기능을 수행하지 못하고 있다. 세관 당국의 구시대적인 제도와 시스템, 통관 이후 러시아 항만까지 연결해줄 물류인프라가 취약하며, 해당 지역의 물류서비스를 독점하고 있는 러시아 물류기업의 횡포 역시 큰 장애요인이 되고 있다. 이 때문에 중국 훈춘에서 창링즈長

嶺子 세관(현 훈춘 세관) 그리고 러시아 쪽 크라스키노 세관을 통과해 자루비노항까지 컨테이너를 운송하는 비용이 운송거리가 훨씬 더 긴 훈춘-다롄항 루트를 이용할 때의 비용과 거의 같을 지경이다. 이러한 다양한 문제가 있다보니 물리적인 거리의 인접성에도 중국 동북3성 화물이 극동 러시아 항만 이용을 기피하게 되며, 우리나라 화물이 극동 러시아를 통해 중국 동북3성으로 가는 데도 제약으로 작용한다.

이러한 문제를 해결하기 위해서는 한·중·러 3국이 전향적인 복합물류운송 시스템을 구축해야 한다. 다행히 2012년 한·중·일·러 동북아 4국은 이를 위한 협력의 틀로 복합운송 국장급회의체를 구성해두었다. 본격적인 활동은 많이 하지 않지만 이 협의체를 통해 한·중·러 3국의 통과화물에 대한 제도적·시스템적 정비가 필요하다. 한국에서 출발하거나 중국에서 출발해서 러시아 지역을 통과한 후 중국과 한국에 도착하는 화물에 대한 서류 통관 및 물류정보 시스템 정도만 개선되더라도 해당 지역을 오고 가는 화물이 크게 늘어날 것이다.

정부가 추진하고 있는 '유라시아 이니셔티브' 정책은 시의적절하다. 또 우리나라의 미래를 위해서 경제적 관점에서는 물론, 안보적 관점에서도 매우 중요한 정책이라 할 수 있다. 그러나 앞에서 언급한 것과 같이 현지에서 발생 가능한 문제점들을 바로 인식하고 우리가 추진해나가야 할 방향을 정확히 설정하며 단계적으로 그리고 종합적으로 추진해야 할 필요가 있다. 러시아의 특수성, 중국과 러시아의 정치적 상관관계, 물류부문의 특수성, 타국의 기간인프라 사업 참여 가능성 등 다양한 변수가 있다. 이러한 부분을 해소하기 위해서는 단계별로 그리고 성공 가능한 작은 사업부터 추진하고 이를 기반으로 좀 더 큰 사업을 하는 것은 물론 연안에서 내륙으로 옮겨나가는 방법으로 접근 순서를 정리할 필요가 있다.

3장

동해, 중국 동북진흥계획의 출구로

최현준 기자_ 옌지·투먼·훈춘

동해로 가는 길을 뚫어라

결핍은 욕구를 낳는다. 부족함이 크면 채우려는 욕구도 강해진다. 동해에 인접한 국가들 가운데 '동해'를 '한 뼘'도 갖지 못한 중국이 동해를 이용하기 위해 가장 재빠르게 움직이고 있다. 2014년 4월 말 중국 동북부의 훈춘시, 옌지시, 투먼시 등을 찾아 중국의 동해 활용 전략을 취재했다. 중국은 북한과 손잡고 '제강추하이'借港出海(다른 나라의 항구를 빌려 바다로 나간다)를 본격화하고 있었다.

중국 지린성 훈춘시에서 출발해 두만강을 따라 동쪽으로 내달렸다. 국경 지역이라 그런지 인적과 차량이 드문 대신 곳곳에 경비 초소가 있었다. 차로 한 시간 정도, 70여 킬로미터를 달려 도착한 곳은 중국 국경 지방 팡촨이었다. 중국의 국경은 바다까지 나아가지 못하고 두만강 하류 부분인 이곳 팡촨에서 멈췄다. 멀리 10여 킬로미터 떨어진 곳에서 하늘빛 동해가 아른거렸다.

1부 환동해와 북방 협력의 현장을 가다

중국 팡촨 전망대 룽후커에서 바라본 북·중·러 국경지대의 두만강교.
ⓒ이종근

광활하게 펼쳐진 동해는 오롯이 북한과 러시아의 차지였다. 중국의 해안선이 1만 4,000여 킬로미터나 되지만 동해 쪽으로는 단 1미터도 열려 있지 않았다. 1938년 훈춘 부근 장구산(장고봉張鼓峰)에서 러시아와 만주국(일본)이 싸운 뒤 두 나라는 엉뚱하게도 중국이 두만강을 통해 동해로 나가는 것을 가로막았다. 분쟁을 일으킬 만한 소지가 된다는 이유에서다.

이후 중국은 80여 년 동안 먼발치에서 동해를 바라만 볼 뿐 직접 나아가지 못했다. 2012년 팡촨에 세워진 높이 62미터짜리 전망대 룽후커龍虎閣에서 만난 한 조선족 관광객은 "여기는 한눈에 삼국(북한·중국·러시아)을 볼 수 있는 곳으로 유명하지만, 바다로 나아가지 못하고 국경이 막혀 있다. 우리 중국인에겐 무척 가슴 아픈 현장이다"라고 말했다.

동북 변방 지역의 창구도시, 훈춘

동해를 둘러싼 남한, 북한, 중국, 러시아, 일본, 몽골 6개국 가운데 환동해 주도권 다툼에 가장 적극적인 나라는 동해 접근 경로가 가로막힌 중국이다. 특히 중국의 동북3성 가운데 서해에 접한 랴오닝성을 제외한 지린성과 헤이룽장성이 적극적이다. 지린과 헤이룽장은 지척에 바다를 두고도 항만을 갖지 못해 사실상 내륙이나 다름없다. 물건을 만들더라도 수출하려면 서쪽으로 1,000여 킬로미터 떨어진 다롄항으로 보내야 한다. 그만큼 시간과 물류비용이 많이 든다.

북한으로부터 나진항을 장기 임대한 중국은 북한·러시아와 국경을 맞대고 있는 변방도시 훈춘을 주요 거점도시로 삼았다. G2(주요 2개국)로 국력이 성장한 중국과 중국의 도움이 필요한 북한의 이해관계가 맞아떨어진 것이다.

동북 변방의 거점도시, 창구도시로 선택된 훈춘은 2008년 '항무국'港務局을 만드는 등 환동해권 공략에 적극 나서고 있다. 훈춘시 항무국의 한 직원은 "우리에게 비록 항구는 없지만 동해가 매우 가깝다. 북한의 나진항과 연계해서 국제적인 물류도시로 성장해나갈 수 있을 것"이라고 말했다. 인구 25만여 명의 작은 도시 훈춘이 '인구 100만의 국제도시, 동북아 물류의 거점도시'를 꿈꾸는 이유다. 실제 훈춘의 시장과 백화점, 역사 등에서는 국제도시로서의 위상이 제법 느껴졌다. 도시 어디를 가든 러시아인을 쉽게 볼 수 있고, 시장에는 북한과 러시아 등으로부터 수입한 물건들이 빼곡했다. 특히 수산물은 북한산이 주류를 이루었다. 훈춘에 사는 한 조선족은 "물이 깨끗한 동해에서 잡힌 북한산 수산물이 특히 인기가 많다"고 말했다.

중국 중앙정부 차원의 개발 지원도 착착 진행되고 있다. 2012년 5월

북한에서 수입한 수산물을 파는 훈춘시장.   ⓒ이종근

에는 훈춘에서 '투먼장圖們江(두만강) 지역 국제합작시범구' 착공식을 하고 지역 개발을 본격적으로 시작했다. 2020년까지 모두 90제곱킬로미터 면적에 국제산업합작구, 변경무역합작구, 중·조(북) 훈춘 경제합작구, 중·러 훈춘 경제합작구 4개 구역을 개발할 계획이다. 중국 국무원은 이 사업을 위해 재정·세제·금융·통관·토지 이용·사회기반시설 건설 등의 분야에서 지원책을 마련해 기업 유치를 도울 예정이다.

중국이 이렇게 동북 지역 개발에 공을 들이는 이유는 앞으로 오게 될 동북아 시대에 대비하기 위해서다. 비록 남한과 북한의 통일은 미래의 일이지만, 러시아의 극동개발전략과 일본의 동해 진출전략은 현재진행형이다. 이들에 맞서 동북아 지역에서 우위를 지키기 위해서는 무엇보다 자국의 동북 지역을 개발하는 것이 시급하다고 판단했다. 익명을 요구한 중국 옌볜대학의 한 교수는 "동북3성은 과거 공장 시설이 많아 중국에서도 매우 잘사는 편이었는데, 지금은 항구가 있는 동남 지역에 밀려 낙후된 곳이 되고 말았다"며 "중국은 물론이고 남북한, 일본, 러시아 등 세계 주요 국가들이 국경을 맞댄 이 지역이 경제는 물론 군사·외교적으로 주목을 받게 될 것"이라고 말했다.

이와 더불어 중국은 북극해를 거쳐 유럽으로 가는 항로로 동해를 개발하려 하고 있다. 북극해 항로는 현재 겨울에 얼어붙기 때문에 경제적 가치가 거의 없지만 기술이 발전할 경우 장기적으로 경제성이 있을 것으로 예상된다. '계획을 세울 때 100년을 바라본다'는 중국이 조용히 그리고 치밀하게 북극해 항로 개발에 힘을 쏟고 있는 것이다. 주강현 아시아퍼시픽해양문화연구원장(제주대 석좌교수)은 "북극해 항로 개발은 중국이 오래전부터 지녀온 원대한 꿈이다. 다롄 등 중국 동남부 항구가 포화상태여서, 이를 대신해 동북부의 동해를 통해 새로운 물류의 길을 뚫으려는 것으로 보인다"라고 말했다.

신두만강대교 건설과 전력 공급

중국의 동해 전략에서 핵심은 바로 북한의 나진시다. 2009년 중국 정부가 두만강 지역을 개발하기 위해 내놓은 '창지투 개발계획'의 핵심 도시인 훈춘과도 불과 50킬로미터 떨어져 있다.

중국은 '중·조 나선경제무역구관리위원회'를 꾸려 공동 관리에 나서는 등 북한과 협력을 강화해오고 있다. 중국은 중국 쪽 세관(취안허圈河)과 북한 쪽 세관(원정리) 사이의 두만강 다리를 새로 짓고, 북한의 국경 통상구인 원정리에서 나진까지의 도로를 새로 까는 등 북한 지역 인프라 건설에 박차를 가하고 있다. 전력 사정이 좋지 않은 북한을 위해 2014년부터는 훈춘발전소를 통해 6만 6,000킬로와트 상당의 전기도 공급한다는 방침을 갖고 있었다. 한 조선족 사업가는 "중국이 북한에 공들이는 이유는 간단하다. 투자한 것보다 더 많이 얻을 수 있기 때문"이다. "2013년 북한의 핵실험 이후 건설 공사나 북·중 관광이 중단되는 등 북·중 관계가 잠시 주춤했지만 2014년부터는 다시 회복되고 있는 분위기다"라고 말했다.

동북 변경 지역으로 몰려드는 북한 노동자들

북한과 중국의 협력관계는 항구를 빌리는 것뿐만 아니라 노동력 부문에까지 나아가고 있다. 중국은 인구가 14억 명에 달하지만 변방인 동북 지역은 노동력 부족에 시달리고 있다. 투먼에서 관광업을 하는 한 조선족 시민은 "젊은 조선족은 대부분 한국에 가 있고, 다른 중국 젊은이들도 고향에 남아 있는 것을 원하지 않는다. 젊은 사람이 드물어 인력 부족 문제가 심각한 상황"이라고 말했다. 중국 변방의 인력 부족 문제를 풀어주는 것이 바로 북한에서 파견된 노동자들이다. 중국과 북한을 오가며 일하는 한 일본인 사업가는 "투먼시에만 북한에서 파견된 노동자가 1,000여 명쯤 되는데, 1년이나 2년 등 일정한 기간 계약을 맺고 들어와 열심히 일하다 돌아간다. 특히 북한에서 직접 관리자까지 파견 나와 이들을 관리하므로 중국 기업으로서는 매우 편리하다"고 말했다.

필자가 직접 찾은 투먼 경제개발구 내 공장 기숙사 앞마당에서도 50여 명의 북한 노동자가 쉬는 시간에 롤러스케이트를 타거나 삼삼오오 짝을 지어 배구를 하는 모습 등을 볼 수 있었다. 과거 러시아 시베리아에 벌목공을 수출하던 북한이 이제 중국 공업지대에 노동자를 수출하고 있는 것이다. 남북 관계가 경색돼 있어, 공장을 관리하는 중국인은 필자가 북한 사람들과 접촉하는 것을 차단했다.

중국의 동해 진출 및 동북 지역 개발에 발맞춰 한국 기업들도 이곳에 속속 진출하고 있다. 포스코건설과 현대상선이 함께 훈춘에 건설하고 있는 '훈춘 포스코현대 국제물류단지'가 대표적이다. 중국 쪽으로부터 땅 1.5제곱킬로미터를 50년간 빌려 각종 인프라와 세제 혜택 등을 제공받고 물류창고와 컨테이너 야적장, 집배송시설 등을 개발해 운영하는 사업이다. 전체 사업비가 2,000억 원으로, 2019년 말까지 150만 제곱미터의 국제물류단지 조성을 완료할 계획이다. 2014년 말 1단계 공사를 마무리하고 영업에 들어갈 방침이다. 물류단지 관계자는 "솔직히 말해 당장 큰 이익을 낼 것이라고 기대하지는 않는다. 성장 가능성이 매우 큰 동북3성에 선제적으로 진출하고 남북통일에 대비한다는 차원에서 사업을 진행하고 있다"고 말했다.

꽉 막힌 남북 관계가 환동해 발전의 걸림돌

옌지·투먼·지린시 등 중국 동북 지역을 취재하면서 만난 중국인은 한결같이 "환동해 발전의 걸림돌은 꽉 막힌 남북 관계이다"라고 말했다. 좀처럼 속내를 드러내지 않는 중국 공무원들조차 공식·비공식 석상을 가리지 않고 "남북 관계를 풀어야 우리 사업도 풀린다"라고 말했다. 훈춘에 진출한 한국 브랜드 속옷인 트라이 공장은 인력 사용에 난항을 겪고 있다. 1990년대 일찌감치 훈춘에 진출한 이 기업은 꾸준히 실적을 내서 지역 내에서는 물론 남한에서도 알짜 기업으로 꼽힌다. 하지만 최근 들어 노동력 부족으로 어려움을 겪고 있다. 훈춘과 투먼 등에 진출한 북한 노동자를 쓰고 싶지만 남한 정부의 반대로 이뤄지지 못하고 있다. 이 공장

1부 환동해와 북방 협력의 현장을 가다

관계자는 "현재 인력이 100명 정도 부족한 상황이다. 북한 노동력을 쓸 수 있는지 통일부에 문의하지만 답변은 늘 '안 된다'는 것"이라고 말했다. 꽉 막힌 남북 관계가 중국에 진출한 기업의 발목을 잡고 있었다. 지역 한 인회 관계자는 "북한 인력을 쓰지 못하게 하는 남한 정부의 방침을 뚫기 위해 일부 공장은 북한 노동자를 고용한 중국 공장에서 납품을 받는 식 으로 우회하는 경우도 있는 것으로 안다"고 말했다.

여행 및 해운산업도 꽉 막힌 남북 관계 탓에 잔뜩 움츠러들어 있다. 중 국 옌볜延邊을 기반으로 한 중국 천우국제여행사는 현재 상하이(중국)에 서 시작해 제주도 혹은 부산(남한) - 삿포로札幌(일본) - 블라디보스토크(러 시아) - 나진(북한) 등으로 이어지는 크루즈 여행 노선을 검토하고 있다. 옌지에서 만난 천우국제여행사 관계자는 "북한과는 이미 상당 부분 협의 가 이뤄져 가능할 것 같다. 남한 정부만 허락한다면 본격적으로 추진할 수 있을 것"이라며 "한류의 영향으로 중국인이 남한을 좋아한다. 남한코 스를 넣어야 상품성이 높아지는데 현재의 남북 관계로는 요원한 상황"이 라고 말했다.

남한과 러시아 - 중국을 잇는 해상노선도 최근 중단됐다. 선사가 적 자 누적을 견디지 못한 탓이다. 앞서 강원도 속초에서는 일주일에 두 차 례씩 동해를 통해 러시아 자루비노항에 이르는 배를 띄웠었다. 속초 - 러시아 노선이지만 실제로는 속초와 중국 동북부를 잇는 게 목적이었다. 주 이용객은 남한에 오는 재중동포로, 러시아에서 속초로 올 때는 350여 명, 속초에서 러시아로 갈 때는 50여 명이 이용했다. 무엇보다 요금이 저 렴해 재중동포 이용객이 늘고 있었다. 그러나 러시아 항구를 이용하는 탓에 운항시간이 길어지고, 항만 사용료와 긴 수속 절차 등 불편한 점이 많았다. 남북 관계가 풀려 속초 - 나진항이 연결된다면 재중동포 이용객 도 늘고 남한 관광객을 유인하는 효과도 누릴 수 있었을 것으로 보인다.

윤승현 옌볜대학 경제관리학원 외국인 교수는 "남북이 통일되거나, 거기까지 가지 않더라도 남북 간 교류만이라도 활발해진다면 중국 동북부의 경제적 가치가 훨씬 높아질 것"이라며 "이를 대비한 남한 사회의 관심과 투자가 필요한 상황"이라고 말했다.

조선족 문화의 중심 옌지의 수출 지향 경제구조

옌지 공항은 이용하기가 편안했다. 공항 곳곳에 한글이 적혀 있고 한복을 곱게 차려입은 상점 안내원도 곳곳에 보였다. 요즘 남한 식당에서 흔히 들을 수 있는 옌볜 사투리도 심심치 않게 들을 수 있었다. 조선족의 고향이라는 옌지다웠다.

옌지延吉는 중국 옌볜조선족자치주의 주도인 만큼 상당히 발전한 모습이었다. 고층 빌딩이 즐비했고 새로 건설되는 백화점이나 아파트도 적지 않았다. 옌지는 남한과 북한, 러시아, 일본 등과 인접해 있다는 점을 특장점으로 삼아 수출 지향적 경제구조를 지니고 있었다. 현재 300개 이상의 외국 투자 기업이 옌지에 정착해 있는데, 특히 조선족이 많다는 특성을 이용해 남한 기업과 교류가 활발했다.

옌지는 중국 조선족 문화의 중심지이며 우리 민족의 상징과도 같은 백두산과 가까워 해마다 많은 남한 여행객이 방문하고 있다. 여름에는 무덥고 비가 많이 내리지만 겨울에는 추위가 긴 대륙성 기후를 보인다. 주도인 만큼 주변 농촌 지역에서 생산된 농산물이 집결되는 곳이기도 하다. 한국어 방송국과 신문사가 있으며, 옌볜대학과 의과대학 등이 있다.

옌지 정부는 "중국 정부가 진행하는 낙후된 동북공업기지 진흥 정책과 변방 소수민족 우대 정책의 혜택을 동시에 누리고 있다"고 밝혔다. 해

중국 지린성 옌볜조선족자치주 주도인 옌지시의 중심가 모습.　　　　　　　　©이종근

마다 '중국 옌지·투먼장(두만강) 지역 국제투자무역박람회'를 여는 옌지시 장후취안 시장은 "옌지시는 중국 어느 곳보다 풍부한 노동력과 많은 우수한 인적 자원을 보유하고 있다. 북한·러시아와 접한 국경지대라서 동북아시아로 사업을 확장하는 데 큰 도움이 될 것"이라고 말했다.

옌지가 본격적으로 개발되기 시작한 것은 중국 쪽 변경에 새로운 근대 도시가 출현한 100여 년 전이다. 1902년에 옌지청이라는 낮은 단계의 행정기구가 설치되었고, 1909년에는 부가 되었다. 1913년 중화민국이 수립된 뒤 비로소 현이 됐다. 앞서 1909년에 간도협약이 맺어진 뒤 교역주로서 개방되자 많은 조선인이 이주하여 옌지와 주변 지역을 개척했다. 독립운동을 하던 사람들이나 함경도 지방에서 먹고살기 어려운 이들이 상당 부분 이주했다. 중국 동북 지역의 특성을 이어받아 옌지 외곽 지역에는 석탄과 금 등의 광산이 많이 있었다.

중국 동북 지역의 중심 도시로 특히 이주 조선인이 많았던 옌지는 행정 중심지가 됐고, 단둥丹東과 투먼은 철도 중심지, 훈춘은 일본과의 교역도시로 발전해나갔다. 가파르게 발전하던 옌지는 제2차 세계대전에서 일본이 패하고 중국은 물론 인접 국가인 북한과 러시아마저 사회주의 체제가 되면서 정체되기 시작했다. 외부와 접촉해야 발전할 수 있는 변경 도시들이 활로를 잃고 침체기에 들어간 것이다.

그러나 냉전이 끝난 뒤 1988년 단둥, 1992년 훈춘·투먼·옌지시를 개방도시로 지정하면서 변화가 시작됐다. 이에 발맞춰 러시아는 1992년 블라디보스토크와 자루비노·나홋카 등을 개방했고, 북한은 1992년 나진·선봉 지구를 특구 지역으로 내놨다. 당시 노태우 정부가 집권했던 남한도 북방 정책을 펴면서 냉전 뒤의 시대를 대비했다.

조선족이 거주하는 중국 동북 지역 도시들은 경제적으로 빠르게 발전하면서 사회적으로 큰 변화를 겪고 있다. 개혁·개방 이후 취업이나 학업을 목적으로 남한이나 일본 등 해외로 진출한 조선족이 급격히 늘면서 외지에서 송금된 자금으로 도시경제는 활성화됐지만 다른 한편으로는 가족이 해체되고 젊은이들이 도시를 떠나는 등 여러 가지 사회 문제가 노출된 상황이다. 일부에서는 조선족 인구 비율이 줄어들면서 조선족자치주로서의 존립 문제도 제기되고 있는 실정이다.

옌지는 중국 동북 지방 조선족자치주의 중심지인 만큼 남한과 북한 간에 치열한 정보전이 펼쳐지는 곳이기도 하다. 남한과 중국이 수교를 맺은 1992년 이후 남한 기업이 대거 중국으로 진출하자 북한 보위부는 "남조선 안기부가 중국 동북 지방에 가짜 회사를 수천 개 차려놓고 대북 모략책동을 벌인다"며 강력한 대응책을 강구하기도 했다. 이에 대한 대응차원에서 북한은 2000년 초 중국 선양瀋陽과 단둥, 옌지 등지에 호텔과 식당을 열었다. 북한 노동당 통일전선부가 운영하는 외화벌이 회사로 알려진 류경호텔도 당시 문을 열었는데, 북한 여성 봉사원들이 상냥하고 노래도 잘 불러 주목을 받았다.

투먼, '조선공업원구'로 북한과 협력을 강화하다

"설마 저기가 북한인가요?" 중국 지린성 투먼시는 다른 어떤 도시보다 북한과 매우 가까웠다. 폭이 채 50미터도 되지 않는, 우리로 치면 중랑 천 정도 너비의 두만강 중류를 국경으로 두고 있지만 양쪽의 풍경은 매우 대조적이었다. 투먼은 국경이 도심과 가까워 많은 시민이 국경 강변에 나와 여유를 즐기고 있었다. 산책을 나오거나 운동하러 나온 사람들이 많았고 결혼기념사진을 찍는 신혼부부도 볼 수 있었다. 그러나 강 건너 북한 남양에서는 노란 불도저만 간간이 움직일 뿐 사람은 거의 보이지 않았다. 건물도, 다리도, 심지어 산도 무채색에 가까웠다.

투먼은 중국 동북 지방 철도 교통의 중심지이다. 북한은 물론 러시아와도 철도로 연결돼 있다. 투먼의 발전 방향이 철도와 뗄 수 없는 이유이다. 투먼의 역사는 80여 년 전 철도가 놓이면서 시작되었다. 애초 조용한 마을이었으나 1930년대 북한과 중국을 잇는 철교가 개통되면서 교통의 요지로 떠올랐다. 만주국 시기에 일제는 투먼에 영사 분관과 헌병 부대를 파견했고 만주국은 투먼 주재 외교부, 판사처 등의 기관을 설치하면서 옌볜 지역의 행정 중심지로 삼았다.

투먼은 무엇보다 이른바 사통팔달의 전형이다. 옌볜조선족자치주 주도인 옌지와 창춘·하얼빈은 물론 북한의 나진, 러시아의 하산 등과도 연결돼 있다. 이런 지리적 이점을 바탕으로 투먼은 2000년대 초반까지 북한과 동북3성 간 교류의 중심지 역할을 했다. 특히 북한과 중국 간 변경무역이 호황을 누리던 1990년대 투먼은 남·북·중 또는 북·중·러 삼가

북한의 남양과 연결된 중국 투먼의 다리.　　　　　　　　　　　　©이종근

무역의 한 축을 담당했다.

　현재는 차이가 크지만 얼마 전까지만 해도 중국 투먼과 북한 남양은 서로 밀고 끌며 동반 발전을 이루었다. 한반도에서 가장 북쪽에 위치한 국경도시인 온성군 남양구는 항일투쟁 시기 김일성 북한 주석이 활동했던 곳이기도 하다. 이곳은 석탄 채굴 외에는 특별한 경제 기반이 없었으나 청진에서 회령으로 함경선이 연장되고 두만강 연안을 따라 부설된 투먼선이 연결되면서 철도 교통 도시로 발전했다.

　그러나 2000년대 들어 철도 시설이 노후화되면서 운송에 문제가 자주 생기고 두만강 개발의 거점도시인 훈춘의 취안허가 부상하면서 투먼은 상대적으로 위축되고 있다. 거주 인구도 꾸준히 줄어들고 있다. 2012년 말 기준 12만 3,000명인 투먼시 인구는 해마다 2,000~3,000명씩 줄고 있다. 전체 인구의 60퍼센트 정도를 차지하던 조선족이 급속히 줄고 외지로 나가는 청장년층도 적지 않은 탓이다.

투먼은 이런 상황을 극복하기 위해 다양한 노력을 기울이고 있다. 그 일환으로 지척에 있는 북한과의 협력을 강화하고 있다. 투먼시는 두만강 연안에서 유일하게 북한과 철도로 연결되어 있어 북한과 교역이 가장 활발한 지역으로 해마다 2만 명 이상이 투먼을 거쳐 북한을 출입한다. 북한과 도로 교량을 새로 놓고 관광상품 등도 다양하게 내놓고 있다. 전용열차를 이용해 북한 함경북도의 칠보산을 둘러보는 관광이 시작됐고, 투먼과 온성 1일 관광과 투먼과 남양 간 걷기 관광도 진행하고 있다.

중국의 자본과 북한의 노동력이 결합된 경제협력 방식도 본격화하고 있다. 북한 노동자를 고용해 운용하는 투먼의 북한 공단에는 이미 20개 기업이 입주해 있고, 앞으로도 공단을 계속 늘릴 것으로 보여 입주 기업은 더욱 늘어날 전망이다. 2013년 초까지 3개 기업에 불과하던 공단 입주 기업이 계속 늘어 20개 기업이 들어온 것이다. 투먼시는 '조선공업원구'가 대외개방을 통한 지역 개발 방향과 밀접히 연관돼 있어 그 중요성이 매우 크다고 본다. 2013년 말까지 여섯 차례에 걸쳐 600명 이상의 북한 인력을 도입했으며 공단 안에 1,500명을 수용할 수 있는 기숙사도 갖춰놓았다.

북한·중국·러시아 황금 트라이앵글의 중심, 훈춘

2014년 4월 말 중국 훈춘은 생각보다 따뜻하고 활기찼다. 동해에 가까이 있어서인지 우리의 늦봄 날씨와 비슷했다. 추울 것으로 예상하고 두툼한 외투를 준비해갔지만 별 쓸모가 없었다.

훈춘시는 중국 동북부 최변방 지역에 있다. 중국 도시 가운데 유일하게 북한과 러시아 두 국가와 국경을 맞대고 있다. 과거에는 지리적 요인

사통팔달의 교통 중심지로 변모하는 훈춘의 국제버스터미널.　　　　　　ⓒ이종근

으로 버려진 땅 취급을 받았지만 지금은 바로 그 지리적 요인으로 주목받고 있다.

　훈춘은 전체 면적의 75퍼센트가 숲으로, 산림 자원이 풍부하다. 지린성 최대의 가스전과 10억여 톤 이상의 석탄 자원을 보유한 것으로 추정된다. 알루미늄, 동, 아연 등 매장된 금속도 다양하다. 이렇게 자원이 풍부하지만 이를 수출할 출구가 없다는 이유로 훈춘은 한동안 낙후된 변경지대로 남아 있었다.

　그러나 1990년대 초 유엔개발계획UNDP이 주도한 두만강 개발계획의 거점도시로 중국의 훈춘, 러시아의 하산, 북한의 나진이 지정된 뒤 중국의 두만강변 도시들 가운데 핵심 도시로 빠르게 성장하고 있다. 1992년에는 훈춘변경 합작구로 선정되었고 2001년에는 경제개발, 수출가공, 통상무역을 일체화한 대외개방 창구가 됐다. 이런 급성장의 바탕에는 3국이 국경을 맞대고 있다는 지리적 특성이 자리하고 있다. 훈춘시 누리집(hunchun.gov.cn)을 보면 스스로를 '황금의 트라이앵글'에 있다고 표현 해놓았다.

훈춘의 호텔이나 시장에 가면 유독 러시아 사람들이 많다. 중국에서 생필품을 싸게 사서 러시아의 블라디보스토크 등에 되파는 상인들이다. 간판에는 한자와 조선족자치주의 문자인 한글 외에도 러시아 말이 함께 쓰여 있다. 영어까지 병기해놓은 경우도 적지 않다. 인구가 25만 명인 작은 도시이지만, 국제도시로도 손색이 없다.

훈춘은 '아름다운 옥'이라는 뜻의 훈과 '봄'이라는 뜻의 춘자를 쓴다. 그러나 훈춘의 역사는 이렇게 아름다운 이름과는 거리가 멀다. 훈춘에는 예부터 닭울음소리 3국에 들리고 개 짖는 소리 3강을 놀랜다는 말이 있었다. 두만강 하류 부분의 강 출구까지 아래쪽은 북한이고, 위쪽은 폭이 불과 몇 킬로미터인 긴 띠같이 좁은 중국 땅이 두만강을 따라 달린다. 그리고 그 긴 띠를 압박하듯 러시아 영토가 바깥을 에워싸고 있다. 훈춘의 동해 쪽 끝 팡촨으로 이어지는 긴 띠 모양의 중국 땅과 러시아 땅 사이에 해발 150미터의 작은 산 장구산(장고봉)이 있다. 1938년 일본은 장구산에서 러시아와 전투를 벌였다. 전차와 전투기를 앞세우고 나타난 소련군의 전투력에 고전을 면치 못한 일본군은 고지를 내주고 말았다. 소련과 일본 모두 전쟁을 계속하기를 원치 않았기 때문에 휴전에 합의했지만 일본군은 이 지역을 포기하고 두만강 항로를 봉쇄해버렸다. 그때부터 훈춘 사람들은 동해로 나가던 두만강 출구권을 잃었고 그 뒤 70여 년 넘게 북한과 러시아의 경계에 가로막혀 있었다. 게다가 강 하구 쪽은 수심이 얕고 조·러 친선대교(두만강철교)가 있어 높이 9미터 이상의 배는 지나다닐 수도 없었다.

훈춘은 1900년대 초 지린성 최초로 세관이 설치된 무역도시이다. 지금도 북한 나선시와 변경 무역을 하고 있으며 러시아와의 교류도 활발하

1938년 러시아와 일본이 전투를 벌인 장구산(장고봉)의 옛 모습. 국방부 자료.

다. 남한과 일본이 중국 동북 지역과 무역을 할 경우 가장 빠르고 안전한 길은 북한의 나진을 끼고 훈춘을 통과하는 것이다. 부산이나 속초, 일본의 니가타, 러시아의 자루비노 등을 통해 중국 동북부로 오가는 화물은 반드시 훈춘을 거쳐야 한다.

훈춘에 진출한 한국 기업에서 일하는 한 조선족 노동자는 "한국의 어떤 기업이 훈춘에 진출하는 것이 유리하냐"라는 질문에 "가공업이나 임가공업 쪽이 좋다"고 조언했다. 그는 "최근 1~2년 사이 북한 노동력이 많이 늘어났다. 이곳은 중국 땅이기 때문에 개성과 달리 중국과 계약을 맺고 사업을 진행할 수 있다. 남한 정부의 결단에 달려 있다"고 말했다.

중국 동해 진출의 과거, 현재, 미래

이창주_ 한국해양수산개발원 중국연구센터 연구원

제2차 세계대전과 냉전을 거치며 변방에 머물러 있던 동해에 발전이라는 훈풍이 불고 있다. 중국의 동북 지역 개발 및 동해 진출과 러시아의 극동 지역 개발이 맞물리며 북방경제가 이슈화되고, 일본의 후쿠시마 사태(동일본대지진)에 따른 서일본 지역 개발 논의가 시작되면서 환동해 경제권에 대한 주변국의 이목이 집중되고 있는 것이다. 중국의 동해 진출이 막힌 역사적 배경, 중국 동북 지역 개발 과정, 지금까지 진행된 나진항 활용 및 중국 동해 진출, 그리고 전망까지 망라해서 정리해보고자 한다.

_ 중국이 동해 진출권을 상실한 역사적 배경

1840년에 발발한 아편전쟁은 중국에 씻을 수 없는 상흔을 남겼다. 아편전쟁의 패배로 청나라는 세계 패권국가로서 위상이 실추되었고, 세계 열강의 각축장으로 변모하기 시작했다. 한편 1853년에 발발한 크림전쟁에서 영국과 프랑스에 패배한 러시아는 크림반도에 위치한 세바스토폴 항구에서 물러나 다른 곳의 부동항으로 진출할 움직임을 보였고, 반대로 영국은 러시아의 부동항을 견제하기 위한 움직임을 보였다. 부동항을 찾아 시장을 확보하고 해양으로 군사력을 투사하기 위해 움직이던 러시아에 전 해역의 패권을 장악한 영국의 견제가 시작된 것이다.

이런 상황에서 1856년에 영국기를 게양한 상선 애로호 사건을 시발점으로 발발한 세2차 아편전쟁은 동해를 중심으로 한 동북아 일대에 큰 변화를 일으켰다. 아편전쟁의 결과로 1860년 영국과 프랑스 연합군에 베이징北京이 점령되면서, 중국은 국가 존망의 기로에 서게 되었다. 이때 러시아는 이런 중국과 서양 열강 사이에서 중재에 나섰다. 중국은 1858년 중·러 아이훈조약愛琿條約에 이어 러시아의 중재 조건으로 1860년 중·러 베이징조약을 체결함으로써 연해주 일대를 러시아에 할양하게 되었다. 한편, 중국은 1886년 중·러 훈춘 동계약東界約을 체결하여 훈춘을 기점으로 동해로 나아가는 출해권을 인정받기도 했다. 그러나 1938년 일본군이 두만강 지역으로 진출하자 동해 진출권을 상실했다.

_ 중국의 동북 지역 개발 과정

1945년 제2차 세계대전이 종식되고 1949년 10월 1일 중화인민공화국이 수립되었다. 당시 중국은 소련 일변도 정책을 펼치면서 소련의 원조를 받았고, 중·소 간에 중요한 통로로서 중국 동북 지역은 중국의 중공업기지로 부상했다. 하지만 1953년 이오시프 스탈린Joseph Stalin이 사망한 뒤 1961년 세르게이 흐루쇼프Nikita Sergeevich Khrushchyov가 스탈린 격하 운동을 벌이면서 중·소 간에 갈등의 골이 깊어졌고, 중국 동북 지역은 소련 군사력이 진입하는 통로로 인식되어 중공업기지에서 소련 견제의 전진기지로 전락한다. 동해 진출로가 없던 동북지역은 냉전이 종식된 이후에도 상당 기간 노후화된 중공업기지로 남으며 사실상 발전을 멈추게 되었다.

이후, 중국 국내적으로 1992년 지린성 훈춘시는 국무원의 비준으로 14개의 변경경제합작구 중 하나로 선정되었다. 1995년에는 당시 장쩌민江澤民 중국 국가 주석이 훈춘을 방문하여 동북아 경제협력을 역설하면서 관련 지역을 개발하려는 변화가 꿈틀거렸다. 국제적으로는 소련이 붕괴된 이후 1991년 유엔개발계획이 두만강지역개발계획 TRADP을 추진해 북·중·러 국제 경제협력지대를 건설하기 위한 움직임이 있었다. 하지만 큰 성과는 내지 못했다. 해당 지역을 둘러싼 국가들의 상황이 녹록지 않았기 때문이다.

당시 중국은 동부 연안을 중심으로 한 경제개발에 자원을 집중했고, 동북 지역 개발은 중앙정부가 아닌 지방정부 차원 주도로 진행되어 한계가 있었다. 러시아는 소련이 붕괴된 직후 체제 변화를 둘러싼 혼란이 있었으며, 북한은 소련 붕괴로 체제가 불안정했고, 1992년 한중 관계 정상화로 북·중 간에 불신이 강한 상황이었다. 이후 북·중 관계가 회복되었을 때에도 북한의 핵실험 강행과 한반도 주변 정세의 변화에 따라 관련 지역 개발정책이 진전을 보지 못하였다.

하지만 중국의 새로운 개발계획은 중국 동북 지역과 두만강 일대에 새 힘을 불어넣었다. 중국은 1978년 대외개방 노선을 선택하며 눈부신 경제성장을 이룬다. 그러나 중국은 내적으로 빈부격차와 지역불균형 문제에 봉착하고, 2008년에 미국발 서브프라임 모기지로 인한 세계금융 위기로 중국의 양대 시장인 미국과 유럽의 경제가 흔들리면서 위기를 맞았다. 중국은 내수시장 확장과 지역불균형발전 해소, 그리고 주변국과의 무역 연결을 목표로 동부 선도, 서부대개발, 동북 진흥, 중부 굴기, 광시 북부만 개발을 통한 지역 경제개발 프로젝트를 발표했다. 특히, 중국 동북3성은 동북진흥계획의 구체적 방안으로 2004년 랴오닝성 연해 경제벨트, 선양경제구, 창지투長吉圖 개발·개방 선도구, 하다치哈大齊(하얼빈·다칭·치치하얼齊齊哈爾) 공업 지역 4대 경제벨트를 발표했다. 지방정부 주도로 진행되던 동북진흥 프로젝트는 2009년에 들어서 국가급 개발 프로젝트로 격상되었고, 중국 정부는 관련 지역 인프라 네트워크 건설을 비롯한 종합적 발전 계획을 실행하고 있다.

창지투 개발·개방 선도구는 창춘-지린-투먼장(두만강) 유역을 잇는 지역 개발계획이다. 창지투 개발계획은 북·중·러 접경 지역에 위치한 훈춘을 개방 창구로 삼고 옌룽투(옌지, 룽징龍井, 투먼)를 개방 전진기지로, 창춘·지린을 배후기지로 기능을 분할하여 동북3성과 더불어 두만강지역개발계획의 발전된 모델인 광역두만강개발계획GTI* 개발 지역과 연계하고 창장長江삼각주, 주장珠江삼각주와의 경제협력을 목표로 진행 중이다. 이 목표가 실현되기 위해서 반드시 필요한 조건은 바로 중국의 동해 진출인 제강추하이借港出海 전략이다. 창지투 개발계획의 개방창구로서 훈춘은 두만강을 건너 나진항까지 연결되어 도로항만구역路港口 일체화 계획을 실현하며, 창지투 개발계획의 화룡점정을 찍는다.

_ 나진항을 통한 중국-해외-중국(중외중) 항로의 쌍방향 운송

2012년 4월 13일, 중국 국무원은 "중국 투먼장(두만강) 지역과 훈춘 국제협력 시범구 건설에 관한 약간의 의견"을 발표하면서 훈춘을 향후 국제물류허브로 개발하고, 훈춘의 독특한 지리적 장점을 발휘하여 훈춘과 나선시를 도로, 통상구, 항만 등 인프라로 연결해 종합 교통 운송 조건을 완비한다고 발표했다. 그 예로, 2012년 10월에 북한 나진항과 중국 훈춘 간 2급도로가 완공되면서 훈춘시와 나선특별시를 교량으로

---

* 동북아시아 지역에 설립된 유일한 다자간 지역협력체다. 1992년 두만강 지역 개발 및 경제 협력 증진을 목적으로 설립된 두만강지역개발계획TRADP을 2005년 회원국 중심으로 확대 개편한 것이다. 2009년 북한이 탈퇴해 한국·중국·러시아·몽골 4개국이 회원국으로 참여하고 있다. TRADP는 크게 보더라도 청진, 옌지, 블라디보스토크 등 두만강에 면한 3개 도시를 대상으로 한 반면, GTI는 중국 동북3성과 네이멍구, 몽골 동부 전역, 러시아 연해주, 한국 동해안 도시 등으로 사업범위를 크게 확대했다.

한 중국의 동해 진출이 더 본격화되었다.

나진항은 동북아 지역의 최북단 부동항으로, 항구 입구에는 대초도와 소초도가 있어 자연 방파제 역할을 함으로써 천혜의 항만 조건을 갖추고 있다. 나진항은 현재 1·2·3호부두가 있는데 3호부두는 러시아가 개발하고 있고, 러시아의 하산과 철도(54킬로미터 구간)로 연결되어 운영 중이기도 하다. 중국은 이 중 현재 1·2호부두를 사용하며, 4~6호부두 개발계획을 가지고 있는 것으로 알려졌다. 지린성 정부가 2014년 5월 6일에 발표한 자료에 따르면, 2011년 7월 다롄 촹리회사와 북한이 서로 나진항 1호부두에 대해 30년 동안 개조·이용 계약을 체결했고, 부두 선석을 1개에서 4개로 증설했다. 2014년 3월 28일 중국 『신화넷』 자료에 따르면, 북한 나진항 1호부두 1번선석은 완공되어 연 100만 톤의 화물을 처리할 수 있는데 주요 화물은 석탄이며, 1호부두 3·4번선석은 컨테이너 크레인이 2대 설치되어 있는데, 연간 화물 처리능력이 50만 톤에 달하고, 약 4만 제곱미터의 컨테이너 야적장을 갖추고 있다.

중국은 나진항을 통해 2011년 1월 중국 지린성 훈춘-북한 나진항-동해-상하이 혹은 닝보의 중외중中外中(외국을 경유하지만 중국 국내무역으로 인정) 항로 운영을 처음 시작하며 동해 진출을 실현했다. 2012년 5월 8일까지 총 일곱 차례 상하이, 닝보, 창저우常州 등지로 10.4만 톤의 석탄을 운송했다. 하지만 중외중 항로는 2012년 하반기부터 석탄 가격의 하락, 단일한 운송물품, 소수의 목적항 그리고 단방향 운송 등의 한계로 잠정 중단되었다.

이를 타개하기 위해 2014년 2월 18일, 중국 세관총서는 중외중 양방향 물류를 비준하고, 목적항도 기존의 목적항과 더불어 동부 연안의 취안저우泉州, 산터우汕斗, 광저우廣州 황푸黃埔, 하이난다오海南島 양

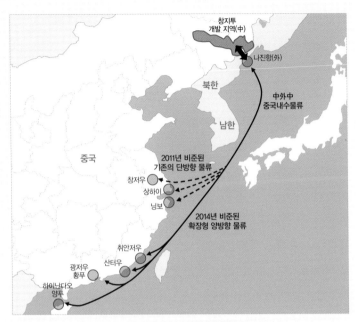

나진항을 통한 중국-해외-중국 항로의 수송 확대와 양방향 물류로의 전환.
한국해양수산개발원 중국연구센터 자료 참고.

푸洋浦 등으로 확대했다. 또 기존 항로는 석탄 운송만 진행했는데, 앞으로 곡물, 식량, 동 세 가지 상품을 중외중 내수물류에 포함시켜 운송할 방침이다. 곡물, 구리는 컨테이너 운송으로, 목재는 벌크형으로 운송할 계획이며, 수출 허가증서가 있는 상품과 수출 관세 지불 상품 이외에, 나진항을 통해 훈춘으로 돌아오는 컨테이너 운송도 승인할 계획이다. 이에 따라 나진항을 통한 중외중 항로는 다시 회복될 것이며, 당분간 비정기 벌크화물과 정기 컨테이너 화물 물류 형식으로 진행될 전망이다.

_ 중국-해외-해외(중외외) 항로와 동해로 투사되는 중국의 경제력

현재 창지투 개발 지역의 인프라 건설은 완성 단계에 있다. 창지투의 후방기지인 창춘·지린 일체화 계획, 개방전진기지인 옌룽투(옌지·룽징·투먼) 지역 인프라 연결 및 산업단지 조성, 개방창구인 훈춘 지역 국제물류단지 건설이 진행 중이며, 나진항 연계 개발도 진행하고 있다. 중국은 2020년까지 개발 관련 투자를 마무리한다는 계획이다. 훈춘 포스코현대의 자료에 따르면, 훈춘에서 나진항까지 향후 고속도로와 철로 건설 계획이 수립되어 있으며, 현재 창춘에서 훈춘까지 고속도로가 연결되었고, 고속철도도 건설 중임을 감안한다면 창지투 개발 지역과 나진항 간 종합적 교통망이 형성될 것으로 전망된다.

창지투 개발 지역과 나진항 연결과 더불어 중국의 동해 진출도 본격화될 것으로 보인다. 2014년 2월 18일에 비준된 중외중 양방향 내수물류가 본격적으로 시작된다면, 기존에 단방향으로 석탄만 운송되던 항로는 컨테이너 물류와 벌크를 겸한 다양한 교역라인으로 발전할 것이다. 앞으로 이 항로가 중외중 내수물류와 더불어 중외외中外外(중국-나진-해외시장) 항로로 확장될 경우 중국 경제력이 동해를 통해 더 광대한 범위로 투사될 것으로 보인다.

4장

일본 서쪽 항만들과 동북아 수송회랑 네트워크

강태호 기자_ 사카이미나토 · 니가타 · 가나자와

일본 서쪽 항만의 물류허브, 인천과 부산

"1991년 당시만 해도 '환일본해'(동해)는 긴장과 빈곤의 바다로 받아들여졌다. 그동안 큰 발전이 없었다고 말하는데 원대한 꿈이 있었고 급격한 발전이 있었다. 가장 큰 변화는 환일본해 협력을 한국이 이끌어왔다는 것이다."

2014년 4월 17일 도쿄 일·중 동북개발협회 사무실에서 만난 미츠하시 이쿠오三橋郁雄 에리나ERINA(재단법인 환일본해경제연구소) 특별연구원은 이렇게 말했다. 에리나는 동북 서쪽 동해에 면한 니가타의 대표적인 환동해 연구기관이다. 미츠하시 연구원에 따르면, 일본 서쪽 항만들은 부산 항만의 세계 물류 네트워크에 크게 도움을 받았다는 것이다. 인천국제공항도 마찬가지다. 그는 "부산, 인천 등이 물류허브를 주도적으로 이끌어가면서 지난 10년간 환일본해권 경제교류를 크게 발전시켰으며, 시베리아−유럽 철도 연결에서도 한국의 물류가 차지하는 비중이 높기 때

부산항을 허브항으로 이용하는 사카이미나토에서 선적되고 있는 한진컨테이너.　ⓒ신소영

문에 적극적인 역할을 하게 될 것"이라고 덧붙였다. 실제로 돗토리현鳥取縣의 동해에 면한 사카이미나토境港에 가기 위해 내린 요나고米子공항에서 그의 말을 실감할 수 있었다.

　　인천에서 요나고공항까지는 1시간 30분 정도 걸린다. 공항에서 차로 15분 정도 가면 사카이미나토가 나온다. 요나고에서 도쿄국제공항인 나리타成田까지가 1시간 30분이니 비슷한 거리다. 이 때문에 일본의 지방공항에서 해외로 나가는 이들은 나리타가 아닌 인천공항을 이용한다고 한다. 인천 쪽이 국제선 항공기편이 많고 훨씬 편하다는 것이다. 나리타 대신 인천이 일본 지방공항의 허브 역할을 하는 셈이다. 마찬가지로 부산항은 일본 서해 쪽 항만의 허브 항만 역할을 하고 있다. 아시아에서 부산항은 중국을 제외하면 싱가포르에 이어 유일하게 세계 10대 항만 가운데 하나이며, 2013년 컨테이너 물동량은 1,767만TEU로 세계 5위 수준이다. 그에 반해 일본 서해안 13개 무역항 가운데 동북경제권에 위치하며 유일하게 10만TEU를 넘는 가장 큰 니가타항의 물동량은 18~20만

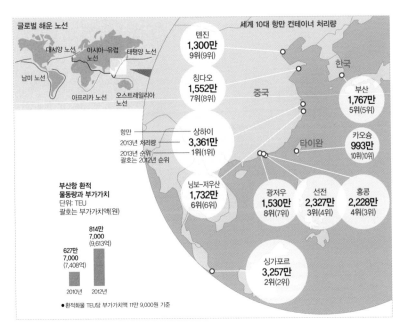

글로벌 해운 노선

대서양 노선
아시아-유럽 노선
태평양 노선
남미 노선
아프리카 노선
오스트레일리아 노선

세계 10대 항만 컨테이너 처리량

텐진
1,300만
9위(9위)

칭다오
1,552만
7위(8위)

한국

부산
1,767만
5위(5위)

중국

항만
2013년 처리량
2013년 순위
괄호는 2012년 순위

상하이
3,361만
1위(1위)

타이완

카오슝
993만
10위(10위)

부산항 환적
물동량과 부가가치
단위: TEU
괄호는 부가가치액(원)

닝보-저우산
1,732만
6위(6위)

광저우
1,530만
8위(7위)

선전
2,327만
3위(4위)

홍콩
2,228만
4위(3위)

814만
7,000
(9,613억)

627만
7,000
(7,408억)

2010년 2012년

● 환적화물 TEU당 부가가치액 11만 9,000원 기준

싱가포르
3,257만
2위(2위)

세계 10대 항만의 컨테이너 처리량과 글로벌 해운 노선. 조선닷컴 자료 참고.

TEU 수준이다. 일본의 5대 무역항인 도쿄東京, 요코하마橫濱, 나고야名古屋, 고베神戶, 오사카大阪는 모두 태평양 연안에 집중돼 있다. 2010년 기준 서해 쪽 항만의 화물 취급량이 7.3퍼센트인 반면, 이들 5대 항만은 78퍼센트에 이른다. 일본의 서쪽 지역이 태평양 쪽에 비해 산업적으로 낙후돼 있음을 보여주는 지표다. 하지만 일본 최대 항만인 도쿄항의 규모는 세계 25위다. 그러다보니 니가타, 사카이미나토, 가나자와金澤 등 서쪽 항만은 지리적으로 봐도 가까운 부산 또는 상하이 항로로 화물을 보내게 된다. 한국의 인천, 부산은 벌써부터 일본을 따돌리고 동북아 물류 허브 역할을 하고 있는 셈이다. 실제로 부산항은 2012년 환적화물 810만TEU로 세계 3위를 기록했다.

이 가운데 부산과 일본 항만들 간의 환적물량은 2001년엔 일본 전체

1부 환동해와 북방 협력의 현장을 가다

컨테이너 물동량의 3.77퍼센트였으나 2012년엔 두 배 가까운 7.05퍼센트를 기록했다. 미츠하시 특별연구원은 그 계기로 1995년 한신 대지진을 든다. 고베항이 마비돼 타격을 입은 일본 내 물류시스템이 부산의 허브기능을 통해 회복됐다는 것이다. 그는 한국의 역할을 높이 평가하면서도 박근혜 대통령의 유라시아 이니셔티브를 어떻게 생각하느냐고 묻자 "가장 중요한 것은 (한·일 간) 교류의 확대이다. 그래야 정치적인 문제를 넘어설 수 있다"면서 뼈있는 한마디를 덧붙였다. "일본을 고립시킨 상황에서는 발전이 불가능하다."

'동북아시아의 관문', 사카이미나토

환동해 협력에서 일본의 저력은 다른 데 있다. 환동해는 글로벌, 국가, 지역, 지방이라는 다양한 주체가 다양한 차원에서 자율적으로 병존하는 공간이다. 권세은 경희대 환동해지역연구센터 소장에 따르면, 환동해에서는 다층적이고 다차원적인 중층적 지역화 과정이 진행되고 있다고 한다. 중앙이 아닌 지방이, 큰 항만이 아닌 작은 항만이 주도하는 협력이다. 요나고공항에서 20분 거리에 있는 사카이미나토는 돗토리현과 인근 시마네현 경계에 있다. 사카이라는 말 자체가 경계라는 뜻이다. 한 해 처리되는 컨테이너 물량은 2만TEU에도 못 미친다. 사카이미나토무역진흥회는 부산 신항 터미널의 하루가 사카이미나토의 1년과 같다고 했다. 오히려 대게, 참치 등의 어획량이 일본에서 1·2위이니 항만이라기보다는 주요 어항에 가깝다. 인구도 4만 명에 못 미친다. 그럼에도 이 작은 항만 사카이미나토가 내세우는 것은 '동북아 게이트웨이(관문)'다.

2014년 4월 16일 항만 안내를 위해 시에서 나온 다테 겐타로伊達憲太

郞 산업부장은 취재팀에 통역이 있는데도 중국 훈춘시에서 파견돼 온 조선족 통역을 대동했다. 전날 사카이미나토무역진흥회에서 준 항만 및 시현황 자료도 모두 한글로 돼 있었다. 그뿐만 아니라 시내 거의 모든 표지판에는 한글이 병기돼 있을 정도다. 주 1회 한국의 동해와 러시아 극동의 블라디보스토크를 연결하는 국제정기크루즈선(DBS크루즈페리의 이스턴드림호)을 운항하고 있기 때문이겠지만 그렇다고 해도 국제화 수준은 놀랄 만하다.

사카이미나토가 있는 돗토리현은 환동해 교류의 일본 서쪽 거점을 내세우고 있다. 한국 동해안과 일본을 연결한 최초 항로이자 러시아 극동과 서일본을 연결하는 유일한 정기화객선 항로이며, 시베리아횡단철도를 이용하는 신항로는 모스크바까지 해상운송에 35~40일 걸리는 데 비해 20일이면 가능하다는 것이다. 지금은 중단됐지만 이미 1992년 원산과 자매결연을 맺고 북한 수산물을 수입하기도 했다. 강원도, 중국 지린성, 러시아 연해지방, 몽골 울란바토르 지역과 함께 '동북아 지역의 국제교류·협력을 위한 지방정부 간 지사·성장회의'에 적극 참여하고 있다. 사카이미나토무역진흥회의 야마모토 겐지山本賢治 사무국장은 일본이 광역두만강개발계획의 회원국이 아님에도 2015년 8월 광역두만강개발계획 지방협력위원회를 돗토리현이 공동주최할 계획이라고 밝혔다.

서쪽 항만들의 거점항구 지정과 국제화

일본의 5대 무역항이 동쪽 태평양 연안에 집중돼 있지만 일본 국토교통성은 2010년부터 동해(일본 서쪽)에 면한 거점항구 구축에 나섰다. 북쪽 홋카이도의 왓카나이稚內항부터 남쪽 규슈九州의 나가사키長崎항까지 전

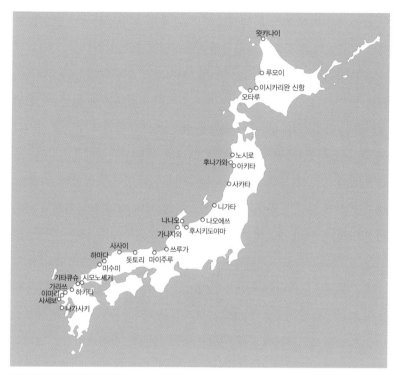

일본의 동해 쪽 기반항만 후보 항구.

부 26개 항만을 대상으로, 주변 국가의 경제발전을 일본 성장에 유리하게 도모하기 위해서 지리적으로 중요한 동해와 근접한 항만이 갖춰야할 입지 및 기능 등이 고려됐다. 마에다 다케시前田武志 국토교통대신은 2011년 11월 중국과 한국, 러시아 등과의 무역 및 관광 핵심 시설로 삼기 위해 국가가 발전을 지원하는 '일본해 거점항구'를 19개 선정했다고 발표했다. 기능을 한정하지 않고 항구 전체의 강화를 도모하는 '종합 거점항'은 니가타, 하카타博多 등 규모가 큰 5개 항구이다. 국제 해상컨테이너와 국제정기여객 등 분야별로 정비하는 '기능별 거점항'으로는 아키타秋田와 이마리伊万里(사가현) 등 14개 항구를 선정했다. 해외와의 정기

항로 개척 지원과 거점항 사이의 연대 등을 진전시켜 한국의 부산항 등 해외 항구에 대한 경쟁력을 강화하겠다는 것이다.

그 배경은 2007년에 중국이 미국을 제치고 일본의 최대 무역상대국이 되는 등 아시아 주변 국가와의 관계가 깊어지고 있다는 데 있다. 현재 한국·중국·아세안 10개국과의 무역은 일본 전체 무역액의 절반을 차지하고 있다. 동해 쪽 항만 육성 방침은 2011년 3월 11일 동일본대지진으로 더욱 강화되고 있다. 동일본대지진은 센다이仙臺항과 하치노헤八戶항 등 태평양 연안 항만에 막대한 피해를 입혀 일시에 항만 물류기능이 완전히 마비됐다. 이런 가운데 피해 지역으로의 구원물자 운송이나 복구·재건을 위한 물동량을 아키타항과 니가타항 등 동해 쪽 항만이 맡았다. 이로써 그해 3월 니가타항의 국제 컨테이너 화물 취급량은 2010년 같은 달 대비 21퍼센트 증가하였다. 동일본대지진은 재해 시 대체 운송로 확보를 더는 미룰 수 없는 과제로 제시했다. 이미 1995년 한신대지진은 고베항을 허브항만으로 하던 서일본 지역 국제물류 네트워크의 붕괴를 초래했다.

또한 동해 쪽에 항만을 두고 있는 일본의 지방자치단체들도 항만을 이용한 국제물류의 확대를 지역경제 부흥으로 연결하려는 정책을 추진해왔다. 여기서 강조되고 있는 것이 국제 해상 컨테이너 화물의 취급을 확대하는 것이다. 아라이 히로후미新井洋史 에리나 조사연구부 주임에 따르면 1990년대 말까지 일본의 국제 컨테이너 화물은 대도시권에 자리 잡은 큰 항구(도쿄, 요코하마, 나고야, 오사카, 고베) 5개가 중심이었다. 1989년 기준 전국 국제 컨테이너 취급량에서 이들 5대 항의 점유율은 92.7퍼센트였다. 그러나 1989년부터 2009년까지 20년간을 보면 5대 항 이외 항만의 약진이 두드러졌다. 전국 컨테이너 물량이 2.2배 늘어나는 데 그쳤음에도 이들의 컨테이너 취급량은 6.3배나 증가하였다. 이로써 5대 항의

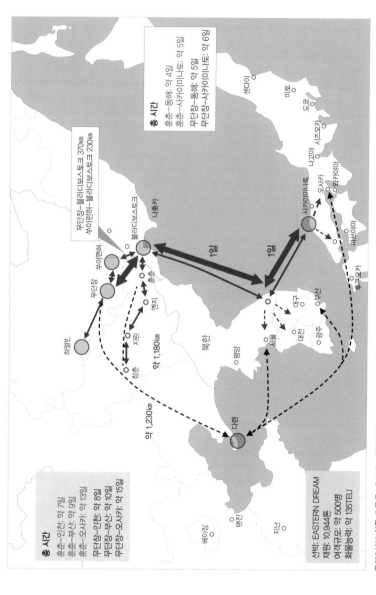

총 시간
훈춘-동해: 약 4일
훈춘-사카이미나토: 약 5일
무단장-동해: 약 5일
무단장-사카이미나토: 약 6일

무단장-블라디보스토크 370㎞
쑤이펀허-블라디보스토크 230㎞

블라디보스토크

나홋카

무단장

쑤이펀허

훈춘

옌지

지린

하얼빈

북한

약 1,180㎞

약 1,230㎞

평양

서울

대전

광주

대구

부산

다롄

톈진

지난

베이징

사카이미나토

나고야

오사카

요코하마

시즈오카

도쿄

마쓰에

후쿠오카

센다이

미토

1일

1일

총 시간
훈춘-인천: 약 7일
훈춘-부산: 약 9일
훈춘-오사카: 약 13일
무단장-인천: 약 8일
무단장-부산: 약 10일
무단장-오사카: 약 15일

선박: EASTERN DREAM
재원: 10,944톤
여객규모: 약 500명
화물능력: 약 135TEU

동북3성과 환동해 물류 네트워크. 한국해양수산개발원 자료 참고.

점유율은 78.6퍼센트까지 떨어졌다.

1989년 동해 쪽에서 국제 정기 컨테이너 항로를 가진 항만은 북규슈항, 하카타항, 니가타항, 후시키도야마伏木富山항, 가나자와항, 쓰루하시鶴橋항 6개 항만밖에 없었다. 그러나 2010년까지 19개 항만으로 늘었다. 그 배경으로는 일본 내에서 운송비 부담이 커지고 엔고의 진전이나 버블 경제에 의한 국내 서비스 가격의 상승 등에 따라 해외 생산 비중이 커지면서 중국, 동남아 등과의 물동량이 확대된 것을 들 수 있다. 그에 반해 1990년대까지 아시아의 맹주였던 일본의 5대 항만은 국제 경쟁력을 잃기 시작했다. 고베항은 1990년대 초까지 세계 4~5위 컨테이너 항만이었으나 고베대지진 이후 20위권 밖으로 밀려났고, 도쿄, 오사카, 나고야 등의 대표적인 항만도 중국의 항만들과 비교하면 지역항 수준으로 전락했다. 일본 정부는 이를 극복하려고 2005년 항만 산업 부흥을 위해 '슈퍼 중추항만 육성계획'을 내놓고 동북아 허브항 경쟁에 뛰어들었으나, 교역의 흐름이 중국, 아시아 쪽으로 이동하는 현실을 넘어설 수는 없었다.

동해 쪽 일본 지방 항만 간의 경쟁과 대륙 운송로

현재 동해 쪽에는 16개 항만에 한국 항로가, 11개 항만에 중국 항로가 취항하고 있다. 서로 경쟁하는 이들 항만은 다른 항만과 차별화하기가 쉽지 않다. 이것이 각 지방자치단체들이 독자적으로 특징적인 항로를 개설하는 등 변화를 꾀하는 이유다.

예컨대 돗토리현은 사카이미나토 – 동해 – 블라디보스토크 항로를 운항하는 DBS크루즈호와 관련해 선박회사나 일본으로 오는 여행객들에게 보조금을 지급한다. 니가타가 속초(한국), 자루비노(러시아) 등을 잇는

1부 환동해와 북방 협력의 현장을 가다

'동북아시아 페리 항로' 개설과 재개를 적극 지원하는 것도 마찬가지다. 당연히 이들 항만의 관심사는 시베리아횡단철도를 이용해 유럽과 아시아 복합 일관운송 루트를 구축하는 것이다. 이를 뒷받침하기 위해 국토교통성은 니가타항(2010), 후시키도야마항(2009), 하카타항(2011)에서 블라디보스토크항, 시베리아철도를 경유해 모스크바나 시베리아로 수출화물을 운송하였다. 이 시범운송에서 인도양 경유 루트보다 운송일수가 짧다는 것이 명백하게 드러나 이 루트의 유효성을 확인한 바 있다. 비싼 운임, 통관절차 문제 등이 제약으로 작용하고 있지만 일본, 특히 동해 쪽 항만들이 미래를 북극해 항로와 동해를 가로질러 대륙으로 연결되는 동북아 수송회랑 네트워크에 두고 있는 건 분명하다.

세계의 시장 중국을 겨냥한 '일본해' 횡단항로 추진

강태호, 이나리 요시유키_ 니가타현 교통정책국 항만과장

동해에 면한 일본 서쪽 항만들 가운데 규모가 제일 큰 니가타는 '일본해' 횡단항로에 가장 적극적이다. 사카이미나토가 동해 – 블라디보스토크 항로를 개설해 운영하고 있듯이 니가타는 한국, 러시아, 중국과 4개국 합작기업으로 2008년 12월 속초시에 동북아시아페리주식회사를 세우고 속초 – 자루비노 – 니가타를 잇는 항로를 운항했다. 그러나 안정적인 선박 전세 계약에 난항을 겪는 등 어려움을 겪다가 2009년 9월을 마지막으로 문을 닫았다. 2014년 4월 18일 니가타 현청에서 이나리 요시유키稻荷善之 항만과장을 만났다. 그는 여전히 선박 확보의 어려움을 밝혔으나 "중국 남부 연안 지역의 인건비 상승 등으로 동북3성의 경제발전 개연성이 크며, 중국이 세계의 공장에서 세계의 시장으로 바뀜에 따라 일본해 횡단항로의 중요성은 더욱 커지고 있다"고 말했다.

강태호(이하 강): 니가타항의 발전방향, 동해 쪽 다른 항만과 지자체 간의

니가타현 교통정책국 항만과장
이나리 요시유키.
ⓒ신소영

협력은 어떻게 진행되고 있는가?

이나리 요시유키(이하 이나리): 90퍼센트 이상이 아시아 쪽인데 부산을 거쳐가는 항로와 중국과의 직접 항로 등 모두 12개 컨테이너 항로가 있다. 상하이의 비중이 부산을 능가한다. 중국에서 동남아로 이전하는 일본 기업들의 흐름 속에서 물류도 동남아 쪽이 증가 추세이다. 니가타항은 항만까지의 도로를 철도로 바꾸고 4월에는 항만운영회사가 설립됨으로써 컨테이너 터미널의 민영화가 이뤄져 마케팅 능력이 커지고 있다. '일본해' 거점항으로 일본 서쪽 지역의 산업생산 능력이 상대적으로 낮기 때문에 캐러밴으로 각 항만을 거쳐가며 물량을 확보하는 수송항로를 택하고 있다. 크루즈선 입항이 늘고 대형화되어 유치하는 데 힘을 쏟고 있다. 태평양 연계보다는 동해 쪽 루트를 제안할 예정이다.

강: 2011년 후쿠시마 원전사고 이후의 변화는?

이나리: 지진으로 동북 지방이 대안항로 역할을 했다. 원전사고로 인해 에너지 수입선을 러시아 쪽으로 이전하려는 움직임은 많지 않다. 그보다는 대형지진, 특히 직하형 지진이 태평양 쪽에 몰려 있어 일본해 쪽이 항만기능을 대신할 수 있는지에 대한 국가적 조사가 있었다. 항만 능력을 연간 40만TEU(현재는 연간 18만TEU 수준)로 확대할 필요성이 지적됐다.

강: 북극해 항로 개설에 대한 전망은?

이나리: 니가타 항만은 유럽 쪽 물동량이 많지 않을 뿐만 아니라 일본 정부가 태평양 쪽 5대 항만을 중심으로 미국 쪽 기반항로를 유지하는 방침을 견지하고 있어 큰 변화를 기대하기 어렵다. 북극해 거점항만에 적극적인 부산의 대형선박이 지나갈 때 니가타에서 화물을 싣고 갈 수 있지 않을까 생각한다.

강: 동북3성, 러시아, 북한 쪽과의 지리적 근접성, 그리고 두만강 지역에서의 북·중·러 협력에 대한 대응은?

이나리: 보조금 지급 등 동북아 페리 항로 재개를 추진하고 있다. 일본 기업들이 많이 진출한 다롄과 자동차 중심의 공업도시 창춘, 훈춘의 의류기업들을 고려할 때 기존 니가타 – 다롄을 거쳐 창춘으로 가는 노선에 비해 자루비노 – 훈춘이 운송거리나 수송기일을 절반 이상 단축할 수 있다.

전문가 분석

니가타항, 만경봉호가 오고 간 북송사업의 현장

박성준_ 한국해양수산개발원 전문연구원

_ 북·일 특수관계의 현장

일본 니가타는 환동해 경제권의 또 다른 일원인 북한과 일본의 특수한 관계를 잘 보여주는 곳이다. 제2차 세계대전에서 패한 일본이 '인도주의'라는 깃발 아래 장차 일본 경제에 부담이 될 것이 분명한 재일교포들을 북한으로 송환하기 위해 벌인 이른바 '재일교포 북송사업'의 일본 측 기점이 바로 니가타이기 때문이다.

이후 2006년 7월 북한 핵 문제와 납치자 문제로 북·일 관계가 얼어붙으면서 원산과 니가타를 오가던 만경봉호 뱃길이 끊길 때까지 냉전시대는 물론 탈냉전시대 내내 북·일 인적 왕래와 물자교류에서 대표적인 일본 내 거점 구실을 한 곳도 니가타이다.

재일교포 북송선 만경봉호가 처녀 출항한 지 55년이 지난 오늘날,

전망대에서 내려다본 니가타항 전경.   ⓒ신소영

니가타는 여전히 북·일 간 갈등과 협력이 부침하는 현장이다. 일본과
북한은 납치자 문제, 미사일 문제, 북한 핵 문제 등을 둘러싸고 벌써
10년째 밀고 당기기를 계속하고 있다. 일본이 '특정 선박의 입항금지
특별조치법'을 공포하여 북한 일부 선박의 입항을 금지한 때가 2004
년 6월이다.

　2006년 7월 북한이 장거리로켓 시험을 강행하자 일본은 만경봉 92
호의 니가타 등 일본 내 입항을 금지했다. 2007년 이후 연속 7년째 북
한과 일본의 무역액은 공식적으로 '제로' 행진을 계속하고 있다. 다만
2014년 3, 4월 북·일 간 공식, 비공식 접촉을 통해 북한이 일본에 '만
경봉 92호'의 일본 국내항 입항을 요구했으며, 5월 말 스웨덴 스톡홀
름에서 있었던 북·일 협상에서 납치 실종자 문제에 대한 재조사 합의
로 숨통이 트일 수 있으리라는 기대를 낳았다. 이는 그만큼 북·일 관
계에서 만경봉호의 상징성이 크다는 걸 보여준다.

　그 뒤 두 나라는 7월 납치자 문제와 관련해 합의하면서 인도적 목적
의 북한 선박 일본 입항 금지, 양국 간 인적 왕래 제한, 북한에 한해 특

만경봉호가 접안했던 니가타 서항.　　　　　　　　　　　　　　　ⓒ구성목

별히 책정된 송금보고 의무 세 가지 대북제재 조치를 해제했다. 이로
써 납치자 재조사 개시 단계에서는 해제대상이 아니라는 게 일본 견해
이지만 재조사의 진전에 따라 만경봉 92호가 일본을 오갈 확률이 높아
졌다.

_ 만경봉호와 만경봉 92호

흔히 '만경봉호'라고 통칭하지만 북한의 여객선은 서로 다른 '만경
봉호'와 '만경봉 92호'가 있다. '만경봉 92호'는 배 이름 그대로 '만경
봉호'를 1992년에 새로 만들었다는 뜻이다. 이 배는 김일성 주석 80회
생일을 맞아, 재일조선인총연합회(조총련)가 직접 건조비를 마련했고,
조총련 산하 상공인들이 성금을 모아 배 건조에 기여했다. 당시 조총
련에서는 40억 엔(약 400억 원)을 지원했다. 만경봉 92호는 2002년 부
산 아시안게임 당시 북한 응원단 288명을 태우고 와서 우리에게 잘 알
려져 있다. 당시 원산항에서 부산 다대포항까지 이동, 정박해 있으면

서 북한 응원단의 숙소로 활용됐다.

재일교포 북송을 맡았던 만경봉호는 1971년 8월 설계돼 두 달간 청진조선소에서 건조됐다. 승무원 80여 명과 승객 300여 명을 태울 수 있는 만경봉호는 5,000톤 규모로 원산항과 일본 니가타항을 약 50시간에 걸쳐 운항했다.

_ 1959년 니가타 – 청진 간 첫 북송선

일본은 재일교포 북송 프로젝트를 추진하기 위해 정부가 직접 나서는 대신, 일본적십자사라는 '대리인'을 내세워 조용히 일을 추진했다. 재일교포를 송환하기 위한 은밀한 움직임은 1955년 7월 일본적십자사가 제네바의 국제적십자사 본사를 방문하여 '재일조선인들은 일본 내 소수민족이 아닌(즉 일본 국민이 아닌) 국제법하에 있는 외국인'이라고 주장하는 것으로 시작됐다. 이듬해 1월 말 일본적십자사 대표는 직접 신의주를 경유하여 평양에 들어가 협상을 벌였다. 1959년 12월 마침내 니가타항에서 북한 청진항을 목적지로 한 첫 북송선이 출항함으로써 일본의 노력은 결실을 거두었다.

재일동포 북송사업 초기엔 소련 국적 여객선 토보리스크호, 크리리온호, 노즐리크호 등을 이용해 1959년부터 1967년까지 8만 8,611명이 북한으로 돌아갔다. 만경봉호는 1971년부터 1983년까지 취항했다. 북쪽 보도에 따르면 20여 년간 300회, 북한 방문단 3만 270여 명과 1만 5,000여 톤의 화물을 수송해 1992년 '김일성훈장'을 받았다. 만경봉호는 운항이 중단된 뒤 화물선으로 사용됐으며, 2011년 8월 제1회 나선 국제상품전시회 기간에는 외국인을 대상으로 한 유람선으로 활용됐다. 1992년 취항한 만경봉 92호는 원산항에 정박 중이다. 2011년 8월 나진항에서 금강산을 오가는 시범관광 유람선으로 활용된 것

옛 모습을 잃어버린 '보토나무 도리'(버드나무길).　　　　　　　　ⓒ구성목

으로 보도되었다.

당시 북한으로 떠나기 위해 니가타에 모였던 재일교포들은 도쿄는 물론 교토京都, 오사카, 히로시마廣島, 야마구치山口, 그리고 북쪽으로 멀리 홋카이도北海島 등 일본 전역에서 짧게는 1박 2일, 길게는 사나흘 동안 열차를 달려 니가타에 내렸다. 일본은 이들 재일교포들을 일단 니가타적십자사에서 마련한 임시 숙소에 며칠간 집단 수용했다가 출항 당일 버스에 실어 항구로 보냈다.

_ 옛 모습을 잃어버린 '보토나무 도리'

일본은 니가타 서항으로 가는 길에 재일교포의 북송을 기념하기 위해 버드나무를 심었고, 훗날 이 길을 한국어 발음을 일본식으로 옮겨 '보토나무 도리'라고 불렀다. 추방이나 다름없는 사업을 '인도주의'로

보토나무 도리 옆 니가타현 조총련 본부 및 조국왕래기념관. 셔터를 내린 채 닫혀 있다. ©구성목

포장하기 위한 일본 정부의 치밀함은 이처럼 세밀한 데까지 손길을 미쳤다.

그사이 니가타에 남은 북·일 교섭사의 물증도 갈등의 역사 속으로 하나둘 사라지고 있다. 일본이 조성했다는 버드나무길은 현재 니가타의 대표적인 랜드마크로 컨벤션센터와 전망대 기능을 겸한 도키메시 빌딩 뒤편에 있지만, 이 길에 있던 버드나무들은 이미 베어지거나 사라져 드문드문 남아 있을 뿐이다.

길 한쪽에 니가타시가 세운 유래를 설명하는 표지판과 이 표지판 바로 옆에 1959년 당시 조총련 니가타현 본부가 세운 목재 푯말이 달랑 서 있다. 과거 성세를 누렸을 니가타 조총련 본부 사무실은 북·일 관계가 악화된 이후 사무실 압수수색 등 일본의 계속되는 제재의 영향으로 자금난에 시달리다 문을 닫았다. 낡은 건물은 셔터가 내려진 채

인적이 끊긴 듯 을씨년스럽기만 했다.

_ 인도주의와 거리가 멀었던 재일교포 북송사업

니가타를 북한과 특별한 관계로 맺어준 일본의 재일교포 북송사업은 인도주의와는 거리가 먼, 일본의 전후복구 전략 및 대외정책에 따라 철저하고 주도면밀하게 입안되고 실행된 정치적 사업이었다.

한국전쟁 정전 후 북·일 간 교섭은 의외로 빨리 시작됐다. 1955년 1월이면 이미 일본의 당시 총리 하토야마 이치로鳩山 一郞(2009년 총리에 오른 하토야마 유키오鳩山由紀夫의 친조부)와 북한의 남일 외상 사이에 대일 관계개선 및 경제교류 의사가 교환된다. 같은 해 10월, 일본 사회당 대표단 방북 형식으로 북·일은 '무역촉진에 관한 의사록'을 교환함으로써 상호 교류의 발판을 마련하는 데 성공했다.

일본의 재일교포 북송사업은 바로 이러한 기류를 타고 실행에 옮겨졌다. 일본 정부가 이 사업을 추진한 데에는 전후에도 그대로 일본에 남을 수밖에 없었던 65만 명에 이르는 재일교포를 남한 또는 북한으로 송환함으로써 잠재적인 사회불안 요소를 줄이고 전후복구 및 부양의 부담을 남북한에 전가하려는 의도가 작용했다.

5장

몽골, 중·러에 갇힌 내륙국가에서 대륙연결망 국가로

강태호 기자_ 울란바토르·아이락·샤인샌드·자민우드

몽골 인구의 절반이 모여 사는 수도, 울란바토르

2014년 4월 28일 울란바토르(붉은 영웅이라는 뜻)에 갔다. 갈기를 세운 말 머리 상징이 인상적인 몽골 미아트MIAT항공을 타고 오후 2시 20분 인천 공항에서 베이징 상공을 지나 서북쪽 네이멍구의 다싱안링大興安嶺산맥 을 넘었다. 시차는 몽골이 1시간 늦다. 3시간 30분여 만에 도착한 울란바 토르공항은 칭기즈칸공항이라는 이름에 비해 꽤 소박했다. 비행기에서 내려 입국심사대까지가 100여 미터에 불과했다. 일본의 차관 제공에 힘 입어 시 외곽에 초현대식 새 공항 건설에 착수했지만, 아직은 벌판이라 고 했다.

오후 5시 넘어 울란바토르 시내로 들어가는 길은 퇴근시간이 아니었 음에도 온통 사람들과 차들로 북새통이었다. 좁은 도로 사정 탓도 있겠 지만, 5부제를 시행하고 있는데도 아침부터 밤까지 정체가 계속됐다. 울 란바토르와 인근 지역의 게르촌까지 인구의 거의 절반이 몰려 산다는 게

몽골 미아트항공기 내 전자 스크린이 보여주는 인천 - 울란바토르 간 비행 노선.

실감이 났다.

　몽골 인구는 300만에도 못 미친다(2013년 293만 명). 그에 반해 몽골의 국토면적은 156만 7,000제곱킬로미터로, 한반도의 7배, 남한의 15배 이상 크다.* 국민 1인당 국토면적이 세계에서 가장 넓은 나라이며, 사막이 전 국토의 40퍼센트에 이른다. 그러다보니 하늘에서 내려다본 몽골의 모습은 망망대해와 같은 초원과 사막 위에 울란바토르, 샤인샌드, 초이발산, 자민우드 등 몇몇 도시가 섬처럼 떠 있는 것 같다. 그리고 울란바토르를 중심으로 남쪽으로는 초이르, 아이락, 샤인샌드, 자민우드, 북쪽으로는 다르항, 수흐바타르 등만이 단선철도인 몽골종단철도Trans-Mongolian Railroad(TMGR)와 2차선 도로로 가느다란 띠처럼 연결돼 있다.

　몽골 철도의 총연장은 1,815킬로미터다. 그에 비하면 도로의 총연장은 4만 9,250킬로미터로 25배가 넘는다. 하지만 운송수단은 절대적으로 철도에 의존한다. 도로 가운데 포장도로가 전체의 5.3퍼센트인 2,528킬로미터에 지나지 않기 때문이다. 이 철도 또한 1,100킬로미터의 몽골종

---

* 한반도 면적은 22만 3,348제곱킬로미터로, 북한이 약 12만 제곱킬로미터, 남한이 10만 제곱킬로미터이다.

5월 초 울란바토르 시내에 함박눈이 내리고 있다. 한국에서 수입한 현대자동차 버스가 보인다.　　　ⓒ강재훈

단철도와 동북부에 나 홀로 있는 초이발산 기간노선 286킬로미터를 제외하면 나머지 7개 지선은 몇십 킬로미터 수준이다.

　각각의 도시들이 섬처럼 고립돼 있다는 문제보다 더 몽골을 규정하는 것은 '바다'가 없다는 점이다. 몽골은 남과 북으로 중국과 러시아에 에워싸여 있다. 러시아와의 접경이 3,400여 킬로미터, 중국 쪽이 4,700킬로미터로 총국경선이 8,100여 킬로미터에 이른다. 하늘을 제외하면 몽골을 외부세계와 연결해주는 통로는 몽골종단철도이며, 그것도 오직 두 곳뿐인데 모두 러시아와 중국을 거쳐야 한다. 몽골종단철도는 북으로 러시아와 접한 국경도시 수흐바타르, 남으로 중국과 접한 국경도시 자민우드를 지나 각각 시베리아횡단철도와 중국횡단철도로 연결된다.

몽골은 축복받지 못한 땅?

강대국 패권의 지정학에 대해 깊이 있게 분석해온 미국 칼럼니스트 로버트 캐플런Robert Kaplan에 따르면, 중국은 '축복받은 지리적 위치'에 있다.* 중국은 양질의 항구가 많이 있는 1만 4,484킬로미터의 온화한 해안선을 갖고 있다. 세계 10대 항만 가운데 부산, 싱가포르, 두바이를 제외하면 상하이, 선전, 홍콩, 닝보·저우산舟山, 칭다오青島, 광저우廣州, 톈진天津 등 7개 항만이 중국의 동부 연안 지역에 있다. 따라서 중국은 대륙 강대국이자 해양 강대국일 수밖에 없다. 중국이 유라시아의 패권을 넘어 세계에 위협적인 존재가 될 수 있는 것은 대륙의 자원에 접근할 수 있는 해안지대를 확보하고 있기 때문이다. 반면에 지정학적인 관점에서 지역 대부분이 북해, 베링해, 북극해 등의 얼음바다에 둘러싸여 있는 러시아는 유라시아 중심축 지역에 있지만, 이런 이점을 누리지 못하기에 세계를 위협할 만한 패권국이 될 수 없다는 게 캐플런의 지적이다.

몽골은 내륙국가다. 바다가 아예 없다. 그런 점에서 보면 몽골은 6,000여 곳의 광물자원 매장지에 석탄, 구리, 금, 우라늄, 형석, 철광석, 석유 등 80여 종의 광물이 있어 자원 부국**이라는 축복을 받았지만, 한편 가장 축복받지 못한 지리적 위치에 있다. 그것도 남과 북으로 8,100여 킬로미터에 이르는 국경선에 걸쳐 거대한 중국과 러시아에 에워싸여 있으니 당연히 두 나라의 입김이 거세다.

---

* 로버트 캐플런, 「중국 패권의 지정학: 중국의 대륙·해양 패권은 어디까지 미칠 것인가」, 『포린 어페어스』, 2010년 5·6월.
** 구리 2위, 형석 3위, 석탄 4위, 몰리브덴 11위, 희토류는 전 세계 매장량의 16퍼센트를 차지하고 있다.

1부 환동해와 북방 협력의 현장을 가다

남쪽 중국과 국경을 접한 자민우드에서 샤인샌드를 지나 울란바토르로 가는 몽골 화물열차.　　　Ⓒ강재훈

몽골의 목줄과 몸통을 쥐고 있는 중국과 러시아

2014년 4월 30일 울란바토르에서 남동쪽으로 750여 킬로미터 떨어진 국경도시 자민우드(길의 문이라는 뜻)로 갔다. 동행한 청조해운항공의 강민호 몽골지사장은 "중국이 몽골의 목줄을 쥐고 있는데 자민우드가 그 현장이다"라고 말했다. 중국은 몽골 수출입 총액의 절반 이상*을 차지하고 있으며, 자민우드는 말 그대로 중국과의 관문이다. 2003년 몽골이 티베트의 정신적 지도자 달라이 라마Dalai Lama의 몽골 방문을 허용하자 중국이 이틀간 이곳의 열차운행을 중단시켰고, 몽골은 큰 혼란을 겪었다. 몽골 내 중국인을 연구해온 케임브리지대학교 프랭크 빌레Frank Bille 교수는 "몽골에는 중국이 제국주의적이고 사악하며 몽골을 복속시키려는 성

---

*　중국은 몽골 총교역량의 약 52퍼센트를 차지한다(2013년 수출은 87퍼센트, 수입은 29퍼센트).

향을 갖고 있다는 사회적 합의가 존재하는 것 같다"고 말했다.* 중국은 중국대로 티베트, 신장웨이우얼新疆維吾爾(위구르)자치구와 인접한 몽골의 움직임에 민감하다. 그럼에도 몽골은 중국에 의존하지 않을 수 없다. 2014년 3월 발표한 몽골 광물국 보고서에 따르면 광업 분야 특별허가증을 소유한 100퍼센트 외국인투자회사 중 52.2퍼센트는 중국 기업들이었다. 캐플런의 지적처럼 중국은 몽골의 자원을 지배할 수 있는 위치에 있다.

러시아는 무역상대국 2위이지만 그 비중은 15퍼센트 수준으로 중국에 비하면 크게 낮다. 하지만 러시아는 몽골의 몸통을 쥐고 흔들 수 있다. 몽골은 석유를 수출하지만 정유시설이 없어 휘발유와 디젤 등은 비싼 값에 러시아로부터 수입한다. 전력의 상당 부분도 러시아에 의존한다. 무엇보다도 러시아는 몽골의 기간철도인 몽골종단철도를 만들었다. 1947년 러시아 군인들이 나서서 시베리아횡단철도의 남부지선으로 건설하기 시작했으며, 1955년에 완성했다. 궤간은 당연히 러시아와 같은 광궤(1,520밀리미터)이며, 전 노선이 디젤기관차가 운행되는 비전철화 구간이다. 무엇보다도 거의 전 구간이 단선이고, 단선의 선로능력을 증대하기 위해 20~25킬로미터마다 교행역을 설치하여 운영한다. 60년 가까이 되면서 상당히 노후했을 뿐만 아니라 느릿느릿 뱀처럼 구불구불한 초원의 길을 하염없이 달린다.

그럼에도 몽골에서 철도는 여전히 화물의 90퍼센트 가까이를 맡고 있다. 울란바토르에서 자민우드까지 2차선 도로가 2013년 완공되면서 승객 운송 비중은 점점 줄어드는 추세다. 몽골엔 철도회사가 두 개 있다. 하나는 울란바토르철도회사UBTZ이고, 다른 하나는 새롭게 만든 몽골철

---

* 프랭크 빌레, 「몽골에서 중국인 공격목표로 삼는 신나치주의 확산」, 『가디언』, 2010년 8월 2일.

1부 환동해와 북방 협력의 현장을 가다

도공사MTZ이다. 말 그대로 앞의 것은 우리로 보면 도시철도공사쯤 될 듯하고, 뒤의 몽골철도공사가 코레일이어야 맞다. 그러나 실제로 몽골의 철도를 관장하는 것은 울란바토르철도회사다. 러시아는 울란바토르철도 회사 지분을 50퍼센트 갖고 있다. 울란바토르철도회사는 기존 몽골 철도 총연장 1,815킬로미터 가운데 1,100킬로미터의 몽골종단철도와 동북부 의 초이발산 기간노선 286킬로미터를 관리·운영한다. 이 회사의 이사회 의장은 바딤 모로조프 러시아철도공사RJD 수석부회장이다. 1987년 몽골과 수교한 미국은 몽골을 대중, 대러시아 견제의 전략적 거점으로 인 식하기 시작했다. 2005년엔 조지 부시George W. Bush 대통령이 미국 대 통령으로는 처음으로 몽골을 방문했다. 이어 2007년 남바린 엥흐바야르 Nambaryn Enkhbayar 몽골 대통령을 불러 2.8억 달러를 무상 지원했다. 몽 골은 이 가운데 1.8억 달러를 철도시설 개·보수에 쓰려 했다. 그러나 러 시아가 반대해서 결국 도로건설 분야로 전환해야 했다.

신선新線 철도 계획과 '트랜짓(내륙 연결) 몽골리아'

몽골 내부의 자원개발과 연계된 철도, 도로 등 교통 물류 인프라 구축은 몽골 경제발전 전략의 핵심축이다. 그러나 그것만으로는 안 된다. 중국 과 러시아 양쪽을 서로 견제할 수 있는 '제3의 통로' 등 다양한 출구와 바 다로 나가는 항만을 개척하기 위한 국제협력이 절실히 필요하다. 하늘을 제외하면 수도 울란바토르, 나아가 사실상 몽골을 외부세계와 연결해주 는 통로는 단선인 몽골종단철도이며, 그것도 오직 두 곳뿐인데 모두 러 시아와 중국을 거칠 수밖에 없기 때문이다.

몽골 정부는 이를 위해 2010년 주요 전략 탄광이자 단일 최대 유연탄

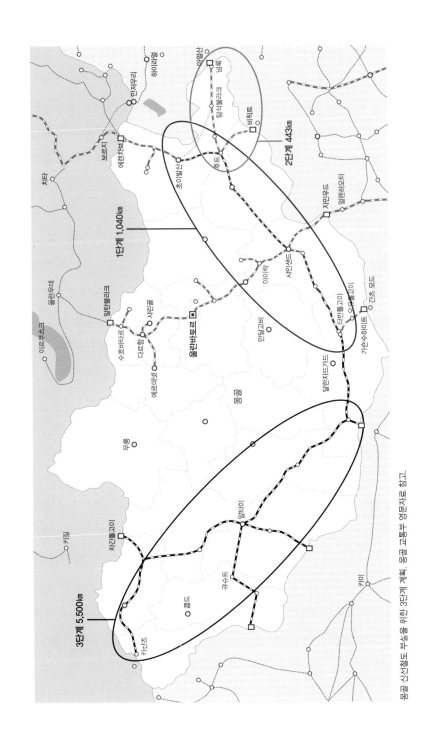

몽골 신선철도 부설을 위한 3단계 계획. 몽골 교통부 영문자료 참고.

광인 타반톨고이에서 동북부 초이발산까지 동서횡단철도(1,040킬로미터)를 새로 건설하는 1단계 계획을 내놨다. 그 뒤 맥킨지 컨설팅그룹의 권고를 받아들여 2단계로 초이발산에서 동부·남부로 이어지는 지선과 타반톨고이 인근 우하후닥 탄광에서 남쪽으로 오유톨고이를 거쳐 중국 국경의 가슌수하이트까지의 지선 등 총연장 1,800킬로미터에 52억 달러 규모의 신선철도 계획(뉴레일 프로젝트)이 마련됐다. 3단계는 서부 지역 전체와 타반톨고이를 연결하는 5,500킬로미터의 종단철도를 또 하나 건설한다는, 모두 8,000킬로미터를 넘는 거대 프로젝트다. 이에 따르면 몽골은 동서 중앙에 남북 3개 축의 종단철도와 남부를 가로지르며 이들을 연결하는 동서축의 횡단철도망을 갖추게 된다. 그러나 지금 오유톨고이 광산 투자 지연, 자금 조달 문제, 공사 착공의 우선순위를 둘러싼 논란으로 1단계는 착공도 못하고 있다. 오히려 2단계 계획의 지선 가운데 삼성물산이 시공을 맡은 남쪽의 우하후닥 – 가슌수하이트의 287킬로미터만이 건설에 들어갔을 뿐이다.

그럼에도 몽골이 추구하는 방향은 분명하다. 2008년 몽골 정부가 의결한 '트랜짓Transit 몽골리아' 계획은 "몽골을 내륙(에 갇혀 있는)국가land-locked에서 내륙(을 연계하는)교통망 국가land-linked로 만들어가겠다"는 것이다. 북쪽엔 광활한 대륙의 북쪽으로 먼 길을 돌아 시베리아를 횡단해 유럽으로 가는 세계 최장의 시베리아횡단철도가, 남쪽엔 세계 경제대국으로 우뚝 선 성장엔진을 달고 고속철의 빠른 속도로 중앙아시아를 넘어 유라시아대륙으로 질주하는 중국횡단열차가 있다. 외롭고 가는 선이지만 몽골종단철도는 이 둘을 남북으로 연결하는 통로가 될 수 있다. 러시아와 중국을 연결하는 통과(트랜짓) 수송을 극대화하겠다는 것이다.

한국교통연구원 원장을 지낸 강재홍 박사는 3년여 코이카(한국국제협력단) 몽골 도로교통건설부 자문역으로 몽골의 대외교통망 구축 전략 수립에 관여했다. 그가 2013년 11월 펴낸 자문보고서가 「몽골의 대외교통망 구축 전략 및 나진항 연계방안」이다. 울란바토르에서 만난 강 박사는 "몽골이 북한과 협력해 제3의 통로로 나진항을 통한 동해 진출을 추진하고 있다"며 이렇게 말했다. "북한과의 단절 구간으로 대륙과 분리돼 있는 남한과 내륙국가 몽골이 서로 불리함을 딛고 유무상통의 새로운 대륙의 길을 건설하기 위한 호혜공생의 지혜가 필요하다. 박근혜 정부는 유라시아 이니셔티브에 몽골 철도를 어떻게 활용할 것인지를 검토해야 한다."

인터뷰

몽골 석탄을 러시아와 북한을 거쳐 남한에 수출할 수 있기를

강태호, 도르지수렌 난진_ 몽골 국가전략연구소 동아시아과장

몽골이 북한 정유공장 투자에 나선 데 이어 2014년 가을에는 나진·선봉 자유경제무역지대로 석탄을 시범수출하기로 했다. 2014년 3월 몽골 현지 언론에 따르면 울란바토르철도회사의 에르데네불간 부회장은 "2014년 3분기부터 북한 나선특구에 석탄 2만 톤을 시험적으로 수출하게 됐다"고 밝혔다. 몽골이 '제3의 이웃' 북한과 협력해 중국과 러시아의 틈바구니에서 벗어나 새로운 통로를 구축하려는 것이다. 5월 3일 울란바토르 중심가에 있는 몽골 국가안보회의 산하 국가전략연구소에서 도르지수렌 난진 동아시아과장을 만나 북한과 협력 강화에 나선 몽골의 의중을 물었다.

강태호(이하 강): 몽골과 북한 사이에 나신·선봉을 이용하는 데 어떤 논의가 이뤄지고 있는가?

몽골 국가전략연구소 동아시아과장
도르지수렌 난진.
ⓒ강재훈

도르지수렌 난진(이하 도르지수렌): 몽골 의회는 2010년 국가안전보장 정책
의 일환으로 에너지를 안정적으로 확보하기 위해 "2020년 석탄과 국
내 다른 자원을 통해 국내 에너지 수요를 충족한다"는 것을 단기적인
목표로 명시했다. 이런 몽골의 방침은 러시아가 극동의 하산과 북한
의 나진항을 연결하는 54킬로미터 철도를 건설한 것이 큰 영향을 끼쳤
다. 몽골은 이 목표를 달성하기 위해 제3의 통로 등 바다로의 출구로서
북한의 나진항을 확보하는 방법을 모색해왔다. 이를 위해 몽골의 관련
기관들이 나진항의 부두와 시설을 장기간 임대하는 방안과 몽골의 관
련 산업과 농축산업 분야의 상품 수출협력, 해상운송 운영 등을 북한
에 제안했다. 북한도 몽골의 이러한 제안을 잘 이해하고 있다.

강: 박근혜 정부의 유라시아 이니셔티브 등 남한과의 협력에 대해선 어
떻게 보는가?

도르지수렌: 박근혜 정부가 한반도와 시베리아횡단철도를 연결하는 철

도, 교통, 에너지, 물류 기반시설의 구축을 제안한 것은 중요하다. 유라시아철도 연결, 극동시베리아로부터의 에너지 수요 충족은 몽골의 기대와 부합하는 것이다. 몽골의 풍부하고 질 좋은 석탄을 러시아와 북한을 통해 남한에 수출할 수 있기를 바란다.

이번 몽골의 석탄 수출은 러시아와 협력을 내세운 중국을 견제하는 측면이 있다. 러시아와 북한은 몽골의 석탄 수출로 나진 – 하산 간 철도 이용의 활성화를 기대할 수 있다. 그동안 몽골의 석탄 수출은 대부분 남쪽의 중국횡단철도를 거쳐 톈진항으로 가는 중국 루트를 이용했다. 그러나 그동안 중국 루트는 톈진항의 병목 현상과 베이징을 경유한 석탄 수송에 대한 중국의 규제 등으로 차질을 빚어왔다. 몽골의 석탄 수출에는 러시아를 경유하는 다른 두 가지 길이 있다. 하나는 러시아 쪽 국경도시인 수흐바타르를 통해 울란우데에서 연결되며, 다른 하나는 북동쪽에 위치한 초이발산에서 러시아와의 접경인 에렌차브를 통해 치타에서 연결된다. 그러나 초이발산에서 시작되는 이 노선은 신선철도로 연결되지 않으면 주요 광물자원 지역과 단절돼 있다. 또 러시아횡단철도를 이용한 석탄 수송은 동해 쪽 출구로 가고 광궤철도로 궤간 전환 없이 가지만, 중국 루트보다 3,000킬로미터 이상 먼 거리를 가야 한다.

_ 몽골과 북한의 협력관계

북한 나선특구(나진항) 개발·이용을 중심으로 협력 강화 노력

· 2010년 4월: 북한 나선특별시와 몽골 간 도로운수건설도시경영성과 양해각서 체결
· 2012년 11월: 최태복 북한 최고인민위원회 의장 몽골 방문(당시 몽골 국회의장은 북한 항만의 임대 의향을 밝힌 바 있음)

· 2013년 6월: 몽골 석유회사 HB오일HBOil JSC이 북한의 승리정유회사 지분 20퍼센트 인수
· 2013년 7월: IT 및 통신 분야에서 양자 간 교류협력 협정 체결
· 2013년 10월: 몽골 차히아긴 엘베그도르지 대통령 북한 방문

기타

· 북한 강원도 '세포등판' 개간 및 대규모 축산단지 조성사업에 협력
· 몽골, 2003년부터 선박등록국 개설 및 편의치적국 사업(북한 선박 8척이 몽골에 등록. 2014년 4월 그랜드포춘1호 침몰)

'빨간불'이 켜진 몽골 경제

2003년부터 원자재 가격 상승과 탐사 개발이 본격화되면서 세계 10대 자원 부국으로 우뚝 선 몽골은 2008년 미국발 금융위기로 2009년 마이너스 성장을 보였지만 7퍼센트 이상의 고속성장을 거듭했다. 또 몽골 남부의 최대 구리·금 광산인 오유톨고이에 대한 66억 달러 투자협상 타결 등에 힘입어 2011년엔 17.5퍼센트의 경이적인 성장률을 기록하기도 했다. 그 때문인지 얼마 전까지만 해도 한국 중고차가 많았지만 이제는 토요타, 혼다 등 일제 차는 물론이고 벤츠 같은 고급 외제차와 랜드로버 같은 다목적 승용차 등이 도로를 누비고 있다. 그러나 지금 몽골 경제는 어렵다. 광산 투자를 둘러싼 외국자본과 몽골 정부의 갈등, 석탄·구리 등 국제 원자재 가격의 하락, 우리로 보면 고금리이지만 서민지원용으로 내놓은 시중금리의 절반인 8퍼센트대 주택담보대출 등으로 경상·제정수지 등이 악화되자 국채금리가 상승하고 몽

골 화폐인 투그릭의 가치가 크게 하락하고 있다. 세계은행의 2014년 7월 몽골 경제 현황에 따르면 경상계정 적자는 증가하고, 외국인직접투자FDI가 감소하면서 몽골 투그릭화의 가치는 계속 하락세를 보이고 있다. 6월 평균 몽골중앙은행의 투그릭-달러 환율은 1,824.6투그릭으로, 지난해 동기 대비 26.9퍼센트의 가치하락을 보였다(원화 대 투그릭의 교환비율은 1 대 1.8 수준). 그나마 무역수지 적자가 2014년 상반기 1억 5,610만 달러로, 지난해 같은 기간(10억 4,700만 달러)에 비해 8억 9,090만 달러나 줄었다. 그러나 몽골 화폐가치의 급격한 하락으로 수입물가가 수직 상승했기 때문에 수입이 대폭 줄어들었다. 몽골의 외환보유고도 감소하여, 2014년 5월 기준 16억 달러를 기록해 2012년 말보다 무려 61퍼센트 감소했다. 2014년 5월 물가상승률은 13.7퍼센트였고, 통화가치 하락 등으로 상승세는 지속되는 반면 소비자 구매력이 급감했다.

경기침체의 조짐이 나타날 뿐만 아니라 국가 신용위기의 우려마저 나오고 있다. 국가채무가 급속히 늘어나 국내총생산GDP의 102퍼센트에 달했기 때문이다. 몽골은 '국가채무 한계가 총GDP의 40퍼센트를 초과하지 않는다'는 정책을 펴왔으나 이를 지키지 못하자 기준을 수정하지 않을 수 없었다. 그럼에도 세계은행은 2014년 7월 연간 2회 발표하는 몽골경제동향에서 2014년 하반기 몽골 경제성장률을 9.5퍼센트로 전망했다. 상반기 몽골 경제성장률은 7.4퍼센트였다. 그나마 하반기 들어 경기가 나아지리라는 전망에 근거한 것이다. 하지만 금융권의 부실대출, 주택가격 상승, 통화가치 하락에 따른 물가상승과 그에 따른 구매력 급감 등 경기침체 징후를 보이고 있다는 점에서 위태롭다. 2011~2013년 두 자릿수 성장률에 비하면 크게 낮아졌지만, 경제성장률은 다른 국가들과 비교해보면 상대적으로는 높은 수치이다.

1부 환동해와 북방 협력의 현장을 가다

국제 자원가격의 지속적인 하락과 함께 몽골에 대한 투자심리 위축에 따른 외국인직접투자 이탈 지속, 외환보유고 급감, 환율·물가 급등 등 한마디로 경제위기 상황이다. 반면에 경기침체가 우려됨에도 경제성장과 금융안정을 유지하려면 긴축정책이 요구되는 딜레마에 빠져 있다. 은행권의 부실대출도 전년대비 51퍼센트나 증가해 은행에 대한 신용등급 추가 강등 및 금융권 부실이 커지자 세계적 신용평가기관인 피치는 7월 외환보유고 감소 등을 들어 몽골의 금융안정성이 위험하다고 경고했다. 또 다른 신용평가기관인 무디스도 2014년 7월 몽골 신용등급을 B1에서 B2로 낮췄다.

몽골 정부가 기대하는 것은 오유톨고이 구리광산에 대한 제2단계 투자 협상이다. 이를 통해 현재 70퍼센트 가까이 감소한 외국인직접투자가 늘게 되면 외환보유고도 증가될 것이라는 예상이다. 외국인직접투자는 2014년 6월 3억 800만 달러로 지난해 같은 기간에 비해 70퍼센트나 줄었다. 몽골 경제는 국내총생산 규모가 100억 달러를 조금 넘어서는 수준이기 때문에 수출의 60퍼센트 이상을 차지하는 구리, 석탄 등의 국제 수요 및 시세 변화와 외국인투자 유입의 증감에 따라 냉탕과 온탕을 왔다 갔다 하는 경향을 보이고 있다.

전문가 분석

몽골 최전방 물류와 자원생산의 순망치한

박성준_ 한국해양수산개발원 전문연구원

_ 몽골 동북아 전문 물류업체 청조해운항공과 형석 생산가공업체 후성HDS

입술이 없으면 이가 시리다는 뜻의 '순망치한'은 바로 이웃하고 있

몽골 아이락에 자리한 청조해운항공의 드라이포트와 사무실. ⓒ강태호

으면서 상호보완성이 있어 서로 없어서는 안 될 존재를 나타낼 때 쓰는 말이다. 이 용어는 1950년대 중국의 저우언라이周恩來가 북·중 관계를 언급하며 사용한 이래 북한과 중국이 양자 간 전통적인 우호를 강조할 때 주로 애용해 우리 귀에 익숙하다. 그러나 순치의 관계가 어디 국가 간 외교관계에만 국한될까.

몽골 수도 울란바토르에서 남쪽으로 약 300킬로미터 떨어진 형석의 주산지 아이락을 무대로 진행 중인 한국 물류업체 청조해운항공과 형석 생산가공업체 후성HDS 현지공장의 전략적 제휴도 단순한 협업관계를 뛰어넘어 순치의 관계라 할 만하다. 청조해운항공은 사업 방향을 한·몽 물류에 집중하면서 터득한 노하우와 물류 네트워크를 한껏 활용해 신속하고 안전하게 후성HDS의 생산물을 국내 본사에 운송함으로써 후성의 '발'이 되고 있다. 후성HDS는 청조해운항공에 안정적인 물량 공급처 구실을 함으로써 청조해운항공의 몽골 진출 기반 마련에, '손'이 되고 있다.

_ 드라이포트와 형석 생산을 결합해 동반성장 기회 다져

청조해운항공은 몽골에서는 최초로 일종의 내륙 육상항만이라 할 드라이포트*를 아이락에 설립했다. 후성HDS는 국내업체로는 처음으로 몽골의 형석광산 개발사업 분야에 진출했다. 두 회사는 모두 각자의 분야에서 '전문화된 기업'을 표방한다. 후성HDS의 모기업인 ㈜후성은 냉매가스업과 2차 전해질사업을 주력 사업부문으로 한 냉매가스 전문 제조업체이다. 후성HDS를 몽골 아이락으로 이끈 것도 바로 냉매가스 제조의 주원료가 되는 형석이었다. 몽골이 손꼽히는 형석 매장지이며 아이락 지방에서 나오는 형석 원광의 품질이 좋기 때문이다.

후성HDS가 몽골에 진출할 당시 세계 최대 형석 수출국은 몽골과 바로 이웃한 중국이었다. 당시 중국은 형석에 수출세를 부과하고 있었다. 이런 중국에 비해 몽골은 자국산 형석의 해외 수출에 세금을 부과하지 않고 있었다. 후성HDS로서는 중국에 비해 몽골에서 나는 형석을 생산·가공하여 국내 본사에 공급하는 것이 유리했다. 다만 교통 인프라가 열악해서 중국에 비해 상대적으로 더 오지라 할 수 있는 몽골로 들어갔을 때 시간·거리 비용, 즉 물류비의 문제를 어떻게 감당할 것인가 하는 문제가 대두됐다. 바로 이때 이 문제를 해결해줄 '임자', 즉 청조해운항공이 나타났다.

---

* 드라이포트dry port는 바다가 없는 항만으로 내륙항으로 불린다. 육지에 컨테이너 터미널, 야적장과 보세창고, 세관 기능을 갖추고 화물 환적 등 해양항만과 다름없는 화물 처리기능을 수행한다.

아이락의 후성HDS 형석 가공공장.   ⓒ강태호

　후성HDS는 2011년 말부터 광산사업 대상지에 측량작업을 벌이고 형석광산을 매입하는 한편, 형석 원광석을 가공·처리하는 공장을 짓기 시작했다. 후성HDS의 아이락 공장은 이미 생산에 들어가 형석 가공처리 제품을 한국 본사로 공급하고 있으며, 생산 능력을 확장하기 위한 공사가 2014년 5월 현재 마지막 공정을 남겨놓고 있다.

　청조해운항공이 최근 10년간 구사했던 성장전략은 '지역특화' 전략이라 할 수 있다. 2011년 기준 연간물동량이 2,500TEU인 청조해운항공은 국제물류 분야에서는 규모가 비교적 작은 축에 속하지만, 사업여력을 몽골 시장개척 등 '북방권'에 집중함으로써 이 지역에 대한 상세한 정보와 지식, 노하우를 쌓을 수 있었다. 이 덕분에 청조해운항공은 올해 1월 대한상공회의소가 발간한 한 보고서에 '중소 물류기업의 경쟁력 강화' 모범사례로 소개된 바 있다. 청조해운항공은 한국 - 몽골

간 전체 화물의 40퍼센트를 점하고 있다.

청조해운항공은 10여 년 전에 '미래의 땅' 몽골에 진출했다. 청조해운항공은 주로 인천과 중국의 톈진을 오가며 국제화물을 취급하는 회사였다. 몽골로 진출할 무렵 청조해운항공은 이미 동북아의 국제화물이 인천 - 톈진(해운 구간) - 베이징 - 얼렌하오터(이상 철도 구간)을 거쳐 몽골의 남동부부터 북동부까지 자민우드 - 샤인샌드 - 울란바토르 - 수흐바타르(이상 철도 구간)를 지난 뒤 러시아의 이른바 '시베리아 대륙교'land bridge, 즉 시베리아횡단철도로 연결된다는 사실에 익숙해 있었다. 이 중 몽골 철도의 남쪽 관문이라 할 자민우드에서 중국의 톈진, 즉 황해까지 철도 길이는 995킬로미터에 이른다.

_ 신선철도의 중요한 연결점 샤인샌드의 이웃에 위치한 아이락

최근 몇 년간 몽골에서는 몽골 최대 탄광 타반톨고이와 역시 몽골 최대이자 세계적인 광산업자들 사이에 관심이 집중되고 있는 구리광산 오유톨고이의 개발과 이들 광산에서 생산된 광물을 해외로 수출하기 위한 신선철도 계획이 수립·진행 중이다. 하지만 몽골에서 가장 중요한 철도노선은 현재까지도 남동쪽의 접경도시 자민우드와 북동쪽의 접경도시 수흐바타르를 이어주는 '몽골종단철도'이다. 몽골의 주요 수출입은 자민우드 - 수흐바타르 구간을 근간으로 하는 이 철도를 통해 이뤄지고 있다.

청조해운항공은 바로 이 철도노선의 중간선상에 있으며 형석 원광석의 집산지 구실을 하는 아이락에 드라이포트를 건설하기로 결정했다. 아울러 드라이포트 부지는 이 포트에서 바로 화물을 선적·하역할 수 있도록 아이락 철도역에 최대한 가까이 붙여 매입했다. 드라이포트 공사는 2013년 진전을 이뤘고 하반기엔 후성HDS와 협업 시스템이 구축됐다.

청조해운항공과 후성HDS는 모두 아직 상대적으로 불확실성이 크고 사업 여건이 열악하다고 볼 수 있는 몽골에서 '글로벌화'의 가능성을 발견하고 이를 실현하기 위해 일종의 리스크를 감수하며 한국 기업들의 유라시아 활동 무대를 개척하고 있다는 점에서 공통점이 있다.

최근 '하나의 유라시아'를 추구한다는 관점에서 북한 동해의 청진을 출발하여 투먼 – 창춘 – 바이청白城 – 아얼산(중국 구간)을 지나 몽골의 탐삭불라크 – 후트 – 바룬우르트(몽골 구간)를 거쳐 몽골 철도의 또 다른 요충지인 샤인샌드로 이어지는 이른바 '투먼회랑'의 잠재력이 주목받고 있다. 그러나 이 투먼회랑의 발전에는 아직 물리적 제약요인이 상당하다. 북한 쪽 청진 – 투먼도 그렇지만 몽골을 동서로 횡단하는 철도가 놓이지 않아 거대한 단절고리missing link가 존재한다는 것이다.

따라서 동북아 관련 당사국이나 전문가들 사이에서는 투먼회랑 개발의 핵심 요소로 몽골의 동서 간 철도(타반톨고이 – 초이발산) 건설을 지목하고 있다. 국제 교통 전문가들은 투먼회랑의 중요성에 따라, 그리고 몽골 자체의 필요에 따라 2020년경이면 몽골의 동서 간 철도 건설 사업이 완료되어 단절 고리가 연결될 것으로 내다보고 있다. 청조해운항공과 후성HDS는 바로 이 동서 간 철도(몽골이 현재 추진하는 신선철도 건설의 제1단계 구간)의 가장 중요한 연결점인 샤인샌드의 이웃에 위치한 아이락을 활동 무대로 하고 있다. 내륙 최전방에 진출해 작지만 환동해 시대를 열어가는 교두보를 마련하는 작업을 진행 중인 것이다.

6장

좌담: 동해, 동북아 협력의 블루오션인가

참석자: 주강현_ 아시아퍼시픽해양문화연구원 원장, **김영윤**_ 남북물류포럼 회장,

권세은_ 경희대 환동해지역연구센터 소장

일시·장소: 2014년 5월 6일 한겨레신문사 회의실

사회: 강태호 기자, 정리: 최현준 기자

21세기의 중심 바다, 동해

2014년 5월 6일 오후, 서울 마포구 한겨레신문사 회의실에서는 경력이 다채로운 전문가 셋이 모여 동해를 주제로 머리를 맞댔다. 민속학자 출신 해양전문가인 주강현 아시아퍼시픽해양문화연구원 원장은 동해의 역사적 의미와 미래적 가치를 구성진 입담으로 풀어냈고, 북한 경제를 연구하다 현재는 남북물류포럼을 이끌고 있는 김영윤 회장은 환동해 협력을 위해 남한 정부가 해야 할 일을 냉철하게 지적했다. 경희대 환동해지역연구센터 소장을 맡고 있는 권세은 러시아어학과 교수는 지역 네트워크 활성화라는 새로운 의견을 제시했다. 다양한 의견과 주장 속에서 한 가지 확실한 것은 환동해권의 부상은 필연이며, 환동해권 협력의 핵심은 한반도라는 사실이었다. 그리고 정권적 안목이 아닌 국가적 안목을 갖고 이를 주도해나가야 한다는 것이었다.

한겨레신문사와 한국해양수산개발원은 공동기획으로 환동해 미래 협력의 가능성을 모색했다. 이 기획을 마무리하는 좌담에 참석한 권세은, 김영윤, 주강현.

사회: 동해는 그동안 변방의 바다였다. 왜 그렇게 되었다고 생각하나?

김영윤 남북물류포럼 회장(이하 김): 동해는 역사적으로 우리에게 매우 중요했다. 제국주의 시절 일본에는 대륙 진출의 통로가 되기도 했다. 하지만 지리적으로 중국과 러시아의 끝 부분이고, 근대에 일본이 해양국가로 발돋움하면서 버려졌다. 그러면서 우리에게도 닫힌 바다가 되었다.

권세은 경희대 환동해지역연구센터 소장이자 러시아어학과 교수(이하 권): 환동해라고 하면 한반도와 일본에서는 국가 전체가 거의 다 포함되는 개념으로 받아들인다. 그러나 러시아나 중국은 다르다. 중국은 영토가 아시아 전역에 걸쳐 있고, 러시아는 극동아시아 지역이 국가 정책의 가장 후순위에 있다. 우리는 환동해를 국가 단위로 생각하지만 중국과 러시아는 아닐 수 있다. 환동해 협력을 중심에 두는 중국의 창지투 계획이나 러시아 극동 지역 개발은 아직까지 지방 개발계획의 성격이 강하다.

주강현 아시아퍼시픽해양문화연구원장이자 제주대 석좌교수(이하 주): 냉전 시

1부 환동해와 북방 협력의 현장을 가다

절 중국과 러시아는 동해를 이용할 여력도 관심도 없었다. 남한과 북한의 경우 분단되면서 남쪽은 사실상 섬이 되어버렸고, 북쪽은 둘로 나뉜 바다를 갖게 됐다. 일본은 일본대로 동해를 '사라진 바다'라고 얘기한다. 문제는 탈냉전 이후에도 우리를 옥죄는 정치적 갈등이 극복되지 않았고, 지금도 여전히 존재하고 있다는 점이다. 훌륭한 지리적 요인을 정치적 요인이 압도하고 있다.

사회: 동해가 협력의 바다로 발전할 가능성은 뭐라 보는가?

김: 경제적인 측면에서 봐야 한다. 교역과 협력이 많아질수록 환동해권이 살아날 수 있다. 환동해권은 지정학적으로 의미가 매우 크다. 이데올로기 문제 등 인식의 변화만 동반된다면 가능성이 많다고 생각한다. 특히 중국과 북한이 크게 변하고 있다. 중국은 내부 자원을 활용한 성장이 최정점을 찍으면서 좀 더 큰 효율성을 실현해야 할 단계에 와 있다. 환동해가 일본과 경제적인 관계를 새로 창출하는 역할을 할 수 있다. 북한도 마찬가지로 자체적인 성장이 필요하다. 북·중 관계로 본다면 환동해가 상당히 활성화할 개연성이 있다.

주: 동해를 '변방의 바다'라 하는 것은 지금 시점에서 봐서 그런 것이다. 역사적으로 보면 신라와 발해의 주무대였고, 한반도와 일본 간의 주요 통로이기도 했다. 일제강점기만 해도 일본은 청진이나 함흥 등 함경도 지방에 중화학공업단지를 건설했고, 동해를 이용했다. 또 하나 흥미있는 사실은 해방 이후 원산에서 배에 실은 명태가 동해 – 남해 – 황해를 거쳐 인천까지 왔다는 것이다. 동해가 홀로 있었던 게 아니다. 최근 들어 활용도가 떨어지면서 일본이나 한반도, 중국 등에 의해 변방이 됐지만, 앞으로는 바뀔 것이다. 동해가 21세기의 중심 바다가 될 것이다.

사회: 동해가 협력의 바다로 가는 것을 제약하는 것들은 무엇인가?

김: 결정적인 게 꽉 막힌 남북 관계이다. 한국은 참여하지 못하고 있지

만, 중·러는 북한에 대한 관심이 매우 크다. 북한과 나뉘면서 남한은 사실상 섬이 됐다. 이런 판도가 환동해 협력에 영향을 끼칠 것이라고 누구나 생각하지만, 그럼에도 남북 관계는 풀리지 않고 있다. 중국의 동진정책과 러시아의 남진정책이 북한과 연결되어 있다. 중국은 동북3성 발전을 위해 12개 통로를 뚫고 있는데, 이 가운데 9개를 북한과 연결한다. 남한이 환동해 협력에 참여하고 경제의 활력을 찾기 위해서라도 남북 관계가 복원돼야 한다. 이게 안 되면 돌파구를 만들기가 힘들다. 특히 한반도는 남북 분단 때문에 환동해를 바라보는 시각이 매우 위축돼 있다. 북한의 경우 독자적인 체제 구축을 너무 강조하다보니 바깥으로 뻗지 못하고 있다.

권: 한반도의 분단이 큰 걸림돌인 것은 맞다. 문제는 남북 관계의 복원은 북핵 문제의 해결과 분리될 수 없다는 것이다. 중국과 미국, 러시아 등의 외교정책의 큰 틀도 변하지 않을 것이다. 중국은 도련島鍊정책(황해와 동중국해, 남중국해 등을 내수內水로 하는 정책)을 펴고 있고, 러시아나 일본도 동해에서의 핵심 이익을 포기하려 하지 않을 것이다. 이 때문에 환동해를 둘러싼 국가들의 협력이 기본적인 큰 틀 속에서 제한적인 경제협력으로 진행될 것으로 본다.

주: 인종적인 문제가 있다. 중국은 북한과 붙어 있기 때문에 옌볜에 사는 조선족을 늘 신경 쓴다. 남북이 통일됐을 때를 대비하는 차원이다. 러시아는 중국을 고려하면서, 한국 사람을 이용해 중국의 '황색 바람'을 어떻게 막을 것인지 고민하고 있다. 화약고 수준이 되지는 않겠지만 이런 인종적·민족적 문제에 대처해야 한다. 세 나라가 다 신경 써야 한다.

사회: 남북 관계가 지역협력을 가로막는 장애물임은 분명해 보인다. 문제는 이를 남북이 자체적으로 풀기가 어렵다는 것인데, 이 문제를 주변 국가와의 협력 속에서 풀 방법은 없을까?

김: 우리가 남북문제를 주도적으로 해결하지 않은 채 주변국과의 협력에서 문제를 해결할 확률은 낮다고 본다. 왜냐하면 우리가 원하는 부분과 러시아나 중국 등 다른 나라가 원하는 것이 다르기 때문이다. 모두가 자국의 이해관계를 바탕으로 환동해를 바라본다. 중국은 우리가 북한과 갈등관계에 있는 것을 좋아할지 모른다. 동북아 지역에서 갈등을 유발하는 게 미국에 더 이익일 수 있다. 주변 국가를 통해 우리가 원하는 방향으로 가는 것은 극히 일부분에 불과하다.

주: 해양적 차원에서 보자. 환동해는 세계 해양사에서 낙후된 곳이다. 특히 항구도시끼리 네트워크가 없었다는 점에서 그렇다. 예컨대 유럽의 발틱 지역은 에스토니아나 독일의 일부 지역 등을 통해 한자동맹권을 맺었다. 나라를 떠나 도시 간 물류 네트워크가 있고, 그게 지금까지 이어진다. 그러나 환동해 지역은 대부분 새로 생겼다. 러시아도, 중국도, 한국도, 일본도 국가 자체가 근대의 산물이다. 소통의 역사가 없진 않았지만, 근 100년 이상은 그런 관계가 없었다고 볼 수 있다. 국가 차원이 아닌 도시 간 네트워크를 맺어나가면, 이 문제를 풀 수 있지 않을까?

사회: 환동해에서 풀어야 할 문제는 무엇인가?

김: 지금 환동해권에서는 두 요소가 부닥치고 있다. 정치·역사·군사적 갈등이 한 부분이고, 경제적 협력의 필요성이 또 한 부분이다. 문제는 정치·역사적 갈등이 경제적 필요성을 강하게 압박하고 있다는 것이다. 이 때문에 우리가 원하는 환동해 협력이 이뤄지기까지는 꽤 긴 시간이 걸릴 것이다. 그렇다면 중요한 것은 어떻게 경제적 부분을 활성화할 수 있을까 하는 것인데, 여기서 남한의 역할이 가장 크다고 본다. 우리는 중국과 북한의 관계를 잘 보고 거기서 틈새를 찾아 거점 역할을 해야 한다. 현재 중국과 러시아, 몽골이 모두 나진·선봉을 거쳐 바다를 지배하려 한다. 우리가 뒤처지면 안 된다. 러시아는 이미 북한과 나진·하산 프로젝

트를 진행하고 있다. 중국은 훈춘을 거치지 않고 투먼을 거쳐 청진으로 나아가려고 한다. 한반도가 동북아의 핵심 거점이라는 점을 인식하고 이를 위한 환경을 마련해야 한다. 나진·선봉과 우리를 반드시 연결해야 한다. 나진·선봉에 들어가 지역 개발에 과감하게 동참하고, 국제물류기지가 될 수 있도록 우리 기술을 전수해야 한다.

주: 물류를 선점하는 관점에서 우리의 허브항인 부산을 이용해야 한다. 부산은 이미 동아시아의 허브이다. 유럽, 미국 등까지도 갈 수 있다. 그러나 현재 이 허브항이 대륙에 거점을 갖지 못하고 있다. 그것을 연결해야 한다. 그렇게 해야만 부산이 라이벌 항인 중국 상하이의 양산항과 대결할 수 있고 그것을 압도할 수 있다. 속초, 포항 등도 살 수 있는 길이 열린다.

사회: 북한이 문을 여니까 동해의 가능성이 열리고 있다. 북한이 자기 성장 동력을 어떻게 높여야 하나?

주: 앞서 얘기가 나왔지만 우리가 주목할 곳은 나진이다. 중국은 동해 쪽으로 항구가 없다. 중국은 러시아를 견제하기 위해서라도 동해로 나와야 한다. 몽골도 러시아와 중국에 가로막혀 물동량을 뺄 수가 없다. 결국 북한으로 나와야 한다. 나진 항구는 입지가 매우 좋다. 수심이 보장돼 있고 부산이나 중국의 항구들처럼 막히지도 않는다. 북한 나진은 아주 중요한 항구로 부각된다. 정치적 문제만 해결되면 나진은 보석으로 빛날 것이다. 환동해의 미래 보석은 나진이다.

권: 나선 지역은 현재도 적극적인 협력으로 가는 분위기이다. 5·24조치가 있어도 개성공단이 돌아가는 것처럼 나진도 예외가 되어야 한다. 핵이나 정치·안보는 남한이 해소하고 싶다고 해서 해소되는 부분이 아니다. 우리가 섬으로 남겠다고 하면 안 되고, 정권 차원과 국가 차원을 구분해서 봐야 한다. 5년마다 선거를 하니까 이런 문제가 발생하는데 남

북 관계를 길게 보고 풀어나가야 한다.

김: 한국 정부가 '환동해권의 주력으로 북한이 부상하고 있다'는 점을 북한에 계속 알려줘야 한다. 북극해 항로의 교두보와 허브가 될 수 있다고 깨우쳐줘야 한다. 그런데 말로만 하면 안 된다. 관계를 개선함으로써 깨우쳐줘야 한다. 박근혜 정부의 동북아 협력 구상인 '유라시아 이니셔티브'를 이쪽으로 승화시켜야 한다. 동북아 구상을 가만히 놔두면 100퍼센트 국내용이 되어버린다. 정부가 정치와 경제를 분리하는 쪽으로 인식을 바꿔야 한다. 투트랙으로 가져가야 한다.

대륙의 길과 신대륙주의

들어가며

2014년 4~5월 한겨레신문사와 한국해양수산개발원은 공동으로 '환동해, 변방의 바다에서 동북아 협력의 미래'라는 주제에 입각해 두만강 3각지대의 중국, 러시아를 비롯해 동해 쪽 일본 그리고 동해로 출구를 모색하는 몽골을 현지 취재했다. 그에 이어 6월 중순에서 7월 초까지 보름 동안 '대륙의 길'을 둘러봤다. 앞서의 취재는 바다로의 출구전략을 통해 만나는 환동해 협력에 초점을 맞췄으며, 이를 이 책 1부에 실었다. 후속 취재인 '대륙의 길'은 중국, 러시아, 몽골 등 동아시아 대륙의 국가들이 변방의 발전을 위해 만들어가는 협력에 초점을 뒀으며, 이를 2부에 신는다.

여기서 '대륙의 길'은 유라시아 대륙 전체를 포괄하지 않고 취재의 제약이라는 현실적인 한계로 인해 한반도종단철도와 직접 연계되는 동아시아 지역에 한정했다. 이는 아시아 대륙의 중심부에 위치한 몽골의 울란바토르를 기점으로 보면 크게 세 갈래 루트로 구분된다. 하나는 울란바토르 북쪽 방향으로 러시아 쪽 국경 지역(수흐바타르-나우시키, 알탄불라크-캬흐타)을 넘어 울란우데를 경유해 시베리아횡단열차를 타고 동해로 가는 루트다. 다른 하나는 울란바토르 남쪽 방향으로 중국과의 국경 지역(자민우드-얼렌하오터)을 거쳐 네이멍구-베이징-톈진으로 이어지는 루트다. 마지막으로 이 두 루트 사이를 관통하는 동몽골 초이발산에서 북쪽으로 몽골-러시아-중국의 3국 국경지대인 자바이칼스크-만저우리滿洲里를 통해 동북3성의 창춘-지린-투먼 또는 치치하얼-다칭-하얼빈-무단장牡丹江(만주횡단철도)으로 이어지는 제3의 길이다. 광역두만강개발계획GTI이 중점 협력사업으로 추진하는 통합교통망 연구Integrated Transport Corridor Studies 대상인 이 루트는 중·몽 대통로, 또는 러시아·북한까지 이어준다고 해서 '중·몽·북·러 대통로'로 부르기도 한다. 이는 몽골이 자원을 수출하기 위해 추진하고 있는, 동해로 가는 동북아 운송 루트(두만강 루트 1·2)이기도 하다.

1장

대륙의 길과 에너지 협력의 지정학, 신대륙주의로 가는가

강태호 기자

실크로드는 교류·협력의 공간

아시아 대륙을 가로질러 유럽과 연결하는 루트는 크게 보면 시베리아횡단철도, 중국횡단철도다. 대륙의 중심부에서 남북으로 길게 뻗은 몽골종단철도가 이를 중간에 이어주는 통로가 될 수 있다. 또 중국 동북부 러시아와의 접경인 헤이룽장성 쑤이펀허綏芬河에서 하얼빈을 거쳐 만저우리를 지나 시베리아횡단철도와 만나는 만주횡단철도TMR가 극동에서 시작되는 시베리아횡단철도의 구간을 단축시킬 수 있다. 그러나 실제로 어느 경로를 거쳐 유라시아 대륙으로 갈 것인가는 그리 간단하지 않다. 러시아, 중국의 이해가 서로 다르고 각국의 철도 사정, 예컨대 물동량, 항만과의 연계, 표준궤와 광궤의 철도 궤간 차이, 철도 설비 운용시스템의 수준 등을 고려해야 한다. 러시아, 중국, 몽골 등은 대륙철도망을 형성하는데 서로 경쟁하면서도 다른 한편으로는 경제발전을 위해 협력하면서 다양한 경로로 길을 만들어내고 있다. 그리고 이 과정에서 대륙의 길을 따라 유라시아 대륙을 하나로 연결해주는 협력의 공간이 형성되고 있다.

우리의 '실크로드'에 대한 인식은 낙타를 타고 가는 상인들의 길隊商路이라는 이미지 때문에 단순한 교역 루트로 굳어져 있다. 그러나 그건 단순한 교역 통로가 아니었다. 몽골과 중앙아시아 역사를 연구해온 김호동 서울대학교 동양사학과 교수는 실크로드에 대해 이렇게 말했다. "실크로드는 단순히 교역 루트가 아니라 여러 지역의 문명이 만나는 역사적 현장, 즉 '면'들의 연속이고, 또한 그것을 무대로 삼던 국제 상인들의 활동의 '장'이었으며, 동시에 북방의 유목세계와 긴밀한 연관관계 속에 전개·발전된 메커니즘이었다."[*]

그렇듯이 대륙의 길은 철도, 도로로 연결되는 통로에 그치지 않는다. 고립돼 있던 변방의 지역들이 서로 연결되며 만들어가는 교류협력의 공간으로 변하고 있다. 철도, 도로는 인적 교류는 물론이고 가스·석유 파이프라인을 통해 에너지가 오가고 무역과 투자를 확대하며 거대한 협력의 공간을 만들어가고 있다. 중국 동부 연안 지역에서 전개되어 점→선→면으로 발전해온 중국의 개혁·개방 과정은 이제 'G2 시대'를 맞아 중국을 넘어 중앙아시아, 몽골, 러시아, 북한 등 대륙 전체로 확산되고 있다.

유라시아와 신대륙주의

유라시아 전체를 놓고 보면 켄트 콜더Kent Calder 라이샤워동아시아연구센터 소장이 말하는 '신대륙주의'가 출현한 것이다. 그에 따르면 "실크로드 이후 서로 전혀 연결되어본 적이 없는 광대한 아시아 대륙의 개별 국

---

[*] 김호동, 『몽골제국과 세계사의 탄생』, 돌베개, 2010, 26쪽.

가들이 긴밀히 접촉하고 있으며, 유라시아 전역에 걸쳐 철도, 파이프라인, 고속도로, 전력망에 대한 수요가 폭발적으로 증가하고 있다".* 이런 변화의 동인은 중국과 인도의 25억 인구가 놀랄 만한 성장을 지속하고 있다는 데서 찾아야 한다. 국제에너지기구는 1990년 이래 세계 1차 에너지 수요 증가의 42퍼센트 이상은 순전히 중국과 인도 때문이며, 앞으로 20년 동안 그 비중이 평균 49퍼센트 이상으로 증가할 것으로 예측하고 있다.

이제 유라시아의 거인 중국과 러시아는 에너지 협력을 매개로 이 지역의 지정학적 지형도를 바꾸고 있다. 중국은 엄청난 에너지를 필요로 한다. 켄트 콜더는 "엄청난 인구와 낮은 1인당 에너지 소비량, 빠른 경제 성장률과 유라시아 대륙의 중앙에 위치한 이점 등으로 중국이 유라시아 에너지 역학관계에서 정치·경제 및 지정학적으로 독특한 역할을 수행하고 있다"고 지적했다. 콜더에 따르면 "대륙주의의 지리경제적 논리에 입각한, 다시 말해 미국에 중재되지 않는 중동, 옛 소련국가들(러시아와 중앙아시아) 그리고 중국과 동북아 사이에 영토적으로 이어진 새로운 관계가 깊게 형성되고 있다." 그런 점에서 우크라이나 사태가 직접적인 계기가 됐지만, 2014년 5월 '세기의 협상'으로 불리는 중국과 러시아 간의 4,000억 달러(410조 2,000억 원) 규모의 가스공급 협상 타결(연간 380억 세제곱미터의 천연가스를 30년간 공급)은 이미 예견된 흐름이었다.

중국과 러시아는 시베리아 가스를 공급하는 거대 프로젝트를 이미 2005년에 합의했다. 그러나 공급 가격 등을 둘러싼 이견으로 10여 년을 끌면서 협상은 정체 상태에 빠졌다. 그사이에 중국은 중앙아시아 국가들과 중앙아시아 – 중국 가스관Central Asia-China Gas Pipeline(CACGP) 사업

* 켄트 콜더, 『신대륙주의』, 오인석·유인승 옮김, 아산정책연구원, 2013.

을 빠른 속도로 진행시켰다. 2008년 중국과 카자흐스탄의 합작투자사인 아시안가스 파이프라인사가 추진한 CACGP 프로젝트는 중국의 서기동수西氣東輸(West-East Gas Pipeline) 2기 가스관과 연결돼 수천 킬로미터 떨어진 동부의 상하이는 물론이고 남부 연안 광둥성의 선전深圳까지 가스를 실어 나르고 있다. 그에 앞서 1999년 시작된 서부대개발 계획으로 신장지구의 타리무塔里木, 차이다무柴達木, 오르도스鄂爾多斯 분지에서 상하이에 이르는 4,000킬로미터의 1차 가스 파이프라인(서기동수 1기)이 완공됐다. 또 2006년과 2007년에 각각 신장웨이우얼자치구의 우루무치烏魯木齊와 간쑤성甘肅省 란저우蘭州를 연결하는 1,690킬로미터의 원유 및 정제 파이프라인도 가동되기 시작했다. 중국은 이 서기동수 1, 2기에 이어 투르크메니스탄의 천연가스를 더 많이 들여오기 위해 1, 2기 공사에 투입한 금액과 맞먹는 150억 달러를 투자해 3기 공사를 진행하고 있으며, 4, 5기 공사도 검토하고 있다. 그뿐만이 아니다. 신장웨이우얼, 중앙아시아 등 서쪽으로부터의 거대 육상 에너지 수송망과 함께 남쪽으로부터도 총 2,508킬로미터에 이르는 중국 – 미얀마 파이프라인을 구축하고 있다. 남서부의 쓰촨성四川省과 윈난성雲南省으로부터 미얀마를 가로질러 벵골만에 이르는 석유·가스 파이프라인(중국의 쿤밍 – 미얀마의 시트웨)이 2013년 10월 완공됐다. 미얀마 인근 해상 지역의 원유, 가스뿐만 아니라 중동 지역으로부터 오는 원유 등을 말라카해협을 거치지 않고 이 파이프라인을 통해 중국 남부 지역으로 보낼 수 있다는 점에서 중국 – 미얀마 간 육상 수송망은 전략적으로 중요하다.

또 동북부 지역에서 베이징에 이르는 지역에 대해서도 이미 2009년 말부터 시베리아로부터 원유가 공급되고 있다. 2009년 12월 1단계로 개통된 동시베리아 – 태평양 송유관ESPO 역시 1990년대 중반부터 일본, 중국이 서로 도입 경쟁에 나서면서 논란을 벌였던 사업이다. 2013년 시

2부 대륙의 길과 신대륙주의

진핑 중국 국가주석은 취임 후 첫 러시아 방문에서 동시베리아의 국경 스코보로디노에서 중국 동북부 헤이룽장성 다칭으로 공급되는 원유물량을 연간 1,500만 톤 규모로 확대하기로 했다. 러시아는 2012년 12월 이 파이프라인을 2단계로 확대해 사할린 지역으로부터 오는 파이프라인과 연결해 극동의 원유선적 수출항 코즈미노항을 통해 한국, 일본, 동남아는 물론이고 심지어 인도까지 수출하는 계획을 세우고 있다.*

2014년 5월 러시아와 가스관 협상을 타결 지은 중국은 이제 몽골로 눈을 돌리고 있다. 2014년 8월 시진핑 주석의 몽골 방문을 계기로 중국, 러시아, 몽골 3자 사이에 또 다른 시베리아 가스관 사업으로 몽골을 관통하는 노선이 검토되고 있으며, 몽골과 중국 간에는 300억 달러 규모의 몽골의 대규모 석탄액화가스 사업에 합의했다. 한반도 동북해안인 두만강 지역의 나진·선봉에서 중국과 러시아가 만나듯이 몽골을 사이에 두고 중국과 러시아가 협력과 경쟁을 하고 있다. 중국에서 보면 몽골과 두만강 지역 개발은 서로 연계돼 있다. 중국이 동북진흥계획의 일환으로 추진하는 창지투 개발·개방 선도구 계획을 중심에 놓고 보면 서쪽으로는 네이멍구를 통해 동몽골 등 대륙으로 뻗어가고 있으며, 동쪽으로는 북한을 통해 바다로 나아가며 확대되고 있기 때문이다.

그런 점에서 창지투와 연계돼 진행되고 있는 나진·선봉 지역의 변화는 이 지역의 북·중 관계에서 또는 북·중·러 3자 관계에서만이 아니라 몽골까지 포함하는 좀 더 큰 틀에서 봐야 한다. 이 또한 중국의 동북부에서 만주, 시베리아, 몽골을 서로 연결하며 통합해가는 과정의 일환이며

* 동시베리아-태평양 송유관은 동시베리아 원유 산지로부터 태평양 연안으로 원유를 수송할 수 있는 단일 송유관 시스템이다. 2009년 12월 완료된 타이셰트-스코보로디노를 연결한 1단계 사업은 2,694킬로미터이며, 이곳으로부터 코즈미노 터미널까지 2단계 사업은 2,046킬로미터로 모두 4,700여 킬로미터에 이른다. 니콜라이 모기레프 트란스 네프트 사장에 따르면 코즈미노의 연간 원유수출량은 3,000만 톤이며 5,000만 톤까지 확대할 계획이다.

'신대륙주의'의 흐름을 보여주는 것이기 때문이다.

바다를 지배하는 자가 세계를 지배한다

중국이 촉발해 유라시아 전역에 걸쳐 확대되고 있는 에너지의 상호의존 심화는 콜더의 표현을 빌리면 "유라시아를 고립된 국가들의 집합으로부터 점점 더 상호작용하고 응집하는 실체로 변화시키고 있다." 중국은 이제 미국과의 신형 대국관계를 넘어 신형 국제관계를 말하고 있다. 2013년 중국과 주변 국가의 무역액은 1조 3,000억 달러에 육박해 중국과 미국 및 유럽의 무역총액을 앞질렀다. 중국은 브릭스BRICS* 이외에 주변국가들과 새로운 협력관계의 확대를 바탕으로 상하이협력기구SCO, 아시아교류신뢰구축회의CICA 등을 통한 영향력을 점점 더 키워가고 있다.

중국과 국경을 접한 국가는 14개국이며 바다를 사이에 두고 인접한 '해상 이웃국가'는 6개국이다. 중국은 내부의 균형개발을 위한 서부대개발, 동북진흥전략 등 발전전략과 이들 주변 이웃 국가들과의 국경협력을 지역협력의 틀로 묶어내며 새로운 질서를 만들어가고 있다. 이는 2013년 시진핑 지도부가 들어서면서 본격화되는 양상이다. 시진핑 주석은 2013년 러시아 방문을 시작으로 '신실크로드 경제벨트'와 '21세기 해상 실크로드', 방글라데시·중국·인도·미얀마BCIM 경제회랑Economic Corridor, 중국·파키스탄 경제회랑, 중국·아세안 자유무역지대 업그레이드 협상(2014년 8월), 아시아인프라투자은행AIIB(2014년 5월), 브릭스 정상

---

* BRICS는 Brazil, Russia, India, China, South Africa의 머리글자를 따서 만든 말이다. 브릭BRIC은 골드먼삭스가 처음 쓰기 시작했다. 이들은 2002년 상호 무역협력을 위한 조약을 맺었으며 2010년 12월 남아프리카공화국이 다섯 번째 정규 회원이 됨으로써 브릭스BRICS로 통칭하게 되었다.

회담에서의 신개발은행NDB 설립(2014년 7월) 등 일련의 중대한 제안을 내놓고 있다. 이는 냉전이 끝난 후 이라크, 아프간 등에 미국이 군사적으로 개입함으로써 정점으로 치달았던 미국 주도 단극 패권 질서가 덜 패권적이고 미국의 기준에 덜 얽매이는 다극적 질서 또는 중국이 말하는 '신형 대국질서'를 넘어 '신형 국제관계'로 이행하고 있음을 보여주는 것이기도 하다.

19세기 후반 이래 지정학적 관점에 입각한 전략가들은 어떤 국가가 패권국가가 될 것이냐에서 그 중심을 해양에 둘 것인가, 아니면 대륙에 둘 것인가를 놓고 크게 다른 흐름을 보였다. 이 둘을 대변하는 대표적인 전략가가 미국 해군제독이자 역사가이기도 한 알프레드 머핸Alfred Thayer Mahan과 영국의 지리학자 해퍼드 매킨더Halford John Mackinder다. 머핸은 "바다를 지배하는 자가 세계를 지배한다"고 말했듯이 해상국가는 육상국가에 비해 월등한 '세계적인 접근성'과 '전략적인 불가침성'을 갖고 있다고 봤다. 반면에 매킨더는 국제적으로 패권적 지위에 오르기 위한 조건으로 '역사 속의 지리적 중심축'이라는 개념을 제시했는데 그건 해양보다는 대륙에 있었다. 그에 따르면 바다에서 더 멀리 떨어지고 배가 다닐 수 있는 큰 강이 흐르는 유라시아 대륙의 중심이 해양국가보다 적의 공격에 덜 취약하다는 것이다.

미국과 강대국 패권의 지정학에 깊이 있는 분석을 보여온 칼럼니스트 로버트 캐플런은 대륙 중심주의에 입각해 중국이 패권국가로 등장할 수 있다고 우려 섞인 눈으로 내다봤다. 그는 「중국 패권의 지정학: 중국의 대륙·해양 패권은 어디까지 미칠 것인가」*라는 글에서 매킨더가 1904년 쓴 유명한 논문 「역사 속의 지리적 중심축」을 인용하면서 이렇게 말했다.

---

* 로버트 캐플런, 『포린 어페어스』, 2010년 5·6월호.

"다른 유라시아의 강대국들이 기본적으로 그랬던 것처럼 러시아는 해안이 얼음으로 봉쇄된 대륙 강대국이다. 반면, 중국은 양질의 항구가 많은 1만 4,484킬로미터의 온화한 해안선 덕택에 대륙 강대국이자 해양 강대국이 되었다. (매킨더는 실제로 중국이 어느 날 러시아를 정복할지 모른다고 우려했다.) 중국의 영향력이 미치는 영역은 사실상 광물과 화석연료가 있는 중앙아시아에서부터 태평양의 주요 해로까지이다."

매킨더의 지정학적 사고에 입각하자면 '대륙의 중심축'인 중국이 세계를 변화시키고 있다.

2장

몽골·러시아·중국, 3각 에너지 협력으로

강태호 기자_ 울란바토르

시진핑과 푸틴, 앞다투어 몽골을 방문하다

2014년 8월 몽골은 시진핑 중국 국가주석과 푸틴 러시아 대통령을 초청해두고 두 나라와의 새로운 협력관계 구축에 총력을 쏟았다. 몽골 일간 『주니메데』(세기뉴스)는 이를 앞두고 '올 여름 세계의 관심, 몽골에 집중될 듯'이라며 큰 기대를 나타냈다.

2014년은 몽골과 중국이 수교한 지 65주년이자 두 나라 친선협약 체결 20주년을 맞이하는 해였다. 또 8월은 몽골과 소련이 일본의 침략에 공동으로 대응했던 할힌골 전투(노몬한 전투) 승리 75주년을 맞이하는 달이기도 했다. 그에 앞서 5월 20~21일 상하이에서 열린 4차 아시아교류신뢰구축회의CICA 정상회의에 참석한 차히아긴 엘베그도르지Tsakhiagiin Elbegdorj 몽골 대통령은 이를 기념하기 위해 두 정상을 초청했다. 두 정상 모두 이를 수락했다. 몽골은 내친 김에 두 정상을 동시에 초청해 수도 울란바토르에서 3자 정상회담을 할 것을 제안했다. 두 정상의 동시 방문은 시진핑 주석이 8월 21~22일 먼저 몽골을 찾고, 푸틴 대통령은 9월 3일에 방문하면서 성사되지 못했지만, 유라시아 두 강대국의 몽골에 대한 경쟁적 접근은 몽골에 커다란 선물을 안겨줬다. 특히 몽골과 두 정상 간의 3자 정상회담은 9월 11~12일 타지키스탄 두샨베에서 열린 제14차 상하이협력기구 정상회의에서 성사됨으로써 몽골 언론들의 표현대로 몽골, 러시아, 중국의 3자 협력은 역사적인 변화의 국면에 들어섰다.

몽골에 있는 강재홍 한국교통연구원 전 원장은 두 정상의 방문을 치열한 '외교전쟁의 한 장면'으로 표현했다. 두 정상의 방문 사이에 윤병세 외교통상부 장관이 몽골을 방문해 한국이 가세한 것도 이 지역의 변화를 상징한다.

한국·몽골 두 나라는 정부 간 최초의 장관급 정례협의체인 '한·몽 공동위원회'를 신설키로 했다. 이를 바탕으로 양국 간 포괄적 동반자관계 내실화 방안을 구체화해 2015년 수교 25주년을 계기로 고위급 인사교류를 좀 더 활성화하고 다양한 기념행사를 개최하는 등 양국 관계를 한 차원 높이 발전시키기로 했다.

강 전 원장에 따르면 시진핑은 몽골 방문에서 "중국이 몽골 광물자원 개발을 위한 대규모 투자와 교통 물류 인프라 사업의 연계라는 거부할 수 없는 통 큰 제안을 했다"고 말했다. 그는 또한 "'중국의 발전에 무임승차해도 좋다'는 중국의 흡인력으로 당장 신설하는 몽골 철도를 기존 광궤와 달리 러시아의 영향에서 벗어난 (중국식) 국제 표준궤로 바꾸려 하고 있다. 중국은 이 신선철도를 통해 남고비의 고급 석탄을 쉽게 중국으로 실어내갈 수 있을 것이다"라고 말했다. 몽골은 그에 대한 화답으로 중국 쪽이 제안한 '신실크로드 구상'New Silk Road, '아시아인프라투자은행'AIIB 설립을 지지하겠다고 밝혔다.

그런가 하면 러시아 쪽은 천연가스 파이프라인이 몽골을 통과하게 하기 위한 러·몽·중 3각협력을 내걸어 몽골인의 기대를 잔뜩 부풀리고 있다. 러시아가 그동안 몽골 쪽이 줄기차게 요구했던 비자면제 협정을 들어준 것도 이런 맥락에서 봐야 한다. 세르게이 루쟈닌 러시아과학아카데미 극동연구소 부소장은 푸틴의 몽골 방문으로 두 나라 간에는 "군사기술협력에서 비자면제 협정까지 15개 협력서가 체결됐다"면서 "푸틴의 이번 방문은 그동안 정체되어 있던 러시아·몽골 협력관계 발전의 '돌파구' 역할을 했다"고 평가했다.

중국·러시아 협력열차에 탑승해야

몽골에선 2014년 여름 두 정상의 방문을 앞두고 앞으로의 외교정책 방향에 대한 다양한 견해가 쏟아져나왔다. 특히 이 가운데 5월 중·러 간 가스 파이프라인 협상이 타결되자 러시아와 중국 간의 새로운 가스 파이프라인 노선의 몽골 통과에 대한 논의에 관심이 집중됐다. 에르데네툴 몽골 정치전략연구센터 소장은 "몽골은 러시아와 중국 간의 협력발전이라는 열차에 때맞춰 탑승해야" 할 것이라면서 러시아와 중국 간 4,000억 달러 규모의 가스 공급체결에 따라 연결되는 가스 파이프라인 사업에 관심을 기울일 것을 촉구했다. 몽골은 이 4,000억 달러 규모의 동부시베리아 가스 파이프라인(시베리아의 힘) 합의가 추가적인 가스 파이프라인 협상으로 이어질 것으로 예상하고, 가스 파이프라인이 몽골을 경유해 부설될 수 있도록 외교를 전개할 필요가 있다는 점을 강조한 것이다.

2009년 러시아와 중국이 원칙적으로 합의한 천연가스 공급 규모는 원래 30년간 매년 약 680억 세제곱미터(68bcm)였으며, 이를 알타이 라인 300억 세제곱미터(30bcm), 동부 라인 380억 세제곱미터(38bcm)씩 두 라

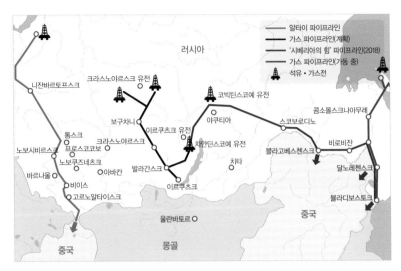

2009년 러시아와 중국이 합의한 천연가스 파이프라인. 왼쪽이 알타이 라인, 오른쪽이 동부 라인(시베리아의 힘). 가스프롬GAZPROM 자료 참고.

인으로 제공한다는 것이었다. 이번 가격협상으로 타결된 것은 동부 라인 (동부시베리아 코빅틴스코예, 차얀딘스코예 가스전에서부터 스코보로디노를 거쳐 블라고 베스첸스크에서 다칭으로 연결)이다. 러시아 쪽에선 이번 합의로 나머지 알타 이 라인(카자흐스탄·몽골 사이를 통과해 우루무치에서 중앙아시아로부터 오는 가스관 인 서기동수와 연결할 것으로 예상) 협상도 타결될 것이라는 전망이 나오고 있 다. '시베리아의 힘'으로 불리는 동부 라인은 동시베리아 - 태평양 송유 관ESPO과 마찬가지로 동북3성을 거쳐 베이징, 상하이 등 중국 북부 지역 에 가스를 공급할 계획이다. 이에 반해 알타이 라인은 몽골 서쪽으로 내 려와 신장웨이우얼자치구를 거쳐 중국 서남부 지역에 가스를 공급하려 는 것이다.

하지만 5월 합의에 이어 중·러가 알타이 라인의 가스 파이프라인 추 가 협상을 벌인다는 공식 발표는 아직 없다. 러시아 쪽에서는 적극적이 다.* 특히 푸틴 대통령은 중국에서 엘베그도르지 몽골 대통령과 만난 직

2부 대륙의 길과 신대륙주의

후인 5월 22~24일 상트페테르부르크 국제경제포럼에 참석한 너러브 알탕후약Norov Altankhuyag 몽골 총리와 만나 알타이 라인의 몽골 통과 문제를 내각에 검토하도록 지시했다고 밝힌 것으로 전해졌다. 중국 언론들은 특히 9월 13일 가스프롬의 대외경제활동부문 책임자가 이른바 '서부 노선'을 통한 대중국 가스공급 협상이 몇 주 내 시작돼 신속하게 완료될 가능성이 있음을 러시아 언론과의 인터뷰에서 밝혔다고 전했다. 이 책임자는 양국 사이에 기본적으로 300억 세제곱미터의 가스를 공급하는 협상이 진행될 것으로 예측하면서 공급량은 협상과정에서 증가할 수 있다고 덧붙였다. 알렉세이 밀러Alexey Borisovich Miller 가스프롬 사장도 그에 앞서 가스프롬은 중국석유천연가스공사CNPC와 '서부 노선'을 이용한 가스공급 계약도 체결할 준비가 돼 있다며 "11월 양국 정상회의에서 계약이 체결될 수 있을 것"이라고 전망했다.** 여기서 양국 정상회의는 11월 베이징에서 열리는 아시아태평양경제협력체APEC 정상회의를 말하는 것으로 보인다.

몽골은 러시아와 중국의 서부 가스 파이프라인이 애초 노선과 달리 몽골을 경유하는 노선으로 바뀔 수 있다는 기대를 하고 있다. 실제로 몽골은 일찍부터 러시아에 몽골 경유 노선을 요청해왔다. 엘베그도르지 몽골 대통령은 상하이에서 열린 아시아교류신뢰구축회의CICA 정상회의 뒤 『블룸버그』와의 회견에서 "러·중 간 가스 파이프라인을 몽골을 경유해 설치하면 1,000킬로미터가 단축된다"면서 "석탄 사용으로 대기오염이 심각한 수준에 있는 울란바토르를 가스 난방화할 기회도 열린다"고 그

---

*   이스칸데르 아지조프Iskander Kubarovich Azizov 주몽골 러시아 대사는 2014년 8월 14일 몽골 현지 언론과의 러·몽 관계에 대한 인터뷰에서 중국 및 서쪽 행(알타이 라인) 가스 파이프라인을 설치하고자 하며, 현재 중국과 통북 방향 가스 파이프라인 경로를 활발히 협상 중이라고 밝혔다.
** 「중·러, 서부가스관 프로젝트 협상도 수 주 내 개시」, 『연합뉴스』, 2014년 9월 13일.

필요성을 역설하기도 했다.

내륙국가에서 교통망 국가로 나아가다

중국과 러시아 사이에 끼여 있는 내륙국가 몽골에 중국·러시아 두 정상의 방문은 2008년 내걸었던 '트랜짓 몽골리아' 비전을 적극적으로 펼칠수 있는 기회가 되고 있다. 트랜짓은 말 뜻 그대로 하면 경유 또는 통과다. 트랜짓 몽골리아는 몽골이 중국횡단열차와 시베리아횡단열차의 경유지가 될 수 있게 하겠다는 것이다. 즉 "몽골을 내륙(에 갇혀 있는)국가에서 내륙(을 연계하는)교통망 국가로 만들어가겠다"는 것이다.

알탕후약 몽골 총리는 2014년 5월 해당부처 각료들과 함께 러시아를 방문하면서 몽골이 러시아와 중국, 유럽과 아시아를 연결할 도로, 철도, 가스 파이프라인, 에너지망, 석유 운송의 중추점이 되기 위한 구체적 방안을 협의했다. 특히 다바긴 바트바야르Davaagiin Batbayar 경제개발부 장관이 "러시아 경제개발부 장관과 회담에서 5개 통과수송 노선 지정에 대하여 논의했으며 이를 '초원로' 사업으로 명명했다"고 몽골 언론은 전했다.

그러나 서부 노선인 알타이 가스 파이프라인 협상에 대해 일부 전문가들은 부정적 견해를 피력하고 있다. 중앙아시아, 미얀마 등과의 가스 파이프라인 사업이 적극 추진돼 상당한 물량을 이미 확보한 중국이 추가로 가스를 들여올 만한 가스 수요가 있을지에 의문을 제기한 것이다. 앞서도 언급했지만, 러시아와 중국 사이에 가격조건을 둘러싼 이견으로 합의가 지체되면서 그사이 중국은 투르크메니스탄 등 중앙아시아 국가들과의 에너지 협력 강화(2014년 서기동수 3기 완공), 미얀마와의 가스전 준공(2012), 동부 해안의 액화천연가스 터미널 확대 등으로 충분할 만큼 물량을 확보했다는 것이다. 그렇지만 이에 대한 반론도 만만치 않다. 무엇보다도 중국은 세계에서 에너지 소비 증가가 가장 빠른 국가다. 게다가 악명 높은 대기오염을 해소하기 위해 가정용 연료, 액화천연가스 버스 도입 확대 정책 등 천연가스 소비는 두 자릿수의 높은 증가율을 계속하고 있다. 이들의 추산에 따르면 이런 증가 속도는 20년간 지속되리라는 것이다. 이에 따라 중국 천연가스 수요는 2013년 1,680억 세제곱미터에서 2020년에는 3,000억~3,500억 세제곱미터로 두 배 이상 증가하고, 2040년에는 다시 두 배인 7,500억 세제곱미터에 이를 것이라는 예측도 나오고 있다. 앞서 5월의 동부 '시베리아의 힘' 가스 파이프라인 사업으로 러시아가 2018년부터 30년 동안 중국에 공급하게 될 천연가스 규모는 연간 380억 세제곱미터이다. 이는 중국 가스 소비량의 23퍼센트, 가스프롬 전체 수출량의 16퍼센트에 해당하는 규모로 평가된다.

결국 가스·전력·석유 등 전체적인 에너지 수요와 공급에 대한 중국 자체의 종합적 판단이 관건이 되겠지만 중국은 가스 파이프라인 공급 물량 확보에서 몽골, 러시아 등과의 관계를 전략적으로 고려할 필요가 있는 상황이다. 몽골은 1921년 러시아의 지원하에 중국으로부터 독립하였으며, 1924년에는 몽골인민공화국을 수립하여 구소련에 이어 세계에서 두 번째로 사회주의 국가가 되었다. 그 뒤 러시아와의 유대와 협력은 상대적으로 굳건히 유지해왔다. 반면에 중국과는 몇백 년에 걸친 명·청의 지배와 탄압, 네이멍구의 분리(분단)라는 아픈 역사에다 국민의 압도적 다수를 차지하는 라마교 신자의 문제 등 종교적 갈등까지 더해져 한일관계보다 훨씬 더 뿌리 깊은 반감이 존재해왔다. 그럼에도 두 나라 경제관계는 시간이 흐를수록 확대돼 몽골은 자원 등 수출의 90퍼센트 가까이(2013년 87퍼센트)를 중국에 의존해왔으며, 석탄 등 자원개발에 대한 중국의 지배권이 강화되면서 갈등과 긴장이 더해졌다.

사상 최대 석탄 액화·가스화 사업

2013년 10월 이른바 주변국과의 새로운 외교방침(친밀, 성실, 혜택, 포용을 뜻하는 親, 誠, 惠, 容)을 내세운 시진핑 지도부는 이런 전략적 고려에 입각해 몽골에 '러브콜'을 보냈다. 실제로 중국 지도자로는 11년 만에 몽골을 찾은 시진핑 주석은 8월 21일 몽골 국회 연설에서 "좋은 이웃은 천금을 줘도 바꾸지 않는다"는 중국의 속담을 인용하면서 "중국은 몽골을 비롯한 주변국에 함께 발전하는 기회와 공간을 제공하기를 원한다"라고 말했다. 그는 특히 앞서 에르데네툴 몽골 정치전략연구센터 소장이 몽골 언론에 밝힌 칼럼에 이렇게 화답함으로써 강렬한 메시지를 던졌다. "여러분이 '중국의 발전'이란 기차에 함께 올라타는 것을 환영한다. 특급열차를 타도 좋고 무임승차를 하는 것도 모두 환영한다."

그 상징이 몽골 사상 최대 에너지 협력 프로젝트인 석탄 액화·가스화 사업이다. 중국의 양대 에너지그룹인 시노펙SINOPEC(중국석유화공집단공사)이 세계 4위의 석탄 매장량(1,623억 톤)을 갖고 있는 몽골의 갈탄광산 네 곳에 기술, 생산설비 등 300억 달러(약 31조 원)를 투자한다는 것이다. 기존의 몽골 최대 규모 외국인 투자는 세계적인 구리·금 광산인 오유톨고이 개발이었다. 오스트레일리아 광산기업 리오틴토 등의 투자 규모(1차)가 70억 달러였던 것에 비춰보면 300억 달러는 엄청난 규모다. 몽골은 2009년 리오틴토의 광산 투자에 힘입어 이듬해 경제성장률을 17.5퍼센트 수준까지 끌어올릴 수 있었다.

중국·몽골 간 석탄 가스화 프로젝트의 구체적 내용은 중국이 몽골의 '석탄 합성천연가스SNG 추출' 사업에 필요한 기술과 투자를 담당하고, 몽골은 연료가 되는 갈탄을 공급한다는 것이다. 몽골의 투브, 돈드고비(중부), 헨티(동몽골), 도른고비(남부) 4개 아이막(행정명칭으로 도에 해당)에 소재한 광산 인근에 연간 160억 세제곱미터 상당의 합성천연가스 생산력(갈탄 환산 6,000만~8,000만 톤 규모)을 갖춘 공장이 네 개 들어설 계획이다. 몽골은 석탄 추정 매장량이 1,623억 톤으로 엄청난 규모지만 그 가운데 90퍼센트가 열량이 낮은 갈탄이다. 이 때문에 전문가들은 갈탄의 경우 운송비용 등을 감안할 때 수출 채산성이 없다고 말해왔으나, 이 사업으로 에너지 확보에 새로운 돌파구를 찾게 됐다.

시진핑·엘베그도르지 두 정상은 8월의 정상회담에서 무역, 에너지, 인프라, 금융 등 광범위한 분야에서 모두 26건의 협정에 합의했다. 이 가운데는 300억 달러 규모의 석탄 가스화 개발사업 이외에 철도, 고속도로, 출입국사무소, 철광, 광산, 석유, 전력, 자동차 등 분야별 협력 프로젝트들이 포함돼 있다. 이를 통해 양국은 2020년까지 교역규모를 현재의 두 배 수준인 100억 달러로 늘리기로 했다. 이는 러시아와 몽골의 무역규모 확대 목표와 같다는 점에서 러시아에 대한 경쟁의식을 엿볼 수 있다.

푸틴 대통령은 9월 3일의 몽골 방문에서 몽골 육류제품의 러시아 공급확대 등 2020년까지 두 나라 무역규모를 100억 달러까지 확대하기로 했다. 이는 2013년 몽골의 국내총생산 규모가 114.5억 달러인데다 러시아와 몽골의 무역규모가 16.23억 달러로 중국(55.33억 달러)의 3분의 1에 못 미친다는 점에서 놀랄 만하다.* 푸틴과 엘베그도르지 두 정상은 이와 함께 몽골의 생명선인 철도의 현대화 작업(8억 9,000만 달러 규모)을 재개하기로 합의했다. 울란바토르철도 개선 및 발전전략 파트너십에 관한 몽골 도로교통부와 러시아철도회사 간 협정에서는 몽골횡단철도를 2020년까

* 몽골·러시아 간 무역규모는 약 16억 달러인데, 몽골의 대러시아 수출액은 6,200만 달러에 불과해 15억 달러 이상의 무역적자를 기록하고 있다.

지 복선화하기로 했다.

　중국 역시 경쟁적으로 협력을 약속하고 있다. 시진핑 주석은 몽골의 숙원 사업이었던 바다로의 출구와 관련해 몽골에 추가 항만 이용 등의 협력을 약속했다. 화둥華東 지방*과 동북 지방의 항구를 개방해 몽골 쪽이 사용할 수 있도록 한 것이다. 강재홍 한국교통연구원 전 원장은 몽골이 추가로 사용할 수 있는 중국 동북 지역 항구들로, 랴오닝성 단둥·다롄·진저우·잉커우營口·허베이성河北省 친황다오秦皇島·황화黃驊 6개 항만이 제시됐다고 말했다.

　『신화넷』에 따르면 시진핑 주석은 2014년 5월 엘베그도르지 몽골 대통령과의 아시아교류신뢰구축회의CICA 정상회담에서 "중국이 광산자원 개발, 인프라 건설, 금융협력 등 '세 가지 일체와 총괄적 추진'의 원칙 하에, 서로 교류와 소통 건설을 우선 방향으로 삼고, 실크로드 경제 건설을 계기로 양국 협력을 넓히고 중국 기업의 몽골 투자를 격려할 용의가 있다"고 밝힌 바 있다. 이에 엘베그도르지 대통령은 타이완, 티베트 문제 등 중국의 핵심이익과 관련된 사안에서 중국을 계속 확고하게 지지할 것이라고 강조하고 광산, 전력, 인프라 건설 등의 영역에서 협력을 강화할 방침이라고 밝혔다. 이런 방침들이 구체적으로 드러나고 있는 것이다. 특히 광산 개발 협력과 관련해 두 나라가 기존의 '광물에너지회의'를 '광물에너지인프라협의회'로 확대·발전시키기로 했다는 점에서 철도, 도로 등 교통 인프라 투자를 본격적으로 예고하고 있다.

---

* 중국 6대 지리대구의 하나로 산둥山東, 상하이, 안후이安徽, 장쑤, 장시江西, 저장, 푸젠福建 등 동부 연안지대를 말한다.

　　　　　　　　　　　　　　　　　　2부 대륙의 길과 신대륙주의

몽골·중국·러시아 3국, 역사적인 정상회담을 하다

몽골 언론들은 타지키스탄 두샨베에서 2014년 9월 11~12일 제14차 상하이협력기구SCO 정상회의를 계기로 열린 시진핑, 푸틴, 엘베그도르지세 정상의 3국 정상회담을 자세히 전했다. 이 3국 회담은 앞서 울란바토르에서 열린 시진핑·엘베그도르지 정상회담에서 채택한 공동선언 가운데 포함돼 있다. 공동선언에서 중국은 "몽골의 아시아태평양경제협력체APEC 가입과 몽골이 적절한 방식으로 동아시아정상회의EAS와 한·중·일 협력에 참여하는 것을 지지한다"고 밝히고, 중국·몽골·러시아 3국 정상회담과 이를 통한 3국 간 협력을 지지한다고 밝힌 바 있다. 엘베그도르지 대통령은 3국 회담을 울란바토르에서 3년마다 열고, 회담을 통해 3국의 관심 사안, 특히 3국의 통과화물과 인프라 및 지역적 문제를 논의해 결정할 것을 제의했다.

또 '서부 라인 천연가스관'이 몽골을 경유하도록 건설하는 것을 검토하기 위한 3자 실무회의를 울란바토르에서 개최할 것도 요청했다. 이에 대해 중·러 정상은 3국 정상회담의 필요성과 회담을 3자 간 바람직한 미래 협력의 메커니즘으로 발전시킬 수 있다는 데 동의한 것으로 알려졌다. 몽골 통과화물 및 경제적 이익에 합의했을 경우 상하이협력기구에 가입하겠다는 의견도 표명했다.

이 회담에서 시진핑 국가주석은 2013년 중국이 발의한 '신실크로드 경제벨트' 및 러시아, 유럽, 아시아 철도 연결을 러시아 대통령과 합의했으며, 신실크로드 경제벨트를 몽골 쪽이 발의한 '초원로'와 연계하겠다고 밝혔다. 또 세 나라의 발전전략이 상호 부합하고, 3국 간 철도·도로 등 인프라 건설 활성화가 매우 중요하므로 3국을 연결하는 철도 주간선의 현대화와 신노선 건설에 대해 논의할 수 있으며, 몽·러와 공동으로 3

자 통과화물 협력을 활성화할 준비가 돼 있다는 점을 밝힌 것으로 전해졌다. 특히 중·러가 이미 750메가와트 및 500킬로와트급 송전망을 설치했고, 국경 간 전력망과 인터넷망 구축을 검토 중이며, 앞으로 세 나라 간 발전소 설립문제를 논의할 수 있다고 했다. 중·러의 에너지 협력에서 몽골의 참여를 논의할 준비가 되어 있다는 내용도 포함돼 있는 것으로 몽골 언론들은 전했다.

이에 대해 푸틴 대통령은 인프라·에너지·광업 분야에서의 협력, 울란바토르철도 및 러·중 영토 내 철도를 기반으로 하는 신철도 건설 협력을 고려할 수 있으며, 신실크로드 경제벨트 사업을 러시아의 여타 사업 및 '초원로' 사업과 연계할 수 있고, 중국과 몽골이 러시아 전력을 공급하는 송전선의 몽골 경유에 관심이 있다면 이를 계획할 수 있다고 밝혔다.*

시진핑의 주변국 외교방침과 '1벨트 1로드'(一帶一路) 구상

2009년 말 중·러 간의 동시베리아–태평양 송유관 개통과 무역규모의 급속한 확대를 두고 『뉴욕타임스』는 넘치는 자본과 풍부한 자원의 만남이라며 두 나라 관계를 '완벽한 커플'이라고 한 바 있다. 그리고 이제 중국은 몽골과 로맨스를 시작하고 있다. 무엇보다도 이 로맨스는 러시아와 경쟁하는 측면이 있지만 오히려 러시아까지 참여하면서 3자 협력으로 확대·발전하고 있다.

그뿐만이 아니다. 중국은 이미 중앙아시아, 동남아시아 인근 국가들과도 에너지와 철도, 도로 등 인프라를 구축해 한때 변방의 낙후되고 고

---

* 몽골 현지 언론 『어너드르』Unuudur, 2014년 9월 15일.

2부 대륙의 길과 신대륙주의

립됐던 이 지역을 변화시켜왔다. 신실크로드 경제벨트와 21세기 해상 실크로드는 그 그랜드 디자인이다.

시진핑 지도부는 2013년 10월 주변국과의 새로운 외교 강화방침을 채택하면서 2014년 들어서 한국, 몽골에 이어 상하이협력기구 회의를 계기로 타지키스탄 이외에 인도 등 서남아시아 국가들을 시진핑 주석이 직접 방문하며 외교 행보를 확대하고 있다. 시진핑 지도부 출범 뒤의 외교 행보를 전체적으로 보면, 중국이 러시아와 인도를 중심에 두고 주변국들을 신실크로드 경제벨트와 21세기 해상 실크로드 구상(一帶一路 구상)이라는 협력의 틀 속에 묶어두는 데 초점을 맞추고 있음을 알 수 있다. 2013년 3월 시진핑은 주석 취임시 첫 방문국으로 러시아를 찾았으며, 리커창李克强 총리는 2013년 5월 한때 국경분쟁을 벌였던 인도로 갔다. 그리고 북한에는 8월에 리위안차오李源潮 부주석을 보냈다. 9월에는 시진핑 주석이 중앙아시아 4개국을 방문해 신실크로드 구상을 제안했으며, 10월에는 리커창 총리와 차례로 동남아를 방문했다. 2013년 10월 22일엔 인도 총리가 50년 만에 중국을 방문했으며 이때 러시아 총리가 동시에 중국에 오면서 뉴델리·모스크바·베이징 3국의 유라시아 동맹 가능성마저 흘러나왔다.

2014년 들어 시진핑 지도부는 5월 상하이 아시아교류신뢰구축회의 CICA에서 미국을 겨냥해 아시아 안보는 아시아 이외의 국가와는 무관하다며 러시아와 함께 아시아 국가들 간 안보협력의 새로운 프레임을 구축하자고 제안했다. 동시에 이 회의에 맞춰 러시아와 중국은 7일간 '해상연합 2014'라는 군사연합작전훈련을 실시함으로써 미·일 견제와 중·러 연대를 과시했다. 중·러 간 4,000억 달러 규모의 가스관 협상이 타결된 것도 이 회의에서였다. 또 중국은 이 회의에서 '신실크로드 경제벨트'와 '21세기 해상 실크로드'를 위한 교통 인프라 협력을 강조했다.

7월엔 한때 미국의 뒷마당으로 불렸던 브라질, 아르헨티나, 베네수엘라, 쿠바 등 중남미 주요국을 열흘 이상 종횡무진 누비며 남미대륙횡단철도 건설, 신개발은행NDB '채무 불이행'(디폴트) 위기를 겪는 아르헨티나에 대한 대규모 금융지원, 베네수엘라와의 에너지 협력 차관 제공 등 몽골에서와 같은 선물 보따리를 풀어놨다.

시진핑 주석의 주변국 외교는 8월 몽골 방문과 9월 타지키스탄 두샨베에서 열린 제14차 상하이협력기구 정상회의 및 몰디브, 스리랑카, 인도 등 남아시아 순방으로 이어졌다. 중국과 인도는 방글라데시·중국·인도·미얀마 경제회랑 건설을 추진해왔다. 이들 4개국은 시진핑 주석의 신실크로드 경제벨트와 21세기 해상 실크로드 추진에 매우 중요한 역할을 하게 될 것이다. 신실크로드 경제벨트에 대한 몽골, 러시아, 중앙아시아 국가들의 협력을 재확인하고, 이어 인도를 비롯해 서남아시아, 동남아시아 지역에는 21세기 해상 실크로드 구상 및 기존 아세안ASEAN 자유무역경제지대의 업그레이드 협상(2014년 7월 아세안지역포럼 회의)을 제시함으로써 이른바 '1벨트 1로드' 구상을 만들어가고 있다.

한국과는 자유무역협정FTA 체결, 아시아인프라투자은행AIIB 등 인프라 투자를 바탕으로 에너지 및 무역 협력 확대와 역내 금융안전 네트워크를 완성하려고 하는데, 이는 미국이 여전히 국내문제와 이라크, 시리아, 팔레스타인 등 중동의 수렁에 빠져 대안 부재의 모습을 보이고 있는 것과 크게 대비된다. 『인민일보』의 한 칼럼이 한국, 중남미, 몽골 방문 등에서 시진핑 지도부의 외교가 오바마의 아시아 재균형 전략에 '부드러운 펀치'를 날리고 있다고 비유했듯이, 중국이 잇따라 주변국과 협력하기 위해 내놓은 구상은 강한 구심력을 갖고 주변국들을 끌어들일 만한 것들이다.

중국 『인민일보』에 따르면* 중국은 이제 신실크로드 경제벨트와 21

세기 해상 실크로드 등 이른바 '1벨트 1로드' 구상에 대한 구체적인 액션 플랜을 발표할 것이라고 한다. 이 구상은 인프라 건설 확대, 상호연계 강화 및 경제·무역 협력 관계를 제고하는 경제회랑의 건설을 목표로 한다는 것인데, 크게 바다에서 중국·싱가포르 경제회랑을, 서부 지역의 사막·초원·산악 지역을 포괄하는 대륙에서 신유라시아 대륙교 경제회랑을, 남부 지역에서 중국·이란·터키 경제회랑을 추진하는 것으로 나타나고 있다.

상하이협력기구 연구센터의 천위룽陳玉榮 주임은 '1벨트 1로드' 건설이 단계적으로 진행될 것이며, 초반의 목표는 도로·에너지 수송관·통신·항구 등의 인프라 건설과 상호연계에 중점을 두고 무역과 투자의 편리화 정도를 제고하는 데 있다고 설명했다. 그리고 다음 단계인 중반부로 들어서면 여건이 마련된 국가와 지역에 자유무역지대 건설을 추진해 중국과 아세안 국가 간에 한층 개선된 자유무역지대를 구축하고 중앙아시아 국가와도 자유무역지대를 건설하며, 아프리카 동해안과 라틴아메리카 지역의 환태평양 국가까지 협력 기제로 편입시키고, 장기적으로는 중앙아시아, 남아시아, 서아시아, 유럽, 아프리카, 라틴아메리카 국가를 아우르는 자유무역지대를 건설해 100여 개 국가를 커버하겠다는 목표를 갖고 있다고 밝혔다.

예컨대 현대판 실크로드로 불리는 신유라시아 대륙교는 40여 개 국가와 지역을 포괄하는 신흥 국제 경제회랑으로, 이 가운데 자유무역지대 또는 항구 건설의 형태로 경제회랑 건설을 추진한다는 것이다. 신장 지역은 중국과 중앙아시아 간 자유무역지대를, 닝샤寧夏 지역은 중국·걸프협력회의GCC 간 자유무역지대 선행지구 건설을 제안할 수 있다.

---

* 「'1벨트 1로드' 구상안 곧 발표, FTA 가속화에 초점」, 한국어판 2014년 9월 26일.

시진핑 지도부의 이 같은 숨 가쁜 외교 행보와 구상은 마치 고속열차를 타고 신대륙주의 시대로 질주하는 듯한 모습을 연상케 한다.

3장

몽골과 중국, 협력과 견제의 두 얼굴

송인걸 기자_ 베이징·톈진·울란바토르

석탄을 둘러싼 애증관계

세계 10위의 자원 부국인 몽골과 떠오르는 대국 중국의 관계는 상호보완적이면서 뿌리 깊은 갈등과 대결의 이중적 모습을 보인다. 석탄은 그런 관계의 상징이다.

몽골에는 현재까지 확인된 자원만 해도 석탄 1,623억 톤, 형석 2,200만 톤, 동 5,500만 톤, 금 3,000톤 등 80여 종의 광물이 매장돼 있다. 이 가운데 몽골의 최고 자원은 품질이 우수한 석탄이다. 석탄이라고 다 똑같은 것은 아니다. 무연탄과 유연탄으로 나뉘는데, 유연탄 가운데 코킹콜Coking Coal로 불리는 산업용 유연탄은 제철소용으로 가장 비싼 탄종이다.

2013년 한국전력은 석탄을 구입하는 데 톤당 평균 85~95달러씩 모두 8조 원을 들였다. 그런데 세계은행이 발표한바, 2009년 몽골 최고 탄광인 타반톨고이(추정 매장량 64억 톤)산 석탄은 톤당 생산가 12달러, 몽골 종단철도를 통해 중국 친황다오항까지 운송하는 데 50.1달러였다. 석탄의 국제 거래가는 한때 톤당 140달러까지 치솟기도 했다. 강승익 신화국제물류유한공사 대표는 "몽골 타반톨고이산 석탄의 품질은 최상급이다"라고 말했다. 전체 매장량 64억 톤 가운데 코킹콜이 18억 톤(28퍼센트), 발전소용 스팀콜이 46억 톤(72퍼센트)에 이른다. 이를 1년에 5,000만 톤까지 생산할 수 있다. 강 대표는 "타반톨고이산 석탄을 수입할 수 있다면 한국으로 해상운송을 해도 톤당 가격이 80달러를 넘지 않을 것"이라고 예상했다. 우리나라는 유연탄 전량을 수입에 의존한다. 이 중 몽골에서 수입하는 양은 미미하다.

석탄은 여전히 중국 에너지원의 70퍼센트를 점유하는 중요한 자원이다. 그렇기에 중국은 자국을 거쳐 제3국으로 수출되는 몽골의 자원에 대해 운송허가제를 시행하면서 사실상 몽골이 중국 외 국가로 석탄 등 에너지 자원을 수출하지 못하도록 통제해왔다. 강재홍 한국교통연구원 전원장은 중국의 석탄정책 기조를 '내 것을 지키고 남의 것을 가져오는' 이른바 '놀부정책'이라고 비유했다. 한때 중국은 몽골의 석탄이 중국 톈진항을 거쳐 제3국으로 나가는 것을 막기 위해 코킹콜 수출 관세율을 종전 25퍼센트에서 40퍼센트로 인상한 바 있다. 석탄 이외에도 형석을 제외한 자원을 몽골이 제3국에 수출하려고 하면 화차 배정을 지연시키며 허용하지 않았다. 이에 따라 대한석탄공사는 7월 6일 몽골 누르스트 홋고르 지역의 사업을 포기하고 철수한다고 밝혔다. 대한석탄공사는 2011년 이 지역 1만 2,873헥타르에 대한 석탄광구개발권을 확보하고 채탄했으나 판로를 열지 못해 수익을 내지 못했다.

중국은 블랙홀이자 최대 시장이다

중국은 몽골의 자원을 통째로 빨아들이는 '블랙홀'이기도 하지만, 타반톨고이 광산 바로 남쪽 아래에 시장을 형성하고 있는 가깝고도 큰 수요처라는 이점이 있다. 그래서 몽골의 철도정책을 살펴보면 양면적 측면이 있다. 중국을 이용해야 하는 한편 지리적 약점에서 기인하는 중국의 횡포를 견제하기 위해선 제3국으로 나가는 출구가 필요하다. 이를 위해 몽골이 타반톨고이에서 동몽골의 초이발산까지 동서철도(신선철도) 건설 계획을 세우자, 러시아는 "2020년까지 8억 9,000만 달러를 지원하고 선로사용료 등 각종 수수료 인하와 통관 편의를 제공하겠다"며 반겼다. 몽골이 중국을 우회해 수출항을 확보하려 하자 중국은 중국대로 2008년 몽골과 러시아에 통관절차를 개선하기 위해 제안한 '트랜짓 몽골 콘퍼런스'를 해마다 울란바토르에서 열고 있다. 또 2009년 톈진항의 둥장東疆지역 1제곱킬로미터를 몽골에 국제물류협력단지로 제공하는 등의 유인책도 펴고 있다.

간툴가 바트군 몽골 주톈진 상무대표처 수석대표는 2014년 7월 1일 "둥장 국제물류협력단지는 몽골이 바다로 나가는 가장 빠른 통로이다. 몽골종단철도에 유럽으로 가는 통과화물을 유치하고 몽골의 자원을 수출하려고 주톈진 한국대표부와도 만났다"고 말했다.

쌍방향 운송을 하려면

중국에 진출한 한국 물류업체들은 몽골종단철도가 단선이고 노후화돼 속도가 느리고, 타반톨고이에서 초이발산까지 동서절노가 건실돼도 리시아까지 거리가 멀어 경제성을 기대하기 어렵다고 전망하고 있다. 노승현 범한판토스 화북사업부 수석부장은 "몽골은 생필품의 90퍼센트 이상을 수입하므로 가는 물류는 있으나 오는 물류는 거의 없어 공컨테이너 회송 비용 부담이 크다. 또 외국 물류운송업체는 컨테이너 야적장 등을 갖추지 않으면 영업을 제한받는데다 러시아 울란우데의 적체 등으로 시간이 많이 걸리고 안정성마저 떨어져 유럽으로 가는 물류를 몽골종단철도로는 보내지 않는다"고 지적했다.

그러나 운송조건 개선, 통관업무 단순화 등을 뼈대로 한 철도현대화 계획이 실현되어 몽골종단철도가 상용화된다면, 한국은 벌크화물 겸용 컨테이너로 공산품을 수출하고 자원을 수입하는 쌍방향 운송을 통해 자원도 확보하고 회송 공컨테이너 비율을 줄여 운송비를 낮출 수 있다. 예를 들어 시멘트공장에 유연탄을 실어다주고 대신 시멘트를 싣고 몽골로 오는 것이다. 실제 동해안 삼척으로 향하는 물류사업의 경우 이런 아이디어가 구체적으로 논의된 적이 있었다.

우지안훙武劍紅 베이징 자오퉁대 교수(운수경제학)는 "중국횡단철도는 허난성河南省 정저우鄭州와 쓰촨성 직할시인 충칭重慶을, 만주횡단철도는 랴오닝성 잉커우에서 유럽행 블록트레인block train을 운행하고 있다. 물류의 효율성을 높이려면 단방향에서 쌍방향 운송이 돼야 하고, 자원 및 지역 인프라도 함께 개발해야 한다"고 말했다. 그래서 중국 정부는 국가전략으로 중국횡단철도가 통과하는 서부 지역을 개발하고 카자흐스탄 등 중앙아시아 국가와 관계를 강화해 카스피해 일대의 원유·가스 등 에너지 자원을 수입하는 접근법을 취하고 있다는 게 그의 설명이다.

몽골종단철도를 견제하는 중국

철도가 몽골 자원의 활로를 좌지우지하는 수단이 되다보니 중국은 몽골 종단철도를 견제하는 모습을 보이고 있다. 러시아도 협조적인 것만은 아니다. 예컨대 러시아는 몽골 정부의 열차 정비창 건설 계획에 부정적이다. 몽골 철도는 정비시설이 없어 열차 수리를 러시아에 의뢰해왔는데 그 영향력을 잃지 않으려는 것이다.

우지안홍 교수는 "철도는 각국의 전략산업이다. 러시아는 극동 항구에 미칠 영향을 감안하고, 중국은 중국횡단철도 전략을 고려한다. 또 만주횡단철도가 있는데 몽골종단철도의 활성화를 지원할 이유가 있느냐"고 되물었다.

강재홍 한국교통연구원 전 원장은 "몽골종단철도가 대륙철도 기능을 회복하려면 중국과 러시아, 나아가 북한의 협력이 전제돼야 한다. 따라서 몽골종단철도가 활성화되기 위해 동북아 각국이 참여해야 한다는 측면에서, 아시아와 유럽을 하나의 경제공동체로 묶고 정치·군사적으로도 평화적 연대를 구축하겠다는 박근혜 대통령의 유라시아 이니셔티브 구상은 몽골과의 협력에서 그 첫 발걸음을 뗄 수 있을 것"이라고 말했다.

몽골종단철도의 가능성과 한계

몽골종단철도는 거리만으로 보면 한국 – 중앙아시아·유럽을 잇는 지름길이 될 수 있다. 기점인 중국 톈진항에서 모스크바까지 총 거리는 7,753킬로미터다. 한반도종단철도와 연결되면 1만 1,231킬로미터, 부산항과 인천항에서 해싱을 통해 복합운송을 하면 총거리는 각각

9,896킬로미터, 8,496킬로미터다. 시베리아횡단철도는 기점인 보스토치니항에서 모스크바까지 약 9,288킬로미터, 한반도종단철도와 연결되면 1만 3,054킬로미터, 부산항에서 해상으로 복합운송을 하면 1만 109킬로미터다. 중국횡단철도는 롄윈항에서 모스크바까지 8,613킬로미터, 한반도종단철도와 연결되면 1만 2,091킬로미터, 부산항발 복합운송을 하면 거리는 9,529킬로미터다. 또 다른 대륙철도인 만주횡단철도는 모스크바까지 7,721킬로미터(한반도종단철도 연계시 1만 1,608킬로미터)이지만 기점이 투먼이어서 현재 한국발 물류의 접근성이 떨어진다. 따라서 거리상으로 몽골종단철도는 시베리아횡단철도와는 철도운송과 복합운송 모두, 중국횡단철도와는 철도운송과 인천항발 복합운송에서 유리하다. 해상운송은 부산 - 수에즈운하 - 로테르담 구간이 약 2만 킬로미터, 부산 - 파나마운하 - 로테르담 구간이 약 2만 3,000킬로미터다.

통과 국가는 몽골종단철도는 중국 - 몽골 - 러시아 3개국, 시베리아횡단철도는 러시아, 중국횡단철도는 중국 - 카자흐스탄 - 러시아 3개국이다. 한반도종단철도로 연결되면 한국과 북한 2개국이 늘어난다. 나라별 궤간은 중국, 한국, 북한이 표준궤, 몽골과 러시아, 카자흐스탄이 광궤를 사용하므로, 몽골종단철도와 중국횡단철도에서 궤도가 달라지는 몽골, 카자흐스탄 국경 통과시 대차교환을 하거나 가변대차를 사용해야 한다.

몽골종단철도는 지름길이라서 상용화되면 물류운송 기간과 비용을 줄일 수 있지만, 여전히 내륙철도로 남아 있다. 만주횡단철도가 동북3성 재개발과 한국·중국·러시아·몽골의 광역두만강개발계획이 진행되면서 물류운송이 활발한 대륙철도로 바뀌고 있는 것과 대비된다.

몽골종단철도는 한국·몽골이 '윈윈하는' 물류노선

송인걸, 나산바트_ 몽골물류운송협회 운영위원 겸 파스코FASCO 사장

"몽골종단철도가 운송하는 화물 가운데 통과화물은 연간 0.5퍼센트 수준입니다. 15퍼센트까지 높이는 게 목표입니다."

2014년 7월 6일 오후 몽골 울란바토르에서 만난 나산바트Nasanbat 몽골물류운송협회 운영위원은 한국과 일본이 중앙아시아, 유럽으로 오가는 수출입 화물을 몽골종단철도로 운송한다면 현재 시베리아횡단철도, 중국횡단철도보다 운송시간과 운임 면에서 유리하다고 밝혔다.

나산바트 운영위원은 몽골의 물류업체가 2013년과 2014년 두 차례에 걸쳐 자민우드에서 러시아 웨건 55대(110TEU)로 블록트레인을 꾸려 몽골종단철도로 운송했다고 소개했다. 몽골 울란바토르철도공사 대행사인 파스코FASCO와 러시아철도공사RJD 대행사인 IRS가 운송을 대행한 이 블록트레인은 중국 칭다오발 독일행 화물을 싣고 몽골 수흐바타르 – 러시아 나우시키역을 지나 시베리아횡단열차와 만나는 울란

몽골물류운송협회 운영위원이자
파스코 사장인 나산바트.
ⓒ송인걸

우데역을 하루 만에 통과하는 등 각각 12일, 14일 만에 모스크바에 도착했다고 전했다.

송인걸(이하 송): 지난해 한국의 서중물류가 독일 함부르크행 물류운송을 시도했으나 울란우데를 통과하는 데 2주가 소요돼 추가 운송계획을 취소했는데?

나산바트: 그래도 중국·러시아 국경을 통과하는 것보다 몽골종단철도의 중국·몽골, 몽골·러시아 국경을 통과하는 것이 상대적으로 수월하다. 실제 중·몽의 만저우리와 자바이칼스크는 중국의 동북3성과 창지투 개발로 물류가 늘면서 적체가 발생하고 있다. 그러나 몽·러의 나우시키는 물류가 없어 통관이 수월하다.

송: 한국이 몽골종단철도를 이용하면 어떤 이익이 있나?

나산바트: 중국횡단철도, 시베리아횡단철도보다 거리가 짧아 운송기간이 단축된다. 화물이 늘어나면 운임도 점차 낮아질 것이다. 몽골은 통과화물을 유치해 이익을 얻으므로 한국과 몽골이 '윈윈'할 수 있다. 한국발 함부르크행 물류의 노선별 운송 수익을 따졌더니 시베리아횡단철도는 러시아가 80퍼센트, 물류회사가 15퍼센트, 한국은 5퍼센트였다. 중국횡단철도는 중국이 50퍼센트, 카자흐스탄이 30퍼센트, 러시아와 한국이 각각 10퍼센트씩 이익을 얻었다. 그러나 몽골종단철도는 러시아가 60퍼센트, 몽골이 10퍼센트, 중국이 10퍼센트, 한국이 20퍼센트의 이익이 발생했다.

송: 몽골종단철도가 국제 물류운송 루트가 되려면 중국, 러시아 등 주변국가와 협력이 필요할 텐데?

나산바트: 중요한 사안이다. 해마다 몽·중·러 3국 협력회의가 열리지만 내륙국가로 출해구가 없는 몽골의 지경학地經學적 한계가 주변국가들

에는 이익이 되므로 결론이 쉽게 나지 않는다. 에너지 자원을 제3국에 수출하는 것은 중국이 허용하지 않고, 철도망 개선 계획에 따른 정비창 건설은 기관차를 보수해온 러시아가 반대하는 게 현실이다. 자민우드에는 러시아가 화차도 배치하지 않고 있다. 정부가 외교적으로 노력하고 있는 걸로 안다.

송: 몽골종단철도를 활성화하기 위한 대책이 있나?

나산바트: 동서철도 건설과 기존 선로를 개량하는 사업 등은 막대한 자본과 시간이 필요하다. 몽골은 겨울이 길고 추워서 연간 공사기간이 5개월 안팎이다. 따라서 현재 시설의 운영 효율을 높이려고 한다. 국제철도협력기구OSJD에 몽골종단철도-시베리아횡단철도 구간의 블록트레인 고유번호(영업허가)를 받으려고 노력하고 있다. 이를 받으면 노선이 통과하는 국가의 협조를 받게 돼 안정적이고 신속한 물류운송이 가능하다. 몽골과 러시아는 같은 광궤를 쓰지만 울란우데에 현대적인 환적 및 통관 시설이 갖춰져야 운송 속도를 높일 수 있다.

인터뷰

중국횡단철도 활성화는 중국의 신실크로드 전략

송인걸, 류쥔_ 중국 톈진 난카이대학 현대물류연구센터 부연구원

"중국횡단철도는 동부해안 지역과 서부-서북부 지역의 개발뿐 아니라 카자흐스탄 등 주변국가와의 관계를 돈독하게 유지하는 견인차이다."

중국 톈진 난카이南開대학 현대물류연구센터 부연구원 류쥔劉軍 교수는 2013년 8월 1일 중국 정부가 중국횡단철도가 지나는 시안, 정저우, 신장 등을 모두 국가급 경제특구로 지정하고, 카자흐스탄 등과 관

세협정을 맺는 등 협력을 강화해 중국횡단철도의 통과물류를 늘리는 '신실크로드 경제벨트' 정책을 시행하고 있다고 밝혔다.

류쥔 교수는 "중국횡단철도 성장 정책은 중국의 균형발전과 에너지 자원 수입국이 된 중국의 미래 성장 동력인 중앙아시아 자원을 확보하기 위한 국가 전략이다. 시진핑 주석은 2013년 9월 카자흐스탄에서 300억 달러 투자를 약속하며 중국과 중앙아시아의 인구 30억 명을 하나의 경제권으로 묶는 신실크로드 경제권 구상을 제안한 바 있다"고 말했다.

송인걸(이하 송): 이미 세계 2위권에 진입한 중국은 대내외에 걸쳐 다양한 운송 루트가 필요할 텐데?

류쥔(이하 류): 최근 20년 동안 중국 정부는 철도에 막대한 투자를 했다. 특히 중서부 지역의 중국횡단철도 노선은 지역을 개발하고 중앙아시아 국가와 연계하기 위해 최우선적으로 복선화, 고속철도 부설 등이 집중되었다. 이는 철도운송 능력이 한계에 이르렀다고 보고 여객과 화물을 분리하기 위한 것이다. 이에 따라 물류가 단방향에서 쌍방향으로

중국 톈진 난카이대학
현대물류연구센터 부연구원 류쥔. ⓒ송인걸

2부 대륙의 길과 신대륙주의

변화하고 있다. 동북 지역은 옛 중·경공업 지대의 재개발과 창지투 개발이 진행되면서 만주횡단철도 등 기존 철도의 정비는 물론 다롄 – 선양 간 고속철 건설 및 북한 나선항까지 도로망 정비 등을 추진하고 있다.

송: 최근 중국횡단철도 운송료가 크게 올라 시베리아횡단철도와의 경쟁력이 약화됐다는 지적이 있는데?

류: 중국 중서부의 생산제품은 자원이 주류를 이룬다. 그런데 도로 운송비용이 비싸기 때문에 대부분 철도운송을 하다보니 철도 용량이 포화상태에 이르러 운송요금 인상이 불가피했다. 결국 철도운송 능력을 높이는 게 최선이다.

송: 중국 물류가 안고 있는 문제는 뭔가?

류: 중국 물류는 물류 인프라 개선, 각지의 특성에 맞는 시장네트워크 기능 안배, 대형 물류기업 양성의 3대 과제를 풀어내야 한다. 인프라는 항공·철도·도로 모두 괜찮지만 복합운송은 약하다. 전국에 18개 물류센터를 건설했지만 시장보다 계획에 의해 기능하고 지방정부에 따라 효율성이 기대에 미치지 못하는 곳도 적지 않다. 분야별로 주관하는 정부 부처가 나뉘어 있어 정부가 통합된 물류정책을 마련하기는 매우 어려울 것으로 본다.

송: 몽골종단철도의 발전 가능성은?

류: 몽골종단철도 활성화는 몽골, 러시아와의 관계를 새롭게 하는 데 도움이 될 것이다. 그러나 동북 및 두만강 유역의 창지투 개발에 따른 물류는 철도운송의 경우 만저우리, 해상운송의 경우 다롄, 톈진, 북한의 나진항 루트 개발을 우선하고 있다. 동북3성의 자원을 기반으로 한 발전은 한계가 있다. 동북 지역의 물류운송 루트보다는 몽골의 자원을 운송하고, 몽골의 생필품, 개발용 중장비·설비를 수입하는 통로가 될 것이다.

4장

중국·몽골·북한·러시아 대통로와 동몽골의 꿈

강태호 기자_ 초이발산·에렌차브·만저우리

왜 지금 동몽골인가

중국에서 보면 동몽골 지역은 동북진흥계획(동북3성 개발)의 일환으로 추진되는 지린성 창춘·지린·투먼(창지투) 개발·개방 선도구의 서쪽 통로이며, 시베리아로 가는 관문이다. 창지투 계획이 동쪽으로 훈춘을 통해 북한의 나진·선봉, 러시아의 하산을 연결해 바다로 나가는 출구전략에 중점을 두고 있는 건 분명하다. 하지만 대륙철도 전체로 보면 그건 한쪽만 본 것이다. 바다로도 가야지만 유라시아 대륙으로도 연결돼야 한다. 창춘에서 서쪽으로 가서 시베리아횡단철도로 이어지는 구간을 포함해야 비로소 바다와 육지를 연결하는 온전한 대륙철도가 되기 때문이다. 창지투의 서쪽 방향으로 유라시아 대륙으로 이어지는 길목에 동몽골이 있다. 이 길은 훈춘에서 극동 연해주를 거쳐 시베리아횡단철도로 가는 대륙철도보다 거리를 1,500여 킬로미터 이상 단축할 수 있다.

창지투의 중심인 창춘에서 시작해 서쪽의 대륙철도로 이어지는 길은 두 구간으로 나뉜다. 하나는 북쪽 하얼빈으로 가서 만저우리(빈저우선)로 가는 구간이다. 이 구간은 만저우리 너머 러시아 국경 자바이칼스크를 지나 치타에서 시베리아횡단철도와 연결된다. 만저우리 – 하얼빈의 빈저우濱州선은 하얼빈에서 동쪽으로는 무단장을 거쳐 쑤이펀허(만쑤이선, 옛 동청철도)로 연결된다. 그리고 쑤이펀허에서 남쪽으로 둥닝東寧 – 옌지(훈춘) – 투먼까지 동변도철도東邊道鐵道의 확장노선이 건설되고 있다. 하지만 동쪽 끝 동해로 나가는 훈춘과 서쪽 끝 대륙으로 이어지는 만저우리가 일직선의 노선으로 이어지는 건 아니다.

다른 하나는 선양에서 서쪽의 쑹위안松原 – 바이청 – 싱안멍興安盟의 울란호트烏蘭浩特에서 몽골과 접한 국경도시인 네이멍구의 아얼산 Arxan(阿爾山 또는 兩山)까지* 이어지는 구간이다. 이 노선의 문제는 아얼산에서 멈춰 있다는 것이다. 아얼산 너머 동몽골 국경의 넘룩 통관시설은 중국 지원으로 만들어졌지만, 동몽골 쪽으로 넘룩에서 동몽골 내부의 초이발산까지가 미연결 구간으로 도로와 철도가 없기 때문이다. 이 철길을 잇게 되면 동북 지역에서 중국·몽골 간 대륙횡단철도가 될 수 있다. 그뿐만 아니라 초이발산에서 치타를 거치면 시베리아횡단열차로 연결된다.

제2의 창지투, 중국 · 몽골 · 북한 · 러시아 대통로

지린성은 이를 '제2의 창지투'로 간주하고 있다. 울란호트 – 아얼산까지의 철도를 얼마 전 연결한 이유다. 2014년 2월 지린성 정부 부비서장이

---

* 아얼산에서 지린성의 성노인 창춘까시가 669길로미디, 지린을 거쳐 훈춘까지가 598킬로미터로 모두 1,200~1,300킬로미터 거리다.

기도 한 장보전張葆全 창지투 판공실 주임은 "초이발산과 네이멍구 아얼산을 잇는 철도 건설을 국무원에 요청했다"면서 이는 중·몽·북·러 대통로가 잇따라 열리게 되는 것으로 이러한 제2, 제3의 유라시아 대통로가 개척되면 창지투 개발·개방 선도구에 중대한 의의가 있을 것"이라고 말했다.[*]

1990년대 말 장쩌민 정부에서 시작돼 후진타오胡錦濤 정부에서 본격화된 신장웨이우얼 등 서부대개발 계획은 시진핑 지도부에 들어서 신실크로드 구상으로 중앙아시아를 거쳐 유라시아 대륙으로 확장되고 있다. 마찬가지로 동북진흥계획도 동북3성이 아니라 네이멍구를 연계해 서쪽으로 확대되고 이를 다시 동몽골을 포함해 유라시아 대륙으로 확장되는 과정을 보여주고 있다. 이렇게 되면 동북3성, 특히 지린성은 몽골, 극동러시아, 북한을 사통팔달의 망으로 연결하는 중심에 서게 된다.

그럼 이것이 몽골에는 어떤 의미를 지니는가? 내륙국 몽골은 지린성과 마찬가지로 동해로의 출구를 찾아왔다. 동몽골에서 바다로 가는 새로운 출구가 비로소 열리는 것이다. 몽골은 이미 2010년 초이발산에서 중국 쪽 국경인 아얼산 너머 동몽골 국경인 넘룩까지의 구간을 포함해 뉴레일프로젝트(신선철도)를 건설한다는 계획을 수립했다. 이는 남부 중국과의 국경인 어믄고비 아이막에 있는 단일 최대 유연탄광 타반톨고이(64억 톤 규모)와 세계적인 구리·금 광산인 오유톨고이 두 광산의 광물을 동몽골의 초이발산까지 1,100킬로미터의 동서횡단철도를 건설한 뒤 이를 남쪽과 동쪽의 지선을 통해 중국 동북3성으로 보내거나, 북쪽의 시베리아횡단철도로 실어나르려는 것이다. 한마디로 동몽골을 통해 '태평양(동해의 한국, 일본)'으로 가는 제3의 자원수출 길을 열어가겠다는 의도이다.

* 『지린신문』, 2014년 2월 4일.

2부 대륙의 길과 신대륙주의

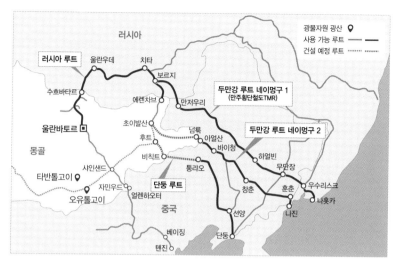

몽골 자원수출의 동북아시아 운송 루트. 『한겨레』 자료 참고.

동몽골 내 지선까지 포함해 1,800킬로미터에 이르는 구간에 52억 달러가 투자되는 이 사업은 몽골종단철도 개통 이래 최대 규모의 철도건설사업이다. 이 구간이 완공되면 몽골 철도의 총연장은 현행 2,215킬로미터(종단철도 1,815킬로미터와 지선 포함)에서 4,000여 킬로미터로 거의 두 배 가까이 늘어난다.

강재홍 한국교통연구원 전 원장에 따르면 몽골은 '동해로 가는 길'을 열어가기 위해 동몽골 내의 철도 지선을 어떻게 연결할지를 놓고 최종 결론을 내리지 않았는데, 지린성이 추구하는 아얼산에서 연결되는 중·몽·북·러 대통로 계획과는 미묘한 차이가 있다.

우선 몽골의 철도개발전략상 아얼산(양산)철도는 최우선적으로 건설해야 할 프로젝트는 아니다. 몽골 철도건설 계획은 타반톨고이 – 샤인샌드 – 초이발산 철도를 먼저 건설한 다음, 이 철도를 이용해 샤인샌드와 기존의 몽골종단철도 노선을 합류시킴으로써 동부와 서부를 연결하고자 한다. 또 기존 철도와 신선철도가 만나는 샤인샌드에 산업단지를 건립하고 주요 광산품 가공업을 발전시키는 데도 이 철도를 활용하려고 한다. 물론 목표는 동몰골의 초이발산까지 연결해 바다로 가는 제3의 출구를 찾는 것이다.

그런데 몽골 정부가 수립한 철도정책을 보면 동몽골의 넘룩-아얼산에는 지리적인 어려움이 있다는 게 강 전 원장의 지적이다. 동몽골의 동단인 넘룩의 할힌골 지역은 천연의 자연생태계를 간직한 환경보호구역이자 산악지형이다. 따라서 넘룩으로 가는 지선으로 검토되고 있는 초이발산-후트-탐삭불라크-넘룩* 노선보다는 초이발산 못 미쳐 남쪽의 바룬우르트에서 남동쪽 비칙트-준하답치 국경 통과소 두 곳으로 연결하는 노선이 현실적인 대안이 될 수 있다.

이 경우 동쪽의 아얼산까지는 중국의 철도가 연결되어 있는 반면, 그보다 남쪽에 위치한 비칙트-준하답치까지는 70킬로미터가 미연결구간이다. 또 이쪽 노선으로 갈 경우엔 창춘·지린 쪽이 아닌 선양이나 진저우 등을 통해 랴오닝성 항구 또는 단둥으로 가게 된다. 물론 신선철도로 남고비 광산 지역이 초이발산으로 이어지면, 초이발산에서 북쪽의 에렌차브까지 철도를 이용해 러시아 국경의 솔로비예프스크를 지나 보르지에서 북쪽으로 가서 치타를 통해 시베리아횡단열차로 갈 수 있다. 또 남쪽으로 가면 만저우리로 내려가 기존 만주횡단열차TMR와 만날 수 있다.

---

* 후트에서 넘룩까지 거리는 338킬로미터다.

2부 대륙의 길과 신대륙주의

한반도보다 넓은 동몽골의 인구는 20만 명뿐

몽골의 다른 어떤 지역보다도 초원이 끝없이 펼쳐지는 곳이자 우리 민족과도 인연이 깊은 동몽골은 북으로는 시베리아, 동으로는 만주, 남으로는 중국의 중원을 넘볼 수 있는 전략적 요충 지역이다. 헨티, 도르너드, 수호바타르 3개 아이막으로 이뤄진 동몽골의 면적은 28만 제곱킬로미터로 한반도(22만 제곱킬로미터)보다 크다. 그럼에도 2013년 현재 인구는 19만 3,000여 명에 불과하다. 흰궁뎅이 가젤(영양) 수만 마리가 떼를 지어 다니는 모습은 아프리카 세렌게티 초원을 연상하게도 한다. 게다가 이 초원지대는 맞은편 중국 네이멍구 쪽의 세계 3대 초원인 후룬베이얼呼倫貝爾로 이어진다. 중국에서 네 번째로 큰 호수인 후룬호呼倫湖와 동몽골 동부의 부이르호 사이의 초원이라 해서 후룬베이얼로 불리는 이곳과 동몽골을 포함하면 면적이 한반도의 거의 2.5배인 54만 제곱킬로미터에 이르는 거대한 초원지대가 펼쳐지고 있는 것이다.

역사적으로 이 대초원은 흉노부터 탁발선비족(북위를 건국), 칭기즈칸의 할흐족, 바이칼 인근까지 뻗어나간 브리야트족 등 유목민족이 거주하고 발흥한 무대였다. 예맥, 숙신 등 고대 북방민족들과 부여, 고구려를 건국한 우리 조상들의 뿌리도 이곳으로 추정된다. 동쪽 국경 할힌골(할흐강) 지역에서 출토된 고대유물 석인상(고올리칸弓王 훈촐로오)이 고구려의 유물과 비슷하고 현지 설화가 고구려 시조인 동명성왕(고주몽) 건국신화와 유사한데, 광개토대왕비 비문에도 이런 역사가 기록되어 있다고 한다. 그러기에 2004년 몽골 정부는 이 지역의 유적들을 한국, 몽골 두 나라가 공동으로 연구·조사하기로 하는 결의안을 통과시키기도 했다.

대초원은 서남쪽은 중원으로, 동남쪽은 만주로 나가는 길목의 요충지였기에, 이를 거점으로 삼아 야생말들로 기동력을 갖춘 북방의 유목민들

동몽골 초이발산과 중국 네이멍구 후룬베이얼 대초원지대가 펼쳐지는 몽골·러시아·중국의 접경 지역.

은 인근 부족들을 차례로 복속시킨 뒤 본격적 정벌에 나서 대륙의 주역
이 될 수 있었다. 그래서 이곳에선 역사적으로 주요한 전투가 벌어졌다.
1939년 몽골·소련 연합군이 관동군과 격전을 벌여 일본의 북방시베리
아 지역 진출을 좌절시킨 곳도 동몽골 동부 국경의 할힌골이었다(할힌골
전투 또는 노몬한 사건). 이 전투의 주역이 제2차 세계대전을 승리로 이끈 소
련의 영웅 게오르기 주코프Georgii Zhukov 장군과 몽골 혁명의 영웅 코를
로기인 초이발산Khorloogiin Choybalsan이다.

무엇보다도 동몽골 지역에는 몽골 최대 우라늄 광산(마르다이), 형석,
석탄 이외에 남부 탐삭불라크 지역의 석유 등 개발되지 않은 다양한 자
원이 풍부하게 매장되어 있다. 탐삭불라크는 1993년부터 미국, 오스트
레일리아, 중국 등의 유전탐사팀이 정밀탐사를 하여 15억 배럴의 원유가
매장돼 있는 것으로 확인했다.

2부 대륙의 길과 신대륙주의

동몽골 프로젝트는 왜 지지부진한가

박원길 징기스칸연구센터 소장을 비롯한 한국과 몽골의 전문가들은 공통의 역사·문화적 배경을 가진 뿌리 깊은 유대감을 바탕으로 이 지역의 풍부한 자원을 개발하기 위해 1990년대 중반부터 남북한·몽골 3자 협력으로 동몽골 프로젝트를 제안했다. 이른바 '동몽골의 꿈'으로 불리는 사업이다. 그 뒤 남바르 엥흐바야르 몽골 총리가 2003년 한국을 방문하면서 정부 차원의 협력사업으로 이를 공식 제안했고, 2006년 노무현 대통령의 몽골 방문을 계기로 합의가 이뤄지면서 동몽골 프로젝트는 몽골 동서를 관통하는 뉴밀레니엄로드 건설과 철도 인프라 구축, 한국식 정착촌 건설, 농축산단지 개발, 석유·금·구리·우라늄 등의 지하자원 개발 등 구체적 협력사업으로 추진됐다. 그러나 그동안의 성과는 미미하다. 2011년 코이카KOICA가 400만 달러를 지원해 3년에 걸쳐 진행한 '할흐강(할인골)' 프로젝트가 유일하다. 코이카는 할흐강 유역에서 농축산업을 발전시키기 위하여 2011년부터 3년 동안 프로젝트를 실행하기로 몽골 정부와 계약했다. 프로젝트 내용은 할흐강의 200헥타르 부지에 복합영농 시범농장을 건설해 농축산업을 발전시키면서 이 지역을 개발할 새로운 농업기술을 도입하는 것이었다. 이와 더불어 인근에 삼림을 조성하고 자연생태관광을 위한 방안들도 논의됐다. 몽골 정부는 이를 뒷받침하기 위해 이 지역에 발전소, 철도, 도로 등 인프라를 구축하기로 했다. 그러나 3년이 지난 2014년 5월 몽골 의회가 내놓은 프로젝트에 대한 평가를 보면 "처음에 계획했던 것과 비교하면 만족스럽지 못하다"는 것이었다. 몽골은 몽골대로 인프라 건설을 계획대로 하지 못했고, 한국은 한국대로 관개시설 등 시설지원을 충분히 하지 못한 것이었다. 하지만 이 프로젝트가 안고 있는 근본적인 문제는 동몽골 지역이 고립돼 있다는 점이었

다. 동몽골의 드넓은 땅을 개간하고 자원을 개발한다 하더라도 그동안에
는 이를 외부로 운송할 철도, 도로 등의 수송로를 확보하기가 요원해 보
였다.

동몽골의 중심 초이발산을 보더라도 한때 소련군(5공군)과 군속 등 8
만여 명이 주둔한 소련·중국 사이의 군사적 요충지이다. 소련이 인근의
광활한 초원지대에서 밀을 재배하거나 부분적으로 우라늄, 구리 등 자원
개발에 나섰지만, 여전히 변방의 미개발 지역으로 남아 있다. 가장 큰 문
제는 철도, 도로 등 인프라 부재에 따른 외부와의 단절이다. 초이발산에
서 670여 킬로미터 떨어진 울란바토르까지 가는 길은 도로가 유일하다.
그것도 일부는 비포장이며, 나머지 포장도로도 보수·관리가 시급해 육
상 수송의 기능을 기대하기 어렵다. 북쪽의 국경역 에렌차브를 거쳐 치
타로 이어지는 철도가 유일한 출구인데, 이 역시 단선인데다 지난 수십
년 동안 투자가 이뤄지지 않아 노후하다. 마찬가지로 초이발산에서 할힌
골까지 거리는 350여 킬로미터인데, 초원 위를 운행하는 차량에 의해 자
연적으로 형성된 길만 있을 뿐 도로는 없다.

동몽골 프로젝트 부활할 때

동몽골을 포함한 대초원은 대륙의 바다 한가운데에 외딴섬처럼 고립돼
있었다. 그러나 이제 중국이 동북진흥계획에 따라 창지투를 통해 대륙과
바다를 연결하는 중·몽·북·러 대통로를 구축하면서 길이 열리기 시작
했다. 중국은 기존의 미연결 구간에 철도를 부설할 뿐만 아니라 철도망
도 고속철도로 바꿔나가는 사업을 적극적으로 벌이고 있다.

2014년 6월 19일 만저우리에서 열린 광역두만강개발계획 회의에 참

　　　　　　　　　　　　　　　　2부 대륙의 길과 신대륙주의

석한 중국의 가오메이젠高美眞 교통계획조사연구소 연구원에 따르면, 아얼산 북쪽의 만저우리까지 이어지는 빈저우선(만저우리–하얼빈) 가운데 하얼빈과 치치하얼 간 250킬로미터 구간이 2014년 10월이면 고속철도로 연결된다. 이미 둔화敦化까지 연결돼 있는 창지투 고속철도는 2014년 말이면 훈춘까지 이어진다. 이제 치치하얼에서 만저우리까지 나머지 660킬로미터 구간이 고속철도로 연결되면, 하얼빈–창춘 간(270킬로미터) 고속철도를 통해 중·러 국경의 서쪽 끝 만저우리에서 동쪽 끝 훈춘까지 만주를 동서로 횡단하는 고속철도 시대가 열릴 수 있다. 또 몽골의 신선철도 계획에 따라 동몽골의 초이발산과 아얼산이 연결되면, 아얼산에서 선양까지는 기존 철도를 이용해도 선양부터 다롄까지는 물론이고 장차 베이징에서 북한과의 국경인 단둥까지 모두 고속철도로 연결될 수 있다. 이미 2015년 완공을 목표로 선양–단둥, 단둥–다롄까지는 고속철도 공사가 진행되고 있다.

한반도에서 본다면 이는 동서 양쪽(두만강, 신의주)에서 한반도종단철도와 동몽골을 연결하는 대륙철도의 길이 열리는 것일 뿐만 아니라 최단거리의 유라시아철도 시대가 열리게 되는 걸 의미한다. 또 신의주를 지나 단둥부터는 중국 동북 지방은 물론이고 베이징 등 주요 도시를 하루 안에 고속철도로 갈 수 있는 시대가 된다.

2014년 6월 중순 울란바토르에서 만난 몽골 외교부의 감볼트 로도이담바 전 주한몽골대사는 "지금이야말로 남북한이 협력해 동몽골 개발 프로젝트를 다시 부활시켜야 할 때"라고 강조했다.

종착점에 다다른 광궤와 표준궤 논쟁

물론 몽골이 할 일이 있다. 남동부 중국에 가까운 전략 광산인 타반톨고이, 오유톨고이에서 초이발산까지 이어지는 동서횡단 신선철도의 기간망과 지선을 깔아야 한다. 신선철도 건설은 애초 2011년 착공에 들어갈 계획이었지만, 52억 달러의 자금 조달 문제 이외에도 철도 궤간을 기존의 러시아 광궤로 할지, 아니면 중국과 철도 연결을 원활히 하기 위해 표준궤로 할지를 놓고 정치권은 물론이고 여론까지 분열되면서 지체돼왔다. 그러나 2014년 7월 초 몽골 국회가 마련한 '철도수송에 관한 국가정책'으로 논란은 이제 종착점에 다다른 것으로 보인다. 시진핑 주석 8월, 푸틴 대통령 9월 몽골 방문에 맞춰 중·러와의 협력 아래 신선철도 연결사업에 착수할 수 있는 여건이 마련되고 있는 것이다.

이 정책에 따르면 몽골 정부와 중국 사이에 국경 철도 검문소와 몽골 쪽에서 사용할 중국 항만의 숫자를 늘리고, 중국 지역을 경유하는 철도 수송 조건을 장기적으로 보장하는 협정을 체결하는 것을 조건으로 신선철도의 기간노선과 지선 각각에 대해 광궤와 표준궤를 채택하는 것으로 되어 있다. 최종 확정된 것은 아니지만, 대체로 타반톨고이에서 초이발산의 기간노선(1,100킬로미터)은 광궤를 채택하고, 나머지 지선 가운데 남쪽의 중국과 연결되는 노선은 표준궤를 건설하기로 했다.

광궤 및 표준궤의 공존 결정으로 신선철도 계획이 수립될 당시인 2008년부터 사업을 가로막았던 정치적 장애물이 사라지게 됐다. 외부 시각에서 보면 중국과 러시아 모두를 고려한 현실적인 결정이라 할 수 있지만, 몽골 내 중국의 자원 독식에 대한 반감, 중국의 영향력 확대에 대한 러시아의 우려, 몽골 철도에 대한 러시아의 독점적 지위 등을 감안할 때 몽골 정부가 몽골 내 광산에 투자하고 있는 중국 기업과 투자자들의 요구를 받아들인 것이다. 중국의 지원과 협력을 바탕으로 자원개발을 본격화하기 위해 결단을 내린 셈이다.

실제로 블라디미르 야쿠닌Vladimir Yakunin 러시아철도공사 회장은 2014년 5월 알탕후약 몽골 총리가 러시아를 방문했을 때 철도가 양국 협력에서 중요한 역할을 한다고 강조하며 이 문제에 민감한 반응을 보였다. 그에 반해 7월 14일 중국은 왕이王毅 외교부장이 몽골이 지난 10년 동안 옵서버 지위에 있던 상하이협력기구의 정회원국이 될 수 있다고 밝히는가 하면, 7월 7일엔 중국과 접한 남쪽 국경역인 자민우드에 중국 영사관을 개설하며 몽골의 요구에 부응하는 발 빠른 조치를 취했다. 무엇보다도 시진핑 주석은 몽골 방문에서 몽골에 추가로 동북 연안 지역의 6개 항구를 개방하겠다고 했다.

러시아도 적극 나서고 있다. 울란바토르철도회사의 지분 50퍼센트를 갖고 있고 이 회사 이사회 의장인 바딤 모로조프 러시아철도공사 수석 부사장은 2020년까지 울란바토르 철도 건설개발에 8억 9,000만 달러를 투자할 것이라고 밝혔다.* 신선철도 건설에 러시아도 참여하겠다는 것이다. 모로조프 수석부사장은 중국이 몽골의 석탄 광산에 표준궤(협궤) 철도 건설프로젝트를 건의하고 있으나, 한 국가 내에 여러 궤간을 두는 것은 '복잡한 상황을 파생시킬 수 있다'며 우려를 나타냈다. 중국을 견제하는 것이다. 그러나 중국, 러시아의 경쟁적 협력을 이끌어낼 수 있다면 몽골에게는 신선철도 건설이 탄력을 받고 추진될 여건이 마련되고 있는 셈이다.

몽골은 중국과 철도 연결을 위한 협정을 체결하면서 바다로 나가는 출구를 확보하기 위한 외교적 노력도 본격화하고 있다. 오윤바타르 의회

---

* 『러시아의 소리』, 2014년 6월 6일.

안보외교정책 상임위원회 위원장은 2014년 7월 동북아시아 국가 주재 공관장 회의에서 중국의 랴오닝성, 지린성과 단둥항을 통한 자원수출 문제를 협의했다면서 랴오닝성이 장기임대를 제안했다고 밝혔다. 그는 또 북한이 나선 자유경제지대 내의 나진항과 인근의 웅상항 방문과 새로운 항만 건설을 제안했다고 덧붙였다. 이런 흐름은 만주대륙을 가로질러 동몽골로 가는 대륙의 길과 대륙에서 바다로 가는 출구가 동시에 열리면서 동몽골이 바깥세계를 향해 문을 여는 시대가 오고 있음을 의미한다.

지린대학 왕성진王勝今 교수는 중국 창지투의 미래와 몽골과 북한, 러시아 나아가 일본 등의 동북아 국가들을 연결하는 대륙철도를 이렇게 전망했다. "중국·몽골 대통로는 창지투 개발·개방 선도구를 관통하고 동북아 6개국을 긴밀히 연결하는 중요한 교량이자, 창지투 개발·개방 선도구가 동쪽으로 한국과 일본, 서쪽으로 러시아와 몽골을 연결하고 유럽과 북미로 확장하는 중요한 통로가 된다. 이 대통로 건설이 완성되면 중국은 동북을 관통하고 나아가 유럽을 연결하는 하나의 대동맥을 얻게 된다. 이는 동북 지역의 철도운송 부족 국면을 개선하고 투먼장(두만강) 지역의 개발과 동북전통공업기지 진흥을 촉진할 것이다. 동북아 국가에서 이 대통로는 각국 관련 지역의 교통여건을 개선할 뿐만 아니라 동북아 각국과 유럽, 북미를 연결하는 가장 가까운 통로가 된다. 이로써 투먼장 (두만강) 지역 개발은 새로운 단계로 진입할 것이다."

몽골·중국·러시아의 경계, 국경도시를 가다

강태호 기자_ 수흐바타르·알탄불라크·캬흐타·초이발산·에렌차브·만저우리,

송인걸 기자_ 얼렌하오터·자민우드[*]

몽골·러시아의 경계, 국경도시 수흐바타르와 에렌차브

몽골과 러시아를 연결하는 국경역은 수흐바타르(그리고 알탄불라크)와 에렌차브 두 곳에 있다. 수도 울란바토르에서 북쪽으로 320여 킬로미터에 위치한 수흐바타르는 몽골종단철도의 북쪽 종착점으로 인구 3만여 명의 작은 도시이다. 국경 너머 러시아 쪽 나우시키를 지나 250여 킬로미터 떨어진 부랴트공화국 수도 울란우데로 가면 시베리아횡단열차와 만난다.

또 다른 국경역 에렌차브는 몽골종단철도와는 외따로 떨어져나와 동몽골의 중심도시인 초이발산에서 시작되는 바얀투멘 철도를 통해 러시아와 연결된다. 울란바토르에서 수흐바타르까지는 상태가 열악하지만 2차선 도로가 있다. 반면에 초이발산에서 240킬로미터 떨어진 에렌차브까지는 철도 이외엔 비포장도로가 있을 뿐이다. 에렌차브는 여행객들이

---

[*] 5장 전반부는 강태호가, 193~201쪽은 송인걸이 집필했다.

몽골종단철도의 북쪽 끝, 러시아 국경과 접한 수흐바타르역. 앞에서 포즈를 취한 이는 부역장 수흐타바.　ⓒ강태호

머물 곳도 없는 동북 변방의 간이역 수준이지만 현재로선 동몽골의 유일한 출구다. 국경 너머 러시아 쪽 솔로비예프스크를 지나 80킬로미터 떨어진 보르지로 가면, 남쪽으로는 만저우리를 통해 하얼빈으로 가는 만주횡단철도(빈저우선)를, 북쪽으로는 치타에서 시베리아횡단철도를 만난다.

수흐바타르역으로 가는 길

2014년 6월 13일 저녁 9시 좀 안 된 시각 울란바토르에서 승용차로 출발한 취재팀이 250여 킬로미터 떨어진 제3의 도시 다르항에 도착한 때는 새벽 3시쯤이었다. 6시간가량 걸린 셈인데 울란바토르 서쪽에서 북쪽

　　　　　2부 대륙의 길과 신대륙주의

으로 빠져나가는 길은 버스, 승용차, 트럭 등으로 극심한 정체를 보였고, 북쪽으로 이어진 2차선 도로는 곳곳이 파여 속도를 낼 수 없었다. 다음 날 아침 1시간여를 더 달려 도착한 수흐바타르역은 남쪽 중국과 접한 국경역 자민우드와 비교해도 작고 한가한 마을 역 수준이었다. 전체 대외무역의 80퍼센트 이상이 오가는 남쪽 중국과 접한 국경역 자민우드가 보따리 장사들과 상인들로 북적댔다면, 수흐바타르는 주말 아침인 탓도 있겠지만 역사 뒤쪽 주차장에 강아지 세 마리가 햇살 아래 장난을 치고 있을 뿐 대합실은 텅 비어 있었다. 돌로르마 수흐타바 부역장은 일주일에 여객열차가 3회, 화물열차가 2~3회 오간다고 했다.

지난해 몽골 대외무역 현황을 보면 러시아로부터의 수입품은 휘발유, 디젤 등 연료와 석유제품, 밀 등으로 전체 수입의 24퍼센트를 차지한다. 하지만 수출은 1.4퍼센트에 불과하다. 두 나라 모두 자원수출의 비중이 크기 때문에 주고받을 게 많지 않은 탓이다. 그에 비하면 중국으로부터의 수입은 28.5퍼센트로 러시아와 크게 차이가 나지 않지만, 수출은 전체의 87퍼센트를 차지해 압도적이다. 석탄, 구리, 철강 등 몽골의 자원을 중국이 독식하고 있다고 해도 지나친 말이 아니다. 전체 교역규모는 중국이 52퍼센트로 단연 1위다. 2위인 러시아는 15퍼센트로 중국에 크게 못 미친다. 한국은 3위의 교역상대국이다. 교역수지를 들여다보니 중국으로 자원을 수출해 거둔 흑자로 러시아와 한국과의 교역 적자를 메우는 구조였다.

수흐바타르 북쪽의 국경지대, 알탄불라크와 캬흐타

남쪽의 자민우드가 철도와 도로 국경이 같이 있는 데 비해 수흐바타르는

몽골 북쪽 러시아와의 육로 국경인 알탄불라크의 검문 초소.　　　　　ⓒ강태호

열차역만 있어 차량으로 국경을 통과하려면 20킬로미터 북동쪽의 알탄
불라크로 가야 한다. 여기서 불과 200여 미터 너머의 국경초소를 지나면
인구 2만여 명의 러시아 국경도시 캬흐타로 이어진다. 1727년 제정러시
아와 청나라 간의 국경 조약인 캬흐타조약이 체결된 곳이다. 캬흐타조약
에 따라 신장 지역의 위구르인이 청나라에 흡수되어 중국의 소수민족이
되었다. 몽골과 러시아의 현 국경선도 이 조약에 따라 정해진 셈이다. 캬
흐타 국경초소 바로 인근에는 2011년 새로 지었다는 러시아정교회의 성
당이 문을 걸어 잠근 채 러시아 – 청나라 상인들이 북적대던 과거를 보여
주는 듯했다.

　17~18세기에 러시아와 중국을 이어준 유일한 길인 고대 대상로隊商
路를 따라 뻗어 있는 알탄불라크는 러시아제국으로 들어가는 관문이자

'차의 길'로서 역사적으로 중요한 역할을 했다. 알탄불라크는 '황금의 샘'이라는 뜻이다. 과거 이름도 그런 역사를 보여주듯 물건을 사고파는 마을이라는 뜻의 '마이마이친'賣買城이었다. 옛날 청나라가 지배하던 시절엔 꽤 큰 무역거점으로 시베리아의 모피와 남쪽의 차, 비단, 도자기, 공예품 등을 서로 거래했다고 한다. 그래서인지 인구가 4,000명 남짓한 작은 마을인데도 알탄불라크는 활기에 찬 느낌이 들었다.

몽골은 이런 지리적 이점을 배경으로 2002년 알탄불라크를 아시아와 유럽을 연결하는 자유무역지대로 조성하기로 결정했다. 10여 년 동안 울타리만 쳐놓은 채 정체상태였던 이곳이 2014년 6월부터 변하기 시작했다. 몽골은 한국, 일본, 유럽 국가 등의 자본을 유치하고 인프라를 구축하면서 러시아와의 협력을 강화해 이곳을 1만 5,000~2만 명이 거주하는 국경도시로 만드는 사업에 착수했다. 1차적으로 2개월간 시범사업 차원에서 부지 무상제공, 세제감면 등의 혜택을 부여했으며, 2014년 7월 1일부터 알탄불라크-캬흐타 국경검문소는 24시간 운영체제로 바뀌었다. 그리고 8월에는 폴란드가 이곳에 무역센터를 건립하기로 했다. 몽골은 이런 모델을 남쪽 자민우드의 자유경제지대, 서몽골의 러시아 접경지역 차간노르, 동몽골 남쪽 중국과의 국경 지역 비칙트 자유무역지대에도 확대·적용할 방침이다.

초이발산에서 에렌차브로 가는 길

동몽골 도르너드 아이막의 주도인 초이발산은 몽골에서 네 번째로 큰 도시지만 인구는 4만 명 남짓하다(2013년 현재). 울란바토르에서 동쪽으로 674킬로미터 떨어져 있으며 몇 년 전까지만 해도 도로가 포장되지 않아

멀리 초원에서 바라본 초이발산. 화력발전소 굴뚝에서 연기가 나고 있다. ⓒ강태호

울란바토르에서 차로 13시간 넘게 걸렸다. 지금도 일부만 포장돼 있어 9시간여 가야 한다. 비행기로는 1시간 30분여 걸린다. 미야트항공과 함께 몽골 2대 항공사인 훈느에어가 일요일과 목요일 오전에 각각 한 번씩 일주일에 두 차례 운항한다. 훈느에어는 목요일 오후 이곳에서 중국·러시아 국경의 중심도시인 만저우리까지 가는 노선도 운항한다.

초이발산의 옛 이름은 헤를렌이며, 인근에 헤를렌강이 흐른다. 1924년까지 헤를렌으로 불리다 바얀투멘으로 바뀌었고, 지금은 몽골 독립과 혁명(사회주의)의 주역인 코를로기인 초이발산을 기려 초이발산으로 불린다.

길이가 1,264킬로미터에 이르는 헤를렌강은 울란바토르 동북쪽의 헨티산맥 남쪽 기슭에서 발원해 남쪽으로 180킬로미터 정도 흐르다가 동쪽으로 물길을 꺾어 초이발산을 거쳐 다시 동쪽의 중국 네이멍구자치구

초이발산 남부 초원지대에서는 차강제르(흰궁뎅이 가젤)가 떼를 지어 이동하는 모습을 볼 수 있다. ⓒ강태호

의 후룬호로 흘러 들어간다. 헤를렌강은 남동쪽 중국 국경을 흐르는 할
흐강(할힌골)과 함께 이 지역을 초원 유목지대로 만들었다. 할흐강은 할
흐와 준달비라는 작은 두 호수를 통해 인근의 작은 강들과 합류한 뒤 233
킬로미터를 흘러 부이르호에 흐르고, 부이르호에서 흘러나온 오르스훈
강은 다시 네이멍구의 후룬호로 흐른다. 할흐강과 부이르호 인근의 습지
는 원시 자연의 생태계를 거의 그대로 유지하고 있는데, 각종 물새들의
서식지로서 람사르습지보존협약에 등재되었다. 또한 메넨 스텝으로 불
리는 이곳 초원지대엔 큰뿔몽골영양, 늑대, 그 밖에 몽골 고유의 동식물
이 많이 서식하고 있어, 네이멍구의 아얼산으로 넘어가는 넘룩 국경까지
가 모두 자연보호구역으로 지정돼 출입이 통제된다.

이곳 사람들은 예로부터 부이르호를 '부여'라고 불렀나 한다. 몽골과 한국의 고대사 전문가들은 이곳에서 출토되는 석인상 유적이 고구려의 것과 유사하고, 현지의 설화가 고구려 동명성왕 신화와 유사하다는 이유로 이곳을 한국 고대사의 발상지로 본다.

'통과 비자'로는 통과할 수 없다

초이발산은 19세기 들어 도시의 형태를 갖추기 시작했으며, 지리적으로 중요한 전략적 요충지로 발전했다. 남동쪽 동몽골 지역의 거대한 초원지대는 동쪽 중국 네이멍구의 세계 3대 초원인 후룬베이얼 초원으로 이어져, 이곳을 장악하면 동시베리아와 만주를 넘볼 수 있었기 때문이다. 20세기 들어 러시아가 5공군 등을 주둔시키면서 장비를 수송하고 물자를 공급하기 위해 이곳으로부터 러시아 국경에 인접한 에렌차브까지 240여 킬로미터의 바얀투멘 철도를 건설했다. 몽골 인민당 간부로 시청 공무원인 간바야르에 따르면, 1991년 당시 러시아군은 러시아 민간인까지 포함해 8만여 명이 주둔하고 있었다고 한다. 그러나 몽골이 민주화되고 러시아 사람들이 떠나면서 실업률이 가장 높은 곳이 됐고 경제기반도 허물어졌다.

에렌차브로 가는 길은 오가는 이가 드문 비포장도로 초원길이다. 230여 킬로미터를 가는 중간에 도르너드솜(군) 마을과 차브 광산을 제외하면 유목민들의 게르(유목민의 이동식 주택)와 통나무집이 몇 채 있을 뿐이다. 통신도 안 되어 차가 고장 나면 오도 가도 못하는 신세가 될 수 있다. 에렌차브에서도 취재팀을 제외하면 건너편 러시아 쪽 국경 솔로비예프스크로 넘어가는 이들은 인근 마을에서 온 듯한 부부 두 사람밖에 없었다. 그런데도 출입관리를 처리하는 컴퓨터가 고장 나서 서류를 팩스로 처리하는 바람에 하염없이 기다렸다. 거의 2시간쯤 지났을까. 출입국 관리는 통과 비자로는 이곳을 '통과' 할 수 없다며 난데없이 출국 불허를 통보했다. 울란우데에서 비자를 받을 때 몽골 교통국의 도움을 받았는데 '통과 비자'를 받았던 게 문제였다. 정식 비자로만 통과할 수 있었다. 울란바토르 이민국 관리는 에렌차브에서 250여 킬로미터 동남쪽에 있는 몽골·중국 국경인 하비르가Havirga – 쿤슈트(아얼샤트Arshaat, 阿日哈沙特)로 가면 통과할 수 있다고 했다. 그러나 천신만고 끝에 오후 5시 국경통과 마감시간 직전에 하비르가에 도착했지만 이곳에서도 퇴짜를 맞았다. 국경 경비책임자는 여권을 건네주자마자 다시 돌려주며 돌아가라고 말했다. 이곳은 몽골, 중국 두 나라 국민만 통과할 수 있다는 것이 그 이유였다. 여권과 비자가 있다고 해서 모든 국경을 통과할 수 있는 게 아니었다.

중국·몽골의 경계, 국경도시 얼렌하오터

2014년 7월 2일 얼렌하오터二連浩特공항에 내렸다. 여객기 창문으로 내려다본 얼렌하오터(얼렌) 주변은 나무도 집도 찾아볼 수 없는 끝없는 황무지였다. 여객기는 황무지 한복판의 활주로에 내려앉았다. 시골 학교 같은 작은 공항에서 나오자 눈이 시원해졌다. 거칠 것 없는 코발트빛 하늘과 강렬한 햇살에 감탄사가 터져나왔다. 황무지와 파란 하늘이 펼쳐진 풍경은 생각보다 아름다웠다.

현지에서 무역업을 하는 류하이뭐劉海波 사장을 공항에서 만났다. 얼렌 시내로 가는 길은 왕복 4차선 아스팔트가 지평선까지 길게 펼쳐졌다. 아지랑이와 물웅덩이 같은 신기루로 인해 앞서 달리는 차량 모습이 물 위를 달리는 것처럼 보였다.

얼렌하오터로 가는 길의 초식공룡 울트라사우루스 모형.   ⓒ송인걸

얼렌은 중국 네이멍구의 최북단에 위치한 인구 6만 명의 국경도시다. 고비사막으로 이어진 몽골 국경도시 자민우드까지는 10킬로미터 떨어져 있다. 노을이 지면서 차창 밖이 황금색으로 물들기 시작할 즈음 실물 크기의 다양한 공룡 모형과 풍력발전기가 나타났다. 외계의 어느 별에 온 것 같았다.

시내로 들어서려면 거대한 초식공룡 울트라사우루스 모형 2마리가 만든 아치를 지나야 한다. 공룡들의 무덤으로 불릴 정도로 공룡 화석이 많이 발굴된 고비사막이 멀지 않고 그 길에 접어들었다는 걸 보여주기 위한 것이다.

공룡들의 무덤 고비사막으로 가는 길

고비사막은 전 세계 고생물학자들이 가장 탐사하고 싶은 '공룡 화석 탐

2부 대륙의 길과 신대륙주의

사의 보고'다. 1923년 미국 자연사박물관팀이 이곳에서 세계 최초로 백악기 시대 공룡알 둥지를 발견하면서 공룡 연구의 새로운 역사가 쓰였다. 이 때문에 울란바토르의 자연사박물관은 고비에서 발견된 육식공룡 타보사우루스(티라노사우루스와 같은 속의 육식공룡으로 높이 15미터, 무게 4~5톤 정도)의 거대한 공룡뼈가 실물 전시돼 있는 등 세계적으로도 알아주는 유명한 공룡박물관이 됐다.

거리는 바둑판처럼 정비돼 있고 도로는 깨끗했다. 얼롄역을 중심으로 시가지가 발달해 있으나 역에는 사람이 없었다. 열차가 자주 다니지 않아 역을 늘 열어두지 않는 것 같았다. 수업을 마친 중·고교학생들이 삼삼오오 짝을 이루어 집으로 돌아가고, 주황색 조끼를 입은 인부들이 중앙분리대에 가로수를 심었다. 톈진, 베이징에서는 일자리를 구하는 이들과 노숙자들이 눈에 띄었는데 이곳에서는 찾아볼 수 없었다. 류하이풔 사장은 "이곳으로 오는 교통편은 베이징을 기준으로 항공, 열차, 버스가 있는데 대부분 14~15시간 걸리는 침대버스를 탄다"고 했다.

중심 거리에는 반점, 호텔, 슈퍼마켓, 옷가게, 공구점, 식당, 차량정비소, K-TV 등 상가들이 들어서 있었다. 바람에 날리는 말갈기 같은 위구르어 간판과 인력거는 낯설었지만 차와 고무줄, 스타킹, 만능칼, 머리빗을 파는 노점들은 마치 한국의 읍내 장터를 보는 듯했다.

얼롄역은 몽골행 화물을 통관시키고 광궤로 환적하는 시설을 갖춘 국경역이다. 물류역 플랫폼과 야적장은 여객용 역건물의 오른쪽 500미터 지점에서 역사 뒤편으로 길게 자리 잡고 있는데 자동화된 환적시설을 갖췄다. 물류역은 몽골에서 수입한 철광석을 하역하느라 붐볐다. 환적 플랫폼은 모두 6개로, 플랫폼마다 광궤와 표준궤가 나란히 쌍을 이루어 부설돼 있고 그 위로 대형 갠트리크레인이 4세트씩 설치돼 있다. 선로를 따라 이동할 수 있는 크레인은 벌크화물과 컨테이너를 모두 처리할 수 있

얼렌하오터 시내의 식당들.   ⓒ송인걸

어 효율적이었다. 플랫폼에는 철광석을 담은 톤백(1톤씩 담는 큰 망태기)들이 빼곡히 쌓여 있었다. 두 번째 플랫폼의 표준궤 선로에는 빈 컨테이너를 실은 화차들이 입환작업入換作業을 마치고 길게 늘어서 있었다. 화차 50량이 모이면 기관차를 붙여 몽골횡단철도의 기점인 톈진항으로 운송한다.

여섯 번째 선로로 러시아산 목재를 실은 열차가 들어왔다. 크레인들이 움직여 선로 옆 야적장에 목재를 부렸다. 목재 야적장 뒤쪽으로는 몽골에서 수입한 석탄 저탄장이 산을 이루고 있었다. 역 관계자는 "저탄장은 석탄의 품질별로 나뉘어 있으며, 품질이 가장 우수한 석탄은 높은 기온에 자연 발화하기도 해 한여름에는 취급하지 않는다"고 말했다.

시내에서 10분 거리에 있는 비너스 인터내셔널 호텔에 투숙한 뒤 인근 식당으로 갔다. 몽골과 국경을 맞댄 네이멍구 지역이어서인지 양고기가 주류를 이뤘다. 언뜻 보면 족발 같은 양고기찜 허르헉, 수육, 순대, 탕, 차에 양젖을 섞은 음료 등이 나왔는데 소고기 구이에는 젓가락이 가지

2부 대륙의 길과 신대륙주의

않을 정도로 음식 맛이 좋았다.

좋은 음식을 안주 삼아 지나치게 마시지 않으면 예의가 아니라는 중국인의 술 접대가 더해졌다. 류 사장이 회사 직원이라며 여직원 두 명을 소개했다. 모두들 즐겁게 먹고 마셨다. 만취했는데도 여직원들은 씩씩하게 건배를 했다. "여직원들이 무슨 술을 그리 잘하냐"고 물었더니 류 사장이 웃으며 "중국의 진짜 술고래는 여자들이죠"라고 했다. 그 말을 듣고 필름이 끊겼다.

다음 날 아침, 열차 승차권은 여권을 가지고 직접 사야 한다는 말을 듣고 몽골 울란바토르로 가는 열차 승차권을 파는 시내의 작은 여행사에 갔다. 길거리까지 서 있는 긴 줄의 끝에 섰다. 30여 분 기다려 창구까지 갔는데 울란바토르로 가는 승차권은 몽골에 가서 사야 한다고 했다. 창구 직원은 "얼렌에서는 자민우드까지 가는 승차권만 판다. 열차를 타면 국경을 통과하는 데 4시간 정도 걸린다"라고 했다. 결국 얼렌에서 차로 국경을 통과해 자민우드역에서 울란바토르행 승차권을 사기로 하고 류 사장에게 몽골로 가는 차량을 알아봐달라고 부탁했다.

중·몽 국경은 한가하고 평화로웠다. 무지개 아치가 세워진 중국 출입국사무소에서는 출국신고서를 써주는 것으로 절차가 끝났다. 몽골 출입국사무소에서는 신고서도 쓰지 않고 짐 검사만으로 입국 스탬프를 찍어주었다.

몽골의 생명줄, 자민우드

2014년 7월 4일 중국 출경出境사무소에서 나와 마당 건너 몽골 출입국사무소로 들어갔다. 입국신고는 여권을 제출하는 것으로 간단하게 끝났

자민우드는 중국과 국경을 마주하고 있다. 러시아풍의 아름다운 역사를 자랑하는 자민우드역. ⓒ송인걸

다. 출입국사무소 옆으로 입국 검사를 받는 차량이 줄지어 서 있었다. 모두 낡은 지프와 스포츠유틸리티 차량이었다. 수화물을 검사하는 출입국사무소 직원은 "중국에서 좋은 차를 가져와 세금 안 내고 파는 것을 방지하려고 낡은 차만 입국시킨다"고 했다. 승용차가 없는 이유를 아는 데는 5분도 걸리지 않았다. 몽골의 관문인 자민우드는 인구가 1만 5,000명인 작은 도시다. 도로는 신작로이고 사방이 황무지로 평평했다. 차가 가는 곳이 어디든 그곳이 길이 됐다.

도로를 따라 5분쯤 달리니 왼쪽으로 지붕이 뾰족한 자민우드역이 보였다. 역 광장에는 몽골 국기가 펄럭였다. 광장 옆으로 환전소를 겸한 슈퍼마켓이 있는데, 1위안에 294투그릭으로 교환해주었다. 1,000위안을 바꿨는데 지갑이 두툼했다. 1만 투그릭이면 에쎄 담배 3갑을 사고도 2,000투크릭 정도가 남는다. 3~4년 전까지만 해도 한화와 환율이 1 대

2부 대륙의 길과 신대륙주의

1이었는데 현재는 1 대 1.8이 될 만큼 인플레이션이 심했다.

밤 7시 35분에 출발하는 울란바토르행 열차의 4인승 침대칸인 웨건 승차권을 샀다. 1인당 4만 투그릭, 한화로 2만 원이 채 안 됐다. 밤새 달려 다음 날 아침 9시 30분께 울란바토르에 도착할 예정이었다. 슈퍼마켓에서 컵라면, 물, 음료수, 커피, 화장지를 샀다. 몽골은 생필품의 90퍼센트 이상을 수입에 의존하기 때문에 물가가 비싼 편이다. 열차를 타기 전까지 시간이 많이 남아 호텔에 들렀다. 인터넷이 불통이어서 프런트에 문의했더니 '되다 안 되다 한다'고 했다. 샤워기도 빠져 있어 세면대에 물을 받아 놓고 대충 씻었다. 전기 사정은 좋아서 휴대전화, 카메라, 노트북 배터리는 넉넉하게 충전할 수 있었다.

자민우드역 일대를 둘러보려고 호텔을 나섰다. 자민우드는 몽골의 생명선이다. 몽골의 주요 수입국은 중국이고, 중국과 이어진 유일한 철도가 자민우드역으로 이어지기 때문이다. 자민우드는 중국과 러시아·유럽을 잇는 동북아 철도의 물류 수송 거점으로 성장할 개연성이 가장 높은 지역으로 주목받아왔다.

낙후된 국경역, 줄지어 선 트럭들, 친절한 주민들

그러나 자민우드는 낙후된 국경역에 머물러 있다. 2006년 발표된 미국 자본의 자민우드 대규모 개발계획, 이곳을 통과하는 유엔아시아태평양경제사회이사회ESCAP의 아시아횡단철도Trans Asian Railway 개발계획 가운데 동북노선(헬싱키-러시아-카자흐스탄-몽골-중국-신의주)은 모두 가시화되지 못하고 있다. 2011년 몽골 정부가 발표한 철도운송 현대화 계획도 국제 광물가격의 폭락으로 몽골 경제가 악화되면서 더디게 추진되기

자민우드역 인근에 있는, 개발이 되지 않아 낙후한 상태의 빈민가. ⓒ송인걸

나 중단됐다.

역 주변에는 화물차 터미널이 곳곳에 있고, 대형트럭 수백여 대가 물류역 플랫폼에서 대기했다. 철도가 남북노선과 동북노선뿐이니 트럭운송이 불가피하다. 갠트리크레인이 쉬지 않고 상·하차 작업을 했지만 긴 줄을 이룬 트럭들은 줄어들 기미가 보이지 않았다. 물류역의 화차 대수도 얼렌역보다 많았다. 통관·환적시설이 노후화되고, 철도도 단선이니 효율성이 떨어지는 것으로 보였다.

국경물류운송대행업체 사장 가나 씨는 "열차가 도착해도 소화물을 수령하려면 몇 시간씩 기다려야 한다. 운송시스템이 현대화되어야 하는데 기차표를 인터넷으로 사는 것은 고사하고 새 역사 건설공사는 콘크리트 기둥을 세우다 중단됐다. 자민우드에는 러시아 화차도 배치돼 있지 않다"고 말했다.

철도 주변에는 게르, 침목·합판으로 지은 작은 집 등이 빈민가를 이

2부 대륙의 길과 신대륙주의

루고 있고, 형태만 남아 방치된 승용차, 쌓여 있는 화물더미 사이로 까맣게 탄 아이들이 맨발로 뛰어다녔다. 흑백사진으로 본 전쟁 직후 한국의 피란민촌 모습이 떠올랐다. 시내 주택가 집들도 벽돌이나 나무로 짓고 벽에 페인트칠을 한 것 외에는 형편이 좋아 보이지 않았다. 사막화된 도시의 작은 집들과 가난한 사람들 위로 태양이 강렬하게 빛났다.

하지만 주민들은 순수하고 친절했다. 이른 저녁을 먹으려고 한국식당에 갔다. 종업원이 몽골어밖에 못해 손짓, 발짓으로 미역국과 된장찌개를 주문하는데 종업원 얼굴에 웃음을 참는 기색이 역력했다. 종업원은 친절했지만 미역국은 너무 달았다. 열차를 탔는데 차장이 다른 칸이라며 손사래를 쳤다. 열차 칸을 찾지 못해 우왕좌왕하자 주민들이 표를 보고 칸을 알려주었다. 자리를 잡고 앉았더니 차장이 차와 침대보를 가져다주며 인사를 했다.

열차는 밤새 별빛 가득한 몽골 초원을 달렸다.

동북3성과 국제대통로

들어가며

지도를 올려다보면 중국 동북3성과 러시아 연해주, 그리고 몽골이 머리 위에 온다. 하지만 그 반대쪽에서 한반도를 내려다보면, 거침없이 바다를 향해 치닫는 대륙의 힘을 느낄 수 있다. 동북3성의 대륙철도는 만주철도에서 시작된다. 그 역사는 해양과 대륙의 세력이 각축을 벌이는 과거와 현재, 그리고 미래의 이야기이다.

만주는 북쪽으로 몽골에 닿아, 징기스칸이 연결한 2개의 대륙, 즉 유라시아의 교통망과 이어지는 '대륙의 창'이다. 청나라가 발흥한 곳이자, 한민족이 정착해 일군 북방의 고토라 할 만주 땅은 오늘날 대륙과 한반도를 직선으로 잇는 대륙교land-bridge이자, 교통과 물류를 통해 펼쳐질 협력의 공간, 새로운 세상으로 다가오고 있다. 시베리아와 몽골에서 출발하여, 동쪽 나진항에 도달하는 해륙海陸 연결통로는 일본까지를 아우르는 환동해 시대의 성장 동력이다. 서쪽으로 단둥항과 압록강 건너 신의주는 대륙에서 한반도에 이르는 최단 통로이자, 경의선 축의 시작이다.

이 정부가 추진하는 유라시아 이니셔티브는 철도를 중심으로 한 대륙의 연결고리, 옛 만주 땅을 무대로 한 다국적 협력사업이 되어야 한다. 그리고 동북아시아 국가들 간의 호혜공생과 동반성장을 위한 21세기적 구상으로 발전해야 할 것이다.

이 글은 그동안 한국교통연구원과 남북물류포럼 등에 기고한 내용을 바탕으로, 『한겨레』 취재진 및 한국해양수산개발원 전문가들과 동행하여 2014년 6월 몽골, 러시아, 중국을 취재한 경험을 보태어 쓴 것이다.

1장

중국 동북3성, 부활을 꿈꾸다

강재홍 한국교통연구원 전 원장[*]

만주를 호령하던 고구려, 바다와 대륙을 연결한 발해

중국 동북 지역은 우리네 마음의 고향이자 고조선부터 발해에 이르기까지 민족역사의 큰 줄기가 이어져 내려온 기억의 땅이다. 압록강 건너 지안集安에는 웅비하는 광개토대왕비가 이 지역을 지배했던 고구려의 기상을 드러내고, 북쪽으로 연해주 지역까지 뻗어 있던 발해는 동해를 이용해 상업과 교역을 발달시킨 해륙국가의 위용을 나타냈다. 발해는 일본과의 해로 외에도 주변국가와 교류하기 위한 5개 대외교통로와 함께, 남부 시베리아와 중앙아시아를 잇는 '담비길'의 주요 교역로를 이용했다. 지금도 자색 담비는 인삼, 녹용과 더불어 만주의 3대 보배로 꼽히는데, 그 옛날엔 국경이라는 장벽이 없어 산과 들에서 나오는 여러 산물이 연해주 방면을 거쳐 자유로이 바다를 향했다고 한다.

---

[*] 3부는 강재홍이 집필했다.

청태조 누르하치努爾哈赤가 일으켜 세운 나라는 여진족 아구다阿骨打 (아골타)가 1115년에 세운 금나라의 뒤에 왔다고 해서 후금이라고 했다. 이들 만주족은 중원의 새로운 지배세력이 되자 청나라를 세워 1644년(순치 원년) 수도를 성경盛京이라 불렸던 랴오닝의 성도 선양으로부터 지금의 베이징인 연경燕京으로 옮겼다. 1668년 조상의 발상지이자 자신들이 처음 세력을 키우고 발흥한 동북 지역에 대해 나라의 대업을 이룩한 곳이라 하여, 백두산과 압록강, 두만강 이북 1,000여 리에 달하는 지역을 봉금지대封禁地帶로 선포하고 사람의 출입을 철저히 통제하였다. 여기에는 산하이관山海關 일대와 압록강 지역이 포함되지만, 주로 후금의 발원지인 백두산 일대와 두만강 지역에 대해 더욱 철저하게 봉금정책을 실시했다. 이 지역이 새롭게 개발될 수 있었던 것은 우리 선조들 덕분이었다. 선조들은 두만강 너머 멀리 쑹화강松花江과 북간도까지 비어 있는 땅을 생명을 걸고 개간한 뒤 정착했다. 이것이 지금의 옌볜조선족자치주와 하바롭스크 고려인 사회로 이어졌다.

18세기 중엽 청나라는 자기 완성적인 경제체제를 자랑하였다. '강건성세'康乾盛世는 강희제와 옹정제에서 건륭제까지를 이르는 청나라의 융성기를 말한다. "천조天朝에는 없는 것이 없다"며 중화에 입각한 조공무역을 고집하였고, 천하를 논할 뿐 세계를 알지 못했다. 15세기 초 명나라 정화함대의 일곱 차례 대항해를 통해서 동아프리카까지 가며 인도양 전역을 누빈 중국은 '해금海禁정책'으로 유럽 세력에 큰 바다를 내준 셈이 되었고, 네덜란드, 포르투갈, 스페인, 영국이 그 자리에 들어서 대항해 시대를 열었다. 19세기 중반 들어 청나라가 급격히 쇠망의 길로 들어선 것은 내부적인 모순과 함께, 일견 바다를 통한 '세계화'의 시대가 열리면서 안팎으로 시련을 맞은 탓이라 하겠다. 이는 곧 유럽의 세력이 칭기즈칸 시절 유라시아 대륙을 관통했던 육로교통망을 대신하여 바다를 통해 아시아로 들어와 '서세동점'西勢東漸의 서막을 연 것이다. 그러나 1820년 이전까지 중국은 '천하'라는 말로 자신을 표현하고, 세계 총생산의 거의 3분의 1을 차지하며 모든 면에서 선진국이었다.

중국은 2008년 베이징올림픽 개막식 행사에서 세계를 향해 새롭고 분명한 메시지를 내보냈다. 중국인은 오랜 문화와 문명의 역사에 대한 자부심을 바탕으로 다시 세계의 중심으로 서겠다는 21세기 중화주의, 새로운 '팍스 시니카'Pax Sinica를 선포했다. 미국과 경쟁하여 'G2 시대'를 열고자 하는 21세기 중국을 여전히 150여 년 전 청나라 말기의 병든 사자로 폄하해서는 안 된다.

베이징올림픽 당시에 남북한 대학생들로 공동 응원단을 만들어 베이징까지 타고 갈 특별열차를 서울역에서 출발시킬 예정이었다. 그러나 2007년 대선 이후 남한 정치지형의 변화 등으로 남북이 평양에서 만나 옛 만주 땅인 중국 동북3성을 거쳐 베이징까지 한달음에 달릴 수 있었던 기회가 무산되고 만 것이 큰 아쉬움으로 남는다.

2008년 미국발 금융위기와 내륙부 개발

돌이켜보면 2008년 베이징올림픽은 중국이 기존의 연해부 개발전략에서 내륙부 개발전략으로 갈아타는 전환점이기도 했다. 즉, 동남부 연해지역 개발이 도시 건설의 집적화와 빠른 교통망을 통한 상호연결 같은 내륙부 개발 사업에 자리를 내주는 계기였다.

2008년 9월에 발생한 미국발 금융위기, 즉 리먼브라더스 파산 사태가 발생하자 중국 연해부의 수출산업은 곧바로 타격을 입었다. 중국 정부는 수출의존에서 내수확대로 방향타를 틀면서 금융위기에 따른 경기침체에서 벗어나기 위해 2009년, 2010년 두 해에 걸쳐 중앙과 지방정부의 재정을 동원해 4조 위안(한화 680조 원 규모)의 공공투자를 핵심으로 한 과감한 경제개발 정책을 내놓았다. 그 목표는 연안 지역과 내부 대륙 지역의 균형발전이었지만, 2008년의 농촌부를 대상으로 가전제품 구입을 촉진하는 보조금 제도인 가전하향家電下鄕, 2009년 농촌 지역을 대상으로 자동차 교환을 위한 보조금 제도 등 이 시기 재정확대는 경기부양책의 성격이 크다는 걸 말해준다. 이때의 공공투자 가운데 과반은 인프라 정비가 뒤처진 내륙부에 투자됐고, 내륙 개발이 본격화되기 시작했다.

도로, 철도, 전력 등 광범위한 인프라 투자와 이와 연계된 광역 대도시권 전략은 도시화를 촉진해 권역 내 경제 일체화와 함께 이들을 중심으로 한 교통축transport corridor 형성에 중요한 역할을 하였다. 각 권역의 중심도시들은 권역 내 교통축이 됐을 뿐만 아니라 전국을 하나로 잇는 주요 연결축이 됐다. 이를 통해 지역 간 협력이 확대되고 균형발전이 진행되었다.

2009년, 2010년의 대대적인 인프라 투자는 '투먼장(두만강) 지역 협력 개발계획 요강, 창지투 개발·개방 선도구'를 통해 지린성이 개발을 본격적으로 추진하게 된 동력이 됐다. 중국 국무원은 2009년 8월 투먼장(두만강) 지역을 선전深圳과 같은 특구 지역으로 발전시킨다는 계획을 비준하고 2009년 11월 창지투 개발계획을 공포하였다. 이 계획에 따라 중국은 국가 중점사업으로 창춘, 지린과 두만강 일대를 핵심으로 중국·몽골을 관통하여 동북 지역은 물론 두만강경제권, 나아가 동북아경제권 형성을 지향하는 대규모 투자에 나섰다. 특히 동해 진출로 확보는 핵심 과제가 됐는데, 다롄항의 물류 처리 능력이 이미 포화상태에 이른데다, 훈춘에서 다롄항은 거리가 1,300킬로미터이지만, 훈춘에서 나진까지는 53킬로미터에 불과했기 때문이다.

창지투 개발·개방 선도구는 그 뒤 지린성의 제12차 경제개발 5개년 계획(2011~2015)에서 ①공업화와 도시화 및 농업 현대화로 요약되는 세 가지 변화 원칙에 의거한 발전, ②지역 통합 발전전략의 일환인 창춘·지린 일체화 추진, ③러시아·북한과의 경제협력 심화 등으로 구체화된다.

랴오닝성에서 시작된 동북3성의 부흥 전략

랴오닝성의 개발전략은 2003년 중국 국무원이 제시한 '동북 지역 노후 공업기지 재건 전략'(동북진흥계획)에 바탕해 그보다 일찍 시작됐다. 그런 점에서 동북3성의 부활은 랴오닝성에서 시작됐다고 할 수 있다. 랴오닝성은 제11차 경제개발 5개년 계획(2005~2010)을 수립하면서 랴오닝성 '5점1선五點一線 발전전략'을 구상했다. 5점은 다롄 창싱다오 항만 공업구大連長興島臨港灣港工業區, 잉커우 연해 산업기지營口沿海産業基地, 진저우만 연해 경제구錦州灣沿海經濟區, 황해에 접한 단둥 산업원구丹東産業園區, 다롄 쫭허화위엔커우 공업원구大連莊河花園口工業園區다. 그리고 이들 5점 지역 해안선을 하나의 선線으로 연결한 것이 1선一線이다. 랴오닝성은 연해 경제벨트 개발로 불리는 5점1선 전략을 통해서 동북3성 내륙부의 지린성과 헤이룽장성에 대한 랴오닝성의 대외개방 출구 역할을 더욱 강화하고, 랴오닝성 연해 지역의 경제발전 성과를 동북 내륙으로 신속히 확산시키려 했다. 이 과정을 거치면서 다롄은 물론이고, 랴오닝성의 성도로 동북3성의 핵심 도시인 선양은 오랜 침체에서 깨어나 주변 7개 도시를 아우르는 인구 2,400만의 메가시티로서 동북의 지역발전을 견인하는 동력으로 화려한 변신을 거듭하고 있다.

중국은 세계적 금융위기의 여파 속에서도 고도성장을 계속해서 경

메가시티로 변모한 랴오닝성 선양의 역전 거리.   ⓒ강태호

제강국이 되었다. G2 국가로 성장을 거듭하고 있으며, 주변국가를 아우르는 동북아 경제협력의 길을 앞장서 여는 중이다. 유럽과 아메리카 경제권에 대응하는 개념으로, 동북아 경제 내의 물동량 비율은 30퍼센트에 이르며 동아시아의 국제적 생산, 유통 네트워크를 통해 전체 아시아 경제에 활력을 불어넣고 있다. G2 시대의 세계 경제는 블록화와 산업 분화를 통해 진화를 거듭하고 있는데, 물류산업의 경쟁력 확보와 접경 지역의 지경학적 중요성은 이곳에서 더욱 부각되고 있다.

동북3성 개괄
랴오닝성

홈페이지	http://www.ln.gov.cn
면적	14.6만 제곱킬로미터
	(중국 전체 면적의 1.43퍼센트, 남한의 1.5배)
인구	4,390만 명
성도	선양
행정구역	14개 지급시, 17개 현급시, 19개 현, 8개 자치현
주요 도시	선양, 다롄, 안산鞍山, 푸순撫順, 단둥, 잉커우 등

_ 경제지표

중국에서 철도망이 가장 발달한 성省. 선산瀋山·창다長大·선단瀋丹 등 간선철도와 많은 지선이 각지를 잇고, 버스 교통망도 정비되어 가고 있다. 해운은 다롄을 비롯하여 잉커우·후루다오葫蘆島·단둥 등 항구가 널리 이용되고, 항공로는 선양을 통해 칭춘·하얼빈·베이징·평양 등지와 노선이 연결되어 있다.

GDP	2조 7,077억 7,000만 위안(전년대비 8.7퍼센트 증가)
1인당 GDP	6만 1,686위안
대외무역	수출입총액 1,142억 8,000만 달러(전년대비 9.8퍼센트 증가), 수출액 645억 4,000만 달러(전년대비 11.4퍼센트 증가), 수입액 497억 4,000만 달러(전년대비 7.8퍼센트 증가)
외자투자	실질이용 외자: 290억 4,000만 달러(전년대비 8.3퍼센트 증가), 계약체결 외자: 27억 7,000만 달러(전년대비 20.4퍼센트 증가), 외자유치 총액: 8,852억 3,000만 달러(전년대비 20.3퍼센트 증가)
산업구성	1차산업: 2,321억 6,000만 위안(전년대비 4.8퍼센트 증가), 2차산업: 1조 4,269억 5,000만 위안(전년대비 8.9퍼센트 증가), 3차산업: 1조 486억 6,000만 위안(전년대비 9.2퍼센트 증가) 구성비율: 1차산업(8.7퍼센트), 2차산업(52.7퍼센트), 3차산업(38.7퍼센트)
주요 산업	석유화학, 야금, 전자정보, 기계 등
주요 투자분야	장비 제조, 원자재 공업, 에너지, 교통운수, 수리시설 등

*2013년 기준(http://csf.kiep.go.kr/www/user/board/skin/province/boardList1.csf?pbrd_seq_n=9&cat_seq_n=8#)

_ 주요 도시(2009년 기준)

선양

랴오닝성의 성도. 동북 지역의 중심 도시이며 중국의 중요한 공업기지이자 동북 최대의 공업도시이다. 동북 지역에서 상품교역이 가장 활발하고 물류의 중심이기도 하다. 창춘, 다롄, 산하이관, 단둥, 지린으로 통하는 주요 철도의 분기점으로 교통의 요지이다. 중국 도시경쟁력 종합순위 19위(중국사회과학원). 푸순 탄전과 번시本溪·안산 등 철광산이 있어 기계, 전기, 기관차, 자동차, 착유搾油, 제분, 섬유, 화학 등 공업이 크게 발달했다. 중국 최대의 중화학공업지대.

- 면적: 1만 3,000제곱킬로미터
- GRDP: 5,914억 9,000만 위안
- 호적인구: 722만 7,000명, 상주인구: 786만 명
- 도시민 1인당 실소득: 2만 3,326위안, 농민 1인당 순소득: 1만 1,575위안
- 주요 산업: 기계공업이 주를 이루고 야금, 화학공업, 의약, 섬유, 전자, 자동차, 항공, 건축자재 등 산업이 더불어 발전

다롄

랴오둥반도 남단에 위치. 푸른 산과 고요한 바다에 둘러싸여 '북방의 명주'北方明珠로 불리는 아름다운 도시. 겨울에 얼지 않는 부동항으로 현재 중국 주요 대외무역항으로 중요한 역할을 하고 있다. 역사의 흔적으로 러시아풍 건물이 많이 남아 있어 이색적인 분위기를 풍긴다. 중국 도시경쟁력 종합순위 21위(중국사회과학원). 동북 지역의 중요한 공업지대와 항구도시 및 무역항과 어업기지가 있다. 조선, 기계, 화공, 제유, 섬유, 의류가공 등 공업이 활발하다.

- 면적: 1만 2,570제곱킬로미터
- GRDP: 6,150억 1,000만 위안
- 호적인구: 588만 5,000명, 상주인구: 617만 명

- 도시민 1인당 실소득: 2만 4,276위안, 농민 1인당 순소득: 1만 4,213위안
- 주요 산업: 석유화학, 기계, 전자 등 3대 핵심산업

잉커우

랴오둥반도의 연해 개방도시. 랴오허遼河(중국 8대 하천)와 발해만渤海灣 교차지점에 위치. 선양과 190킬로미터, 다롄과 170킬로미터 거리에 있다. 예전에는 콩, 콩기름, 콩깻묵 등의 적출항으로 알려졌으나, 지금은 식품가공, 메리야스, 플라스틱, 유리/도자기, 건축자재, 농기구, 전자기기 및 악기 등의 공장이 들어섰다. 동쪽 잉커우현과의 경계 부근에는 세계 최대 마그네사이트 대광산이 있고 부근에는 금광도 있다.

- 면적: 5,402제곱킬로미터
- GRDP: 1,222억 5,000만 위안
- 호적인구: 235만 5,000명, 상주인구: 235만 명
- 도시민 1인당 실소득: 2만 894위안, 농민 1인당 순소득: 1만 662위안
- 주요 산업: 경공업, 섬유, 화공, 기계, 가전, 건자재, 전자, 야금, 조선 등

_ 랴오닝 한인 커뮤니티 정보

선양 한국인회(소식지): 중국 랴오닝성 선양 지역 한국투자기업협의회, 비즈니스 정보, 교육, 유학 자료 등 수록. http://www.sykorean.com

선양 코리아타운

현재 선양 거주 한국인 수는 3만 7,000명에 달하는 것으로 추정. 허핑和平구 시타거리西塔街는 한국인이 집중된 지역. 매년 '한국 주韓國周 행사' 개최

_ 개발구 정보

다롄경제기술개발구

다롄경제기술개발구(www.dalian.gov.cn, 이하 다롄개발구)는 1984년 9월 중국 국무원 허가로 설립된 중국 최초의 국가급 경제기술개발구로 연해 경제기술개발구의 우대정책을 적용하는 국제화된 신형 관리 시스템을 갖추었다. 다롄개발구는 다롄시 동북부에 위치해 산이 많은 구릉지대의 특성을 띠며 130킬로미터에 달하는 해안선이 펼쳐진 넓은 해역을 확보하고 있다. 지리적 요충지에 자리 잡아 선양과 398킬로미터, 다롄시 시가지와 27킬로미터, 다롄 주수자周水子 국제공항과 25킬로미터, 기차역과 27킬로미터 거리에 있다. 1980년대 초 중국 정부가 중점 추진한 건설 프로젝트이며, 국가경제발전전략의 하나로 동북 지역에서 개발구 발전전략의 시범역할을 담당한다.

전국 순환경제발전의 시범지역으로 향후 5년간 석유화공, 통신전자, 신소재, 장비제조, 선박수리 5대 주요 산업과 토지, 물, 고체폐기물, 에너지 4개 분야에서 순환경제를 중점적으로 발전시킬 계획이다.

선양경제기술개발구

선양경제기술개발구(www.sydz.gov.cn, 이하 선양개발구)는 1988년 6월에 설립되어, 1993년 4월 국무원의 허가로 국가급 경제기술개발구로 승격되었다. 총면적이 444제곱킬로미터에 달하며 공업 프로젝트를 위주로 외국인투자를 유치하는 외향성 공업단지인 동시에 선양 유일의 국가급 경제기술개발구이다. 지금은 장비제조를 위주로 국내외의 현대적인 기업이 집중된 현대공업구로 발전하고 있다. 국가급 경제기술개발구의 정책우위, 체제우위, 환경우위를 바탕으로 현대공업, 외자유치, 수출확대를 위주로 첨단기술산업 발전에 주력하는 개발구의 취지를 관철하며 빠른 성장을 지속하고 있다. 개발구의 발전목표는 하이테크산업을 우선 육성하고 현대화된 공업을 주요 산업으로 발전시킴으로써 2차산업과 3차산업의 균형발전을 통해 개발구를 기능이 다양하고 개방적이며, 현대적이고 국제화된 신도시로 건설하는 것이다.

잉커우경제기술개발구

잉커우경제기술개발구(www.ykdz.gov.cn, 이하 잉커우개발구)는 1992년 국무원 허가로 설립된 국가급 경제기술개발구이다. 개발구는 아름다운 해변도시 잉커우에 위치한다. 잉커우는 중국 동북 지역에서 두 번째로 큰 항구도시로 투자환경이 우수한 40대 도시 가운데 하나다. '잉커우개발구의 국민경제 및 사회발전 제11차 5개년 계획 요강'에 따르면, 잉커우개발구는 2020년까지 인구 100만 명에 달하는 현대화된 해변 항구도시 건설을 목표로 한다. 우선 2010년까지 잉커우개발구를 해상운송, 신형 공업, 현대 물류를 일원화한 현대적인 항구도시로 건설한 다음, 2020년까지 현대 항만 및 동북 물류기지를 기반으로 환발해경제권과 랴오닝성 연해산업지역에서 경쟁력 있고 과학기술과 교육이 발달하고, 인프라가 완비되고 서비스 기능을 두루 갖추었으며, 생태환경이 뛰어나고 현대화된 해변 항구도시로 건설할 계획이다. 한편 투자 유치에서 기술력이 뛰어나고 채산성이 좋으며 자원 소모가 적고 환경오염이 적은 환경보호형 공업을 주요 타깃으로 정하고, 경제발전의 '녹색지수'를 향상하려 노력하고 있다.

지린성

홈페이지	http://www.jl.gov.cn
면적	18.74만 제곱킬로미터
	(중국 전체 면적의 1.84퍼센트, 남한의 1.9배)
인구	2,751만 2,800만 명 (전년대비 88만 명 증가)
성도	창춘
행정구역	1개 자치주, 8개 지급시, 20개 현급시, 17개 현,
	3개 자치현
주요 도시	창춘, 지린, 쓰핑四平, 옌지, 훈춘 등

_ 경제지표(2013년 기준)

중국 동북부에 위치하여 러시아, 북한, 한국, 몽골, 일본 등을 연결하는 지리적 이점을 이용할 수 있다. 중국 내에서 인삼, 녹용을 가장 많이 생산하며, 광산자원도 매우 풍부하다. 중국 동북3성 중에서 인구가 가장 적어 소비시장은 비교적 작은 편이다.

GDP	1조 2,981억 4,600만 위안(전년대비 8.3퍼센트 증가)
1인당 GDP	4만 7,191위안(전년대비 8.2퍼센트 증가)
대외무역	수출입총액 258억 5,300만 달러(전년대비 5.2퍼센트 증가), 수출액 67억 5,700만 달러(전년대비 12.9퍼센트 증가), 수입액 190억 9,600만 달러(전년대비 2.8퍼센트 증가)
외자투자	외자 실질이용액 67억 6,400만 달러(전년대비 16.3퍼센트 증가), 외국인직접투자 18억 1,900만 달러(전년대비 10.4퍼센트 증가)
산업구성	1차산업: 1,509억 3,400만 위안(전년대비 4.0퍼센트 증가), 2차산업: 6,858억 2,300만 위안(전년대비 8.8퍼센트 증가), 3차산업: 4,613억 8,900만 위안(전년대비 8.7퍼센트 증가) 구성비율: 1차산업(11.6퍼센트), 2차산업(52.8퍼센트), 3차산업(35.6퍼센트)
주요 산업	자동차, 석유화학, 식품, 의약, 전자, 건자재, 야금 등
주요 투자분야	교통운송, 화공, 식품, 건자재, 의약, 마이크로전자기술, 에너지 자원 산업, 의료기기, 환경, 국경 관광

_ 주요 도시(2009년 기준)

창춘

지린성의 성도로, 지린성 중부에 위치한다. 지리적으로 동북의 중심지인 창춘은 중공업에서 융단, 모피 제조에 이르기까지 다양한 공업이 발달한 도시다. 전통을 자랑하는 영화제작소가 있는 문화, 교육, 예술의 도시이기도 하다. 중국 자동차 생산량의 상당 부분을 차지하는 자동차 공장이 자리 잡고 있으며, 기차를 제조하는 객차 공장이 설립되어 있다. 중국 도시경쟁력 종합순위 40위(중국사회과학원)이다.

- 면적: 2만 604제곱킬로미터
- GDRP: 4,003억 위안
- 호적인구: 761만 8,000명
- 도시민 1인당 실소득: 2만 487위안, 농민 1인당 순소득: 7,965위안
- 주요 산업: 자동차, 식품, 광전자 정보, 바이오제네릭 4대 지주산업

지린

지린성 동부, 쑹화강 중류에 위치한다. 주변의 구릉지대와 쑹화 강변에는 석기시대부터 고구려·요·금 시대에 걸친 고분과 유적들이 대량으로 흩어져 있다. 부근 자오허蛟河·수란舒蘭의 석탄, 화뎬樺甸·판스盤石의 구리 개발이 추진되고, 쑹화강 펑만豊滿댐에서 전력이 풍부하게 공급되어 화학비료·플라스틱·염료·약품·나일론·비닐론·도자기·유리·화장품 등 여러 화학제품을 생산하는 화학 콤비나트로 변모했다. 부근에서 생산되는 농축산물을 이용한 제지·펄프·피혁·목화·양조공업도 활발하다.

- 면적: 2만 7,722제곱킬로미터
- GDRP: 2,208억 위안
- 호적인구: 433만 3,000명(2011년 기준)
- 도시민 1인당 실소득: 1만 9,560위안, 농민 1인당 순소득: 7,980위안
- 주요 산업: 석유화학, 자동차, 야금, 전력, 농산물가공 및 식품제조업

옌지

지린성 동부에 위치한 옌볜조선족자치주의 주도이다. 자치주의 정치와 경제, 문화의 중심지이자 중국 조선족의 문화적 중심지이다. 주변 농업지대에서 생산되는 농산물의 집산지로, 거주민의 50퍼센트 이상이 조선족이다(2008년 말 기준 57.9퍼센트).

- 면적: 1,350제곱킬로미터
- GDRP: 651억 7,000만 위안
- 호적인구: 218만 6,000명
- 도시민 1인당 실소득: 1만 9,558위안, 농민 1인당 순소득: 7,221위안
- 주요 산업: 식품의약, 전자정보, 에너지·건자재, 자동차·기계산업 등

_ 개발구 정보

창춘경제기술개발구

창춘경제기술개발구(www.cetdz.com.cn, 이하 창춘개발구)는 1993년 4월 국무원의 허가를 받아 설립된 국가급 경제기술개발구로 연해 개방도시의 각종 우대정책을 적용한다. 개발구의 계획 면적은 30제곱킬로미터, 관할 면적은 112.7제곱킬로미터에 달한다. 지린성 성도인 창춘시 동남부에 위치하며, 시 중심과 5킬로미터, 창춘 기차역과 7.8킬로미터, 공항과 14.8킬로미터, 철도 화물역과 2킬로미터 떨어져 있다. 2007년 상무부가 선정한 54개 국가급 경제기술개발구 순위에서 15위에 올랐고, 중부 9개 국가급 경제기술개발구 중 1위를 차지했다. 또한 중국 국제다국적회사연구회, 유엔글로벌콤팩트UN Global Compact, 유엔환경계획이 공동으로 수여한 '다국적회사 투자 최적지 개발구'의 영예를 안았다. 자동차부품, 농부산품 가공, 전자, 정밀화공, 신형 건축자재, 광전자산업을 경제발전의 지주산업으로 중점 육성하고 있다.

창춘국가하이테크산업개발구

1991년 국무원의 허가를 받아 설립된 첫 번째 국가급 하이테크단지의 하나로, '과학의 도시', '문화의 도시'로 불리는 창춘시 서남부에 위치하며 총면적은 78.6제곱킬로미터이다. 수 년간 독특한 지리적 위치, 과학기술과 인력 우위, 양호한 문화와 혁신적 분위기에 기반해 고효율·고속·최적화의 자원배치 플랫폼을 구축하고, 선진적 하이테크기업 육성기지, 하이테크기술 산업화기지, 하이테크기술 제품 수출기지와 하이테크기업가 육성기지로 부상하기 위해 노력하고 있다. 또한 바이오의학, 광전자기술, 선진적인 제조기술, 정보기술, 신소재 5대 주력산업과 단지 다각화의 산업화 발전패턴을 실현했다. 동북 노후공업기지 진흥 추진과정에서 창춘국가하이테크산업개발구는 디지털, 신용, 생태, 서비스, 고효율 다섯 가지 형태의 하이테크단지로 발전하고 있으며, 국제수준에 도달한 과학기술단지를 구축하는 데 총력을 기울이면서 하이테크산업이 고속 발전하는 새로운 장을 마련해가고 있다.

창춘소프트웨어파크

1999년 1월에 설립되어 2000년 9월 국가과기부國家科技部로부터 '국가 횃불계획 소프트웨어 산업기지'로 인정받았다. 주변에 대학교와 과학연구기관이 많이 집중되어 있다. 2005년 지린성 판권국版權局으로부터 지린성 저작권보호시범기지로 선정되었고, 2006년 5월 25일에는 '지린성 소프트웨어제품 수출기지'로 지정되었다. 현재 기술력 면에서 중국에서 선두를 달리는 업체 200여 개와 6개 국가 핵심 소프트웨어기업이 설립되어 있다. 상당한 수준의 소프트웨어산업 기초와 규모를 갖춘 이들 업체는 국내·국제적으로 인지도가 비교적 높은 소프트웨어제품을 공급할 뿐 아니라 현지는 물론 주변 지역의 소프트웨어산업 발전에도 중요한 견인차 역할을 하고 있다.

지린소프트웨어파크

2000년 6월에 설립되었으며 지린 첨단기술산업개발구에 있다. 인 프라가 탄탄하고 시내에 과학연구기관 32곳과 전문학교 28곳이 있을 정도로 과학교육 역량이 막강하다. 응용 소프트웨어 개발을 중심으로 하며 기술 수준이 높고 취급 업종도 다양하다. 특히 통신, 교육, 안전, 세무, 소방, 의료 등의 응용 소프트웨어제품 기술 수준이 중국 국내에 서 선도적 위상을 차지한다.

훈춘수출가공구

2000년 4월 27일 국무원이 정식으로 설립했다. 국무원이 최초로 허가해 설립한 전국 15개 수출가공시범구 중 하나이며, 현재 전국 14 개 연해 개방도시 중에서 유일하게 비준을 받은 가공구이다. 방직업, 목제 가공업, 수산물 가공업이 3대 주도산업이고, 변경지대에 있다는 지리적 특징을 충분히 활용하고 있다.

3부 동북3성과 국제대통로

헤이룽장성

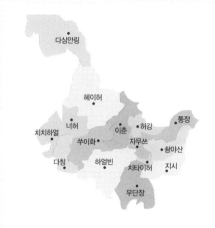

홈페이지	http://www.hlj.gov.cn
면적	45.4만 제곱킬로미터
	(중국 전체 면적의 4.7퍼센트, 한국의 4.6배)
인구	3,834만 명
성도	하얼빈
행정구역	1개 지구, 12개 지급시, 18개 현급시, 46개 현, 64개 구
주요 도시	하얼빈, 치치하얼, 무단장, 다칭

_ 경제지표(2012년 기준)

동북 지역의 여러 민족이 거주해온 곳으로, 만주족의 근거지였다. 청나라 말기에 현재 명칭으로 바뀌었다. 중국에서 화산 유적이 많은 성으로 유명한데, 이것이 헤이룽장성을 잠재력 있는 관광지로 만들어주고 있다.

석탄, 석유, 목재, 기계, 식료품 공업을 중심으로 제조업이 다양하게 고루 분포된 중국의 대표적 공업지대. 특히 동북아시아의 핵심 지대에 있기 때문에, 러시아 및 동유럽 국가들과 유대관계를 맺고 있다.

GDP	1조 3,691억 6,000만 위안(전년대비 10.0퍼센트 증가)
1인당 GDP	3만 5,711위안(전년대비 9.9퍼센트 증가)
대외무역	수출입총액 378억 3,000만 달러(전년대비 1.8퍼센트 감소), 수출액 144억 4,000만 달러(전년대비 18.3퍼센트 감소), 수입액 233억 9,000만 달러(전년대비 12.2퍼센트 증가)
외자투자	신규 체결 외자프로젝트 98개, 계약체결 외국인직접투자 39억 달러(전년대비 10.8퍼센트 증가), 실질이용 외자 39억 9,000만 달러(15.5퍼센트 증가), 이 중 실질이용 외국인직접투자 39억 달러(20.1퍼센트 증가)
산업구성	1차산업: 2,113억 7,000만 위안(전년대비 6.5퍼센트 증가), 2차산업: 6,456억 4,000만 위안(전년대비 10.2퍼센트 증가), 3차산업: 5,121억 4,000만 위안(전년대비 10.7퍼센트 증가)
	구성비율: 1차산업(15.4퍼센트), 2차산업(47.2퍼센트), 3차산업(37.4퍼센트)
주요 산업	자동차, 화학공업, 식품, 전자, 의약 등
주요 투자분야	농림·목축·어업, 채굴, 제조, 전력, 가스, 급수, 건축, 도소매, 요식업, 부동산, 사회서비스업, 과학 연구 등

_ 주요 도시(2011년 기준)

하얼빈

헤이룽장성의 성도이자 중국 동북 지역 최대의 도시다. 둥베이 평원 중앙, 헤이룽장성의 최대의 지류인 쑹화강 인근에 자리했다. 하얼빈은 만주어로 '그물을 말리는 곳'이라는 뜻이다. 쑹화강 수로와 창빈長濱선(창춘－하얼빈), 빈저우선(하얼빈－만저우리), 빈베이濱北선(하얼빈－베이징), 빈쑤이濱綏선(하얼빈－쑤이펀허), 빈라濱拉선(하얼빈－지린성 라파拉法) 등 철도가 집중된 동북 지역 교통의 중심지이다. 종합경쟁력 46위, 종합성장경쟁력 134위, 경제규모경쟁력 23위, 발전원가경쟁력 147위, 산업경쟁력 56위, 소득수준경쟁력 100위(중국사회과학원, 「중국도시경쟁력보고」).

- 면적: 5만 3,100제곱킬로미터
- GRDP: 4,243억 4,000만 위안
- 호적인구: 993만 3,000명, 상주인구: 1,063만 5,971명
- 도시민 1인당 가처분소득: 2만 31위안, 농민 1인당 순소득: 9,608위안
- 주요 산업: 의약, 자동차, 식품, 전자정보 4대 핵심산업

다칭

헤이룽장성 제2의 도시로, 시 이름은 시내의 다칭유전에서 유래했다. 다칭유전은 중국 최대 유전이자 세계 10대 유전의 하나이다. 쑹넌松嫩평원 서부에 자리하여 석유·석유화학·하이테크산업이 발달한 신흥 도시로 유명하며, 중국 최대 유전이 있어 중요한 석유화학공업기지이다. 종합경쟁력 47위, 종합성장경쟁력 274위, 경제규모경쟁력 25위, 발전원가경쟁력 83위, 산업경쟁력 214위, 소득수준경쟁력 39위(중국사회과학원, 「중국도시경쟁력보고」).

- 면적: 2만 1,000제곱킬로미터

- GRDP: 3,740억 3,000만 위안

- 호적인구: 281만 5,508명, 상주인구: 290만 4,532명

- 도시민 1인당 가처분소득: 2만 2,500위안, 농민 1인당 순소득: 9,300위안

- 주요 산업: 석유·천연가스 화공, 농산물 가공, 기계제조, 섬유·가죽, 전자정보, 신소재 등 핵심산업 발달

_ 개발구 정보

하얼빈개발구

하얼빈개발구(www.kaifaqu.com.cn)는 2001년 11월 하얼빈(국가급) 경제기술개발구와 하얼빈(국가급)하이테크산업개발구를 통합해 설립한 국가급 개발구다. 개발구 내에 국가급 첨단기술창업센터, 국가급 첨단기술기업 인큐베이팅센터, 국가급 국외학자창업원을 설립하고, 러시아에 '다국적 직판 무역채널'을 개통해 러시아 중점과학연구기지인 신新시베리아과학원 기술단지와 제휴했다. 과학기술협력센터를 설립하고, 최초의 국가 첨단기술제품 수출기지로 비준을 받았다. 하얼빈 도시경제권을 구축하고 하얼빈 치치하얼공업지대 및 첨단기술산업기지로 성장시키자는 요구에 따라 전통 공업기지 진흥에 힘쓰고 있다.

쑤이펀허변경경제합작구

1993년 1월 국무원의 허가를 받아 설립된 국가급 변경경제합작구이며 쑤이펀허시 북부에 자리했다. 러시아, 독립국가연합CIS과의 변경무역과 경제기술 협력, 수출가공업, 창고보관업, 부동산업과 관광업을 중점적으로 발전시키고 있다. 해당 개발구의 기획면적은 5제곱킬로미터이고, 산업분포에 따라 상업무역중심구, 5시市 무역구, 과학기술공업단지, 도로 보세 창고보관구, 철로 보세 창고보관구, 관광개발

3부 동북3성과 국제대통로

구 등 기능구역으로 나뉜다.

헤이허黑河변경경제합작구

헤이허변경경제합작구(www.hhhzq.gov.cn)는 1992년 3월 국무원의 허가를 받아 설립된 국가급 개발구이다. 헤이허시에 있으며, 러시아, 극동 3대 도시와 강을 사이에 두고 마주한다. 중국과 러시아 변경에서 제일 가깝고 규모가 가장 큰 개발구로 러시아와 독립국가연합 국가와 협력하는 중요한 창구다. 항구 및 자원 우위를 기반으로 국제 통상협력과 수출지향형 공업을 중점 육성하는 동시에 정보, 관광 등 3차 산업과 하이테크산업을 적극 개발해 다기능의 현대화된 국제경제구로 발전하고 있다.

다칭하이테크산업개발구

다칭하이테크산업개발구(www.dhp.gov.cn)는 다칭시 동성구東城區에 있다. 총면적이 208.54제곱킬로미터에 달하며, 1992년 4월 착공해 11월 국무원의 허가를 받아 국가급 하이테크단지로 설립되었다. 다칭의 실정에 맞게 자원 우위를 이용해 석유와 천연가스 가공, 신소재, 전자정보, 기계제조, 농축산물 가공, 의약 6대 핵심산업을 중점 발전시켰다. 산업 발전, 혁신 인큐베이터, 상업무역, 과학·연구·교육, 의료·보건, 주거, 레저·오락 등 여러 기능을 통합한 신新과학기술산업개발구로 일정한 규모를 이루어 헤이룽장성은 물론 동북 지역에서 투자 환경이 우수한 곳 중 하나다. 향후 몇 년간 첨단기술을 위주로 자체 혁신능력 향상에 기반하여 경제총량과 운영품질을 높임으로써 다칭 동부 하이테크산업의 클러스터가 되고, 다칭을 지속가능한 발전의 중요한 성장거점으로 육성할 예정이다. 하이테크산업개발구의 비약적 발전을 위해 총력을 쏟고 있다.

*출처: 대외경제정책연구원 중국 전문가 포럼(http://csf.kiep.go.kr/www/user/index.csf)

황금통로가 될 '창지투' 노선

랴오닝성 연해 경제벨트 개발은 장차 한반도의 경의선 축과 바로 연결되는 신압록강대교 건설을 기점으로 북한의 수도인 평양에 새로운 개방경제의 기회를, 그리고 서울과 부산에 한반도를 축으로 하는 북방경제의 길을 열어줄 것이다. 또 동북3성의 중간에 끼여 있는 지린성을 남북으로 관통하면서 교통과 물류의 새로운 활로가 될 '창지투' 노선은 만주의 동부통로인 창춘, 지린, 투먼뿐 아니라 만저우리와 시베리아횡단철도, 몽골과 네이멍구, 러시아의 연해주, 두만강 유역과 북한 나진항까지를 하나로 묶는 '황금통로' 黃金通道(Golden Channel)가 될 것이다. 이처럼 눈부시게 변화하는 동북아 물류환경은, 한반도에서의 대립과 긴장을 극복하고 코리아 벨트를 북으로 잇는 다자간 협력체제 구축의 호기라 할 수 있다.

　세계 금융위기는 중국과 일본을 새로운 경쟁 혹은 협조관계에 들게 했다. 그리고 한반도는 지리적·경제적으로 중간자적 위치에 놓여 있다. 그럼에도 한반도는 지구상에서 제2차 세계대전의 잔재가 남아 있는 유일한 지역으로, 그 자체가 여전히 '거대한 단절구간'이다. 중국 동북3성의 부활과 경제발전은 그동안 동북아시아 국제협력을 가로막아온 역사인식의 늪에서 탈출하는 호기이자, 한민족에겐 단절과 고립을 극복하는 운명의 이정표가 될 것이다. 좀 더 긴 호흡으로 한반도 북쪽, 그리고 그

너머에 있는 중국과 러시아, 몽골을 바라보며 평화와 번영의 새로운 동
북아 시대를 준비해야 할 때다.

2장

만주철도에서 대륙철도를 향해

만주철도의 역사, 중립화계획과 태평양전쟁

중국의 철도 역사는 청나라 시기, 북양군벌 시기, 국민당 정부 시기, 일제강점 시기 그리고 중화인민공화국 건국 이후인 신중국의 시기로 나뉜다. 중국 동북3성 지역의 철도 건설은 러시아 재무대신 세르게이 비테 Sergey Yul'evich Vitte가 러시아 동방정책을 만주 진출로 전환하면서 러시아가 선점하게 된다. 청나라는 제정러시아와 1858년 아이훈조약, 1860년 베이징조약을 체결함으로써 두만강 하류 지역의 농경지와 연해주를 상실했다. 모스크바에서 연해주, 블라디보스토크를 잇는 세계 최장의 시베리아횡단철도가 1891년 건설되기 시작한 것은 만주철도의 역사는 물론, 동북아시아의 정세를 가르는 전환기적 사건이었다.

중일전쟁과 시모노세키조약으로 청나라는 뤼순旅順을 일본에 할양키로 하였다. 그리고 1897년 러시아는 이른바 3국간섭이라 불리는 유럽열강의 힘을 빌려 일본을 압박해 뤼순과 다롄을 조차했다. 뤼순과 다롄은 비단 동북 지역뿐 아니라 베이징과 조선을 위협할 수 있는 중요한 관문이었는데, 러시아의 한반도에 대한 관심은 상대적으로 약해졌다. 1898년 러시아와 일본 간에 맺은 로젠·니시협정에 따라 만주에서 러시아 이권을 강화해주는 대신 대한제국의 이권을 상당 부분 일본에 넘겨줬다. 그러나 1904년 발발한 러일전쟁이 판도를 일거에 바꾸는 계기가 되었다. 포츠머스조약에 따라 승자인 일본은 다시 뤼순·다롄의 조차권은 물론, 창춘·뤼순 철도와 옌벤의 광산채굴권까지 갖게 되었다. 또한, 1905년 을사늑약으로 조선의 외교권을 강탈한 일본은 1909년 남만주철도 부설권을 얻는 대신 간도間島를 청나라에 넘겨준다. 따라서 만주철도 이야기는 러시아와 중국, 일본과 한반도를 포함하는 광대한 동아시아의 정치와 경제, 국제관계와 전쟁의 파노라마로 펼쳐질 수밖에 없다.

만주철도의 숨겨진 이야기 가운데, 미국이 등장하는 만주철도 중립화계획이 있다. 일본의 총리대신 가쓰라 다로桂太郎와 미국의 철도왕 에드워드 해리먼Edward H. Harriman은 (남)만주철도 공동경영을 위한 예비각서를 교환하였다. 이는 일본이 러시아를 두려워해 미국을 끌어들이려 했다는 시각도 있는데, 결국 일본의 소장파들이 도쿄에서 강하게 반발하면서 미국과의 협력계획은 무산되고 만다. 미국인 윌러드 스트레이트Willard D. Straight*는 처음에는 일본에 호감을 보였으나, 나중에는 미국의 만주 보호를 성스러운 의무인 것처럼 생각하였다. 지한파라 할 수 있는 스트레이트는 1906년 당시 만주 봉천奉天(현재의 선양) 미국 총영사로 있으면서 만주를 미국의 '새로운 서부'New West로 보는 경향을 지녔다고도

---

* 스트레이트는 1904년 『로이터통신』 기자로 청일전쟁을 취재하기 위해 1904년 대한제국에 주재하게 된다. 1905년 6월에는 대한제국 주재 미국공사 모건Edwin V. Morgan의 비서 겸 미국 공사관 부공사로 근무하며 대한제국과 미국의 초기 외교관계에 관련 자료들과 당시 사회상을 촬영한 사진자료를 많이 남겼다.

한다. 1907년에는 미국 공화당 윌리엄 태프트William Taft 차기 대통령후보가 만주를 방문하였으며, 만주철도는 (미국 본토의 대륙철도와 같이) 팽창의 상징처럼 되었다. 스트레이트는 세계 순환철도 계획과 함께, 신민툰新民屯 - 파구먼法庫門철도 부설, 호광(지금의 후난과 후베이 지방)철도 차관, 금애(진저우錦州 - 아이훈愛琿)철도 부설, 동청철도東淸鐵道 구입 등 만철 중립화 계획의 네 가지 제안을 받았다.

당시 봉천 순무巡撫* 탕사오이唐紹儀는 친미파였는데, 1907년 영국계 투자기관과 선양 주변 신민툰 - 파구먼 구간 신법철도 부설계약에 서명하였다. 이는 거리가 80킬로미터에 불과하지만 비밀계약을 통해 장차 만저우리 아래에 위치한 치치하얼까지 연장할 권한을 확보한 것이었으며, 이로 인해 시베리아횡단철도로 연결되는 동청철도에 접근하기가 기존의 남만주철도 노선보다 유리해서 일본의 만주 진출을 억제하는 것이 가능하리라 판단하였다. 그러나 일본의 반발로 1905년 베이징조약에서 남만주철도와 병행하는 어떠한 철도의 부설도 금지하는 것에 합의하게 된다. 1908년에 스트레이트와 해리먼은 러시아가 매각의사를 밝힌 동청철도 구입 여부를 타진하였고, 1909년 일본은 남만주 세력권을 확고히 하고자 만주 및 간도협약을 체결하게 된다.**

러일전쟁 이후 만주에서의 기회균등과 문호개방을 주장하며 미국이 만주문제에 적극적으로 개입하기 시작하였다. 적어도 반일 성향의 태프트가 미국 대통령이 되기 이전, 미국의 만주정책은 일본과의 대립, 협력이 반복되었다. 그러나 태프트가 1909년 3월 미국 대통령으로 당선된 후 미국의 만주정책은 급변했다. 특히 스트레이트와 해리먼은 금애철도를

---

* 순무의 직책은 '동삼성東三省 총독' 아래 각 성을 다스리는 지방관.
** 정성화, 「윌러드 스트레이트의 뉴프론티어: 20세기 초 미국의 만주정책」, 『러일전쟁과 동북아의 변화』, 선인, 2005.

이용하여 러·일을 압박하는 동시에 만주철도를 수중에 넣으려는 공작을 펼쳤다.*

당시 태프트 행정부의 달러외교와 미국 국무장관 필랜더 녹스Philander C. Knox의 '만철 중립화계획'The Neutralization of all the railways in Manchuria 등은 기회균등을 명분으로 일본의 세력 약화를 기도한 것이라 하겠다. 그러나 러시아는 이에 거스르는 태도로 만철 중립화계획에 반대하고, 금애철도 부설 참여를 고려하며, 이 철도가 치치하얼 이북으로 부설돼서는 안 된다는 의향을 표시했다.** 이는 러시아와 일본이 미국의 만주문제 개입에 대해 만주에서 자신들의 기득권을 보호하기 위하여 타협하면서 끝이 났다. 러시아로서는 연해주 방위문제를 외교적으로 푸는 대신, 한국을 몽골과 교환하면서 나름대로 현실적인 선택을 한 것으로 해석되는 대목이다.

지금으로부터 100여 년 전에 제국주의 열강이 일본을 적극 견제하고, 미국의 '문호개방정책'Open Door Policy에 따라 만주철도가 중립화되었다면 일본 군대의 만주 진출이나 태평양전쟁을 막을 수 있었을까. 러일전쟁 이전까지 만주의 간선철도는 경봉(창춘-선양, 옛 이름 신경-봉천에서 유래한 이름)철도와 동청철도 두 노선뿐이었다. 러시아의 광궤철도인 동청철도는 모스크바로부터 머나먼 길을 달려온 끝에 연해주로 가는 빠른 길, 즉 치타에서 만저우리, 하얼빈, 둥닝을 거쳐 블라디보스토크까지 이르렀다. 일본은 1904년 거의 완성된 상태였던 하다(하얼빈-다롄)선 간선축 구간과 함께 다롄부터 군사력을 앞세워 남만주 지선을 표준궤로 바꾸는 개축작업을 시작했다.

* 이노우에 유이치, 석화정 옮김, 『동아시아철도 국제관계사』, 지식산업사, 2005.
** 조진구, 「근대화와 제국주의의 '명암'」, 『동아시아 철도 네트워크의 역사와 정치경제학』 1, 리북, 2008.

당시 일본은 철도를 이용하는 독일의 신속한 군사전략에 매료된 나머지 만주국을 앞세워 남만주철도주식회사의 거의 모든 노선을 표준궤로 통일하려는 노력을 기울이면서, '철도가 곧 국가'라고 하는 이른바 '만철 滿鐵(만테쓰) 시대'를 연다. 일본은 러일전쟁에서 얻은 뤼순·다롄 조차지와 남만주철도의 경영권을 '특수 권익'이라 부르며 매우 중요시했다. 우리나라 경부선을 비롯하여 일본인의 식민지 철도에 대한 애착 또한 대단해서, 연이은 전쟁과 어려운 경제사정에도 일본 현지에서 철도 건설을 위해 성금 형태로 거금을 모으는 데 성공한다. 건설 현장에서는 거침없는 돌관공사突貫工事로써 철로는 한반도를 북상하기에 이른다. 만철은 1906년에 설립되었는데, 우리 땅을 달리는 조선철도까지 1917년부터 1925년까지 만철이 경영토록 하다가, 다시 1933년 10월부터 만주국, 즉 일본의 만철이 북한 지역 철도를 운영토록 위탁하게 된다.

만주에서의 철도 권력은 청나라에서 러시아의 동청철도로, 일본의 남만주철도로 옮겨왔다. 동북아에서의 군사력과 국제정치의 관계 변화는 이처럼 만주철도를 통해 설명할 수 있다. 일단 고립과 전쟁의 길로 들어선 일본은 철도를 중심으로 한 새로운 나라, 즉 만주제국이란 환영 속으로 빠져들어갔다. 종국에는 세계대전으로까지 확대되고, 일본 본토에 대한 원폭투하와 무조건 항복이라는 참극을 맞게 되는데, 도중에 대륙에서의 패권을 포기하고 남중국해와 태평양에서의 전쟁으로 치닫는 계기가 바로 훈춘 지역의 장구산(장고봉) 사건, 그리고 더 결정적으로 동몽골의 할힌골 전투(일본에서는 노몬한 사건이라 부름)였다. 할힌골은 1939년 주코프 장군이 만주에서 올라온 일본군을 크게 물리친 전쟁 유적지이자, 배우 장동건이 출연한 영화〈마이 웨이〉의 배경이기도 하다. 미국의 조지 패튼 George S. Patton Jr. 장군이나 더글러스 맥아더Douglas MacArthur와 드와이트 아이젠하워Dwight D. Eisenhower 장군과 달리, 제2차 세계대전의 영웅인 소련의 주코프 장군은 우리에게 여전히 생소한 이름이다. 이는 아마도 소련 쪽이 전쟁 중에 당한 희생과 피해의 규모를 우리가 알지 못하고, 소련을 다만 전쟁 막바지에 뛰어든 진주군의 모습으로 이해하기 때문일지도 모른다. 그러나 주코프 장군은 몽골을 구한 데 이어 독일의 강력한 기갑사단과 폭격기로부터 스탈린그라드를 사수한 제2차 세계대전의 영웅이다.

몽골 초원에서 길을 잃었을 때, 게르 문門의 방향을 보고 동서남북을 판단할 수 있다. 그것은 모든 게르 문이 남쪽으로 나 있기 때문인데, 중국인이 언제 쳐들어올지 모르므로 잠자기 전에 남쪽 방향을 확인해야 한다는 농담 섞인 얘기도 있다. 러시아의 철도가 영국의 표준궤(1,435밀리미터)가 아닌 광궤(1,520밀리미터)를 채택한 것은 프랑스 나폴레옹의 군대가 철도를 타고 침략해올 것이 두려웠기 때문이라 한다. 동북아시아는 전쟁의 역사로부터 아직 자유롭지 못하여, 서로 역사인식에 극명한 차이를 보인다. 그러나 한편으로 아메리카, 유럽에 대응하는 개념으로써 3개 대륙 정립鼎立시대와 아시아 통합은 당위의 문제로 다가온다. 중국이 주도하는 아시아 단일화폐 구상 또는 위안화의 국제화가 세계 경제의 미래를 향한 큰 화두로 계속 등장한다. 그리고 중국이 주도하는 아시아 지역의 국제금융기구로 아시아인프라투자은행Asia Infrastructure Investment Bank(AIIB)이 현실화되고 있다. 그러나 '만주철도의 중립화' 계획에서 보듯이, 국제 컨소시엄을 조직하여 다자간 국제협력을 구하는 것은 때로 이상으로 치우칠 수 있다. 따라서 중국은 만주철도라는 과거에서 배워야 할 점이 많고, 한반도에는 다시 힘의 균형자론과 같은 호시우행虎視牛行의 자세가 요구되는 시점이다.

이제 다시 세월이 흘러 21세기 동북아에서 여러 국가를 아우르는 새로운 국제철도의 탄생이 가능하게 되었다. 철도망을 통해 연결되는 동북아의 21세기는 역내의 평화와 안정을 보장하면서, 칼과 창을 녹여 보습과 쟁기를 만드는 시대가 도래함을 뜻한다. 그리고 우리 선조들이 독립과 생존을 위해 목숨 걸고 싸운 만주 땅에서 다국적 협력을 통한 육상교통망이 부활하는 것은 실질적이고 구체적인 경제 이익을 가져다줄 것으로 기대된다. "상인商人은 싸우지 않는다"는 말도 있고, 독일과 프랑스를 전쟁위기에서 구해준 것은 1950년대 초 '유럽석탄철강공동체'라는 초월적 주권기구가 만들어진 덕분이다. 철도를 통해 만나는 새로운 세상은 평화와 번영을 추구하는 물류 중심 국가와 신인류의 출현을 예고하고 있다. 철도로 연결되는 동북아 국제공동체는 그 이전에 라인강 항해 중앙위원회Central Commission for Navigation of the Rhine(CCNR)가 지금의 유럽연합EU이 된 것과 같이, 동북아시아를 배경으로 한 경제공동체, 평화공동체로 발전할 수 있을 것으로 기대된다.

대륙철도로 성장하는 만주철도

우리가 흔히 만주로 일컫는 중국의 동북 지역은 중국에서 제일 먼저 건설된 역사적인 공업지대로, 주요한 중공업기지이자 양곡생산기지로 자리매김해왔다. 전통적으로 동북 지역은 철로네트워크 밀도가 중국 평균 수준의 2배에 해당되는 70여 개 선로로 구성되어, 철로가 주요 수송수단인 특징을 지닌다. 그러나 동북 지역 철도는 제정러시아와 일제강점기에 건설되어 기초시설이 낙후되고 건설표준이 낮은 탓에 수송능률이 떨어지는 약점을 지녔다. 즉 다른 지역에 비해 앞서 개발된 것이 오히려 시설의 노후화와 용량 문제로 나타나면서, 기존의 철도시설로는 동북 지역의 경제발전과 대외무역 수송 수요를 만족시키지 못하는 한계를 보여온 것

동북3성 지역의 주요 철도망과 네이멍구 아얼산과 울란호트 철도. 구글 지도 참고.

이다.

이에 따라 2003년 10월 중국 국무원이 '동북 지역 등 노후 공업기지 진흥전략 실시에 관한 의견'을 발표해 동북진흥전략을 공식화하면서 인프라 구축에서 철도 현대화는 주요 과제로 제기되었다. 또한 동북3성의 기존 교통현황을 보면, 동북 지역 대부분 수송통로가 중부 평원 지역에 집중해 있었다. 도로 밀집지역 역시 동북 지역 중부 하얼빈·다롄(하다선哈大線) 부근에 가까이 있다.

동북철도는 4종 4횡의 '4륜구동형'

동청철도CER는 본래 시베리아횡단철도의 치타부터 중국 국경의 만저우리를 지나 하얼빈을 거쳐 연해주의 쑤이펀허를 경유하는 최단거리로 놓라디보스토크에 이르는 러시아 철도였다. 당시 제정러시아는 북만주를 경유하는 시베리아철도를 통해 러시아 극동을 개발하고, 미국과 캐나다의 대륙횡단철도가 지니는 국가적 통일성의 기능과 전쟁 대비 등의 복합적 목적으로 동청철도를 부설했다. 나아가 시베리아철도에 대해서는 동유럽과 아시아를 연결하는 문화적 중재자cultural mediator 역할을 하고, 모스크바를 세계 유통경제의 축으로 만드는 '동서양의 실크로드'가 될 것이라는 기대를 갖고 있었다.

지금 동청철도는 중국의 만주횡단철도로 바뀌어 동북3성의 활발한 물류통로가 되었고, 철도로 생성된 변경의 작은 땅이었던 만저우리는 러시아와 중국 사이의 교역에서 큰 비중을 차지하는 크고 화려한 국경도시로 변모하고 있다. 세월의 극명한 변화를 보여주는 것이다.

만저우리–쑤이펀허의 만쑤이滿綏선은 헤이룽장성의 하얼빈에서 시작하여 서북쪽으로 만저우리에 도달하는 총연장 935킬로미터의 빈저우선과 하얼빈에서 동쪽으로 쑤이펀허까지 이어지는 549킬로미터의 빈쑤이선으로 이루어져 있다. 만쑤이선은 양쪽 끝에서 시베리아횡단철도와 연결되어 있어 국제화물수송의 기능도 수행하고 있다. 즉, 빈저우선은 만저우리에서 러시아의 자바이칼스크를 만나 치타에서 시베리아횡단철도로 이어지는 국제철도이며, 빈쑤이선 역시 쑤이펀허 너머 러시아 국경의 그로데코프를 통해 러시아 극동 지역 철도와 만난다. 이 가운데 만저우리와 하얼빈을 연결하는 빈저우선은 러시아에서 중국으로 향하는 목재와 석탄, 소형컨테이너 화물 등을 분주히 실어나르고 있다.

우리가 만주횡단철도라고 하는 것은 이 만쑤이선을 말한다. 러시아는 한편 하얼빈에서 뤼순항으로 가는 출구를 확보하기 위해 다롄까지의 철도를 부설했다. 하얼빈에서 다롄까지 달리는 하다선은 동북3성의 주요 도시인 하얼빈, 창춘, 선양, 다롄을 이어주는 중심축이다. 하다선은 이미

중국·러시아 국경무역의 핵심 도시 만저우리의 철도역이 화물열차로 가득하다.

ⓒ강태호

중국에서 물동량이 가장 많은 노선 중 하나가 됐다. 헤이룽장성과 지린성 모두 항구가 없는 내륙이기에 중국이 이를 복선화·전철화해 동북 지역 화물수송의 중추적 역할을 담당하도록 했기 때문이다.

중국의 동북철도는 하얼빈 – 다롄을 종축으로 하고, 빈저우선(하얼빈 – 만저우리), 빈쑤이선(하얼빈 – 쑤이펀허)을 횡축으로 하는 'T자형'의 기본 골격을 주간선으로 하면서, 이와 맞물려 남북 동서의 '4종 4횡' 보조 철도선이 형성되는 형태로 발전해왔다. 우리가 흔히 '4×4'라 하면 오프로드의 험한 길을 달리는 4륜구동 차량을 말하듯이 힘차게 달리는 역동성과 변화를 상징적으로 표현하려 했던 것으로 짐작된다. 여기서 남북의 4종은 치치하얼 – 퉁랴오通遼 – 진저우선, 다칭 – 퉁랴오 – 츠펑선, 하얼빈 – 지린 – 선양선, 자무쓰 – 무단장 – 투먼선을 말한다. 그리고 4횡은 자거다

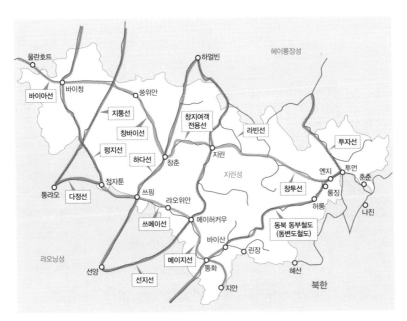

지린성의 주요 철도노선.

치 – 쑤이화 – 자무쓰 – 쐉야산선, 아얼산 – 바이청 – 창춘 – 투먼선, 퉁랴
오 – 쓰핑 – 퉁화선, 츠펑 – 선양 – 단둥선으로 대개 동서 방향으로 이어
졌다.

　그리고 동북3성의 철도가 다시 징선(베이징 – 선양), 징퉁(베이징 – 퉁랴오),
징청진(베이징 – 청더 – 진저우)의 3개 철도통로를 통하여 역외의 전국 철도
네트워크와 연결되어 있다. 동북철도의 특징은 T자형의 주간선 철도망
과 '4×4', 즉 4종 4횡의 보조 철도노선망 형태를 띠고 있는 것이다.

한반도와 대륙을 연결하는 대륙철도, 동북철도

동북철도의 T형 주간선과 맞물려 있는 4종 4횡의 보조노선들은 장차 한반도와 대륙을 연결하는 대륙철도의 구상을 실현하는 데 중요한 역할을 할 것으로 보인다.

여기에 하다선처럼 전철화 등 시설개선과 추가 투자가 이뤄지진 않았지만, 2012년 개통된 랴오닝성 다롄에서 헤이룽장성 쑤이펀허까지 남서에서 북동쪽을 이어주는 총연장 1,380킬로미터의 '동변도철도'는 앞으로 동북3성 철도망에서 또 다른 주간선 역할을 할 것으로 기대된다. 동변도철도의 공식 명칭 '동북 동부철도'는 개발의 사각지대인 옌볜을 변화시키면서, 상대적으로 낙후됐던 동북 지방의 새로운 성장 동력 역할을 할 황금통로가 될 것이 분명하다. 특히 이 철도는 두만강과 압록강의 북한 접경 지역을 따라 이어지기 때문에 북한의 개방과 경제발전에도 큰 영향을 미칠 것으로 보인다.

베이징대학교 김경일金景一(진징이) 교수는 "동변도철도가 북한과 맞닿아 있어 중국의 동북 개발은 북한에 전방위적으로 새로운 기회를 만들어간다고도 할 수 있다"고 말했다. 북·중 접경 지역에서 시작한 경제교류가 두만강, 압록강을 잇는 단선으로 그치지 않고 철도와 항구의 연결, 접경 도시의 집약적 개발 단계, 중국식을 모방한 북한 도시 간 교통 인프라 개발로 이어진다면, 동변도철도는 비단 북한뿐 아니라 몽골과 한반도를 연결하는 교통축으로 동북아 전체에 새로운 봄을 알리는 희망의 기적소리를 울려퍼지게 할 것이다.

동변도철도는 원래의 동변도가 의미하는 중국 동북지구의 동남쪽, 즉 둥화通化를 중심으로 한 지역부터 동쪽 방향 연해주까지를 잇기 위한 것이었다. 그래서 철도는 러시아 국경, 북한과의 거의 모든 경계선을 따라

일제강점기 동변도철도
노선.

서 달린다. 중국과 북한의 국경을 따라 랴오닝성의 다롄에서 단둥, 좡허,
번시本溪, 지린성의 통화, 투먼 등을 경유해 헤이룽장성의 쑤이펀허, 무
단장이 연결되고 있다. 중국은 2012년에 과거 일본의 만주 지배 당시 미
완결 구간으로 남아 있던 통화 – 관수이灌水, 얼다오바이허二道白河 – 허
룽和龍, 압록강 하구 둥강東港시 인근의 첸양前陽 – 좡허庄河 3개 단절 구
간을 이어줌으로써 기존의 하다선과는 다른 동서 구간을 하나로 연결했
다. 북한 철도는 평라선平羅線과 청년이천선青年伊川線 외에 동서연결 노
선이 거의 없고, 상태 역시 열악하기 때문에 앞으로 다롄에서 북·중 국
경을 따라 연결된 이 동변도철도가 압록강과 두만강 접경 지역을 따라
북한의 동서 간 교통문제를 해소하는 간선철도 기능을 대신할 수도 있을
것으로 보인다.

식민지 색채가 짙은 '동변도대철도'東邊道大鐵道라는 명칭은 중국 동
북 지역을 점령한 일본이 동북3성의 동부철도, 즉 통화 – 단둥 노선을 만

주국 행정구역의 일부로 삼은 데서 비롯된다. 만주국은 1932년 성립되었으나, 남만주철도주식회사 만철은 1906년에 먼저 설립되었다. 만철은 이때 나진에 대규모 축항공사를 시작하여 서일본 지역에서 출발하는 기선산업을 연결, 대륙 지배를 강화하였다. 동변도철도의 원래 계획은 압록강 입해구인 다둥항大東港을 기점으로 안둥安東(단둥)과 환런桓仁을 잇는 안런선安仁線과 퉁화–환런의 퉁런선通仁線을 잇고, 이를 다시 창투선(창춘–투먼의 안투安圖)으로 연결하는 것이었다.

1937년에는 안둥성에서 동변도 9현을 떼서 퉁화성을 설치하고, 동변도 개발을 본격화한다. 1938년에 만업(만주중공업개발주식회사)은 동변도개발주식회사를 설치했다가 실패했는데, 이는 본사인 만업에도 타격을 입혔다. 이처럼 만철의 역사는 동변도철도와 함께 한반도 동북단에 위치한 나진항 개발의 역사와도 연계된다는 것을 알 수 있다.

동북3성 철도망을 전체로 놓고 보면, 한반도와 대륙철도를 연결하는 기존 동서 양쪽의 신의주–단둥과 나진–하산 이외에 투먼과 퉁화를 새롭게 주목할 필요가 있다. 우선 투먼은 무단장까지 이어져 러시아 쪽으로 넘어가는 노선과, 창춘–바이청을 통해 동몽골로 이어지는 중국의 국경도시 아얼산 노선의 출발점이 된다. 또한 투먼은 창지투 라인의 시종점이자 지린성의 대외개방 창구인 훈춘의 배후거점 옌룽투(옌지, 룽징, 투먼)의 일부이며, 다리 건너 남양에서 북한 철도를 만나 청진항을 통해 한반도 동해와 연결된다는 점에서 중요한 위치에 있다.

한반도 북단의 접경 지역인 압록강 상류의 퉁화는 앞으로 하얼빈–다롄선의 화물운송을 대신할 동변도철도의 중심역일 뿐만 아니라, 남쪽으로는 중국·북한 국경역인 지안–만포와 지근거리에 있다. 퉁화는 특히 동북3성의 4횡 가운데 쓰핑–퉁랴오를 거쳐 서북쪽 동몽골의 국경인 비칙트까지 확장될 수 있기에 역시 한반도와 대륙철도의 연결에서 중요한 역할을 할 수 있다. 중국은 2014년 6월 18일 백두산 인근 지린성 퉁화에 산위안푸三源浦공항까지 새로 건설해 개항했다.

3장

동북3성과 몽골·러시아·북한을 연결하는 국제 운송로 구축

항만·도로·철도를 연계하는 서부통로 개발

북한 신의주와 중국 단둥을 잇는 압록강철교는 1911년 일본이 대륙에 진출하기 위해 건설했으나, 한국전쟁 중 미군의 폭격으로 절반 구간만 남아 있기에 압록강 단교斷橋라 한다. 이후 바로 옆에 새로 만들어진 압록강철교가 조중우의교朝中友誼橋로, 지금까지 북·중 간에 거의 유일한 통로 역할을 해왔다. 신압록강대교 건설은 중국 측이 동북진흥전략으로 추진하는 단둥 지역의 압록강변 개발 프로젝트로, 북한의 신의주경제특구계획과도 밀접한 관련이 있다. 북한이 위화도와 황금평을 자유무역지구로 지정하고 중국 측에 50년 임대 개발권을 부여한 것은 신압록강대교 건설에 발맞춰 이 지역을 나선특별시와 함께 북한 경제를 재건하는 동서 양대 축으로 삼기 위한 것이다. 신의주시 상단리와 하단리에 딸린 섬인 위화도는 12.2제곱킬로미터로 압록강 섬들 중 규모가 가장 크다. 황금평은 단둥 신도시가 건설되고 있는 랑터우浪頭와 맞붙어 있는 11.45세곱킬

단둥의 선착장에서 바라본 조중우의교.　　　　　　　　　　　　　Ⓒⓒ강태호

로미터 크기의 섬으로, 위화도 다음 가는 규모에 토지가 비옥하다.

　중국 정부는 북·중 경협의 물리적 연계성을 강화하는 기반시설에 대한 투자를 적극 추진하고 있다. 여기에는 2014년 현재 거의 완공단계에 들어선 신압록강대교 건설을 비롯해서, 랴오닝성의 '5점1선 발전전략', 즉 다롄, 단둥 등 발해만 연안 5대 도시의 공업지구 개발 프로젝트 등과 연계한 단둥, 신의주 발전방안이 포함된다. 선양경제구는 교통 인프라를 적극적으로 확충해 주요 도시들 간 1시간 거리권을 형성하기 위해 노력하고, 아울러 각 신도시·진鎭을 1시간 생활권으로 연결함으로써 인력과 물류의 자유로운 이동을 보장하여 지역 일체화를 실현하려고 한다. 중국 쪽 관계자가 신압록강대교와 이후 발전전략에 대해 "압록강 다리는 국경만 생각하고 그리 크게 만든 것이 아니다"라고 말하는 이유다. 신압록강대교는 선양을 본거지로 해서 다리를 건너 북한으로 들어가는 경의선 축 철도와 도로의 출발점을 의미하기도 한다. 신압록강대교는 강화되어

압록강을 사이에 두고 신의주와 마주한 국경도시 단둥. 현대적인 고층건물들이 즐비한 신도시로 변모하고 있다.

가는 북·중 간 협력의 증표일 뿐만 아니라, 앞으로 중국이 신압록강대교 이남의 북한 교통 인프라 분야에 진출함으로써 신의주－평양 간 교통축 역시 크게 활성화할 가능성을 열어주는 것이다.

그런 점에서 선양이라는 큰 동심원을 통해 동북아 물류의 흐름을 본다면, 선양부터 단둥－신의주 접경을 거쳐 한반도 경의선을 따라 남하하는 축은 '한반도 서부통로' 또는 '만주 서부통로'가 될 수 있다. 이는 다시 중국 랴오닝성 다롄항, 발해만 항구들을 중심으로 세계 각국과 연결하는 국제 항만물류 중심, 그리고 중국 랴오닝성 단둥 지역과 반도 서해안을 통과하여 일본과 연결하는 육로 운송통로가 될 수 있다. 북한 쪽에서 본다면 평양과 신의주를 잇는 평의선 철도와 도로는 신의주에서 단둥을 거쳐 서쪽의 다롄을 비롯한 발해만의 항구도시들까지 육로로 이어지며, 다른 한쪽으로는 단둥에서 선양으로 가서 하다선이라는 큰 결절점과 만나고, 궁극적으로 징선(베이징－선양)선을 통해 중국의 수도 베이징으로 연결된다고 볼 수 있다. 중국은 베이징－선양을 직접 연결하는 고속철도 건설을 시작했다.

압록강변은 바야흐로 백화제방百花齊放의 시대

남한에서 볼 때 경의선 축의 의미는 무엇인가. 경의선 구간은 이미 개성까지 연결돼 있다. 나머지 평양까지는 철길로 187킬로미터이다. 또 북한 철도 중에서 평의선(평양-신의주) 철로는 다른 구간에 비해 그나마 양호한 편이기 때문에 당장 사용할 수 있다. 개성-사리원-평양-신의주 전체 411킬로미터 구간은 주로 평야지대와 해안선을 따라간다. 비록 선로의 상태, 직선화 같은 문제들이 있긴 하지만, 만약 북쪽의 인력자원을 최대한 활용했을 때 약 2조 원 정도면 전반적인 철도 개선작업이 가능할 것으로 추정된다. 물론 개성-신의주 간 경의선 고속철도와 함께 특구와 특구를 연결하는 개념의 고속도로 패키지망 사업을 추진한다면, 모두 240억 달러, 약 24조 원 규모의 투자가 필요할 것으로 추정된다. 만약 중국이 해당 구간을 376킬로미터 고속철도와 고속도로 건설 사업에 나서 온전히 중국 고속철도망의 일부로 편입한다면 남한 기업이 설 자리는 없을 것이다. 중국은 베이징과 동북 지역의 중심도시인 랴오닝성 선양을 연결하는 고속철도를 2014년 착공해 2019년 개통할 예정이다. 이미 단둥-선양 간 고속철도 사업은 2010년에 착공했다. 2015년 8월 완공 예정인 이 고속철도는 207킬로미터의 단둥-선양을 1시간 이내에 간다. 따라서 신의주-개성까지 고속철도로 연결되면 머지않아 서울에서 베이징까지 고속철도로 연결될 수 있다.

지금 단둥의 모습은 새로운 고급 아파트들이 스카이라인을 만들면서 마치 뉴욕의 마천루를 보는 듯하다. 단둥은 옛날 백두산에서 출발한 뗏목이 강의 하구에 도달하면 뗏꾼들이 며칠씩 쉬었다 되돌아가는 작은 마을에 불과했다. 그러나 이제 단둥 하류에는 둥강이라는 큰 신항이 생겼고, 하늘길을 연결하는 단둥 신공항이 완성됐다. 상전벽해와 같이 급변하는 단둥의 발전상은 변경에 위치한 국경역의 의미와 역할에 대해 새로운 화두를 던진다. 이제 변방이 새로운 중심이 되고 대륙의 길목으로 성장하고 있다.

동부통로와 러시아 접경의 철도 네트워크

지린성을 중심으로 한 동북3성의 동부통로는 크게 창지투 개발·개방 선도구를 통한 동해로의 출구(북한·중국 간 철도, 도로 연결)와 러시아 극동 지역과의 연계통로 및 자루비노 등 극동항만을 통한 동해로의 출구 두 가지 방향에서 진행되고 있다. 여기에 두만강 지역(훈춘) 국제협력시범구 건설을 통해 북·중·러 3국 협력을 연계하는 물류망을 건설한다.

동해에 면한 두만강 지역의 3국 협력 교통망은 크게 세 가지 갈래로 대륙철도로 연결된다. 하나는 극동 연해주에서 출발해 시베리아횡단철도로 연결되는 중·러 교통망 연계다. 다른 하나는 기존의 만주횡단철도(만저우리-하얼빈-쑤이펀허)를 통해 치타에서 시베리아횡단철도와 만나는 통로와 더불어, 창지투 라인을 네이멍구 나아가 동몽골로 이어지도록 해서 만주를 가로지르는 철도가 다시 시베리아횡단철도로 연결되도록 하는 노선이다. 마지막으로 동해로 가는 출구와 함께 또 다른 바다로 가는 출구로서 남쪽으로 동변도철도를 통해 랴오닝성 다롄으로 이어지고 발해만으로 나가는 통로가 구축되고 있다. 이처럼 다양한 철도선로를 신설 또는 확대·개건해 중국 동북 지역과 인접한 러시아, 북한, 몽골 등 주변 국들과 교역을 추진하는 동시에, 더 나아가 유럽, 한국, 일본 등지에 진출하는 운송통로를 개척하고자 한다.

만주횡단철도는 그동안 개발의 사각지대였던 옌벤 지역을 변화시키면서 상대적으로 낙후됐던 동북 지방의 새로운 성장 동력 역할을 하는 황금통로가 될 것이다. 아울러 중국 대륙에서 북한 나진항을 통해 동해 쪽으로 진출하는 유일한 출구가 되어, 한반도 동해안과 부산을 연결하는 자연자원 육로 운송통로, 즉 '한반도 동부통로' 역할을 할 것이다. 만주 횡단철도는 북쪽으로 치타를 정점으로 삼아 블라디보스토크를 경유하지 않고 만저우리를 통해 최단거리로 시베리아횡단철도를 만날 수 있기에 모스크바, 파리 등 유럽의 도시와 한층 더 가까이 다가갈 수 있는 장점도 있다.

창지투 개발·개방 선도구와 투먼장(두만강) 지역(훈춘) 국제협력시범구 건설 두 개 축으로 이뤄지는 창지투 개발의 요체는 창춘–훈춘을 양극으로 하여 지린, 둔화敎化, 옌벤을 중요 물류결절지로 삼고자 하는 것이다. 동북3성의 동남쪽 끝자락에 위치하여 오지라 여겨지던 훈춘시는 경제개발구인 투먼장(두만강) 지역과 나진·선봉 등 북한 국경에 접해 있다. 훈춘에는 러시아, 북한과 통하는 4개의 국가급 통상구가 설치돼 있으며, 훈춘의 200킬로미터 반경에는 러시아와 북한의 10개 항구가 분포되어 이들 항구를 빌려 바다로 나아갈 수 있다. 그야말로 변경무역의 요충지다. 바로 인접한 지린성 옌벤조선족자치주의 중심축은 이를 바탕으로 중국과 러시아, 북한의 변경무역을 위한 델타 지역으로 떠오르고 있다.

창지투 개발·개방 선도구는 세 가지 특색을 가진 개발구역zone을 내세우고 있는데, 변경과의 협조border trade zone, 창춘 이북의 시베리아횡단철도와 연결하는 중·몽 연계China Mongol zone, 북·중을 연결하는 특구 형성이 그것이다. 이를 위해 기본적으로는 하얼빈–다롄(하다선), 만저우리–쑤이펀허(만주횡단철도) 등의 T자형 주간선에 의탁하면서, 서쪽으로는 네이멍구를 거쳐 시베리아횡단철도에 연결되도록 하고, 북동쪽으로는 쑤이펀허에서 러시아에 연결하는 한편, 남쪽으로는 다롄과 단둥항으로 통하는 사통팔달의 물류 네트워크를 구축하고 있다.

이 가운데 두만강 지역 북·중 간 통로는 철도와 도로로 나뉜다. 도로 통로는 중국 훈춘·취안허 통상구와 북한 원정리 통상구를 통해 북한 나선으로 가며, 철도통로는 중국 투먼 통상구와 북한 남양을 거쳐 나진으로 가거나 싼허三合 통상구에서 북한 회령을 거쳐 청진으로 간다. 그러나 철도통로는 아직 계획 단계에 머물러 있다.

중국은 북·중 간 도로·철도 및 항만개발을 연계하여 바다로 가는 통로를 확보하고, 아울러 2010년부터 동북 지역 교통망을 개발하는 가운데 기존의 동변도철도 건설을 마무리하면서 이를 러시아 철도망과 연결하는 사업을 추진해왔다.

러시아와의 협력은 지린성보다 헤이룽장성이 더 적극적이며, 러시아 극동 지역으로부터 3,000여 킬로미터 국경선을 따라 쌍방 간에 20쌍의 도시와 마을이 서로 마주 보며 밀접한 관계로 발전하는 중이다. 네이멍구 만저우리 통상구는 중국 제일의 대對러시아 철도 통상구이며, 이외에 쑤이펀허 변경통상구와 하얼빈 내륙철도통상구가 있다. 러시아의 교통망 연계사업은 현재 부침을 거듭하고 있는 자루비노항 협력 개발사업과 함께 궁극적으로 한국의 항구들과 일본 니가타항 등과의 해상운송망으로 연결될 것이다. 중국에서 러시아로 넘어가는 해상운송로는 훈춘 – 자루비노 – 니가타, 훈춘 – 자루비노 – 속초, 훈춘 – 나진 – 상하이(닝보) 등으로 이를 통해 국내외 도시를 오간다.

시베리아횡단철도의 극동 지역은 하바롭스크 철도청 관할 지역으로, 주요 화물역은 나홋카, 보스토치니, 하바롭스크, 콤소몰스크, 바니노 등이다. 주요 항구로는 블라디보스토크, 나홋카, 보스토치니의 3대 항만과 포시에트항이 있다. 중국과 철도로 연결되는 러시아 국경역은 그로데코보, 마하리노역이다. 북한과는 하산역을 통해 연결된다. 마하리노는 훈춘과 연결되는 철도역으로 자루비노항으로 이어진다. 2013년 8월 시범적으로 철도 연결이 재개됐다. 포그라니치니(변경, 국경이라는 뜻)의 그로데코보역은 쑤이펀허역과 접하고 있다. 쑤이펀허 – 그로데코보 사이엔 광궤와 표준궤 철로의 복합궤도가 깔려 있는데, 식료품·곡물·석탄이 주로 운송되고 있고, 최근에는 컨테이너 운송이 증가되는 추세이다. 쑤이펀허 세관에는 러시아로 들어가는 화물차들이 줄지어 대기하고 있으며, 포그라니치니는 연해주 최대의 국경무역지대를 형성하고 있다.

포그라니치니 남쪽으로 100킬로미터 떨어진 우수리스크로 이어지는 중국 쪽 국경의 둥닝까지는 옌지에서 바로 가는 철도가 아직 없다. 둥닝에서 열차는 다시 이어지지만, 둥닝 – 쑤이펀허 구간은 화물열차만 운행된다. 둥닝 세관은 상대적으로 조용한 편이고 러시아어 간판이 많이 보인다. 쑤이펀허에서 무단장까지는 푸콰이普快(보통열차)로 4시간 거리인데, 앞으로 2시간으로 줄어들 것이라고 한다. 둥닝은 아직 시설규모 면에서 쑤이펀허에 비할 바가 아닐 만치 작다.

고속철도로 날개를 단 '신실크로드 경제벨트'

중국의 한무제는 숙원 사업으로 흉노 정벌에 매진하는 한편, 장건張騫으로 하여금 흉노 땅을 넘어 서역과 통하는 실크로드를 열게 했다. 비록 외교적 뜻을 모두 이루지는 못했으나 실크로드는 중국의 영향력을 서방에 미치게 했다. 로마인은 새로운 동서 교통로의 기반을 통해 중국 비단을 처음 접하면서 감탄하게 된다. 예전 북한에 천리마운동이란 노동 강화 운동이 있었다. 하루에 천리를 달린다 해서 천리마馬로 부른다. 원래 천리마의 고향은 실크로드가 지나는 톈산산맥의 남북 쪽 기슭 초원지대로,

비단과 말을 사고파는 견마絹馬 교역은 실크로드가 막혔을 때도, 아니 어쩌면 실크로드 이전부터 이어져온 것인지도 모른다.

시진핑 지도부가 내세운 '신新실크로드 경제권' 구상은 고대에 있었던 실크로드를 기반으로 한 새로운 교통로 협력사업으로, 민심상통, 정책소통, 도로관통, 무역상통, 화폐유통을 모두 아우르는 '상호연결' 프로세스다. '일대일로'一帶一路 건설을 표방하는 신실크로드 경제벨트絲綢之路經濟帶는 육상교통로 협력사업인데, 중국은 유라시아 고속철도의 일부로 중국에서 독일까지, 그리고 중앙아시아 고속철도의 일부로 카자흐스탄까지 잇는 고속철도를 개통하였다.

중국은 2008년 베이징올림픽 직전에 이미 베이징 – 톈진 구간 120킬로미터를 30분 만에 주파하는 고속철도를 처음으로 도입한 바 있다. 2012년 12월 말 베이징 – 광저우를 8시간 만에 종단하는 세계 최장 2,298킬로미터의 고속철도가 개통됐으며, 2013년 12월 샤먼廈門 – 선전 고속철도를 완성해 중국이 만들어가는 고속철도 구간 거리는 이미 세계 고속철도의 약 45퍼센트인 총 1만 2,500킬로미터에 달했다. 이에 따라 2014년 현재 베이징 – 광저우 구간을 포함해 중국 전역을 연결하는 '4종 4횡'의 고속철도망을 통해 전국 1일 생활권 시대를 앞당겼고, 더 나아가 2020년까지 총 12만 킬로미터의 철도망과 1만 8,000킬로미터의 고속철도를 건설할 계획을 세우고 있다.

베이징과 선양을 연결하는 시속 350킬로미터의 고속철도가 2019년에 완공되면 베이징 – 선양은 2시간 30분이면 갈 수 있다. 베이징에서 선양 간 거리는 약 672킬로미터로, 선양에서 보면 평양과 친황다오까지 거리가 비슷하고, 서울이 베이징까지의 거리보다 약간 더 가깝다. 만약 중국 고속철도의 속도로 달린다면 베이징 – 선양 간은 2시간 30분, 단둥 – 선양 간(207킬로미터)은 50분이 소요된다. 따라서 베이징에서 신의주, 단

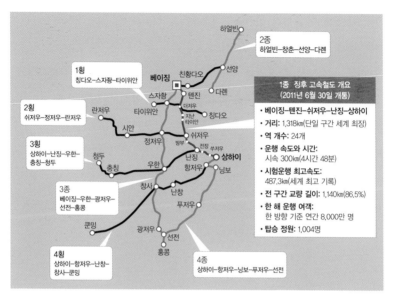

4종 4횡의 중국 고속철도망. 중국 철도부 자료 참고.

둥까지 약 3시간 30분이면 된다. 경의선 행신역까지 고속철도가 놓여 1시간 30분을 더 달린다고 하면 어림잡아 5시간 만에 베이징을 출발한 고속열차가 남한의 KTX와 연결되는 것이다.

저우추취走出去는 영어로 'go global', 즉 세계 밖으로 나간다는 의미다. 일반 고속철도 가운데 가장 빠르고(시속 350킬로미터) 광대한(2014년 말 현재 총연장 1만 3,000킬로미터) 중국의 초고속 철도망이 세계를 덮을 것이라 한다. 중국은 현재 20~30개 국가와 고속철도 협력 협상을 진행하고 있으며, 중국 정부가 추진 중인 세계 고속철도는 모두 3개 노선이다. 전략의 주요 목표는 유럽을 겨냥하고 있다. 첫째, 유라시아횡단고속철도는 중국 우루무치를 출발해 카자흐스탄을 비롯한 중앙아시아의 이른바 '스탄' 국가들을 거쳐 독일까지 이어지는 노선이다. 둘째, 동남아시아 노선은 중국 남부의 윈난성 쿤밍을 기점으로 베트남을 종단하여 싱가포르까지 연결된다. 셋째, 러시아 대륙횡단고속철도는 동북3성의 하나인 헤이룽장에서 러시아를 거쳐 유럽까지 이어진다. 늦어도 2025년까지는 실현될 것이라는 이 프로젝트는 중국이 주도하는 대륙의 고속철도 시대를 의미한다. 독일, 일본, 프랑스, 그리고 철도의 발상지라고 하는 영국까지, 대개는 철도강국이 곧 경제대국이라는 믿음이 전통적으로 존재해왔다. 이제 세계의 고속철도는 중국인의 손으로 만들어지고, 중국은 고속철도의 표준을 만드는 국가로 자리매김하고 있다.

유라시아 이니셔티브와 동북아시아 철도 대통로

유라시아 이니셔티브, 그리고 동북아에서 국제철도 시대는 도래할 것인가. 한반도와 러시아를 잇는 철도와 천연가스 파이프라인 건설이 성공적으로 이뤄진다면, 대륙철도의 꿈을 실은 국제열차가 부산에서 출발하고, 러시아의 천연가스가 북한 내륙을 통과하여 그대로 남한 가정에 전달된다. 물론 오랜 꿈을 현실로 바꾸려면 남측의 전향적인 설득 노력과 북측의 '통 큰' 변화가 관건이다. 옛날엔 철도 전보라는 것이 있어서, 철도가 통신까지를 포함해 인프라의 중심이었다. 파이프라인 수송 역시 원래 주요 교통수단 중 하나였다. 철도를 중심으로 한 한반도 기간교통망이 과연 현실화될 수 있을까? 미국과 러시아가 각기 서부의 접경 지역과 동시베리아를 관통하는 대륙철도를 완성해 온전한 하나의 나라로 되었듯이, 한반도에서의 초대형 인프라 사업은 경제개발과 성장 동력을 마련하는 중대한 계기가 될 수 있다. 철도와 천연가스 파이프라인은 남북을 하나의 경제권으로 연결하여 사실상 통일de facto unification과 같은 실질적인 효과를 나타낼 것이다. '유라시아 이니셔티브'는 세계 정세의 새로운 동력으로 떠오르고 있는 아시아와 유럽을 잇는 대륙간 경제협력 방안으로, 유라시아 대륙을 하나의 경제공동체로 묶고 여기에 한반도를 연계함으로써 남북한 경제공동체뿐만 아니라 장차 정치통합까지 이끌어내는, 실질적인 한반도 평화통일 구축 방안으로 제시되고 있다.

대륙의 힘이 요동칠 때 우리 선조들은 간난의 세월을 겪어야 했고, 명나라와 청나라의 사이에서 군신관계냐 형제관계를 놓고 다투다가 남한산성에 우리 운명을 스스로 가두기도 했다. 최근 들어 더 강하게 느껴지는 국가주의, 남방 삼각동맹과 북방 삼각동맹으로 인해 복잡하게 엉클어진 대결구도는 마치 지역체제가 없는 국제체제, 러일전쟁 전후의 만주 땅을 보는 듯한 기시감을 준다. 북한 김정은 정권 체제는 중국의 대미 친화적인 움직임에 불만을 표출하고, 그 대신 러시아, 일본에 더 가까이 다가가는 변화를 보이고 있다. 우리가 원치 않는 고립과 상대적 퇴보를 피하려면 무엇보다, '모든 개방은 선이다'라는 생각으로 중국 동북 지역을 변화의 거점으로 삼아야 한다.

한민족의 미래를 위한 투자는 남북 관계 개선을 전제로 한 인프라를 개발하는 것이다. 압록강 하구에 있는 '황금평'은 말 그대로 황금의 땅일 수 있다. 신의주와 중국 단둥의 양안에 큰물이 지면 그 물이 모두 무방비 상태인 신의주 쪽으로 쏠리면서 피해를 키운다. 신의주에서 평양까지 한반도 교통망에서 가장 중요하다고 할 경의선 축의 고속철도 공사를 중국이 통째로 차지할 것이란 소식도 들린다. 그리되면 교통 물류 인프라 분야 역시 중국 경제에 예속될 것이라 한다. 한국형 고속철도가 애초에 목표로 삼은 것은 철도의 해외수출을 위한 돌파구 마련과 한반도 고속철도의 국제화였다. 즉, 북한까지를 포함하는 '한반도 X축' 교통망을 만드는 데서, 특히 서울 - 평양 - 신의주를 연결하는 경의선 축의 철도망은 북한의 서쪽 해안지대를 지나는 대륙교land bridge 역할을 하면서 북한의 개혁·개방을 앞당기는 새로운 역할을 할 것이라는 기대를 안고 출발했다. 이제 다시 현실의 변화를 적극 수용하여, 한반도와 중국의 주요 도시를 연결하는 중·장거리 국제수송 체계로 한반도 고속철도를 준비할 필요가 있다. 말 그대로 '통일이 대박'인 세상을 만들려면, 남한과 중국 동북 지역을 잇는 북한이란 이름의 대륙교, 즉 한반도 대통로 건설이 필요하다. 북·중 접경 지역 개발사업도 우리 쪽이 직접 맡거나 다국적으로 함께 협력하는 방안을 만들어낼 수 있다면, 통일 비용은 비용이 아닌 투자가 될 것이다.

손에 잡힐 듯 서로 가까운 압록강을 바라보면, 일의대수—衣帶水라는 고사성어가 절로 떠오른다. 앞으로 북한이 G2라는 거대한 위상을 차지한 중국의 기러기 편대에 들면, 우리와는 서로 다른 방향으로 점점 멀어질 것이다. 유라시아 이니셔티브는 유라시아 대륙 위에 교통, 물류, 에너지 인프라를 구축해 거대 단일시장을 형성함으로써 경제 활로를 위한 제3의 공간을 찾고자 함이다. 21세기의 만주는 국제협력의 넓은 공간을 제공할 수 있으며, 몽골은 유럽을 잇는 대륙의 징검다리가 될 수 있다. 유라시아 이니셔티브에 진정성을 보태고자 한다면 구체적인 로드맵을 포함한 세부 실천방안을 마련하고, 더 늦기 전에 국제협력과 표준화, 물류 인프라 사업의 상호투자 등 새로운 '통합'을 도출하는 것이 바람직하다. 살아 있는 모든 것은 변화한다. 접경 지역의 교통과 물류에도 '변화와 개방'이 필요한 시점이다. 옛 만주 땅은 북한과 간접 협력이 가능한, 새롭게 열린 협력의 공간이다. 한반도를 거대한 물류축으로 삼아 육지와 바다를 연결하고, 만주에서 중국과 러시아뿐 아니라 몽골과 일본, 더 나아가 미국까지도 적극적으로 참여할 수 있는 유무상통의 동북아시아 철도 대통로를 일차적으로 추진해야 한다.

북한·중국 관계,
질적 변화의 단계에 들어서다

들어가며

2010년 8월 김정일 국방위원장이 후진타오 주석과 창춘에서 정상회담을 했다. 5월 베이징에서 회담한 뒤 불과 3개월 만이었다. 베이징이 아닌 창춘에서의 정상회담은 그 자체로 이례적이었다. 창춘은 지린성의 성도이자, 창춘·지린·투먼 개발계획의 핵심 거점이었다. 김정일은 이 회담에서 북·중 경협을 통해 새로운 변화의 길로 가고 있음을 분명히 했다. 당시 홍콩『아주주간』亞州週刊은 이 회담에서 "창지투 프로젝트, 나진·청진항 개방, 북·중·러 운수협력, 중국 제12차 경제개발 5개년 계획과의 연계 방안 등 북한 경제 개방의 청사진을 확정했다"고 보도했다.

김정일 국방위원장은 1년도 채 안 돼 2011년 5월 다시 베이징을 찾았으며, 북한과 중국은 나진·선봉특구와 황금평특구 공동개발을 위한 착공식을 열었다. 불과 7개월 뒤인 12월 17일 돌연 사망했으니, 그의 마지막 중국 방문인 셈이었다. 1991년 아버지 김일성이 갔던 여정을 그대로 밟은 것이었을 뿐만 아니라, 아버지와 20년의 시간차로 생의 마지막 중국 방문을 한 것이었다. 1991년 79세의 고령으로 김일성은 당시 장쩌민 총서기를 후계자로 내세운 덩샤오핑과 베이징에서 만나 '대를 잇는 친선'을 다짐했고, 중국 방문 뒤 12월에 김정일을 최고사령관으로 추대해 후계체제로의 수순을 밟았다. 김정일 역시 2008년 여름 뇌졸중으로 쓰러진 뒤 김정은으로의 후계체제를 본격화하고 있었다.

'중국과의 대를 잇는 친선'을 마무리한 김정일은 3개월 뒤 2011년 8월 이번에는 러시아 울란우데에서 정상회담을 하기 위해 4,000여 킬로미터에 이르는 장거리 열차여행에 나선다. 러시아와 가스관 사업 등 에너지 협력을 논의하기 위해서다. 이런 무리한 여정이 죽음을 재촉했을지도 모른다. 하지만 2010년 5월부터 2011년 8월까지 생애 마지막 대장정이라 할 만한 중국, 러시아와의 네 번에 걸친 정상회담은 김정일이 젊은 후계자에게 남겨주려는 미래가 '북방 협력'이었음을 웅변한다.

1장

세 번의 북·중 정상회담과 한 번의 북·러 정상회담

강태호 기자[*]

김일성 주석의 마지막 중국 방문

북·중·러(구소련)의 이른바 북방 3각 관계는 사회주의체제라는 이념적 대의 속에 묶여 있었지만 경쟁과 견제 때로는 심각한 갈등관계에 놓여 있었다. 북한은 중·러가 이념 분쟁과 갈등을 보일 때 주체를 내세웠고 중·러의 대립과 갈등을 적절히 활용하기도 했다. 외교 영역에서 보면 예컨대 독립 자주외교를 내세워 어느 한쪽에 서지 않은 채 중·러의 틈바구니에서 양쪽으로부터 경쟁적으로 협력을 이끌어내었다.

그러나 1990년대 초반 중국·러시아가 모두 한국과 수교하는 과정에서 북·중, 북·러 간에 균열이 생기기 시작했다. 북은 고립된 채 홀로서기를 모색해야 했다. 중·러의 갈등이 크지 않은데다 러시아에서는 공산당이 몰락했고, 중국은 1989년 톈안먼 사태로 내부 문제에 직면했다. 북

---

[*] 4부는 강태호가 집필했다.

덩샤오핑의 남순강화를 선전하는 기념물.

한은 러시아·한국의 수교에 대해서는 '배신'이라며 크게 반감을 표출했으나, 중국과는 협력을 유지하면서 어쩔 수 없는 현실에 적응하며 변화를 모색했다. 이 시기 북한이 취한 미국·일본과의 과감한 관계정상화, 나진·선봉 자유무역지대 선포 같은 부분적인 개혁·개방 조처는 이를 뒷받침한다.

중국의 개혁·개방은 1978년 홍콩에 인접한 선전을 비롯해 주하이珠海, 산터우汕頭, 샤먼의 4대 경제특구로 시작되었으나, 본격적인 중국의 변화는 1992년 1월 당시 최고 실권자 덩샤오핑의 남순강화로 시작되었다고 볼 수 있다. 개혁·개방의 확대 심화라는 관점에서 본다면, 중국이 1992년 한중 수교라든가, 1국 2체제론 등으로 타이완과 적극적 협력을 추진한 것은 이런 개혁·개방을 위한 동력과 그에 필요한 외적 환경을 확보하기 위한 조처였다. 중국은 자본주의 국가 가운데 특히 국가 주도의 경제정책을 바탕으로 빠른 성장을 하던 이른바 신흥공업국가들(한국, 타이완 등)의 발전전략을 성장모델로 삼았다.

바로 이즈음 김일성 주석은 1991년 10월 그의 생애 마지막 방문에 나서면서 덩샤오핑을 만나고자 했다. 그러나 덩샤오핑이 이미 그해 초 은

　　　　　　　　　　　　4부 북한·중국 관계, 질적 변화의 단계에 들어서다

퇴해 공개적으로는 활동하지 않았기에 중국 당국은 그의 요청을 정중히 거절했다. 당시 외교부 관리였던 우젠민吳建民 중국 외교학원 전 원장은 그럼에도 덩샤오핑이 마지막 만난 비공개 외빈이 김일성이었다며 당시를 이렇게 회고했다.*

"1991년 10월 5일 덩샤오핑은 마지막으로 외빈을 베이징에서 만났다. 하지만 신문에서는 발표하지 않았다. 누굴 만났느냐? 김일성이다. 김일성을 만날 때 처음에는 외교부에서 막았다. 덩샤오핑은 외빈을 안 만난다고 했다. 김일성은 이 소식을 듣고 아주 기분 나빠했다. 김은 '나는 무조건 만나야 한다. 우리는 오랜 친구'라고 했다. 덩에게 보고를 올렸고 덩은 만난다고 했다. 외교부는 10분에서 15분 시간을 줬으나 한 시간 넘게 얘기했다. 회담 사진을 찍을 때 덩은 두 번이나 손을 내밀어 '발표하지 마라'고 했다."

이 자리에서 덩샤오핑은 다음과 같은 얘기도 했다고 그는 전했다. "양국 관계의 기초는 평화공존 5원칙으로 충분하다. 동맹이니, 깨지지 않을 우의니 하는 것은 믿을 것이 못 된다는 것을 역사가 증명하고 있다." 1990년의 한러 수교를 말하고 1992년의 한중 수교를 예고하는 발언으로 볼 수 있었다.

김일성 주석은 이로부터 3년 가까이 지난 1994년 7월 남북정상회담을 불과 2주일여 앞두고 세상을 떠났다. 당시 덩은 특별위 전문을 통해 "김일성의 서거로 나는 친밀한 전우이자 동지를 잃었다"고 애도했다. 덩은 김일성 사망 2년여 뒤인 1997년 2월 눈을 감았다.

1991년 10월 당시 덩샤오핑은 톈안먼 사태를 수습하고 당 지도부를 재편해 후계자로 장쩌민을 지명해둔 상태에서 남순강화를 준비하고 있었

* 2013년 5월 8일 방송된 홍콩 '봉황TV' 대담 프로그램.

다. 김일성의 요청을 받아들인 덩샤오핑은 김일성을 만나는 자리에서 개혁·개방을 권유했으며 김일성은 이를 받아들인 것으로 전해지고 있다.

두 사람이 나눈 대화 가운데 김 주석이 건넨 '광장의 붉은 기는 언제까지 나부낄 것인가'라는 말은 그 뒤로도 계속 회자됐다. 여기서 광장은 모스크바를, 붉은 기는 공산당을 상징한다. 두 사람이 만나기 두 달 전인 1991년 8월 모스크바의 보수파 쿠데타가 실패하자 두 지도자는 소련의 몰락은 이제 시간문제라고 봤다. 사회주의 건설에 일생을 투신한 두 지도자가 그 뒤 보여준 행보는 생의 마지막 시점에서 이제 적극적인 변화가 불가피하다는 것이었다.

『워싱턴포스트』 기자를 지낸 한반도 전문가 돈 오버도퍼Don Oberdorfer가 쓴 『두 개의 한국』Two Koreas(이종길 옮김, 길산, 2002)에 따르면, 두 사람은 김일성이 중국을 방문하기 전인 9월 27일 조지 부시George H. W. Bush 미국 대통령이 발표한 전술핵무기 철수에 호응해 북한의 핵개발 의혹을 해소할 필요가 있다는 데 의견을 같이했다. 이 만남은 그해 여름 보수파의 불발 쿠데타를 기점으로 고르바초프 소련 대통령이 권력을 상실해가는 새로운 정세 속에서 북한이 중국과의 관계에서뿐만 아니라 대미·대남 관계에서 전략적 결단을 내리는 하나의 분수령이 되었다.

덩샤오핑이 남순강화로 나아갔다면 김일성도 방향은 같았다. 김일성은 중국 방문 직후인 1991년 10월 16일 노동당 정치국 회의를 열어 '중국적 특성에 맞는 사회주의의 변형·발전을 높이 평가'한다는 성명을 내놨다. 그리고 12월 나진·선봉을 자유무역지대로 선포했다.* 나진·선봉

---

* 김일성 주석은 나진·선봉 지역을 경제특구로 선포하기 전인 1990년 10월 연형묵 정무원 총리로 하여금 중국의 경제특구인 선전, 주하이, 톈진, 광저우 등을 시찰하도록 했다. 당시 북한의 나진·선봉경제특구개발계획은 나진·선봉 지역을 2010년까지 중계무역, 수출가공, 관광 및 금융중개 등의 기능을 종합적으로 수행하는 국제교류의 거점으로 육성한다는 게 목표였다.

자유무역지대는 북한의 변화를 상징했다. 그러자 당시 홍콩에서 발행되는 주간『파이스턴 이코노믹 리뷰』FEER는 머리기사에 나진이 다시 화려하게 부활해 '동양의 로테르담'Rotterdam of the East이 될 것이라는 전망을 실었다.

이 당 정치국 회의를 시작으로 북한은 경제정책은 물론이고 남북 및 대외 관계에서 중대한 결정을 내놓기 시작했다. 11월 25일 북한 외교부는 성명을 통해 "국제원자력기구의 핵안전협정에 서명하겠다"고 밝혔다. 12월 24일엔 당 중앙위 전원회의를 열어 핵시설 사찰을 허용하고 남한과 쌍무 핵협정을 체결하도록 결정했다. 일주일 뒤인 12월 31일 남북은 한반도 비핵화 공동선언에 합의했다. 김정일 비서를 군 최고사령관에 추대하는 결정도 이 중앙위 전원회의에서 있었다. 덩샤오핑이 1989년 톈안먼 사태로 자신의 후계로 지목했던 후야오방胡耀邦과 자오쯔양趙紫陽을 잃은 뒤 상하이 서기였다가 중앙 정치무대에 발탁된 장쩌민을 중심으로 새로운 후계체제를 구축하며 남순강화를 준비해가던 시점에서, 김일성 또한 1992년 4월 80회 생일을 몇 개월 앞둔 시점에서 후계자 김정일에게 권력을 넘겨주는 절차를 밟고 있었던 셈이다.

김일성 주석은 핵 문제의 진전과 병행해 남북 관계에서는 방중 직후인 10월과 12월 잇따라 총리를 수석대표로 하는 남북고위급 회담을 재개하여 이른바 남북기본합의서를 타결했다. 미국의 한반도 전문가인 셀리그 해리슨Selig S. Harrison은『코리안 엔드게임』(이홍동·강태호 외 옮김, 삼인, 2003)에서 이 당 중앙위 전원회의가 핵, 후계문제, 남북 관계뿐만 아니라 대미 관계에서도 북한이 한국전쟁 이래 견지해온 주한미군 철수 요구를 유보하기로 하는 등 중대 결정을 내린 것으로 보고 있다.

덩샤오핑이 1992년 1월 개혁·개방을 확대 심화하는 '남순강화'를 발표한 시점에, 김일성은 김용순 당비서를 뉴욕에 보내 아널드 캔터Arnold

Kanter 미 국무차관과 한국전쟁 이후 최초로 북·미 최고위급 회담을 열었다. 김용순 비서는 이 회담에서 동북아의 균형자 역할을 한다면 미군의 주둔을 인정할 수 있다는 뜻을 밝혔다. 그러나 미국은 이를 진지하게 받아들이지 않았다. 북한과 미국의 관계는 진전되지 못했고, 남북 간의 핵 통제 공동위 협상은 난항을 겪었다. 뒤늦게 밝혀졌지만, 1992년 초 남북기본합의서 비준 뒤 김일성 주석은 노태우 대통령과의 정상회담을 제안했으나 노 대통령이 이를 받아들이지 않았다. 1992년 하반기를 지나면서 한국과 미국 모두 '대선'이라는 국내 정치 상황으로 협상의 동력을 잃었다. 급기야 북·미 관계는 1993년 1차 핵 위기를 맞이하며 대결로 치달았다. 그런 점에서 1차 핵 위기는 중국과 북한이 전혀 다른 길을 걷는 분기점이 됐다.

북한의 나진·선봉특구 설치 결정은 1990년대 초반 유엔개발계획이 추진했던 두만강지역개발계획TRADP에 힘을 실어줬다. 덩샤오핑의 중국 또한 1992년 훈춘에 국제합작시범구를 설치했으니 이 역시 두 지도자 사이의 교감 아래 진행된 것으로 볼 수 있다. 1989년 북한 노동당과 자민·사회당 간의 평양 공동선언을 바탕으로 북·일 수교협상이 진행되는 과정이었기에, 북한은 중국과의 협력과 북·일 수교를 통한 일본으로부터의 보상금과 경제협력 등을 기대했다고 볼 수 있다. 일본이 보기에 이 지역은 대륙 만주로 가는 관문이자 투자거점으로서 이점이 있었다. 중국은 개혁·개방의 확대라는 큰 방향에서 북·중·러 국경협력을 통해 이 지역을 개발하겠다는 방침 아래 호응한 셈이다.

그런 점에서 1990년대 초반 두만강 지역 개발과 관련한 북·중·러 세 나라의 관계는 큰 틀에서 변방의 낙후된 지역 개발이라는 공통의 목표와 그를 위한 협력이라는 공통의 이해를 갖고 있었다. 그러나 인프라 투자 등 자본을 유치하려면 경쟁하지 않을 수 없었다. 북한의 나진항과 러시아의 포시에트항 간에 중국 동북3성으로 가는 수출입 화물을 유치하

덩샤오핑의 조언을 듣고 양저우 방문에 나서기 전, 난징에서 후계자 장쩌민과 악수하는 김일성 주석. 『연합뉴스』.

기 위한 경쟁이 격화됐고, 중국은 중국대로 나진 또는 포시에트, 자루비노항을 저울질하며 훈춘에서 동해로 나가는 팡촨에 독자적인 항구를 개발하겠다는 구상을 보였다. 그러나 두만강을 축으로 북한, 중국, 러시아 3국 간에 물류기지 선점을 위한 경쟁만 부각됐을 뿐 어느 누구도 자본 유치에 성공하지 못했다. 게다가 이곳은 중국, 북한, 러시아의 변방이었을 뿐만 아니라 한국, 일본에도 상대적으로 낙후된 지역이었기에 쉽사리 투자할 여건이 안 됐다. 이들 5개국이 만나는 바다 동해는 여전히 '변방의 바다'였다.

김정일 국방위원장의 마지막 중국 방문

김일성의 마지막 중국 방문 20년이 되는 2011년 5월 이번엔 김정일 국

김정일은 2011년 5월 중국 장쑤성 양저우를 방문해 장쩌민을 만났다. 『연합뉴스』.

방위원장이 중국을 찾았다. 2010년 5월에서 시작해 1년 사이 세 번째가 되는 이 방문에서 그는 20년 전 아버지의 중국 방문을 기억했음이 틀림 없다. 베이징에서 후진타오 국가주석 등 중국 지도부와 회담한 김정일 국방위원장은 이틀 밤을 특별열차에서 보내며 2,000여 킬로미터를 달려 장쑤성 양저우揚州를 찾아갔다. 1991년 아버지가 갔던 여정을 그대로 밟은 것이다. 1991년 79세의 고령으로 김정일 후계체제로의 수순을 밟고 있던 김일성은 당시 장쩌민 총서기를 후계자로 내세운 덩샤오핑과 베이징에서 만나 '대를 잇는 친선'을 다짐했다. 이 자리에는 후계자 장쩌민이 참석했을 뿐만 아니라 김일성은 고령임에도 역시 2,000킬로미터의 긴 여정을 마다하지 않고 장 총서기와 함께 양저우를 찾았다. 양저우는 장쩌민의 고향인데 덩샤오핑의 권고를 따라 그런 것이라고 한다.*

* 2010년 4월 28일 『신화통신』 보도에 따르면 김영일 부상을 단장으로 한 북한 외무성 대표단은 김정

4부 북한·중국 관계, 질적 변화의 단계에 들어서다

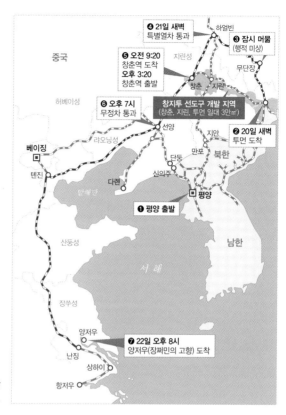

2011년 5월 김정일의 중국 방문 경로. 『연합뉴스』 자료 참고.

2011년 5월 김정일 국방위원장이 양저우를 간 것은 1991년 10월 김일성의 마지막 발자취를 밟아가려는 것 말고는 설명할 길이 없다. 그뿐만이 아니다. 김 위원장은 중국 방문 뒤인 2011년 6월 6일 노동당 정치국 확대회의를 열었다. 북한이 노동당 정치국 확대회의를 연 것은 30여 년 만에 처음이었다. 이 회의에서는 김 위원장의 방중 결과를 평가하면서 황금평·위화도를 경제특구로 지정하는 결정을 내렸으며, 2011년 6월

일 국방위원장 방중에 앞서 사진 딥시치 양쩌우를 방문했으며, 양저우시로부터 장쩌민 총서기가 김일성 주석과 만나 함께 찍은 사진들을 담은 앨범을 선물로 받았다.

8~9일 북한과 중국은 황금평·위화도특구 공동개발 착공식과 함께 훈춘 취안허에서 나진으로 이어지는 도로의 착공식을 열고 나진·선봉특구를 공동개발하기 위한 중국 쪽의 지원과 투자에 합의했다. 20년 전 김일성이 중국 방문 직후인 10월 16일 노동당 정치국 회의를 열어 '중국적 특성에 맞는 사회주의의 변형·발전을 높이 평가'하는 성명을 발표하고 12월 나진·선봉을 자유무역지대로 선포한 것과 똑같은 궤적이다.

김정일 국방위원장이 그해 12월 갑작스럽게 사망함으로써 2011년 5월의 중국 방문은 그의 아버지처럼 생애 마지막 중국 방문이 됐다. 물론 3개월 뒤 시베리아 울란우데에서 드미트리 메드베데프Dmitry Medvedev 러시아 대통령과 정상회담을 한 뒤 김 위원장은 귀로에 중국에 들렀다. 그러나 이는 어디까지나 동북 지방을 거쳐간 것일 뿐 중국 방문은 아니다. 그는 아버지가 자신에게 후계체제를 물려주기 위해 했던 것처럼 북·중 협력을 한 단계 발전시킴과 동시에 개혁·개방으로서 황금평·위화도와 나진·선봉특구 공동개발에 합의함으로써 나이 어린 아들 김정은의 후계체제를 위한 과정을 밟은 것이다. 김정일 국방위원장은 2008년 여름 뇌졸중으로 쓰러진 뒤 한동안 공석에 나타나지 않았다. 긴 회복기간을 거쳐 활동을 재개했으나 이때부터 자신의 삶이 얼마 남지 않았다고 생각했을 것이다.

이로써 나진·선봉 자유무역지대는 20년 만에 다시 잠에서 깨어나기 시작했다. 20여 년 전 설치된 북·중 접경지대의 경제특구(나진, 훈춘)는 극적인 변화에 들어섰다. 옌볜대학의 김성남 경제관리학원 교수에 따르면, 북·중 양국의 '2개 경제지구'를 중심으로 한 개발 협력은 과거와 다르다. 중국 중앙정부의 전폭적인 지원과 투자가 전제되었지만 랴오닝성과 북한의 평안북도, 지린성과 북한의 나선시가 각각 지방 간 경제 무역 협력 체제를 설립하는 형태로 진행되고 있다는 것이다.*

4부 북한·중국 관계, 질적 변화의 단계에 들어서다

김정일 국방위원장의 러시아 방문과
중·몽·북·러 대통로

중국을 방문하고 3개월 뒤인 2011년 8월 20일 김정일 국방위원장은 이 번엔 러시아 방문에 나섰다. 8월 24일 동부 시베리아의 울란우데에서 메 드베데프 러시아 대통령과 정상회담을 한 김 위원장의 귀로는 예상을 벗어난 것이었다. 김 위원장의 특별열차는 치타에서 방향을 바꿔 러시 아·중국 접경인 네이멍구 만저우리를 통해 중국 동북 지역으로 들어왔 다. 당시 중국 관영 『신화통신』이 '경유 및 동북 지방 방문'이라고 규정 한 김 위원장의 이 지역 방문은 만저우리를 지나 후룬베이얼에서 중국의 6세대 국가지도자로 거론되는 후춘화胡春華 네이멍구 당서기를 만나고, 26일엔 치치하얼에서 다이빙궈戴秉國 외교담당 국무위원을 접견하는 것 으로 이어졌다. 김 위원장은 치치하얼에서 제2공작기계그룹과 네이멍구 최대 낙농기업인 멍뉴蒙牛유업을 돌아봤다. 그다음엔 러시아가 동시베리 아–태평양 송유관ESPO을 통해 석유를 공급하는 중국 쪽 기점인 다칭도 방문했다. 메드베데프 대통령과의 울란우데 정상회담이 한반도 가스관 사업을 논의하기 위한 것이었다는 점에서 다칭 방문은 중·러 간 에너지 협력의 현장을 직접 보기 위한 것으로 볼 수 있다.

　다칭 방문 뒤 김 위원장은 하얼빈을 지나서 지린–퉁화–지안–만포 국경을 거쳐 귀국했다. 중국 동북 지방을 경유한 이 귀로는 하산을 거쳐 시베리아횡단철도를 통해 울란우데로 간 여정보다 거리로는 1,500킬로 미터가량을 단축한 것이다. 그러나 이러한 귀국 경로는 거리를 단축하기

＊　2013년 11월 1일 옌볜대학에서 열린 민족화해협럭범국민협의회(민회협) 정책위원회와 옌볜대학 동 북아연구원의 공동 학술세미나.

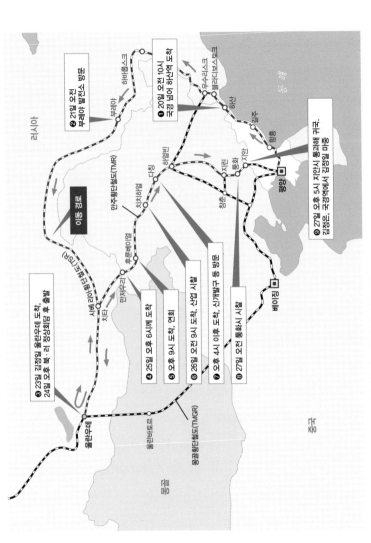

이동 경로

러시아

동 해

평양

베이징

중국

몽골

❷ 21일 오전
부레아 발전소 방문

❶ 20일 오전 10시
국경 넘어 하산역 도착

❾ 27일 오후 5시 지인서 통과해 귀국, 김정은, 국경에서 김정일 마중

❸ 23일 김정일 울란우데 도착, 24일 오후 북·러 정상회담 후 출발

❹ 25일 오후 6시께 도착
❺ 오후 9시 도착, 연회
❻ 26일 오전 9시 도착, 신업 시찰
❼ 오후 4시 이후 도착, 신개발구 등 방문
❽ 27일 오전 통화시 시찰

하바롭스크
부레야
우수리스크
블라디보스토크
하산
크라스키노
하산
슬라뱐카
라즈돌노예
우수리스크
블라디보스토크
하산
훈춘
지안
통화
청춘
지린
하얼빈
다칭
치치하얼
만주횡단철도(TMR)
후룬베이얼
만저우리
치타
시베리아횡단철도(TSR)
울란우데
울란바토르
몽골횡단철도(TMGR)

2011년 8월 김정일 국방위원장의 러시아 방문 경로. 「연합뉴스」 자료 참고.

위한 것보다는 중국, 러시아, 몽골 등의 자원 에너지 개발을 중심으로 전개되는 동북아 대륙 내부에서의 협력과 창지투, 나선 자유무역지대, 두만강 지역에서의 북·중·러 협력 등 광역두만강개발계획 차원에서 전개되고 있는 협력 현장을 직접 둘러보기 위한 것으로 봐야 한다. 앞서 2010년 8월 중국 방문(창춘 정상회담)과 2011년 8월 러시아 방문에서 귀로로 택한 퉁화–지안–만포는 중국의 동변도철도는 물론 대륙철도와 한반도철도를 이어주는 핵심 통로라는 점에서, 생애 마지막 시점에 중국, 러시아 나아가 몽골과의 협력을 시야에 넣고 북한의 발전전략을 추진한 김정일 국방위원장의 현지 지도였다고 할 수 있을 것이다. 2013년 10월, 김정은이 제1국방위원장에 취임한 이후 외국 정상으로는 처음으로 몽골의 엘베그도르지 대통령이 북한을 방문한 것은 이런 흐름을 반영한다.

창춘 정상회담과 북·중 협력 강화

2010년 8월 26일부터 5일간 진행된 김정일 국방위원장의 중국 방문 행로도 파격적이었던 건 마찬가지다. 그해 5월 방중 이후 3개월 만에 2차 방문한 것으로, 그 경로가 만포–지안–퉁화–지린–창춘으로 이어진데다 후진타오 주석이 직접 창춘을 방문해 정상회담을 했기 때문이다. 한편 귀로는 하얼빈–무단장–투먼–남양을 택했다. 정상회담 장소로 왜 창춘이었을까? 두말할 필요도 없다. 창춘–지린은 창지투(창춘–지린–투먼) 개발·개방 선도구의 핵심 거점이며, 창춘은 지린성의 성도이다. 투먼은 한반도철도와 대륙철도를 이어주는 또 다른 핵심 통로이다.

이 회담에서 김정일 조선노동당 총비서 겸 국방위원장과 후진타오 중국 국가주석 겸 중국공산당 총서기가 내놓은 메시지도 이와 일치한다. 8

월 27일 창춘시 난후南湖호텔에서 열린 회담에서 김 위원장은 자신의 이번 방문에 관해 이렇게 말했다.

"중국의 동북 지역은 조·중 우의의 발원지이다. 이번 방문에서 우리는 또다시 두 나라 선배 혁명가들이 쌓아올린 전통적인 우의가 귀중한 것이라는 점을 깨달았다. 앞으로 각 부문 간의 협력과 함께 변경 지방 간의 우호와 교류협력을 강화해 조·중 간의 전통적인 우의를 부단히 발전시켜나갈 것이다."

북한은 '창춘 정상회담'을 계기로 창지투 프로젝트에 힘을 실어줌으로써, 북·중 경협을 통한 새로운 변화의 길을 택하고 있다는 점을 분명히 했다. 김 위원장은 "동북 지방은 북한과 접경하고 있으며 산천이 서로 닮았고 공업 구조도 비슷하다. 북한은 중국 동북지구와 교류협력을 강화하고 열심히 중국의 경험을 연구해야 한다"고 강조했다.

당시 홍콩『아주주간』은 이 회담에서 "창춘·지린·투먼 개발계획, 나진·청진항 개방, 북·중·러 운수협력, 중국 제12차 경제개발 5개년 계획(12·5계획, 2011~2015)과의 연계 방안 등 북한의 경제 개방 청사진이 확정됐다"면서 정상회담 내용을 상세히 전했다. 특히 이 회담에서 두 정상은 '정부 주도·기업 위주·시장 운작運作(운영)·상호 공영'의 16자 원칙에 뜻을 같이했다고 이 주간지는 전했다. 16자 원칙은 북·중 협력의 방향과 성격을 규정하는 것이다.

정상회담에서 후진타오 주석이 한 발언은 다음과 같이 요약된다. "경제건설에서 협력을 긴밀히 하자. 사회주의 현대화와 민생개선 노력을 끊임없이 해야 한다. 중국은 개혁·개방 30년이 하나의 기본 경험이다. 이로써 오로지 자력갱생하였다. 외국의 협조 없이는 경제발전을 할 수 없는데 이는 시대의 흐름이니 빨리 국가발전의 길을 모색해야 한다. 중국은 북한을 존중하며 북한의 안정성 유지, 경제발전, 민생개선 대책마련

등을 지원하겠다." 김정일 국방위원장은 이에 대해 중국의 개혁·개방, 특히 동북지구, 서부대개발 전략의 성공을 언급했다. "중국은 개혁·개방 후 빠르게 발전하였으며, 나는 이 역사과정을 눈으로 보았다. 중국공산 당과 정부의 동북 공업지구와 서부대개발 전략이 이를 충분히 증명한다. 나는 중국공산당의 영도를 믿으며 중국은 분명히 제11차 경제개발 5개 년 계획을 승리로 완성하고 제12차 경제개발 5개년 계획도 순리대로 열 어 새로이 위대한 중국공산당 창립 90주년(2011)의 위업을 경축할 것이 다."

2010년 5월부터 2011년 5월까지 1년여 사이 김 위원장의 세 차례 방 중으로 상징되는 북·중의 전략적 협력관계는 두 가지 측면에서 과거와 질적으로 다른 새로운 정세를 만들어냈다. 하나는 양자 차원에서 새로운 차원의 경제특구를 활용해 북·중 협력을 확대·심화하는 것이었고, 다른 하나는 북핵 협상 등 한반도 정세를 대화 국면으로 전환하는 것이었다.

우선 양자 관계에서 보면, 북·중이 과거의 전통적 유대 내지 혈맹관 계를 표현하는 '순망치한'(입술이 없으면 이가 시리다)을 넘어서 '서로가 원하 는 것을 주고 원하는 것을 얻는 관계'에 들어섰다는 걸 보여줬다. 사실 순 망치한은 양국의 특수한 관계를 의미했지만, 냉전적·이데올로기적 진영 논리에서 나온 낡은 관념을 반영한 것이기도 했다. 특히 2002년 10월 2 차 북핵 위기가 발발한 이래, 조지 부시 미국 행정부의 미·중 협력과 대 북 압박 속에서 중국의 새로운 세대 내부에선 북·중의 이데올로기적 당 대 당 혈맹관계에 비판이 제기됐다. 언제까지 과거의 피로 맺어진 특수 관계를 바탕으로 협력이 지속될 수 있을지 중국은 물론이고 북한도 자 신할 수 없는 상황이었다. 북한은 후계 구도를 구축하기 위한 내부의 정 치·경제적 체제 정비 과정에서 그 어느 때보다 중국의 지지와 지원이 필 요한 상황이었다. 게다가 북한은 2008년 여름 김 위원장이 뇌졸중으로 쓰러진 이래 후계체제 이행과정을 밟고 있었고, 중국 또한 후진타오 체제에서 2012년 시진핑 체제로 넘어가는 과도기에 있었기에 과거와는 다른 새로운 관계에 입각한 협력의 필요성은 더욱 절박했다고 볼 수 있다.

북한의 절박함은 2010년 8월 26일 후 주석과의 창춘 정상회담에서 그대로 드러난다. 김 위원장은 "조·중 친선은 역사의 풍파와 시련을 이겨낸 친선으로 세대가 바뀌어도 달라질 것이 없다. 조·중 친선협조 관계를 더욱 강화·발전시킬 데 대한 조선 당과 정부의 변함없는 의지와 결심을 다시금 천명한다"라고 밝혔다. 후 주석은 이에 대해 "중·조 친선을 시대와 더불어 전진시키고 대를 이어 전해가는 것은 쌍방의 역사적 책임이며, 중·조 친선협조 관계를 공고 발전시키는 것은 중국 당과 정부의 확고부동한 방침"이라고 동의했다. 그러나 이는 조건부였다. 후 주석은 다섯 가지를 북한에 제안했다. 북·중 관계가 대를 이어 협력을 유지하려면 다음 조건이 충족돼야 한다는 뜻이었다. "첫 번째는 고위층 교류를 계속 유지하는 것이다. 고위층의 밀접한 왕래는 앞으로 중·조 관계가 발전하는 데 매우 중요하다. 양측 지도자는 계속 각종 형식으로 상시 교류를 유지해야 한다. 두 번째는 경제·무역 합작 추진이다. 공동이익의 경제·무역 합작을 확대 심화하는 것이 양국 인민의 근본이익에 부합된다. 중국은 북한과 함께 정부 주도, 기업 위주, 시장 운작(운영), 공동이익의 원칙으로 경제·무역 협력발전에 노력하겠다. 세 번째는 전략적 교류 강화다. 국제 지역 정세가 계속 심각하고 복잡한 변화를 겪고 있다. 중·조가 중대한 문제에 제때 충분히 깊이 있게 교류하는 것이 동북아 지역의 평화 안정을 보호하고 공동발전을 추진하는 데 매우 중요하다."

이를 보면 중국은 한반도의 평화와 안정에서 공동의 이해를 내세우며 '경제 합작 심화'와 '국제 지역 형세와 중대 문제에 대한 소통 강화'를 북한 쪽에 요구한 것이다. 2009년 북한의 2차 핵실험은 중국과 사전에 어떤 협의도 하지 않은 일방적 조처였다. 중국의 고위층 교류·전략적 교류 강화 요구는 이를 겨냥한 측면이 있다.

그 뒤 세 번째로 이뤄진 김 위원장의 2011년 5월 중국 방문은 그 답을 내놓는 과정이었다고 할 수 있다. 김 위원장은 중국에 모범답안을 내놓았다. "북한은 정력을 다해 경제건설을 하고 있고, 안정적인 주변 환경이 매우 중요하다. 우리는 조선반도 정세 완화를 희망하고, 조선반도 비핵화 목표를 견지하며, 가능한 한 빨리 6자회담을 재개하고자 주장하며, 북·남 관계 개선에 줄곧 성의를 가지고 있다. 조선은 중국이 6자회담 재개와 조선반도 평화 안정을 위해 노력한 데 감사한다."* 중국이 개혁·개방 전략에서 안정적 대외환경이 필요하듯이 북한도 비핵화를 통해 그러한 조건 아래 중국과의 협력을 바탕으로 개혁·개방 정책을 추진하겠다는 뜻이 담겨 있다.

이런 공통된 인식을 바탕으로 북·중은 지린성의 창지투 개발·개방 선도구와 북한의 나진·선봉 지역특구를 통한 공동의 발전전략 아래, 2010년 12월 착공한 신압록강대교를 기반으로 단둥과 신의주를 연계하는 황금평 경공업단지 건설에 들어갔다. 뒤이어 2011년 6월 9일 나선에서는 훈춘-나진까지 도로 보수공사 착공식이 열렸으며, 그 하루 전에는 황금평·위화도 경제지대 착공식이 열렸다.**

황금평·위화도 착공식에서 연설자들은 "두 나라가 공동개발하고 관

---

* 『신화통신』, 2011년 5월 26일.

** 이 행사는 북한의 장성택 노동당 행정부장과 중국의 천더밍陳德銘 상무부장 등 북·중 인사 200여 명이 참석해 성황을 이뤘다. 북한 『중앙통신』에 따르면 두 착공식에는 북쪽에서 장성택 국방위원회 부위원장과 리수용 합영투자위원회 위원장, 리만건 평안북도 책임비서, 림경만 나선시 책임비서, 최종건 평안북도 인민위원장, 조정호 나선시 인민위원장 등이 참석했다. 중국 쪽에서는 천더밍 상무부장과 왕민王珉 랴오닝성 딩시기, 쑨정차이孫政才 지린성 당서기, 류훙차이劉洪才 북한주재 중국대사, 천정가오陳政高 랴오닝성장 등 핵심 인사들이 망라됐다.

리하는 황금평·위화도 경제지대가 조·중 친선의 새로운 상징으로 건설돼 두 나라의 더 큰 번영과 인민들의 행복을 마련하는 데 이바지하게 될 것"이라고 강조했다. 나진까지의 도로공사와 황금평·위화도 착공식은 김 위원장의 중국 방문이 마무리된 지 12일여 만에 이뤄졌다. 그사이 북한은 6월 6일 이례적으로 노동당 정치국 확대회의를 열고 김정일 국방위원장의 방중 결과를 보고·평가했으며, 이를 바탕으로 최고인민회의 상임위원회는 같은 날 정령을 통해 압록강 하구에 있는 황금평과 위화도를 특구로 지정해 개발할 것이라고 발표했다. 나선 착공식에서는 북·중 양국이 적극 협력해 전력문제를 시급히 해결하고 나진항을 현대화하기로 했다. 또 북·중이 공동으로 1차 개발 대상으로 선정한 나진항 – 원정리 도로 보수 이외에 아태 나선 시멘트공장, 나선시·지린성 고효율농업시범구 사업 착공식도 있었다. 나진항을 통한 중국의 국내 화물수송 출항식과 승용차를 이용한 관광 등의 행사도 있었다.

중국 관영 『신화통신』은 이 착공식을 전후해 6월 7일부터 9일까지 천더밍 상무부장과 장성택 행정부장 주재로 중국과 북한이 랴오닝성과 지린성에서 나선경제무역구와 황금평 경제구 개발 합작 연합지도위원회 제2차 회의를 개최했다고 확인했다.* 북한과 중국은 나선경제무역지대의 공동개발, 공동관리에 합의하면서 중앙 차원에서는 경제구 개발 합작 연합지도위원회(중국 상무부·북한 노동당 행정부)를 만들고, 지방 차원에서는 지린성과 나선시 간 경제구 개발 협력 연합지도위원회를 만들어 8개 개발사업을 확정하였다. 훈춘 – 취안허 – 나진 간 2급도로 보수, 나진항 경유 중국 화물 수송, 나선 시범농업구 개발, 나선시의 100만 톤급 시멘트

---

* 제1차 회의는 2010년 10월 평양에서 열렸다. 이 회의에서 북·중은 2010년 12월 나선·황금평 경제지대 공동개발·공동관리 협정을 체결했다.

공장 건설, 중국 관광객의 나선시 관광 등에 합의한 것은 제2차 회의에서였다.

북한 원정리 – 나진항 간 도로 현대화사업으로 불리는 훈춘 – 취안허 – 나진 간 2급도로 보수는 북·중 접경 지역인 원정리와 나진항을 연결하는 전체 길이 53.5킬로미터 도로의 보수를 말한다. 이 도로는 장기간 정상적으로 유지·보수를 하지 않아 도로 상황이 매우 노후된 상태였다. 또한 급경사와 급커브가 많아 대형차량의 통행에 적합하지 않았고, 대형 교통사고도 빈발하였다. 중국 측은 이 도로를 2급도로 수준으로 개량할 것을 제안했고, 공사비로 1.5억 위안(270억 원)을 투입해 2012년 10월에 완공했다.*

중국이 나진항 부두 사용권을 확보하면서 훈춘 – 나진 간 도로 정비를 약속한 건 그보다 훨씬 전이었다. 2008년 7월, 중국의 훈춘 창리創力해운물류유한회사와 북한 나선강성무역회사는 10년간 나진항 1호부두를 보수, 이용하는 협정을 체결하고 나진항 1호부두 현대화 작업에 착수하였다. 2009년 말에는 도로건설에도 합의하였다. 창리는 2,600만 위안을 투입하여 부두구역 내의 길이 300미터, 너비 27미터의 석탄 전용창고, 석탄 선적기의 개·보수를 진행하여 2009년 7월에 공사를 완료하였다. 창리해운물류유한회사는 중국 훈춘 지역의 석탄을 나진항을 통해 상하이 남부 지역으로 수출한다는 계획으로 이 사업을 추진하였으나, 북한과 중국 간 취안허 통상구 국경 교량이 1938년에 건설되어 노후했기 때문에 중량화물 수송이 불가능하였다. 그래서 창리는 360만 위안을 투입하여 2010년 6월에 국경 교량 개·보수를 마치고, 훈춘 지역 석탄을 나진항을

---

* 중국의 표준 2급노로는 노민 폭 12미터, 노면 폭 9미터, 누면 구조 20센티미터 두께의 시멘트, 자갈 기초층과 22센티미터 시멘트 콘크리트층으로 건설된다.

경유해 수송했다. 그러나 그동안에는 취안허 통상구 국경 교량의 안전상 문제, 도로 정비의 미비 그리고 양방향 화물의 불균형에 따른 채산성 악화 등으로 석탄화물 수송이 중단된 상태였다.

6자회담 재개와 김정일 국방위원장의 죽음

북·중 정상회담이 가져온 또 다른 정세 변화는 6자회담을 포함한 북·미 관계 등 한반도에 대한 중국의 영향력 강화를 북한이 수용하면서 6자회담을 재개하기로 한 것이다. 이보다 앞서 2010년 3월 천안함 사건 발생 직전 6자회담 재개는 가시권 안에 있었다. 중국은 한중 및 한일 외교장관 회담, 제임스 스타인버그James Steinberg 미국 국무부 부장관의 방중 등 미국과의 조율 아래 6자회담을 재개하기 위한 외교를 본격화하고 있었다. 당시 중국이 미국과 협의, 북한과 조율을 거쳐 내놓은 안은 '6자 예비회담(양자대화 병행)→6자 본회담'의 2단계론이다. 이를 바탕으로 김 위원장의 방중(첫 번째)이 준비되고 있었다. 2010년 김 위원장의 방중은 천안함 사건으로 4월 초에서 5월로 미뤄졌지만, 김 위원장은 이 중국 방문에서 북한이 천안함 사건과 무관하다는 견해를 중국 지도부에 직접 밝혔다.

　이후 중국의 '천안함 외교'는 한미동맹과 충돌하며 갈등을 초래했다. 하지만 한반도에서 중국이 영향력을 행사할 수 있는 중요한 계기로 작용했다. 2010년 7월 유엔 안전보장이사회는 중국·러시아의 반대로 북한의 소행을 명시하지 못한 의장 성명을 채택할 수밖에 없었다. 2010년 들어서 중국은 북한의 우라늄농축프로그램UEP이 안보리 결의 위반이라며 한·미가 추진한 보고서에 대해서도 비토권을 행사했다. 안보리에서의 천안함 사건 논의에서 북한의 입장을 배려한 후진타오 주석은 한 달 뒤 8

월 창춘에서 열린 2차 북·중 정상회담에서 김 위원장으로부터 '6자회담의 조속한 재개'라는 답을 얻어냈다. 그러나 2010년 하반기 천안함을 둘러싼 남북 대결구도는 11월 북한의 연평도 포격 사건으로 인한 긴장으로 이어지며 대화는커녕 12월 미·중이 적극적으로 개입해야 할 만큼 일촉즉발의 군사적 충돌로까지 악화됐다.

남북, 북·미의 대화 국면이 열리게 된 건 2011년 5월 3차 북·중 정상회담의 결과에 따른 것이다. 김 위원장이 앞서 2010년 8월 창춘 정상회담에서의 대화재개 의사를 넘어서 '선 남북 대화, 후 북·미 접촉을 통한 6자회담 재개'라는 3단계 방안에 대해 지지를 표명했기 때문이다. 이는 중국이 원했던 것이자 천안함 사건 이전에 미·중이 합의했던 것이다.

2011년 7월 인도네시아 발리에서 열린 아세안지역포럼에서 사상 첫 남북 간의 비핵화회담과 이를 계기로 시작된 북·미 고위급 대화는 그에 앞서 5월에 열린 북·중 정상회담의 '선 남북 대화 후 북·미 접촉'이라는 합의가 있었기에 가능했다. 북·미는 그 뒤 탐색전 차원의 뉴욕 1차 대화를 거쳐, 10월 말 제네바 2차 대화에서 6자회담 재개로 갈 수 있는 전환점을 찾았다. 북이 우라늄 농축 중단 문제를 협의할 뜻을 보였기 때문이다. 북·미는 이때부터 뉴욕 채널을 가동하며 후속 논의를 본격적으로 진전시켰다. 이를 바탕으로 12월 8~15일 글린 데이비스Glyn Davis 대북정책 특별대표가 한·일·중 세 나라를 방문해 북·미 협의 내용을 놓고 의견을 교환했다. 다른 한편에서는 12월 15~16일 미국의 로버트 킹Robert King 인권특사와 북한의 리근 미국국장이 베이징에서 식량지원 모니터링 등 인도적 지원 문제를 매듭지었다. 북한은 우라늄 농축 중단에 대해 명확한 언급이나 약속은 하지 않았지만, 미국의 영양급식 24만 톤 지원 등을 배경으로 우라늄 농축을 잠정 중단하겠다는 태도를 보인 것으로 알려졌다. 이제 택일만 남은 3차 북·미 대화는 6자회담으로 가는 관문이었다. 12월 19일 힐러리 클린턴Hillary Clinton 미국 국무장관은 그 날짜를 12월 22일로 발표할 방침이었다. 바로 그때 누구도 예상치 못한 일이 일어났다. 북·미의 베이징 사전협의가 마무리된 직후인 12월 17일 김정일 국방위원장이 사망한 것이다. 모든 게 중단되고 모든 것이 불확실해졌다. 언제 대화를 재개할 수 있을지 가늠하기조차 어려웠다.

김정일 국방위원장은 2008년 여름 뇌졸중으로 쓰러져 생사의 고비를 맞았던 것으로 알려졌다. 하지만 2011년 5월과 8월 중국과 러시아 방문에서 김정일 국방위원장은 건재를 과시했다. 그의 건강을 둘러싸고 제기됐던 외부의 우려는 사라졌다. 그러나 아이러니컬하게도 모두 20여 일에 걸친 수천 킬로미터에 이르는 이 장거리 여정은 2012년 2월 70회 생일을 앞둔 시점에 그의 죽음을 재촉하는 결과를 가져왔다. 1994년 82세로 생을 마감한 김일성 주석에 비한다면 젊은 나이였기에 그의 죽음은 그만큼 큰 충격으로 다가왔다.

하지만 북한이 그 뒤에 취한 정책 방향은 2013년 2월 3차 핵실험과 12월 장성택 국방위 부위원장의 처형 등 우여곡절이 있었음에도 김 위원장이 가고자 했던 길과 크게 다르지 않다는 걸 보여주고 있다.

김정일의 '개혁·개방'과 원자바오 총리의 방북

북한은 2009년 10월 북·중 우호협력조약 60주년을 계기로 이뤄진 원자바오溫家寶 총리의 방북에서 두 나라 경제협력을 발전시킬 데 대한 기본적인 합의를 한 뒤 11월 말 화폐개혁을 단행했다. 12월에는 외자유치 및 경제발전을 주도할 국가개발은행과 대풍그룹을 조직하였다. 중국은 중국대로 원자바오 방북 두 달여 전인 2009년 8월과 9월에 랴오닝성 연해 경제벨트 계획과 창지투 개발·개방 선도구 계획 요강을 국가 차원의 개발계획으로 승인했다.

그동안 북한이 2010년 11월 화폐개혁을 단행한 데 이어서 나선시 개방조치를 취하고 대외자본을 유치하기 위한 기구를 창설한 것에 대해서는 다소 엇갈린 그리고 혼란스러운 평가가 나왔다. 특히 화폐개혁 실패에 따른 혼란과 후유증 등으로 북한이 시장을 통제하는 과거회귀적 정책으로 후퇴하고 있다는 분석이 설득력을 얻었다.

그러나 이 시기 북한이 취한 조처는 북·중 경협 확대, 중장기적으로는 개혁·개방을 통한 북한 경제 정상화를 겨냥한 것이었다. 화폐개혁의 성공 여부는 모든 전문가가 지적하는 바와 같이, 생산 확대, 상품 공급의 확대에 달려 있었다. 그렇지 못하면 엄청난 인플레이션을 초래하기 때문이다. 따라서 단기적으로 북한 경제의 정상화나 급격한 산업생산가동률을 기대할 수 없음에도 북한이 2002년 경제관리개선 7·1조치 이후 주저하던 화폐개혁을 전격적으로 단행한 것은 중국과의 협력을 내다보면서 부족한 식량과 생필품을 중국으로부터 지원을 받거나 수입하려 했던 것으로 보인다. 따라서 화폐개혁을 북한 정부가 나서서 민간의 달러 자금 등 유휴자금을 흡수하려는 조처라는 측면에 한정해 중앙 통제 강화, 개혁·개방의 후퇴로 보는 관점은 한 단면만 본 것이다.

북한이 7·1조치를 취하고 2002년 잇따라 개성, 금강산을 비롯해 신의주특구를 설치하며 북한식 개혁·개방으로 나아가는 과정에서 화폐개혁을 검토했듯이, 이번 화폐개혁 또한 원자바오 총리 방북 이후 중국과 새로운 경협을 추진하는 과정에서 단행된 것이다. 그런 점에서 화폐개혁은 성공과 실패를 떠나 정부 통제, 시장 축소가 아니라 오히려 외자유치, 대외경제협력 확대 등으로 가는 과정에서 이뤄진 것으로 봐야 한다.

북한이 이 시기 최우선 투자대상을 교통, 전력, 통신 등 인프라에 두었다는 점에서 창지투 개발·개방 선도구 개발에 나선 중국과 북한의 이해는 일치했다. 김정일 국방위원장은 이에 맞춰 2009년 말 나선 지역을 현지 지도 하고, 2010년 1월에는 이 지역을 특별시로 지정하면서 경제무역지대법을 개정했다. 북·중 경협을 위한 실질적 준비였다. 나선시 인민위원회 황철남 부위원장(부시장격)에 따르면 김정일 국방위원장은 이 현지 지도에서 제조업, 물류·교통, 관광 3대 산업을 중심으로 이 지역 경제를 부흥시켜야 한다는 견해를 밝혔다.[*]

북한의 이런 방향은 나선, 신의주 등 기존의 경제특구에서 시작하여, 김 위원장 사망 뒤 김정은 체제에서도 2013년 11월 압록강 경제개발구와 신평 관광개발구, 만포 경제개발구 등 13개 경제개발구를 발표하고 2014년에는 6곳을 추가하는 등 개방 지역을 확대해가고 있는 것에서도 확인되듯이 기본적으로는 중국식 개혁·개방 모델을 따라가는 것이다.

중국 4세대 지도부의 동북진흥계획

후진타오 4세대 지도부가 공식 입안한 지역균형발전정책인 동북 노후공업기지 진흥계획은 2003년 시작되었다.[**] 하지만 2003년에 발표된 것은 '동북 지역 등 노후 공업기지 진흥전략 실시에 관한 의견'關於實施東北地區等老工業基地振興戰略的若干意見이었다. 계획으로 본격화된 것은 2007년 '동북 지역 진흥 종합계획'東北地區振興規劃에서였다. 동북진흥계획은 이

---

[*] 황철남 부위원장이 2011년 11월 나선경제특구 및 금강산 시범관광에 초청된 외신기자들에게 밝힌 내용이다. 「김정일, '나선특구는 3대 산업으로 부흥시켜야'」, 『연합뉴스』, 2011년 9월 6일.

[**] 중국 서부대개발 정책 대상에는 중국 서부 지역의 12개 시·성·자치구가 포함된다. 즉 충칭시, 쓰촨성, 윈난성, 구이저우성貴州省, 간쑤성甘肅省, 산시성陝西省, 칭하이성靑海省, 닝샤자치구, 신장자치구, 네이멍구자치구, 광시廣西자치구, 시짱西藏자치구이다.

지역을 창장삼각주, 주장삼각주, 베이징·톈진·허베이 지역에 이어 제4의 성장축으로 육성해 국토의 균형발전을 꾀하기 위한 것이었다.

동북진흥계획의 선행 모델이자 중국 지도부가 균형발전전략의 핵심으로 내세운 것이 서부대개발이다. 장쩌민 주석, 주룽지朱鎔基 총리 등 3세대 지도부가 서부대개발 계획을 발표한 건 1999년이다. 그리고 2000년 3월 전국인민대표대회에서 국가 정책의 슬로건으로 제시됐다. 장쩌민 주석은 이를 '중대한 국가적 개발전략'으로 규정했다. 그러나 이는 장쩌민 주석이 새롭게 내놓은 것은 아니다. 개혁·개방의 아버지 덩샤오핑이 이미 20여 년 전에 구상했던 것이다. 프랑스의 언론인이자 중국 전문가인 카롤린 퓌엘Caroline Puel에 따르면 "덩샤오핑은 중국의 개발을 두 단계로 나눠 구상했다. 우선 외국인 투자자들을 끌어들이기 위해 연안 지방을 먼저 개발하고 이 지역이 경제발전의 견인차 노릇을 할 만큼 충분히 성장한 다음에는(덩샤오핑은 대략 20세기 말까지 이 작업이 완료될 것으로 내다봤다) 중부와 서부의 내륙 지방 개발에 총력을 기울인다는 것이었다."*

서부에 위치한 12개 성·시·자치구로 구성된 서부대개발의 대상 지역은 국토면적의 71.5퍼센트(685만 제곱킬로미터)를 차지함에도 인구는 26.9퍼센트(3억 6,400만 명)다. 면적은 넓고 인구는 적은 낙후된 지역이다. 균형발전전략으로서 서부대개발은 신장자치구·시짱자치구 등 분리 독립 문제로 불안정한 지역을 통합하려는 정치적 동기도 작용했지만, 동부 연안지대 산업에 필요한 석유·석탄 등 광물과 물 등 자원과 상호 연계한 경제발전이라는 경제적 동기도 중요하게 작용했다. 이를 개발하기 위해 중앙정부는 석유·가스 파이프라인과 철도, 도로 등 대규모 인프라 투자를

---

* 카롤린 퓌엘, 이세진 옮김 『중국을 읽다 1980~2010: 세계와 대륙을 뒤흔든 핵심 사건 170장면』, 푸른숲, 2012, 318쪽.

했다. 이때부터 국가 주도로 추진된 대표적인 프로젝트가 서기동수西氣東輸, 남수북조南水北調, 서전동송西電東送, 칭짱철도靑藏鐵道, 퇴경환림退耕還林 등이다. '서기동수'는 서부 지역의 천연가스를 상하이 등 동부 연안 지역으로 연결하는 것이고, '남수북조'는 양쯔강의 풍부한 수자원을 수로를 건설해 물이 부족한 황허 지역으로 연결하는 것이고, '서전동송'은 서부 내륙 지역에 발전소를 건설해 생산된 전력을 동부 연안 지역으로 보내는 것이다. 칭짱철도 건설은 중국의 오지인 칭하이성과 티베트 간을 잇는 대규모 철도건설 사업이다. '퇴경환림'은 중국 서부 지역의 환경을 보호하기 위해 생산성이 낮은 농경지에 나무를 심어 다시 숲으로 돌려놓으려는 자연환경 보호 프로젝트이다.

이를 바탕으로 이들 지역은 각종 경제지표의 평균성장률에서 전국 평균을 상회했고, 서부대개발 전략 10년 만에 국내총생산 비중을 17.5퍼센트에서 19.8퍼센트로 높였으며, 1인당 국내총생산은 전국 평균 수준의 58퍼센트에서 68퍼센트로 상승했다. 10년간 연평균 경제성장률은 약 12퍼센트에 달하였고, 2013년에도 13퍼센트(추정)의 경제성장률을 나타내 고속성장을 계속하고 있다.

5세대 지도부인 시진핑 체제가 들어서서 내놓은 이른바 '향서발전向西發展 전략'으로 불리기도 하는 신실크로드 경제벨트 구상은 서부대개발의 성과에 바탕을 둔 것이다. 시진핑 주석은 2013년 9월 7일 카자흐스탄 나자르바예브대학 강연에서 '실크로드 경제권'을 만들어 공동 번영과 협력의 시대를 열자고 밝히고, 2013년 10월 3일 인도네시아 의회 연설에서는 동남아시아 지역 국가들에 21세기판 '해상 실크로드' 공동 건설을 제안했다. 중앙아시아, 유럽까지 확대되는 신실크로드 경제벨트는 중국 주도의 유라시아 경제권 구축이 본격화되고 있음을 보여주는 것이다. 이는 장쩌민, 후진타오로 이어진 15년에 걸친 서부대개발로 가능했다.

두만강 지역
창지투 개발·개방 선도구 개발계획
(창춘, 지린, 투먼 일대 3만㎢)

헤이룽장성

쑤이펀허

중국

창춘   지린

창춘-옌지-훈춘 고속도로

지린성

옌지   훈춘

허룽   투먼
         싼허   나진

훈춘-나진
고속도로(계획)

청진

라오닝성

선양   퉁화

압록강 지역
랴오닝성 연해 경제벨트 개발

진저우

후루다오   잉커우

신압록강대교 건설

단둥
   신의주

북한   동 해

다롄   서 해

라오닝성 연해 경제벨트 및 창지투 개발·개방 선도구 개발계획.

서부대개발 전략에서 중시된 점은 주변국가와 협력을 강화하여 이들 지역의 성장 동력을 확보하는 것이었다. 예컨대 서부 지역 가운데에서도 서쪽 지역인 신장자치구 등은 중앙아시아 국가들과 협력을 강화하고, 남쪽 지역의 윈난성은 베트남, 미얀마, 라오스 등 메콩강 지역 국가들과 개발협력을 연계해 초국경 협력을 실현하고자 했다.

4세대 지도부인 후진타오 주석 아래서 진행된 동북진흥계획 역시 이 지역의 노후 공업기지를 재건하기 위한 인프라 투자로 시작됐으나 마찬가지로 인근 국가인 러시아, 북한과 협력을 확대하는 쪽으로 발전했다. 2007년 1월 18일, 후진타오 총서기는 지린성을 시찰하면서 다음과 같은 지시를 했다. "지린성의 노후화된 공업기지를 진흥하는 데 두 가지를 '선택할 수 있다. 그것은 지역의 개혁·개방과 과학기술 개발이다. 이를 통해 전 국가의 발전을 선도할 수 있다."*

후진타오가 강조한 개혁·개방의 관점에서 지린성은 창춘·지린·투먼을 중심으로 하는 이른바 '창지투 개발·개방 선도구'를 착상했으며 여러 차례 토론을 거쳤다. 중국 국무원이 2009년 8월 비준한 창지투 개발·개방 선도구 합작개발계획 요강은 지린성이 마련한 개발 전략을 국가 전략으로 채택한 것이다. 이에 따라 중앙정부의 적극적 지원 아래 지린성은 창춘·지린·투먼으로 이어지는 벨트를 통해 북한의 나진·선봉, 러시아 극동 지역과의 협력을 통한 개발을, 랴오닝성은 랴오닝성 연해 경제벨트 개발에 따라 단둥·신의주·압록강 지역의 초국경 경제협력을 본격화하게 된다. 이로써 중국과 북한의 국경 지역 경제협력은 이제 중국의 동북진흥계획과 구체적으로 결합하게 된다. 장혜지張慧智 지린대학 동북아연구원 부원장은 이 계획을 "'창지투 연해 일대와 내륙의 장점을 상호 연동하는 발전'이며, '해상운송로를 확보·개척하여 국제 운수의 새로운 통로'가 되도록 함으로써 '접경 지역의 초국경 경제협력 모델을 탐색'하기 위한 '선행 시범지구'를 만들려는 것"이라고 평가했다.**

다만 서부대개발이 주요 자원개발 중심으로 진행된 것과 달리, 동북지역은 동북진흥계획이 노후 공업기지 개조계획인 데서 알 수 있듯이 지역 균형발전의 초점을 중공업 경쟁력 향상에 맞췄다. 이는 이곳이 중국이 개혁·개방을 하기 이전부터 중국의 경제성장을 견인하는 중공업기지였기 때문이다. 따라서 동북진흥계획이 점차 교통 인프라 구축에 예산이

---

* 이 계획은 2007년 8월 지린성이 '창지투 개발·개방 선도구' 계획을 중앙정부에 제출하고 원자바오 총리가 국가발전개혁위원회에서 통일적 연구를 하도록 지시하면서 구체화되었는데, 그 출발점은 후진타오 총서기의 지린성 방문이었다.
** 장혜지, 「장춘에서 바라본 북중 경제협력」, 『민족화해』 제59호, 2012년 11·12월.

집중적으로 투자되면서 국경 지역 협력으로 발전하긴 했지만, 초기에는 이들 지역의 대표기업인 중국제일중형기계그룹中國第一重型機械集團, 선양중형기계그룹瀋陽重型機械集團, 다칭석유화학大慶石化, 지린석유화학吉林石化, 안산철강그룹鞍山鋼鐵集團, 제일자동차一汽, 다칭유전大慶油田, 하얼빈전기그룹哈電集團 등 이미 경쟁력을 상실한 기업집단의 산업 구조조정과 대량실업을 유발할 수밖에 없어 고통을 수반하는 국유기업 개혁에 초점이 맞춰졌다. 그러다가 동북진흥계획은 동북3성 내부 전통산업의 업그레이드, 전략적 신흥 산업의 육성, 서비스업 발전의 방향으로 진행됐다.* 성별로도 발전 정도에서 차이를 보였다. 랴오닝성은 동북3성 중 유일하게 바다와 접하고 있는데, 이는 동부 연안 지역과 마찬가지로 랴오닝성이 초기 개혁·개방의 물결에서 완전히 소외되지 않고 대외무역과 외국인 투자 유치로 발전을 일구는 토대가 되었다.

북·중 경제협력이 2000년대 들어 늘어나기 시작한 것은 동북진흥계획이 추진된 시점과 맞물려 있다. 그러나 2009년 이전까지 두 나라 협력은 광물자원 투자 등 제한된 분야에서만 진행됐다. 동북 지역의 경제개발이 본격화되면서 에너지원과 광물자원 등에 대한 수요가 늘자 중국 기업들이 북한의 광물자원, 에너지원을 확보하기 위해 북한 광산에 대한 투자를 늘렸기 때문이다.

2003년에 제시된 동북진흥계획 방침에 따라 국가발전개혁위원회는 2007년 8월 '동북 지역 진흥 종합계획'東北地區振興規劃을 비롯해 국가급 장기발전 계획을 잇따라 발표했다. 2009년 9월엔 '동북진흥전략 진일보 실시에 관한 의견'關於進一步實施東北地區等老工業基地振興戰略的若干意見, 그

---

* 대외경제정책연구원, 「중국의 농북신흥신략 10'년 평가아 전망」, 중국 성별 동향 브리핑, Vol.4, No.7, 2013년 8월 1일.

리고 2012년 3월엔 '동북진흥 12·5계획'東北振興十二五規劃 등의 문건에서 그동안 추진했던 정책을 평가하고 앞으로 나아갈 방향 전망 등을 제시했다. 이 가운데 2007년의 동북 지역 진흥 종합계획은 앞서 서부대개발 전략에서 상대적으로 소외된 네이멍구자치구의 동북 지역을 동북3성 개발전략에 넣는, '3성 1구'로 확대하는 내용을 포함했으며, 2020년까지 장기 개발전략을 담았다.

동북진흥계획이 북·중, 북·러, 북·중·러 협력으로 본격화된 것은 2009년부터다. 동북진흥계획이 중점을 둔 4대 부문 가운데 경제체제 개혁, 산업 구조조정보다는 인프라 건설, 대외개방 확대 부문에서 구체적인 계획이 마련되고, 2009년 9월에 채택한 '동북진흥전략 진일보 실시에 관한 의견'을 바탕으로 지린성의 창지투 개발·개방 선도구, 랴오닝성의 연해 경제벨트 등 지역 차원의 개발전략을 중앙정부 차원의 사업으로 승인했기 때문에 가능했다고 할 수 있다. 이를 구체화한 것이 지린성의 경우 2009년 11월 16일 중국 국무원이 정식으로 공포한 '중국 투먼장(두만강) 구역 합작개발계획 요강: 창지투를 개발·개방의 선도구로'*였고, 랴오닝성의 경우 역시 2009년 발표한 '랴오닝성 연해지구 개발계획'에 입각한 랴오닝성 연해 경제벨트遼寧沿海經濟帶 계획이었다.

5세대인 시진핑 중국 지도부는 동북진흥계획의 성과를 하나의 모델로 중국 전역으로 확대한다는 방침을 밝혔다. 동북진흥계획 10년을 맞이해 2013년 3월에 발표한 '전국 노후 공업기지 조정 개조 계획'全國老工業基地調整改造規劃(2013~2022)에는 동북 지역의 노후 공업기지 진흥사업을 하나의 모델로 삼아 전국으로 확대한다는 방침 아래 2017년까지의 목표

---

* 공식 명칭은 '창지투를 개발·개방 선도구로 하는 중국 투먼장(두만강) 지역 협력개발계획 요강'으로, 중국 국무원의 비준을 받은 것은 2009년 8월이며 그해 11월 공포됐다.

랴오닝성 '5점1선 전략'의 핵심 도시인 다롄의 철도역. 뒤로 보이는 타워크레인들이 다롄의 건설붐을 보여준다.

ⓒ강태호

와 이를 실현하기 위한 조치들이 제시되어 있다.

엔벤대학 동북아연구원 윤승현 교수는 이른바 전국 노후 공업기지 조정 개조 계획으로 시진핑 지도부가 과거에 비해 산업 배치를 더 효율적으로 하고 한 단계 업그레이드된 동북 지역 발전전략을 추진할 것이며, 북·중 접경 지역 개발도 한 단계 진전될 것으로 예상했다.

지린성의 '창지투 합작개발계획 요강'은 훈춘을 개방의 창구로 하고 옌지·룽징·투먼 일대는 개방의 전진기지로 삼으며, 창춘과 지린시를 배후지로 삼아 변경 지역과 내륙이 연동되는 개발을 추진하는 것으로 돼 있다. 동부 연안지대의 대외개방이 내륙 발전을 이끌어냈듯이 창지투 대외개방 선도구를 지렛대로 지린성 전체의 발전을 견인하겠다는 것이다. 특히 랴오닝성과 달리 지린성은 내륙 지역이기에 대외통로 건설은 핵심 과제일 수밖에 없었다.

랴오닝성 연해 경제벨트는 동북 지역 최대 항구도시인 다롄을 중심으로 단둥, 진저우, 잉커우, 판진盤錦, 후루다오 5개 도시를 잇는 경제벨트를 구축하는 것으로 5점1선 전략으로 불렀다. 현 총리인 리커창 당시 랴오닝성위원회 전임 당서기가 직접 추진한 '5점1선' 연해 경제벨트 전략은 다롄·창싱다오 린강 공업구, 잉커우 연해 산업기지, 랴오시遼西·진저우만 연해 경제구, 황해 연안에 자리 잡은 단둥 산업단지, 다롄·화위엔커우 공업단지 5개 지역(5점)과 후루다오시부터 단둥 둥강시까지 5점을 연결하는 43킬로미터의 해변도로(1선)로 구성된다. 랴오닝성은 이 연해 벨트 개발계획을 일핵(다롄의 핵심적 지위 격상)·일축(다롄, 잉커우, 판진의 메인 라인 강화)·양익(발해익: 판진·진저우··후루다오 발해 연안, 황해익: 다롄·단둥 황해 연안 및 주요 도시 지역)의 강화에 두고 발전시켰다.

지린, 랴오닝 두 성의 훈춘·단둥 지역 개발계획은 한반도 동서의 각각 한쪽 끝인 두만강과 압록강의 접경 지역에 인접한 국가들과 경협벨트를 형성하려는 것이기도 했다. 이에 따라 훈춘·룽징·옌지·투먼은 북한의 나진·선봉·청진, 러시아의 하산·자루비노·블라디보스토크와의 두만강 3각 협력으로, 단둥을 중심으로 압록강을 사이에 둔 지역은 마주 보는 북한의 신의주와 황금평·위화도에 경제특구 등을 설치하는 형태로 초국경 지역협력이 전개되고 있다.

중국 경제발전의 견인차, 서부대개발과 동북진흥계획

3세대 지도부인 장쩌민 국가주석이 서부대개발에 착수하기로 한 때는 1999년이었다. 그 배경으로는 크게 두 가지가 지적된다. 하나는 중국 내 국유기업 민영화에 따른 사회불안과 혼란의 가능성이다. 다른 하나는 아시아발 금융위기다. 1997년 제15차 당대회에서 2기 체제를 출범시킨 장쩌민 지도부는 위험도가 가장 높은 국유기업 개편이라는 과제에 직면했다. 당시 중국의 8만 8,000여 개 국유기업은 여전히 국내총생산의 55퍼센트를 담당하고 있었으며, 그중 절반 이상은 부채가 심각했다. 이들의 재정을 담당하는 은행들도 재무구조가 취약할 수밖에 없었다. 국유기업에서 일하는 노동자가 1억 1,000만 명이었으므로 이들이 무너질 경우 대량실업과 사회적 갈등은 통제불능에 빠질 위험이 있었다.*

국유기업 개혁은 더 미룰 수 없는 과제였다. 퀴엘은 "국유기업, 하청업체 은행이 빚으로 한데 묶여 한꺼번에 볼링핀처럼 무너질 위험이 있었다"고 분석했다. 대외적으로는 1997년 5월 타이의 바트화 폭락으로 시작된 금융위기가 아시아 국가들을 휩쓸었다. 타이는 부동산 거품이 꺼지기 시작하면서 상환불능 사태에 빠질 우려가 커지고 두 달 동안 투기자본이 한꺼번에 빠져나가자 7월 고정환율제를 포기했다. 이는 걷잡을 수 없는 연쇄반응을 불러일으켰다. 한국을 포함해 아시아 신흥국가들은 외환보유고가 급감하고 외국자본이 빠져나가면서 통화가치가 폭락하고 급기야 디폴트 상황에 빠져들었다. 아시아 금융위기는 전 세계 주식시장을 강타했다. 이 상황에서 중국의 위안화는 잘 버텼다. 그러나 중국도 홍콩의 주가폭락과 동부 연안지대의 수출이 큰 타격을 입는 등 세계 경제침체의 영향에서 벗어날 수 없었다.

중국 지도부는 엄청난 실업률을 초래할 재정적자를 내고 있는 국유기업들을 재정비하고, 비능률·고비용의 관료제를 개편해야 하며, 금융체제를 개혁해야 하는 과제를 앞에 두고 아시아 금융위기가 몰고 온 디플레이션과 이에 따라 더욱 치솟을 수밖에 없는 실업률이라는 이중, 삼중

* 카롤린 퓌엘, 앞의 책, 279쪽.

의 위기상황을 돌파해야 했다. 특히 동북부 중공업 분야의 보루였던 하얼빈, 선양은 큰 타격을 입었다. 주룽지 총리는 위안화 평가절하 압력을 거부하면서 이런 상황에서도 국유기업 개혁을 밀어붙였다. 그런 점에서 1999년에 '중대한 국가적 개발전략'으로 발표한 서부대개발은 이런 어려움을 타개하려는 대대적인 경기부양책이었다. 그 핵심은 대규모 인프라를 현대화하기 위한 투자였다. 철도, 도로망, 댐의 토목공사 등 초기 인프라를 구축하기 위한 70개 사업에 2,500억 위안 이상이 투입됐다. 세계 경제가 아시아발 금융위기에서 벗어나기 시작하는 시점에 이뤄진 서부대개발은 중국 경제발전의 새로운 견인차 역할을 하게 되었다.

1990년대 말 그동안 진행돼온 대대적인 국유기업 개혁과 아시아발 금융위기 속에서 동북3성은 이미 심각한 상태에 빠져 있었다. 게다가 2001년 중국이 세계무역기구WTO에 가입하자 경쟁력을 상실한 동북 지역의 중공업은 더욱더 회생불능 상황으로 치달았다. 2002년 들어 이들 지역에서는 파업과 시위가 조직적으로 벌어졌다. 이 지역 경제활동 인구의 40퍼센트 이상이 실업상태에 있었다. 이해 3월 랴오닝성 랴오양遼陽과 이 지역 최대 유전도시인 다칭의 노동자들이 보여준 항거를 퓌엘은 '절망의 몸짓'이라고 표현했다.* 2002년 말 제16차 당대회에서 권력을 넘겨받은 4세대 후진타오 지도부가 2003년 동북진흥계획을 발표한 배경이다.

서부대개발과 마찬가지로 동북진흥계획이 본격화된 것은 2008년 미국발 금융위기에 직면해서다. 중국은 또다시 경기부양책으로 4조 위안 규모의 막대한 자금을 투자한다. 서부대개발의 경우 초기부터 대규모 자본이 투자될 수 있었던 것은 이 지역이 석유, 가스, 전력 등이 풍부해 동부 연안 지역 경제성장을 위한 자원 공급기지로 개발할 수 있었기 때문

* 카롤린 퓌엘, 앞의 책, 338쪽.

　　　　　　　　　4부 북한·중국 관계, 질적 변화의 단계에 들어서다

이다. 그런 점에서 1997년 아시아발 금융위기가 서부대개발의 배경이된 것처럼, 동북진흥계획이 2009년 들어 동북3성 랴오닝성 연해 경제벨트, 지린성의 창지투 개발·개방 선도구 계획과 같은 대규모 인프라 투자로 나타난 배경엔 2008년 미국발 금융위기가 자리 잡고 있었다. 원자바오 총리는 2009년 3월 대의원 3,000여 명이 참석한 전국인민대표대회 연설에서 이렇게 말했다. "중국은 이 위기에서 새롭게 태어나는 첫 번째 국가가 될 것입니다."*

2008년 미국발 금융위기는 중국에도 영향을 끼치기 시작해 2009년 초부터는 수출 감소와 외국인 투자 급감 등 경제성장률의 급격한 하락으로 나타났다. 그러나 미국, 유럽을 비롯해 이들 국가와 연동된 한국, 일본 등이 투기자본에서 발생한 천문학적인 손실을 메우기 위해 부실 금융기관에 엄청난 국가 재정을 소진한 반면, 중국은 내수시장 확대와 낙후된 동북 지역의 균형발전을 위한 대대적인 투자에 나섰다. 원자바오 총리의 말처럼 중국은 이를 계기로 일본을 누르고 제2의 경제대국으로 발돋움했다.

원래 두만강 지역 협력은 1991년 유엔개발계획이 주도하는 두만강지역개발계획의 다자간 지역협력 개발 구상으로 추진됐다.** 그러나 2009년 중국이 창지투 개발·개방 선도구 개발계획 요강을 내놓으면서 중국 주도로 바뀌었다. 이 과정에서 그 이전까지 독자적인 특구 계획(2002년 신의주특구, 나진 자유무역경제지대 설치 등)을 추진하던 북한은 세 번에 걸친 김

---

* 카롤린 퓌엘, 앞의 책, 495쪽.
** 두만강지역개발계획TRADP은 2005년 개발범위가 중국, 북한, 러시아 중심에서 한국의 강원도와 부산 지역, 몽골까지 확대되며 광역두만강개발계획GTI으로 전환된다. 초기 회원국은 한국, 북한, 중국, 러시아, 몽골 5개국이었다. 그러나 2009년 11월 북한은 광역두만강개발계획을 전격 탈퇴하였다. 이는 개발사업 실행력과 재원이 부족한 국제기구에 참여하는 것보다 중국의 개발계획에 동참하는 것이 경제적 실익이 있는 것으로 판단하였기 때문으로 보인다.

정일 국방위원장의 중국 방문을 통해 인접한 중국 접경 지역과 협력하는 발전전략으로 선회했다. 그 합의의 결실이 2010년 12월 나선·황금평 경제지대 공동개발·공동관리 협정 체결* 그리고 2011년 6월 북한의 황금평·위화도특구 착공식과 나선 – 훈춘 간 도로 착공 및 나선 경제특구 공동개발이다. 이로써 북·중은 정부 주도의 공동개발·공동관리, 기업 중심의 시장 중시, 공동 번영의 3원칙(이른바 16자 원칙)에 입각해 새로운 북·중 협력 시대를 열어가게 되었다.

북한은 이를 배경으로 2010년 1월 대풍국제투자그룹, 국가개발은행을 차례로 설립했으며, 같은 해 7월 '합영투자지도국'을 '합영투자위원회'로 개편했고, 12월에는 '국가자원개발지도국'을 '국가자원개발성'으로 승격시켰다. 2011년 1월 15일에는 '국가 경제개발 10개년 전략계획'을 통해 기초시설 건설, 농업·전력·석탄·석유·금속 등 기초공업 및 지역개발전략 목표를 확정했다. 이 계획을 추진하기 위한 국가경제개발총국도 설립했다. 2013년 11월 지방 주도로 각 지역에 걸쳐 13개 경제개발구를 발표하는 것으로 이어지는 일련의 조처들은 중국이 추진하는 동북진흥계획에 따른 북·중 간의 협력을 성장의 동력이자 모델로 삼아 북한 전체의 경제개발전략으로 확대하는 과정이었다.

---

* 2010년 12월에 체결된 조·중 나선경제무역지대와 황금평·위화도 경제지대 공동개발 및 공동관리에 관한 총협정에 따라 이를 실행하기 위한 계획 요강이 2011년 작성됐다.

2장

북한·중국·러시아·몽골, 협력과 경쟁의 관계로

동해로 가는 출구, 자루비노와 나진·선봉

나진·선봉 지역의 변화는 중국으로부터 시작됐다. 창지투 선도구를 내세워 바다로 나아가는 도로·항만·전력 분야의 자본 투자 등 주도적 역할을 한 중국은 변화의 추동력이 됐다. 또 다른 놀라운 변화는 두만강 지역에서의 북·중·러 관계에서 나타났다. 이 지역에서 북·중과 북·러, 중·러의 경쟁과 견제의 상호작용은 오히려 협력을 확대하는 기제로 작동하고 있다. 여기에 몽골까지 가세하면서 이 지역을 대륙의 해양으로 가는 출구이자 동북아 내 협력거점으로 변모시켜가고 있다.

2013년 9월 22일 러시아 극동 하산과 북한 나진항을 잇는 철도 개통 기념식이 있었다. 그동안 북한·러시아 간에는 하산을 통과하는 러시아 철도가 두만강역 다음의 홍의리역에서 중단되어, 여기서 나진항까지 54킬로미터(하산-나진 52킬로미터 본선과 나진-나진항 2킬로미터 지선) 구간을 잇는 게 숙제였다. 북·러 간에 하산-나진 간 철로 연결을 합의한 때가

2008년이었으니 5년 만의 개통이었다. 그동안 러시아철도공사와 북한이 2008년 7월 설립한 합작회사 '라손 콘트란스'가 철로 개·보수 및 나진항 현대화 공사를 동시에 벌여왔다. 합작 형태의 사업이었지만 약 4억 달러(약 4,300억 원)에 달하는 공사비는 러시아가 모두 부담한 것으로 알려졌다. 러시아 철도는 광궤(1,520밀리미터)이고 북한은 표준궤(1,435밀리미터)로 되어 있어 나머지 54킬로미터에 광궤 철로를 깔아야 하는데, 양쪽은 광궤와 표준궤 방식 선로가 나란히 놓인 복합궤를 새로 깔았다. 선로 방식이 달라도 차량 바퀴를 바꿀 필요 없이 열차를 신속하게 운행할 수 있도록 하기 위한 조치였다. 또 같은 구간에 있는 18개 교량과 3개 터널 등도 개·보수했으며 현대식 신호와 통신 장치도 새로 설치했다.

철도로, 바다로, 도로로

중국은 2013년 8월에 훈춘과 러시아 연해주 하산을 잇는 중·러 국경철도를 재개통했다. 중국과 러시아를 연결하는 훈춘 – 하산 국경철도는 2013년 8월 2일 본격 운행에 들어가 오전 10시께 러시아산 석탄을 가득 실은 국제복합운송 열차가 하산의 마하리노를 출발해 오전 11시 15분께 훈춘 국제환적역에 도착했다. 북한 나진항에 이어 러시아 자루비노항도 본격적으로 이용할 수 있는 토대를 마련한 것이다. 이로써 북한 나진, 중국 훈춘, 러시아 하산이 각각 철도와 도로로 서로 연결되었다.* 지린성은 이 철도 재개통으로 하산의 자루비노항을 이용한 국내화물 운송은 물론

---

* 훈춘 – 나진을 잇는 53킬로미터 2차선 도로공사는 2011년 6월 9일 착공해 2012년 10월에 완공됐다. 기존 90분 거리가 절반 정도인 40분으로 단축됐다.

4부 북한·중국 관계, 질적 변화의 단계에 들어서다

자루비노항에서 한국행 배에 싣기 위해, 훈춘에서 농심 백산수를 컨테이너에 싣고 마하리노로 가는 화물열차. 『옌볜일보』.

한국, 일본, 미국 등과 국제화물 운송도 할 수 있게 됐다고 밝혔다.

훈마철도(훈춘 - 마하리노) 개통 뒤 이번엔 2014년 5월 14일 러시아 자루비노항으로 향하는 철도 컨테이너 열차가 훈춘 철도구 안에서 출발했다. 컨테이너 6개에는 옌볜 농심광천수음료유한회사에서 생산한 광천수(백산수) 110톤을 실었다. 이 열차는 훈마철도를 지나 자루비노항에 도착한 후 16일 한국 속초에 도착했다. 이는 중·러가 훈춘 - 마하리노 국제 철도 구간으로 컨테이너 화물 수출을 실현해 지린성이 처음으로 육해 연계 운송방식으로 화물을 아시아와 태평양의 국가에 수출한 것이었다. 지린성뿐만 아니라 중국 동북 지역의 육해 연계운송에 새로운 통로가 개척된 것이다.

신학준 옌볜 농심광천수음료유한회사 판매 지배인은 "그동안 한국으로 수출되는 광천수는 전부 다롄항구를 통해 한국의 평택과 부산으로 운반했으며, 한 번에 일주일이라는 긴 시간이 소요됐으나 이번엔 5일밖에 소요되지 않았다"라고 밝혔다. 화물과 승객을 같이 싣는 뉴블루오션호를 이용했기에 비용절감 효과는 크지 않았지만 화물 운송방식으로 전환하면 비용을 더욱 줄일 수 있다고 했다. 자루비노항을 이용하는 훈마철도가 다양한 품목의 쌍방향 운송으로 발전한 것이다. 기존 다롄을 이용한 수송방식에 비하면 기간을 3분의 1로 줄였다.

이를 바탕으로 지린성은 창춘, 지린, 투먼 개발·개방 구역의 대외무역을 더욱 촉진해 동북 지역의 화물이 일본을 거쳐 남방 지역으로 운송되는 수출로를 열려고 했다. 옌벤조선족자치주 개발판공실 책임자에 따르면, 2014년 2월부터 국내 무역화물(중외중) 운수항구를 종래 3개에서 푸젠성 취안저우泉州, 광둥성 산터우汕斗와 광저우廣州 황푸黃埔, 하이난다오海南島의 양푸洋浦로 확대하면서 7개로 늘렸다. 이로써 전체 동남부 연해 지역까지 수송할 수 있으며 운송화물도 단일 석탄에서 양곡, 목재, 유색금속을 수송할 수 있게 됐다. 컨테이너 수송도 일방향에서 쌍방향 수송으로 확대됐다.

러시아는 러시아대로 중국의 훈춘 해관(옛 창링즈 해관)과 인접한 크라스키노 세관 신축 공사에 들어가 대형 차량 검사 및 통관 설비를 크게 확충했다. 또 블라디보스토크에서 크라스키노 세관까지 일부 2차로를 확장해 4차선 고속도로로 개·보수하는 공사에 착수했다. 이로써 기존에 5시간 걸리던 것이 크게 단축된다. 이 고속도로는 북한 나선으로 가는 노선과 상당 구간이 겹친다. 러시아는 중국 훈춘과 연계 수송망을 확충하면서도 기본적으로는 한국을 참여시켜 일본을 포함해 동북아 지역 국가들의 유럽행 수출 화물을 나진항으로 끌어들이려 했다. 그리고 개·보수된 나진 – 하산 구간 철도와 시베리아횡단철도를 통해 유럽까지 운송하는 물류사업에도 기대를 걸고 있다.

훈춘 – 마하리노 철도는 유엔 두만강지역개발계획 당시부터 두만강 지역 국제합작개발의 중점 개발 대상이었으나 철도가 정상운행되기까지 숱한 곡절을 겪었다. 이 철도가 개통된 건 1999년 5월이었으나 5년 뒤 중단됐다. 이 5년 동안 화물수송량은 화물차 762대에 5만 1,859톤에 불과했다. 운행 중단기간이 길고 철도 사무실과 시설이 완벽하지 못했기 때문이다. 중·러 간에 철도 운행에 필요한 시설 장비, 통관절차를 개선해 운행이 회복된 때는 2013년 8월 2일이었다. 이날 30개 차량에 1,876여 톤의 코크스탄을 실은 러시아 화물열차가 시범운행되면서 9년 만에 운행이 재개되었다. 이로써 중·러는 네이멍구의 만저우리, 동쪽 연해주의 쑤이펀허에 이어 세 번째 철도 통상구를 개통하게 됐다.

2013년 12월에는 정식으로 정상운행을 시작했으며, 그동안 러시아 석탄 8만 4,000여 톤이 훈춘 통상구로 수입됐다. 훈춘은 이 철도로 러시아로부터 석탄을 연 220만 톤 수입할 것으로 추정하며, 러시아 목재 등을 활용한 가공산업도 육성하려 한다. 그러나 이 구간을 운영하는 동북아철도 훈춘공사는 여전히 수입만 있고 수출 업무가 없어 국제 운송업무를 확대해야 하는 과제를 안고 있다.*

훈마철도 못지않게 자루비노를 통해 한국, 일본으로 가는 동해 항로도 어려움을 겪었다. 2008년 10월 동춘해운은 중국 훈춘-자루비노-속초-니가타를 잇는 4개국 연계 운송항로를 시범운행했다. 이는 동해를 가로질러 일본 서해안으로 직행하는 중국 동북 지역의 첫 항로였다. 그러나 동춘해운은 경영 악화, 선박 충돌사고 등으로 어려움을 겪다 2년여 만인 2010년 말에 운항을 중단했다. 2013년 3월 20일에 다시 중국 훈춘-자루비노-속초를 이어주는 뉴블루오션호(1만 6,485톤급으로 최대 화물

---

* 「훈춘 검험 검역국 훈마철도 정상운행 확보」, 『지린신문』, 2014년 2월 25일.

5,780톤 적재, 승객 750명 탑승)가 정식으로 운항했다.* 대아해운과 스웨덴의 스테나해운이 합작한 스테나대아 라인의 뉴블루오션호는 여객·화물 겸용의 크루즈선으로 속초에서 자루비노까지 관광코스를 운영했다. 매주 화요일과 목요일 오후 2시 속초항에서 출발해 운항해왔다.

그러나 뉴블루오션호도 일부 운항 손실에 따른 보조금 지원이 있었음에도 결국 경영 악화 등의 이유로 1년여 만인 2014년 여름 운항을 중단했다. 자루비노 또는 나진항을 이용한 동해 출구의 환동해 물류가 활성화될 만큼 경제협력이 아직 성숙돼 있지 못하다는 걸 보여주고 있는 셈이다.

동북 지역 네 갈래 대외개방 대통로를 구축하라

그럼에도 훈춘을 창구로 옌지 – 룽징 – 투먼 지역을 동북 지역의 대외개방 대통로로 만드는 사업들은 엄청난 속도로 진행되고 있다. 그러다보니 이미 훈춘 – 취안허 – 나진 간의 도로와 2008년 개·보수된 두만강교는 한계에 도달한 상황이다. 서쪽의 창춘 – 지린 – 훈춘 간 460킬로미터를 잇는 왕복 4차로 고속도로는 2010년 9월 개통됐다. 이 고속도로에 이어 2015년 말까지 고속철도가 완공될 계획이다. 훈춘 고속철도 역사 건설이 2014년에 착공됐으며, 2015년 이 고속철도가 개통되면 창춘 – 훈춘은 2시간 30분 거리가 된다. 예전엔 옌지까지 철도로 와서 다시 도로를 이용해 9시간 걸리는 거리였다. 고속도로를 이용하면 5시간 걸리는 거리를 고속철도를 통해 2시간 30분으로 단축시킨 것이다.

* 「훈춘 – 한국 잇는 뱃길 2013년 3월 19일 열린다」, 『지린신문』, 2013년 3월 15일.

다롄에서 시작해 단둥을 통과해 북·중 국경을 따라 동서를 연결하는 동변도철도(1,380킬로미터)는 허룽부터 얼다오바이허(이도백하) 구간 철도가 마무리되었고, 훈춘 – 둥닝 구간 1기 공사 등 지린성 옌지를 거쳐 헤이룽장성의 국경도시 쑤이펀허까지 확장하는 사업이 진행되고 있다.

이제 훈춘에서 북한 원정리를 마주 보는 취안허 통상구부터가 문제다. 먼저 훈춘에서 취안허 통상구를 거쳐 나진항에 이르는 도로의 중국 경내 구간인 훈춘 – 취안허 구간 37킬로미터도 고속도로로 건설 중이다. 이 고속도로 건설 프로젝트는 이미 '제12차 경제개발 5개년 계획(2011~2015)' 안에 편성되었고, 2015년까지 완공될 예정이다. 이제 취안허까지 고속도로, 고속철도 오다가 1937년에 세워진 기존의 두만강교를 만나게 되는 것이다. 2011년 6월 기념식을 성대히 하고 2012년 10월 포장이 끝난 취안허 – 나진 도로도 마찬가지다. 역시 여전히 산길을 돌고 돌아 53킬로미터에 이르는 꼬불꼬불한 2차선 도로다. 중국은 북한과 2014년 6월 27일 두만강교 옆에 새 교량을 공동으로 건설하는 협정을 체결했다. 또 지린성은 취안허 – 나진 2차선 도로를 2단계로 39킬로미터 직선구간의 고속도로로 확장하는 계획을 세워두고 있다.

무산광산과 관련이 깊은 허룽 – 난핑南坪 – 청진 간에는 철도 이외에 고속도로 건설이 추진되고 있으며, 투먼 – 남양 – 하산을 잇는 철도개·보수 및 연결, 투먼 – 청진, 투먼 – 나진의 철도 연결 사업도 2015년 또는 2020년까지 모두 추진한다는 계획이 서 있다. 중국은 나진의 기존 1, 2호부두 외에 4, 5, 6호 확장 계획과 함께 청진이라는 동해 출구를 더 확보하겠다는 것이다.

불과 3년여 전의 상황과 비교해보면 격세지감으로 느껴질 정도로 엄청난 속도전이 전개되고 있다. 러시아 쪽으로는 국경 너머 하산을 거쳐 마하리노와의 철도통상구를 연결해 자루비노항으로 나가는 길을 열었

2014년 6월 건설 협정에 따라 신두만강대교의 공사가 한창 진행되고 있다. 이 다리는 취안허 – 원정리를 잇는다. 한국인 사업가 제공.

다. 2014년 여름 운항이 다시 중단되긴 했지만, 자루비노부터 속초까지는 스테나대아 라인의 뉴블루오션호가 2013년 3월 정식으로 운항을 시작해 바다로 가는 길이 크게 열린 바 있다.

북한과 몽골의 협력관계

몽골이 북한에 눈을 돌린 이유도 여기에 있다. 중국 동북 지역에서 동해를 출구로 하는 중·몽·북·러 대통로가 구축되고 있기 때문이다. 내륙국가 몽골은 지린성과 비슷한 처지에 있다. 바다로 가는 출구가 필요하다. 자원수출 등 한국, 일본 같은 동북아 국가들과 통상 무역을 확대하려는데 석탄, 철광석 등을 실어나르던 톈진은 이미 포화상태였다. 중국은 몽골 자원의 제3국 수출을 자연스레 막고 있는 자원의 블랙홀이다. 그런 점에서 몽골은 북한과 비슷한 처지에 있다. 두 나라 모두 과도한 중국 의존에서 벗어나려고 한다.

2013년 10월 28~31일 엘베그도르지 몽골 대통령의 북한 방문은 이런 배경에서 진행되었다. 그는 김영남 최고인민회의 상임위원장과 회담을 하고 공업·농업, 문화·체육·관광 분야 협조에 관한 협정과 2013~2015년 정보기술 분야 교류 계획서에 서명했다. 몽골 대통령의 방북은 2004년 나차긴 바가반디Natsagiin Bagabandi 대통령이 방북한 이래 9년 만이다. 그 내용은 공개되지 않았지만 광범위한 협력이 추진되고 있음을 알 수 있다. 엘베그도르지 대통령은 2013년 북한의 항구를 빌려 사용하고 싶다는 뜻을 공개적으로 밝힌 바 있다. 이 회담에 앞서 7월에만 네 차례 몽골 정부 대표사절단이 북한을 방문했으며, 9월엔 몽골 정부의 경제·무역대표단이 방북해 의정서를 체결했다. 그 가운데는 "나선 경제특구 개발에 몽골 쪽이 참여하는 문제와 몽골에 파견된 북한 인력(현재 1,700여 명 규모)의 확대, 정보기술IT 및 농축산 분야의 경협 등"이 포함돼 있는 것으로 알려졌다. 또 북한의 농지개간 사업에 몽골 기술자가 참여하기로 합의한 것으로 전해지고 있다.

여기서 농축산 분야 내지 농지개간 사업의 협력은 북한이 강원도 일원에 조성 중인 대규모 축산단지인 '세포등판' 개간사업에 몽골, 중국 등이 참여하기로 한 것을 말한다. 강원도 '세포등판' 축산단지 조성은 김정은 국방위원회 제1위원장의 중요한 경제적 업적이자 북한이 '경제강국 건설'의 주요 상징물로 대대적으로 선전하는 사업이다. 북한 언론들에 따르면 2012년 9월 개간을 시작해 1년 만에 5만여 정보에 이르는 인공 목초지 조성이 이미 끝났으며, 축산기지와 축산물가공기지 건설 등 2015년 완공을 목표로 한다. 류훙차이劉洪才 북한 주재 중국 대사 등 대사관

고위 관계자들은 2013년 10월 17일 '세포등판' 축산단지 조성 현장을 견학했으며, 류 대사는 북·중 양국 간 목축업 분야 교류합작을 촉진하기 위해 적극적으로 나설 의향을 밝혔다.* 북한은 중국과 몽골을 경쟁적으로 끌어들이려 한다.

몽골과 북한의 협력은 에너지 광물자원에 초점을 두고 있다. 몽골과 북한은 중국 외에는 변변한 투자자를 확보하기 어려워 번번이 헐값에 광물자원을 중국에 넘겨야 했던 공통의 경험이 있으며, 광물자원이 국가의 주요 수입원이다. 북한과 몽골이 광물 개발 등에서 상호 협력할 여지가 큰 것이다. 몽골의 에너지기업인 HB오일HBOil JSC은 2013년 6월 선봉에 있는 승리화학연합기업소 지분 20퍼센트를 1,000만 달러에 인수했다.** 몽골의 이례적인 북한 정유부문 투자는 과도한 중국·러시아 의존에서 벗어나려는 의도로 분석되고 있다. 몽골의 주요 석유생산지는 동몽골의 탐삭불라크이다. 탐삭불라크는 1993년부터 미국, 오스트레일리아, 중국 등의 유전탐사팀이 정밀탐사를 한 결과 15억 배럴의 원유가 매장돼 있는 것으로 알려지고 있다. 그러나 몽골은 이 원유를 러시아에 수출하고 러시아로부터 휘발유, 디젤 등 석유제품을 높은 가격에 수입한다. 이제 승리화학연합기업소에 원유를 보내 정제한 뒤 생산된 석유제품을 몽골로 가져가거나 러시아로 수출하려는 것이다. 또 몽골이 2014년 3/4분기부터 석탄을 나선특구에 시범적으로 수출하기로 했다는 점에서 동몽골에서 나진까지 원유, 석탄 등 자원을 실어나르는 물류통로가 형성되고 있는 셈이다.

HB오일은 2014년 5월 중순 평양 양각도호텔에 북한 '조선원유개발

* 2013년 10월 22일 평양 주재 중국대사관 공식 인터넷 홈페이지.
** HB오일이 말레이시아 기업인 니녹스Ninox하이드로카본의 지분을 100퍼센트 가지고 있고, 이 회사가 북한 승리정유회사의 지분 20퍼센트를 취득했다.

2013년 10월 9년 만에 북한을 방문한 차히아긴 엘베그도르지 몽골 대통령이 김영남 최고인민회의 상임위원장(왼쪽)과 함께 의장대를 사열하고 있다. 『연합뉴스』.

총회사'와 합작사업을 이행하기 위한 사무실을 열고 북한에서 내륙유전 탐사 사업을 시작했다.* HB오일은 그동안 북한에서 이뤄진 내륙 유전과 가스전 탐사와 관련한 지질, 기술 분야 모든 정보를 집적·분석하는 게 주업무라고 밝혔다. 또 집적된 정보를 체계적으로 분류하는 한편 영어로 번역할 계획이라고 했다. 이를 위해서 아시아와 유럽, 아프리카 등지에서 쉘Shell 등 국제 정유회사와 계약을 맺고 유전 개발에 참여했던 영국인 지질 전문가를 북한 사무소에 영입했다. 북한 내륙 유전 탐사와 개발에 필요한 대규모 투자금 유치에 필수인 기본 탐사, 자료 축적과 분류, 분석

* 「몽골 정유회사, 북 내륙 유전 탐사 준비」, 『자유아시아방송』, 2014년 7월 1일.

이 개설된 평양사무소의 주요 업무다.

2013년 9월 5일 몽골 울란바토르에서 개막된 제11차 연례 국제 광업 투자포럼에서는 광물자원을 개발하기 위한 북한, 몽골 양국 간 협력 방안이 주요 안건으로 논의됐다. 몽골은 이미 광물 분야에서 매우 앞서나가고 있다. 정부가 개혁에 나서 친외자도입 정책을 폈고, 캐나다와 오스트레일리아는 물론 러시아와 중국의 대기업들이 참여해 개발을 추진한 경험이 있다. 그런 점에서 몽골은 북한에 광물자원 개발과 관련한 첨단 기법은 물론 해외자본 유치 방안과 광업 활성화에 필요한 법과 제도 정비 방안을 전수할 수 있는 위치에 있다.*

몽골은 건설현장에 적지 않은 북한 노동자를 받아들이고 있다.** 정식 취업허가를 받고 몽골에 파견된 북한 노동자는 2013년 4월 기준 1,749명으로, 몽골 내 전체 외국인 노동자(103개국 1만 2,064명)의 15퍼센트에 이른다. 이는 중국(5,976명)에 이어 두 번째로 많은 것이다. 몽골 정부는 외국인 노동자들이 주로 도로와 아파트 등 건설 분야에 집중 투입되고 있다고 밝혀 북한 노동자들도 몽골의 건설현장에서 일하고 있는 것으로 보인다. 북한과 몽골은 2007년 7월 노동자 파견에 관한 기본 협정을 체결했다.

극동 지역 개발과 동북아 경제권과의 연계

푸틴 대통령이 추구해온 전략은 낙후된 먼 변방의 극동시베리아 지방을 동북아 및 아·태 경제권과 연계해 개발하겠다는 것이다. 푸틴은 2007년

---

* 「북·몽골 자원개발 협력 토론회 열려」, 『자유아시아방송』, 2013년 9월 4일.
** 「몽골, 북 노동자 1,749명 파견 중」, 『자유아시아방송』, 2013년 7월 2일.

4부 북한·중국 관계, 질적 변화의 단계에 들어서다

'2013년까지 극동·자바이칼 지역의 경제·사회발전 연방특별 프로그램'을 승인하고 극동·자바이칼 지역 개발 정책을 추진하기 시작했다. 또한 이 지역 개발 프로그램의 기본 방향을 규정하고 세부 목표와 과제들을 포괄적으로 정의하는 차원에서, 2009년 12월 28일 '극동·자바이칼 지역 사회경제발전전략 2025'를 승인하고 아·태 지역으로 경제협력의 지평을 본격적으로 확대하려는 국가전략을 추진해왔다.

이 전략의 핵심 고리들은 바로 북한과 관련돼 있다. 북한과 러시아는 현재 두만강을 사이에 두고 육지로는 약 16.9킬로미터에 이르는 협소한 국경을 서로 맞대고 있다. 그렇지만 교통망, 에너지운송망, 전력망 등을 연결하는 사업들에는 중국 견제, 한반도 접근이라는 전략적 관점이 깔려 있으며, 일본과의 협력이라는 관점에서도 중요한 의미가 있다.

에너지, 전력, 농업, 물류에서 러시아가 이 지역에서 확보하고 있는 잠재적 가능성과 강점은 동북아 접경 지역협력 내에서 중국의 주도를 견제할 수 있으며, 북·중·러 삼각관계 속에서 협력과 경쟁의 균형을 가져올 수 있다. 북·러는 이런 전략적 이익을 고려해 협력의 폭을 넓혀가고 있다. 다층적·지정학적인 이해관계에 따른 상호작용은 북·러에만 한정된 게 아니다. 예컨대 미·중 관계에서 미국이 중국 책임론을 내세워 북한 핵 문제를 압박하고 중국이 대북 제재에 적극 동참하자, 북한이 러시아·일본과 협력을 강화하는 맞대응을 했다. 우크라이나 사태를 둘러싼 미·러 관계의 악화를 배경으로 러시아가 중국과 유대를 강화한 것은 중·일 간 갈등구도를 활용한 미국의 대중 견제라는 외교·안보의 지정학적 구도에 심각한 영향을 끼치고 있다. 여기에 일본의 아베 신조安倍晋三 총리가 기존의 미·일 동맹, 한·미·일 공조 틀에 머물러 있는 게 아니라 북·일 납치문제 협상 등 독자적인 외교 행보를 보이면서 동북아 질서는 상호 견제와 협력의 복잡한 세력관계 속에 변동 폭을 확대해가고 있다.

미·일·중·러 그리고 남북의 합종연횡

2014년 우크라이나 사태는 푸틴이 이른바 '동방정책'을 더욱 공세적으로 추진하는 계기가 됐다. 푸틴은 중국과의 합동군사훈련 '해상연합 2014'로 힘을 과시하고 10여 년을 끌어온 가스공급 가격 협상을 타결 지으면서 양국 관계를 '포괄적 동반자와 전략적 협력의 신단계'로 격상시켰다. 나아가 푸틴은 일본을 끌어들여 미·일의 대러 제재전선을 균열시키려는 시도도 하고 있다. 미국의 영향력 퇴조 속에 일본 아베의 외교 역시 중국과의 갈등 심화, 미·일안보조약에 대한 의구심을 배경으로 러시아가 내미는 손을 잡으려고 한다. 또 아베는 미국의 군사적 역할 확대를 명분으로 집단자위권을 확보해 중국을 견제하면서 2014년 5월 29일 스톡홀름에서 북·일협상을 타결 지어 납치문제 해결을 넘어 북한과의 국교 정상화 교섭 가능성마저 비치고 있다. 미·일·중·러·남북이 각각의 국가 이익에 따라 서로 견제하는 합종연횡의 행보를 보여주고 있는 것이다.

러시아가 중국과 협력을 강화하는 것은 분명하지만, 동시에 다른 한편에서 북한, 일본과 협력을 강화하는 데는 이 지역 내에서 미국만이 아니라 중국의 영향력 확대에 대한 우려가 작동하고 있기 때문이다. 일본은 일본대로 동일본대지진 이후 원전 가동이 중단되면서 막대한 화석연료를 수입하고 있어 러시아의 에너지가 필요하다는 점에서 러시아와 협력이 필요하며, 대북한 접근은 한국, 나아가 중국에 대한 견제라는 측면이 있는 것이다. 북한이 북한대로 러시아, 일본과의 협력 교섭에 적극 나서는 것에 대해서는 남한과 중국에 대한 견제, 불만 등이 작동하고 있다고 봐야 한다.

북·중 틈새를 파고든 북·러 협력

장성택 처형과 2013년 3차 핵실험 등을 계기로 미국은 한·미·일 군사협력 강화, 한미군사연습 확대 강화 등 이른바 북한 카드를 내세워 중국을 압박했다. 중국은 미국의 아시아 재균형 전략이 대중국 포위망으로 작동한다는 점에서 유엔의 대북제재에 적극 동참하는 등 북한의 행동을 견제하는 강압적 조처들을 취했다. 최근 들어 두드러진 북·러 간 협력 강화는 북한·중국과의 갈등 내지 긴장관계의 틈새 속에서 진행되는 측면이 있다.

러시아 관세청과 대한무역투자진흥공사KOTRA 모스크바 무역관의 통계에 따르면, 러시아는 2013년 3,689만 달러(한화 377억 원) 규모의 석유를 북한에 수출했다. 이는 전년(약 2,328만 달러) 대비 58.5퍼센트 증가한 것이다. 러시아는 북한의 1차 핵실험 이래 국제사회의 제재국면에서 대북 석유수출 축소기조를 유지했으나 이제 과거 수준을 회복한 것이다. 중국이 3차 핵실험 뒤 대북 석유지원을 제한한 것으로 알려지고 있는 가운데, 북한은 러시아와 협력해 중국 일변도의 석유자원 의존구조에서 탈피해 수입구조를 다변화하는 모습으로 대응하는 것이다.*

2014년 들어 러시아 고위급 인사들의 북한 방문이 잦아지고 극동 연해주와 북한 지방 간 협력이 부쩍 늘고 있다. 4월 말 평양을 방문한 유리 트루트네프Yuri Trutnev 러시아 부총리 겸 극동연방지구 대통령 전권대표와 로두철 북한 내각 부총리는 경제와 철도·운수 분야 협력합의서를 체결했으며, 북쪽 언론들은 러시아 쪽이 소방차를 수십 대 기증한 내용을 대대적으로 보도했다. 2014년 6월 4일 블라디보스토크에서 열린 무역경

---

* 박병인, 「북·러 관계 강화의 동기와 배경」, 경남대 극동문제연구소 현안 진단, 2014년 5월 19일.

제, 과학기술협력 정부 간 회의에서는 북한이 러시아 은행에 계좌를 개설하고 두 나라 간 무역결제를 루블화로 하기로 했다. 이 또한 2013년 5월 중국의 국영은행인 중국은행이 북한의 대외 금융사업을 총괄하고 외국환을 결제하는 조선무역은행과 거래를 중단하기로 한 조처에 대한 대응으로 볼 수 있다.

알렉산드르 갈루시카 극동개발부 장관은 이에 상응해 "북한이 러시아 투자기업인들의 적극적인 비즈니스 활동을 위해 복수 비자 제공을 비롯해 인터넷, 휴대전화 이용 등의 편의를 제공하기로 약속했다. 양 국가 간 관계가 새로운 질적 단계로 진입할 것으로 전망한다"라고 밝혔다.[*] 그는 "현재 1억 1,200만 달러 규모의 두 나라 무역량을 10배 늘린 10억 달러 규모로 확대하기로 했다"고 말했다.

이 밖에 당시 러시아·북한 정부 간 경제협력회의에서 체결된 의정서에 따르면, 북한 석유산업성과 러시아의 석유화학, 가스가공, 텔레커뮤니케이션 미디어, 건설 분야를 아우르는 모기업인 타이프가 협약을 맺어 북한에 주유소 체인망을 설립할 예정이며, 러시아 바조브이 엘레멘트는 동평양 화력발전소 재건설에 참여하겠다고 제안한 것으로 돼 있다. 바조브이 엘레멘트는 북한의 구리, 무연탄 매장지의 현장 조사 및 개발 타당성 조사를 위해 특별 전문가단을 파견하기로 했다. 2014년 들어 북·중 간에 고위급 교류가 거의 없는 상황에서 북한이 2014년 2월 소치동계올림픽에 김영남 최고인민회의 상임위원장을 보내 푸틴 러시아 대통령과 남·북·러 철도 연결 사업을 지지하는 견해를 밝힌 것도 대비된다.

이처럼 북·러 간의 경제협력이 크게 강화되고 있는 데는 그동안 가장

---

[*] 『러시아의 소리』, 2014년 6월 5일, 12일.

러시아가 북한 나진항 3호부두에 설치한 크레인. 한스 자이델 재단 한국사무소 대표 베른하르트 젤리거 제공.

큰 장애요인*이 됐던 구소련 시절의 북한 채무에 대한 탕감 조처가 이뤄졌기 때문이다. 푸틴 러시아 대통령은 2014년 5월 5일 2년 전에 북한과 체결했던 구소련 시절 북한 채무 탕감 협정 비준 법안에 최종 서명했다. 이 협정은 2012년 9월 17일 양국 정부 간에 체결됐으며, 북한은 러시아에 지고 있던 약 109억 달러(달러당 0.6루블로 계산)의 구소련 시절 채무 가운데 90퍼센트를 탕감받고 남은 10억 9,000만 달러는 20년에 걸쳐 분할 상환하기로 합의했다. 여기에 러시아가 채무상환금을 다시 북한 내 보건·교육·에너지 분야 프로젝트에 재투자할 수 있도록 규정함으로써 경제협력을 활성화하는 계기로 작용하고 있다.**

　2014년 5월 초 북한 나선 지역을 다녀온 독일 한스 자이델 재단 한국

---

* 북한은 채무 전액 탕감을 요구했으며, 이로 인한 이견으로 북·러 경협위원회가 7년 동안 열리지 못하기도 했다.
** 『연합뉴스』, 2014년 5월 5일.

사무소 대표 베른하르트 젤리거Bernhard Seliger 박사도 러시아의 나진·하산 투자가 두드러진다고 밝혔다. "올 들어 나진항 러시아 전용 부두에 최신형 컨테이너 운반용 크레인 4대가 설치됐고 크레인을 작동하기 위해 3.6메가와트 전용 발전시설이 들어섰다. 크레인 1대당 가격은 190만 유로(26억 4,500만 원)라고 들었다. 러시아가 나선에 대규모 투자를 하고 있다는 증거다."*

러시아 극동전략의 핵심, 동북아시아 에너지 공급망 구축

중국이 서부대개발과 동북진흥계획에서 보여준 것처럼, 러시아의 극동·자바이칼 지역 개발을 위한 다양한 프로젝트 가운데 대규모 자원개발 및 교통 인프라 건설 사업은 안정적 자원공급과 새로운 실물경제의 활성화를 불러일으켜 역내 국가들의 신성장 동력 창출과 지역 경제협력의 발전을 위한 계기가 될 수 있다. 그러나 중국과 달리 러시아의 이 지역 접근 전략의 핵심은 에너지 공급망 확대에 있다. 대동북아 에너지 공급망 구축은 러시아 극동전략의 핵심이다.

푸틴 대통령은 2012년 10월 블라디보스토크 아시아태평양경제협력체APEC 정상회의 개막을 앞두고 『월스트리트저널』 아시아판 기고문에서 "우리는 미래 러시아의 성공과 시베리아·극동 지역 발전을 보장하는 데서 아·태 공간으로의 전면 진출이 가장 중요하다고 생각한다"고 말했다. 또 그는 이 정상회의에 참석한 아·태 지역 재계 대표자들에게 이렇게 말했다. "우리는 러시아의 에너지 안보만이 아니라 우리와 협력하고 있는 역내

---

* 「통일이 미래다' 돈 쏟아붓는 中·러···北 나진·선봉 확 달라졌다」, 『조선일보』, 2014년 5월 29일.

모든 나라의 에너지 안보도 강화할 것이다." 아·태 공간으로의 전면 진출을 상징하는 것이 2014년 5월 21일 상하이에서 체결한 중국과의 가스공급 합의였다. 푸틴 대통령은 이 협약을 체결한 뒤 "전혀 과장 없이 말하지만 이것은 앞으로 4년간 세계에서 가장 큰 건설사업이 될 것이다"라면서 "이를 통해 시베리아 인프라 전체를 현대화할 수 있다"고 강조했다.

동북아에 대한 러시아의 에너지 공급망 구축은 전략적으로 중요하다. 러시아 극동 지방을 동북아 지역과 연결하면서 동북아 및 아·태 지역에서 에너지 공급자·중계자로서 지위를 강화하여 러시아의 지정학적 지위를 강화할 수 있기 때문이다.* 북한은 그 대상이라기보다는 동북아와 아·태 지역으로 투사할 수 있는 중요한 통로다. 북한은 동시베리아와 극동 지역의 천연가스, 석유 등 에너지 자원을 중국과 한국 그리고 일본 등에 공급하기 위한 에너지 공급망 인프라 구축(가스관 연결)이나 전력망 연결 같은 에너지 관련 프로젝트의 통과 지점으로 중요성을 갖는다.

북·러 협력의 핵심은 이 문제에 집중돼 있다. 2011년 8월 김정일 국방위원장이 울란우데 북·러 정상회담에서 메드베데프 당시 러시아 대통령과 집중적으로 협의한 것도 남·북·러 가스관 협상이었다. 이는 북한을 중간 매개체로 삼아 러시아와 남한을 직접 연결한다는 점에서도 나진 – 하산 철도 연결 사업과 궤를 같이하는 것이다. 북·러는 이 회담을 계기로 전략적 협력을 가시화했으며, 러시아의 대북한 부채 탕감 조처와 경제협력, 군사 분야 협력, 남·북·러 철도 연결 등 다방면에 걸친 관계 개선의 청사진을 발표했다.

한·러 간에는 이미 2008년 3월 러시아 국영 에너지회사인 가스프롬

---

* 신범식, 「러시아의 극동·자바이칼 발전 프로그램과 블라디보스토크 개발: 북·중·러 접경지대 개발 협력과 동북아시아 지역정치」, 서울대학교, 2013.

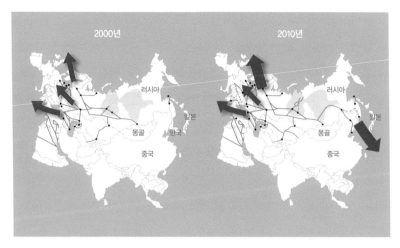

2000년과 2010년 러시아의 아시아 지역 원유공급 능력 비교. 일본석유천연가스금속광물자원기구JOGMEC 자료 참고.

과 한국가스공사 사이에 사할린 천연가스 도입 문제를 검토하고 있었다. 노무현 대통령이 추진했던 사업을 2008년 9월 이명박 대통령이 이어받아 첫 방문지로 러시아를 택해 양해각서로까지 진전시켰다. 하지만 이 문제는 미국의 셰일가스 혁명과 가격, 가스관 통과 노선 문제 등으로 지지부진했다. 2011년 들어 협상이 본격화되었는데, 이는 5월의 3차 북·중 정상회담을 계기로 6자회담을 재개하는 협상국면으로 가는 정세변화와 관련이 있다. 6월과 7월 각각 모스크바와 평양에서 북한과 가스프롬은 러시아 천연가스의 북한 공급에 대한 논의를 진행했다. 8월 초엔 주강수 한국가스공사 사장이 러시아를 방문했다. 이를 바탕으로 한·러 간의 협의는 외교 차원으로 격상됐다. 2011년 8월 8일 모스크바에서 개최된 한·러 외무장관 회담에서 러시아 천연가스의 북한 경유 남한 공급에 대해 논의했다. 라브로프 러시아 외무장관은 모스크바에서 김성환 외교통상부 장관과 회담한 뒤 북한 경유 가스관 건설 논의가 3국 가스당국

간에 진행돼왔음을 공식 확인했다. 라브로프에 따르면 이들 3자 간에 구체적인 합의를 거치면 3국 정부 차원의 지원을 통해 사업의 본격적인 실현이 가능하다는 것이다. 김 장관도 긍정적이었다. 그는 "러시아의 노력을 평가하고 앞으로 긴밀한 협의를 진행하겠다"고 말했다. 이 시점에 김정일·메드베데프 울란우데 정상회담이 열린 것이다.

북·러는 2011년 11월 상트페테르부르크에서 열린 한·러 정상회담에 맞추어, 가스프롬을 통해 남·북·러 가스관을 연결하는 사업의 구체적 일정까지 발표했다. 그러나 불과 한 달여 뒤 김정일 국방위원장의 사망과 2012년 남한의 정권교체 과정을 거치면서 모든 논의가 중단됐으며, 2013년 3차 핵실험 등 남북 관계의 악화 속에서 여전히 실종상태다.

유라시아 이니셔티브와 나진·하산 교통 물류 협력

유라시아 지역은 '실크로드'를 통한 교류·협력 등을 바탕으로 '소통과 개방', '창조와 융합'의 공간으로서 인류 문명의 발전을 주도해왔다. 그럼에도 근세기 '동서 진영' 간의 냉전시대가 도래하면서 그 같은 역할은 단절됐다. 냉전 종식 이후 러시아와 중앙아시아 국가들이 서유럽과의 장벽을 허물고 교류에 나서는 등 변화가 시작되고 있다. "단절과 고립, 긴장과 분쟁을 극복하고 소통과 개방으로 평화롭게 교류하며 함께 번영하는 새로운 유라시아를 건설해야 한다." 이는 박근혜 대통령이 2013년 10월 18일 장충동 신라호텔에서 열린 대외경제정책연구원KIEP과 한국수출입은행, 경제인문사회연구회 공동 주최 '유라시아 시대의 국제협력 콘퍼런스'에서 한 기조연설의 내용이다. 이것이 이른바 유라시아 이니셔티브다. 박 대통령은 이를 위해 우선적으로 유라시아 지역 국가들의 동반 성장·번영을 위한 복합 물류 네트워크 구축을 강조했다. 그리고 유럽과 아시아를 '진정한 의미에서 하나의 대륙으로 만들기 위한' 구체적 방안으로 제시한 것이 남북한과 러시아, 중국, 중앙아시아를 거쳐 유럽까지 연결되는 '실크로드 익스프레스'SRX다. 또 역내 전력망과 송유관 등의 연계와 국가 간 무역·투자 장벽 해소도 과제로 제시했다.

이 연설은 2013년 9월 러시아 상트페테르부르크 G20(주요 20개국) 정상회의에서 푸틴 러시아 대통령과의 정상회담, 11월 푸틴 대통령의 방한을 앞둔 시점에서 나온 것이다. 푸틴 대통령은 중국, 일본, 한국 등 아시아 국가들과 협력을 강화해 시베리아 극동 연해주를 개발하겠다는 신동방정책을 추진해왔다. 신동방정책과 유라시아 이니셔티브가 만난 것인데, 2013년 11월 한·러 정상회담에서는 무려 35개항의 합의문이 발표되었다. 이 가운데 핵심은 한·러 간 교통 물류 인프라 협력으로, 나진 – 하산 간 철도 복구와 나진항 3호부두 현대화에 따른 양국 기업 간 철도 및 항만 협력사업이었다. 한국의 포스코, 현대상선, 한국철도공사(코레일)가 나진항 3호부두 투자와 운영권을 확보한 러시아 라손 콘트란스의 지분 가운데 일부(49퍼센트)를 인수해 참여하고, 러시아는 이 지분을 매각해 신규 사업자금을 조달한다는 것이다. 한국의 컨소시엄은 포스코가 터미널의 운영과 석탄 등 광물자원의 물동량 확보, 코레일이 철도 운영 및 하역, 현대상선이 해상운송을 담당하는 것으로 돼 있다.

나진 – 하산 간 교통 물류사업의 핵심 화물은 석탄이다. 러시아는 2012년에 약 1억 3,000만 톤의 석탄을 수출하였다. 이 가운데 89퍼센트인 1억 1,600만 톤이 항만을 통해 반출되었으며, 전체 수출 석탄 중 41퍼센트가 러시아 극동 지역 항만을 통해 수출되고 있다. 그리고 전체 수출용 석탄 중 약 17퍼센트가 한국으로 수송된다. 몽골이나 시베리아 지역의 자원개발은 원거리 수송으로 인해 채굴원가보다 철도운임이 비싼 구

중국계 자본이 나진에 진출하여 개설한 두만강은행. 한국인 사업가 제공.

조를 보이고 있다.*

　러시아의 철도를 통한 석탄 수송의 문제점으로는 화차 부족, 일부 구간의 수송능력 부족, 저속 운행, 동결석탄 상·하차로 인한 화차 손실 등이 지적되고 있다. 특히 나진－하산 간 교통 물류사업 추진에서 화차의 적정 확보가 최대 현안으로 꼽힌다. 러시아는 철도 민영화작업을 진행하면서 화물 수송부분의 개혁조치를 취하였다. 그 가운데 하나가 화차의 민간 불하였다. 현재 러시아에서 사용되는 화차는 약 109만 대로 민간회사가 전체의 55퍼센트, 러시아철도공사 자회사가 36퍼센트, 러시아철도공사가 9퍼센트를 보유하고 있다. 즉, 러시아의 화차 소유회사가 증가하면서 화차의 통합적인 관리·운영이 어려움을 겪고 있다. 러시아 정부는

---

*　극동 지역으로 빈출되는 석탄은 대부분 시베리아의 쿠즈바스, 엘가, 네륜그리 광산에서 생산된다. 쿠즈바스 광산에서 극동 보스토치니항까지 수송거리는 6,071킬로미터, 나신항까지는 6,971킬로미터에 달한다. 네륜그리 광산에서 나진항까지는 2,633킬로미터, 엘가 광산에서는 2,493킬로미터다.

철도개혁의 4단계로 민간보유 화차를 통합적으로 관리·운영할 수 있는 시스템 정비를 추진 중이지만, 상당한 시간이 소요될 것으로 보인다.

나선특구지대 한눈에 봐도 크게 달라져

"도시 전체 건축물이 모두 페인트로 단장돼 있었고, 거리는 태양열 가로등으로 깨끗이 정비돼 있었다. 나선시 해양관에는 수영장, 노래방, 카지노가 영업을 하고 있었고 남산호텔 커피숍엔 사람들이 붐볐다. 중국의 친황다오금지부동산개발유한공사가 2012년 4월 착공한 나진 국제상업무역센터(상점과 식당, 호텔 등 건물 16개동, 부지면적 4만여 제곱미터 규모)가 완공돼 이미 1층에는 중국산 생필품, 전기 자재 등을 판매하는 소매·도매 상가들이 들어섰다."

2013년 11월 1일 1박 2일로 나진을 방문하고 돌아온 옌볜대학 경제관리학원 원장 이종린 교수는 나진의 모습을 이렇게 전했다.* 6월 다녀온 뒤 불과 4개월 만에 다시 가본 것인데 한눈에 봐도 크게 달라졌다는 것이다. 나진에서 북쪽 사람들을 만나면 '요즘 돈 잘 버나'라는 게 인사말인데, 그러면 '돈 벌게 해줘야 벌지'라는 말이 돌아온다고 했다. 2013년 2월 북쪽의 핵실험 때문에 그렇게 된 거 아니냐고 하면 그냥 웃을 뿐 반박을 하지 않는다고 했다.

이 교수에 따르면 2013년 2월 북한 핵실험으로 큰 타격을 입은 건 관광사업이었다. 그는 싱가포르 회사가 나진 쪽에서 운영하려던 유람선은

---

* 2013년 11월 1일 옌볜대학 동북아연구원과 민화협 정책위원회가 주관한 '동북아평화협력 구상과 초국경 협력 방안' 세미나.

4부 북한·중국 관계, 질적 변화의 단계에 들어서다

나진호텔에서 내려다본 나진항의 옛 모습.

2015년을 기약하고 돌아갔다는 얘기를 들었다고 전하면서, 특히 북·중 정부 간에 합의됐던 사업들이 차질을 빚고 있다고 덧붙였다. 취안허-원정리 간 신新두만강대교 건설, 투먼-나진 철도 보수 및 연결, 무산철광 개발 확대, 나진 4·5·6호부두 건설, 훈춘-나진 송전선 건설 등은 중국 ·북한 간 협력사업으로 사업을 맡은 기업들이 지정돼 있었다. 이것들이 일시 중단되거나 지체되고 있다는 것이다. 그러나 민간기업 차원에서의 협력은 활발하게 진행되고 있었다고 이 교수는 전했다. 이 교수에 앞서 2013년 10월 중순 나진을 둘러보고 온 권철남 옌볜대학 교수도 "국제상 업무역센터와 나진시장 등을 중심으로 상품이 활발히 거래되면서 나선 지역이 중국산 상품과 북한 생산품의 상호 거래가 이루어지는 북한 북부 지역의 물류거점으로 변화하고 있다"고 전했다.

북한은 2013년 10월 말 4박 5일 일정으로 미국, 중국, 일본 등 주요 국가들의 기업인과 언론인을 초청해 금강산 시범관광을 실시하고 사업

2013년 여름 선봉항 주변의 모습. 한국인 사업가 제공.

설명회를 열었다. 이 시기에 나선경제특구를 둘러본 『AP통신』은 "현재 나선에는 20개국 150여 개 외국기업이 있으며, 2013년 6월 문을 연 러시아 식당 '뉴월드'와 홍콩 자본이 투자해 보수공사를 마친 5성급 '엠퍼러호텔' 등 외국인 투자자들이 나선특구 투자에 관심이 있다는 일부 징후를 쉽게 찾아볼 수 있다"라고 전했다. 이 통신에 따르면 나선경제자유무역지대 관리위원회의 김영남 제1부위원장은 나선을 싱가포르 같은 항구도시로 개발하기를 원한다고 밝혔다. 이 설명회에서 나선시 인민위원회 황철남 부위원장(부시장격)은 "경제특구의 경우 현재 노동집약적인 산업에 투자하게 되면 여러 가지 이익이 있을 것"이라면서 "중국의 수많은 섬유기업, 심지어 타이완의 섬유기업들도 나선 지역에 공장을 짓고 싶어 한다는 말을 하고 있다"고 밝혔다.*

독일 한스 자이델 재단 한국사무소 대표 베른하르트 젤리거 박사도

홍콩 자본이 투자해 보수를 마친 나진 엠퍼러호텔의 전경. 한국인 사업가 제공.

"러시아가 철도 위주라면 중국은 도로를 따라 투자를 진행 중이다. 중국이 포장한 도로 옆에 중국이 건설한 최신식 대규모 오피스텔 단지가 2014년 초 들어섰다. 나진·선봉 지역에는 기존 호텔 외에 최신식 호텔 10여 개가 들어섰는데, 대부분 중국이 지은 것으로 안다"고 말했다. 젤리거 박사에 따르면 북한은 나선특구를 활성화하고 지원하기 위해 전문 투자지원 기구인 '나선투자복무처'를 설립했다. 나선특구의 경우 중국이 지금까지 가내수공업 위주의 소규모 공장이나 시멘트 공장, 수산물·어패류 가공 공장, 가죽 가공 공장 등 1차산업 위주로 투자해왔는데, 해외 투자를 늘려 2·3차산업을 육성하려는 시도로 분석된다.

---

* 「AP 북한 나선 취재 '경제특구 실험 한계'」, 『미국의 소리』VOA, 2013년 12월 11일.

3장

훈춘, 북방의 선전深圳이 될 것인가

점→선→면에서 면→선→점으로

두만강 삼각지대는 한쪽에서 보면 동해를 통해 중국 동부 연안, 아시아 태평양, 나아가 북극해로 나가는 출구이면서, 다른 한쪽에서 보면 만주를 거쳐 시베리아 대륙으로 가는 입구이다. 지린성에서는 이를 세 가지 특색을 가진 창지투 황금통로 구역으로 부른다. 즉 옌지, 룽징, 투먼 등 변경 지역의 상호 협력 그리고 러시아·북한의 두만강 지역을 창춘 이북의 시베리아횡단철도와 연결하는 중·몽 연계, 마지막으로 북·중을 연결하는 특구 형성이 그것이다.

훈춘은 두만강 삼각지대의 핵심 창구도시로서 대륙으로 가는 황금통로의 동쪽 출발점이자, 지린성의 발전에서 볼 때 동해 나아가 해양으로 나가는 관문이다. 무엇보다도 북·중·러가 만나는 지역에 있다는 점에서 전략적으로 중요하다. 지린성은 훈춘을 중심으로 동북 지역의 '네 갈래 대외개방 대통로 구축'을 꾀하고 있다. 우선 서쪽으로 만주를 거쳐 동몽

창춘 - 훈춘 간 고속철도 연결 사업.　　　　　　　　　　　ⓒ이종근

골, 시베리아 등 대륙으로 가는 대외개방 통로인 중국·몽골 철도 건설을 추진하고 있다. 여기엔 2014년 말 마무리되는 지린 - 훈춘 간 고속철도 건설이 포함돼 있으며, 남서쪽으로는 퉁화와 쑹장허松江河 간, 훈춘 - 둥 닝 간 철도 연결을 서두르고 있다. 이는 훈춘에서 옌지를 거쳐 단둥 - 다 롄으로 이어지는 동변도철도의 미연결 구간을 복원하는 것이자, 동북쪽 중국·러시아 국경인 쑤이펀허까지 확장하려는 것이다. 이미 훈춘 - 마하 리노 간 철도를 개통해 자루비노를 이용한 동해로 가는 또 다른 출구와 극동 지역에서의 시베리아횡단열차와 연결이 가능해졌다.

2009년 중국 국무원이 창지투 개발·개방 선도구 계획을 승인할 당시 『인민일보』는 훈춘의 미래에 대해 이렇게 말했다. "1992년 훈춘이 북방 의 경제특구로 지정됐을 때 고요한 '변방 먼 도시'는 기대에 부풀었다. 그 러나 이는 한낱 꿈으로 끝났다. 훈춘은 이제 '차세대 선전', '미래의 홍콩', '동방의 로테르담'이라는 뜨거운 구호들이 되살아나며 창지투 개발·개

훈춘과 주변국 항구와의 거리

항구	거리
나진항(북한)	48km
청진항(북한)	72km
포시에트항(러시아)	42km
자루비노항(러시아)	63km
블라디보스토크항(러시아)	160km
부산항(한국)	750km
니가타항(일본)	850km

방 선도구의 창으로서 새로운 시대를 열어가고 있다. 훈춘시는 동해와 가장 가까운 곳은 15킬로미터 떨어져 있고 반경 200킬로미터 안에는 조건이 우수한 러시아와 북한 항구 10개가 밀집되어 있다. 만일 훈춘을 통해 출항하게 될 경우 중국 동북 지역 전체는 물론 나아가 몽골 등 동북아에도 그 혜택이 미칠 것이다."*

1978년 선전특구에서 시작된 중국의 개혁·개방은 점→선→면의 확대과정을 밟았다. 동북진흥계획은 비교하자면 그 역순이다. 2003년 초기 단계에서는 동북3성 전체를 대상으로 했으며, 2005년부터는 랴오닝성 연해 경제벨트가 먼저 추진되고, 2009년부터는 지린성의 창지투 개발·개방 선도구의 지역 개발로 구체화되어, 2012년 4월 중앙정부가 '투먼장 지역 국제합작시범구'를 훈춘에 설치하도록 비준하면서 급속도로 발전하고 있다. 비유하면 면→선→점의 과정으로 진행되고 있는 것이다. 창지투 개발·개방 선도구는 이제 창춘·지린에서 투먼장(두만강) 지역의 훈춘을 창구이자 국제합작의 거점으로 설정하고, 이를 서로 연결하면서 각

* 『인민일보』, 2009년 11월 17일.

각을 사통팔달의 교통망으로 확산하는 과정이 되고 있다.

지린성이 훈춘의 미래에 거는 기대는 원대하다. 중국 전역의 물류가 투먼장(두만강) 지역을 통해 배송되는 종합화물운송 기지를 구축하겠다는 것이다. 훈춘시를 동북아시아 지역에서 가장 국제화·현대화된 물류 중추로 키우겠다는 것이다. 훈춘은 이를 뒷받침하기 위해 국제화물운송 중추역 공사에 착수했다.* 실제로 지린성은 훈춘에서 중국 내륙 중심지인 네이멍구자치구 동북 지역에서 동몽골로 이어질 수 있는 훈춘–울란호트 고속도로 사업을 추진하고 있으며, 서남쪽으로는 동변도철도·고속도로로 랴오닝성의 단둥까지 이어놓고 있다. 중국은 이미 2011년부터 동북3성을 넘어 동북쪽 네이멍구자치구를 포함한 동북4성의 협력을 논의하는 행정장관 연석회의를 열고 있다.

국제화 창구도시, 북방 경제협력의 플랫폼으로 변모하다

창지투 계획 5년여의 짧은 기간에 훈춘은 변경의 소도시에서 가장 국제화된 도시이자 두만강 지역 북·중·러 초국경 협력의 플랫폼으로 변모하고 있다.** 훈춘은 인구 30만 명(2009년 기준으로 25만 명)이 못 되는 국경 지

---

* 훈춘 국제화물운송 중추역 공사에는 훈춘시 국제물류단지 내 63만 1,200제곱미터 부지에 총 투자비 5억 2,000만 위안(8,500만 달러)이 투입된다. 『옌볜일보』, 2013년 11월 5일.
** 2014년 3월 19일 개통된 『신화넷』 훈춘채널(http://www.jl.xinhuanet.com/2014hc/)에는 훈춘의 개황, 정무정보, 훈춘뉴스, 매체초점, 관광, 투자, 매력훈춘 등의 항목을 두고 있다. 여기에 훈춘의 시범구 건설, 개발·개방 및 도시 건설, 사회사업과 3농 건설, 발전 환경 방면 등의 움직임을 소개하고 있다. 동영상으로 러시아어, 한국어, 일본어, 영어 어학코스를 수강할 수도 있다. 훈춘의 외자유치 대상, 정책과 함께 훈춘 경내 풍경구와 관광코스, 훈춘–블라디보스토크와 훈춘–나선 국제관광코스, 북·중 간 다국 자동차 운전관광, 중·러 간 다국 관광코스 능의 정보도 볼 수 있다. 「신화넷 훈춘채널 개통」, 『옌볜일보』, 2014년 3월 20일.

역의 현급縣級 시다. 제12차 경제개발 5개년 계획(2011~2015)에 따른 훈춘시의 도시 발전계획에는 현재 15제곱킬로미터의 도시공간을 확대해 2030년엔 65제곱킬로미터로 늘릴 계획이며, 도시인구도 65만 명으로 늘리는 것으로 되어 있다.

도시 건설의 방향은 창지투 개발·개방 선도구의 창구이자, 투먼장(두만강) 국제화의 창구도시가 목표다. 중국 북방에서 가장 살기 좋고 아름다운 도시를 건설한다는 목표도 내세우고 있다. 녹색 생태도시와 민족적 특색을 드러내는 도시로 건설하겠다는 것이다. 이미 도시 동부 지역으로 확장공사를 했고, 생태 신도시구역 건설도 진행하고 있다.*

훈춘의 국제화를 보여주는 대표적인 조처가 훈춘 통상구에서의 비자 발급, 국제우편망 구축이다. 2005년부터 훈춘 통상구에서는 하산 등에서 중국으로 올 경우 러시아 주재 중국 영사관에 갈 필요 없이 지린성 내에서 통상구 비자업무를 가능하도록 했다. 창춘의 룽자공항과 함께 지린성에서는 훈춘이 두 번째다. 이에 따라 러시아 방문객들은 훈춘 통상구를 경유해 옌볜 등에서 쇼핑, 관광은 물론, 비즈니스 등을 위해 입국할 경우 바로 비자수속을 할 수 있다. 이미 훈춘에서 비자를 발급받아 중국으로 들어온 외국인은 5만 명에 달하는 것으로 알려졌다.**

훈춘 우정국은 북한 나선시와 변경 우편물을 상호 교환하기로 합의한 데 이어 2014년 3월 3일 취안허 통상구에서 중·북 변경 국제우편 통로를 개통했다. 이에 따라 훈춘-나진 사이에 서류, 소포 등을 보낼 수 있게 됐으며, 2년간 예비사업 단계 기간에는 매주 목요일 두 차례씩 배달할 계획이라고 한다. 이에 앞서 2013년 3월 6일엔 러시아 블라디보스토크

* 『지린일보』, 2013년 8월 12일.
** 『옌볜인터넷방송』, 2014년 3월 14일.

러시아풍의 훈춘 시내. 광고판이 4개 국어로 표기되어 있다. 『훈춘넷』.

우정국과 변경 우편물을 상호 교환하기로 함으로써 러시아, 중국, 북한 3 국 간 우편물 교환 시스템을 갖췄다.*

　훈춘에는 동북아 다목적지 관광추진센터도 들어섰다.** 훈춘을 북·중·러 두만강 지역 다국 관광 허브로 만들겠다는 것이다. 훈춘시는 2014년 2월 12일 블라디보스토크에서 열린 제7차 광역두만강개발계획 4개국 관광위원회의에서 동북아 다목적지 관광추진센터인 동북아관광포럼을 훈춘에 유치하기로 했다. 『중국신문망』에 따르면*** 지린성은 훈춘시 인근 북·중·러 국경이 맞닿은 팡촨 관광지를 확대 개편해 러시아 연해주, 북한 나선시와 접경한 국제관광의 허브로 만들 계획이다. 훈춘

---

* 「중·조 변경 국제우편 통로, 오는 2014년 3월 3일 개통」, 『옌볜일보』, 2014년 2월 28일.
** 『신화넷』, 2014년 3월 13일.
*** 『연합뉴스』·『중앙일보』, 2014년 1월 8일.

훈춘 팡촨 전망대 룽후커 오른쪽으로 보이는 북한 두만강역 기차와 마을. 『옌볜일보』, 2014년 5월 8일.

시 한창파韓長發 부시장은 "훈춘은 지난해 러시아인을 중심으로 관광객
이 급증해 연 인원 110만 명을 달성했다. 올해(2014)는 연간 관광객 수가
140만 명에 이를 것으로 기대한다"고 말했다.* 두만강 하구에 있어 북한
과 러시아 지역을 동시에 바라볼 수 있는 팡촨 관광지는 중국의 관광지
가운데 두 번째로 높은 등급인 국가 4A급으로 지정돼 있다.

훈춘을 동북3성을 넘어 동북아시아의 국제 물류센터이자 생산거점으
로 만들겠다는 방침은 2012년부터 본격화되었다. 2012년 4월 중국 국무
원은 투먼장(두만강) 구역(훈춘) 국제합작시범구 설치계획을 비준했다. 쑨
정차이孫政才 지린성 당서기는 한 달여 뒤인 5월 29일 열린 '합작시범구'
착공식에서 이를 '대개방 대개발로 대발전 대도약'의 계기가 열린 것으

---

* 훈춘관광국에 따르면 2014년 5·1절 연휴기간에 훈춘의 관광객은 2만 3,000명을 돌파해 최고를 기록
했다. 팡촨 풍경구에만 7,000여 명이 방문했으며, 자가용차 26대와 함께 관광객 80여 명이 나진을 관광했
다고 한다. 관광회사들이 창바이산長白山(백두산) – 훈춘 – 팡촨을 한 코스로 엮어 성숙한 관광상품으로
시장에 내놓으면서 관광이 활성화되고 있다. 『옌볜일보』, 2014년 5월 7일.

4부 북한·중국 관계, 질적 변화의 단계에 들어서다

로 평가했다. 북·중·러 3국 간 국경무역이 이뤄지던 훈춘을 국가급 경제특구로 지정함으로써 중국의 경제특구 노하우와 토지, 러시아의 풍부한 자원, 북한의 값싼 노동력을 결합해 장기적으로 홍콩을 모델로 하는 동북아 최대의 경제·금융 자유도시로 발전시켜나간다는 것이기 때문이다.

지린성 고위 소식통은 훈춘시가 합작시범구로 비준된 것은 동북3성 최초로 광둥성 선전과 같은 '국가급 경제특구'로 지정된 것이라며 훈춘이 중국과 북한·러시아를 거점으로 해서 유럽과 아·태 지역을 아우르는 특수 개방경제구 및 글로벌 자유무역구로 발돋움해나갈 것이라고 밝혔다. 특구에 진출하는 외국자본은 세제 혜택은 물론 저렴한 토지의 공급, 노동력 확보 등이 가능하다.

훈춘에는 1992년 중국 국무원이 국가급 개발구로 비준한 훈춘 변경경제합작구가 있었지만, 쑨정차이 서기가 밝혔듯이 성급 차원이었지 중앙정부 차원은 아니었다. 이제 합작시범구는 중앙정부의 지원을 받아 2020년까지 90제곱킬로미터에 걸쳐 국제산업합작구역, 국경무역합작구역, 북·중 훈춘 경제합작구역, 러·중 훈춘 경제합작구역 4개 구역으로 조성되고 있다.

훈춘 국제산업합작시범구 기관사업위원회 서기이며 관리위원회 주임인 가오위룽高玉龍 훈춘시 당서기는 2014년 6월 "현재 한국, 일본, 미국, 러시아 등의 근 70개 기업이 시범구에 입주해 목제품, 해산물, 의류(복장), 농부산물, 전자제품 등 특색산업이 초보적으로 형성되었다. 2013년 수출입총액이 5억 4,800만 달러로 같은 시기에 비해 71퍼센트 증가해 사상 최고를 기록했다"고 밝혔다.*

---

* 2010년부터 3년까지의 실적을 보면 297억 위안의 투자 유치를 기록했고, 이 가운데 1억 위안 이상 투자기업은 126개에 달한다. 2013년 현재 훈춘시에 등록된 기업은 447개로 한국, 러시아, 미국 등 외자기업이 40여 개에 달하며, 주요 업종은 에너지 광물생산, 방직업, 첨단전자, 신형건재 등으로 나타나고 있

실제로 훈춘시의 2014년 1/4분기 수출입 제반 지표는 20퍼센트대 고속성장을 보여줬다. 화물 물동량은 20만 톤을 넘겨 2013년 같은 시기보다 3배 증가했으며, 수출입 화물총액은 2억 6,000여 만 달러로 2013년 같은 시기보다 24.5퍼센트 증가했다. 출입경 인원수도 14만 명을 넘어서 역시 2013년 같은 시기보다 19퍼센트 성장했다. 창지투 개발 5년을 맞아 철도, 도로 등 인프라 투자와 북한, 러시아와의 개발·개방 협력을 바탕으로 투자 유치와 교역 등에서 그 효과가 나타나고 있는 것이다.*

저렴한 북한 노동력, 중국으로, 중국으로

훈춘의 합작시범구 설치는 또 다른 변화를 가져오고 있다. 기존의 북·중 경협이 자원개발, 무역 등에서 북한의 노동력을 고용하는 임가공 쪽으로 확대·심화되고 있는 것이다. 2012년 12월 11일 국가해관총서는 창춘 해관에 보낸 '창춘 해관의 대조선 위탁가공 업무 전개 시행 동의에 대한 가공무역사의 회신'에서 창춘 해관이 대북한 위탁가공 업무를 관할할 수 있도록 권한을 위임했다. 이 행정위임에 따라 창춘 해관은 하위기관인 훈춘 해관에 북한과의 위탁가공무역을 신청한 4개 기업을 승인했다. 북한과의 위탁가공무역은 지린성은 물론이고 중국 내에서도 처음 있는 일이었다. '북·중 간 위탁가공무역의 빗장이 열린 것'이다.

　4개 기업은 쌍방울이 투자한 지린 트라이방직유한회사, 일본 독자기업 고지마 의류유한회사, 중국 기업인 훈춘운달복장유한회사와 훈춘홍

다. 「훈춘, 세계 향한 립체통로 구축에 새 돌파」, 『지린일보』, 2013년 6월 21일.
* 「수출입 화물량은 지난 같은 시기보다 3배 증가」, 『옌벤인터넷방송』, 2014년 4월 11일.

훈춘 변경경제합작구의 의류 광고 입간판. 『지린신문』.

풍제의유한회사이다. 이 의류기업들의 북한 내 생산규모는 연 1,500만 벌 이상, 무역규모는 1.5억 달러에 이를 것으로 추산된다. 이 가운데 훈춘운달복장유한회사는 중국 내 유명상표인 'YOUNGOR'로부터 수주받은 9만 벌의 셔츠를 현지에서 생산하기 시작했는데, 『옌볜일보』는 가격이 200위안인 의류의 경우 일반무역에서는 관세가 54위안 부과되나 위탁가공무역에서는 10.8위안으로 5분의 1 수준인데다 북한 인건비가 국내의 60퍼센트 정도밖에 되지 않아 상당한 매력이 있다고 전했다.

옌볜대학 경제관리학원 김성남 교수는 훈춘 말고도 투먼시에서는 IT 분야의 북한 노동력을 활용한 공업단지가 조성됐다면서, 지린성 정부가 발표한 "중국 동북에서 동북아 지역을 향한 개방·계획 요강 관철시달 '2012~2020년' 실시 의견"에는 투먼시의 북한 공업단지를 국가급 단지로 승격시킬 데 관한 내용이 포함돼 있다고 말했다.* 중국이 정부방침으

---

* 2013년 11월 1일 옌볜대학 농북아연구원과 민화협 징렉위인회가 주관한 '동북아평화협력 구상과 초국경 협력 방안'의 세미나.

투먼경제개발구 청사. 최근 북한 노동력 유치에 힘을 쏟고 있다.　　　　　　　ⓒ강태호

로 북한 인력을 활용한 공업단지를 국가 대 국가의 합작 대상으로 승격
시키고 있다는 것이다.

　투먼의 북한 공업단지는 2011년 8월 지린성 정부의 비준을 받아 설립
됐으며, 기계제조, 애니메이션, 전자 등의 발전을 건설 방향으로 하고 있
다. 투먼시는 나선시 위원회와 공동으로 북한 공업단지 건설에 관한 협
의를 체결하였고, 조선투자합영위원회와 노동자 2만 명 공급계약을 체
결하였다. 2014년에 북한 노동력을 고용하는 기업을 10개 이상 유치해
대북한 수출입 가공기지로 발전시킨다는 방침이다. 현재 조선릉라도회
사, 경흥회사, 조선KCC회사로부터 6차에 걸쳐 기술인력을 625명 유치
했으며, 1,500명이 거주할 수 있는 생활 기초시설을 건설했다.* 투먼시
는 옌벤대학 및 옌벤과학기술대학의 기술 지원을 받아 조선 IT애니메이

---

*　『옌벤일보』, 2014년 2월 7일.

　　　　　　　4부 북한·중국 관계, 질적 변화의 단계에 들어서다

션 인재를 적극 유치하고 있으며, 애니메이션의 창의적 발전을 추진하는 정보산업원을 조성할 계획이다. 애니메이션, 전기·기계 설비를 비롯해 아이폰 게임 제품 개발, 아이패드 게임 및 홈페이지 제작을 위주로 하는 화룡과학기술 IT소프트웨어제작 등 8개 대상이 이미 생산에 투입되었다.

북·중 국경 지역에서의 투자 합작과 교역 등은 연례적으로 열리는 단둥, 창춘 등의 상품투자박람회를 통해 활성화되고 있다. 2012년 10월 단둥에서 열린 제1차 '중·조 경제문화관광박람회'에서는 12.6억 달러에 72건의 투자·무역 협력 의향서가 합의됐다. 또 2013년 10월 10일 열린 2차 박람회 기간에는 총 20여 개 나라에서 1만여 명의 기업인이 참가했으며, 200여 건 합작프로젝트 가운데 교통운수, 의류가공, 농산물가공 등 분야에서 모두 16억 달러, 93건의 투자·무역 합작 의향서가 체결된 것으로 나타났다. 의향서가 실제 투자를 의미하지는 않지만 북·중의 경제협력은 거스를 수 없는 단계에 와 있다.

훈춘이란 지명은 훈춘허에서 왔다. 훈춘허는 '꼬리'를 뜻하는 만주어인데, 세월이 흐르면서 변경, 국경 지역이란 뜻이 됐다고 한다. 동북3성 (만주) 지도를 보면 훈춘은 몸통에 붙은 꼬리 모양이다. 1997년 빌 클린턴 Bill Clinton 미국 대통령의 스캔들에서 소재를 취한 〈Wag the dog〉(꼬리가 몸통을 흔든다)라는 영화가 화제가 된 적이 있다. 맥락은 다르지만 말 그대로 지금 훈춘이 북방의 동북아 지역을 흔들고 있다.

한국에서 유일하게 훈춘에 진출한 포스코현대 국제물류단지

지린성은 난핑 – 무산의 배후도시인 허룽에도 변경 경제합작구 건설을 추진하고 있다. 기존의 창지투 물류 대통로를 바탕으로 둔화 종합물류 단지건설 등 인근 지역의 거점을 한데로 묶어 훈춘을 두만강 물류집산 내륙항, 동북아 변경무역의 물류집산 중심지로 만들어가고 있다. 포스 코현대가 훈춘에 물류단지를 건설한 것은 이런 흐름을 내다본 것이다.

훈춘의 포스코현대 국제물류단지는 러시아 프리모르스키 지역으로 연결된 훈춘 세관으로 가는 길 양쪽으로 펼쳐진 국제합작시범구 조금 못 미쳐서 오른쪽 길로 접어들어 10여 분 들어가는 곳에 있다. 인근 지역엔 신축 아파트 단지 공사가 한창이었다. 2012년 9월 착공되어 2014년 11월 창고와 사무실 건물 등 1단계 14만 제곱미터는 모두 마무리됐다. 넓은 들판에 주위에는 높은 건물이 없어 멀리서도 한눈에 보였다.

50년 임차된 150만 제곱미터(약 45만 평)의 부지에 들어설 물류단지는 물류창고, 컨테이너 야적장, 집배송 시설 건물들로 구성된다. 포스 코가 80퍼센트, 현대상선이 20퍼센트의 지분 투자로 총 사업비 1,994억 원을 투입해 2020년까지 3단계로 건설할 예정이다. 사업기획팀의 이승덕 부장은 브리핑에서 "1기 공사는 전체 부지의 5분의 1에 해당하는 0.3제곱킬로미터 부지에 컨테이너 야적장, 관리동, 기타 도로, 녹지, 수로 등을 짓고 있으며, 2014년 10월에 완공하는 걸 목표로 하고 있다"고 말했다. 이 부장은 "현재 훈춘 지역의 주요 수송품목인 철광, 석탄 등은 생산지에서 중간의 물류기지를 거치지 않고 직송되기에 주요 취급품목이 될 수 없다. 70퍼센트 정도가 소비재가 될 것이며, 사료, 자동차 부품, 곡물 등이 취급품목이 될 것이다"라고 예상했다. 그

1단계 공사가 완료된 훈춘 포스코현대 국제물류단지의 전경. 포스코현대 제공.

는 지린성의 물류가 러시아를 통과하는 데는 여전히 절차가 까다롭다기에 나진항의 경우 개방이 가속화될 것으로 내다보면서 포스코의 물류단지가 북한의 개혁·개방 및 통일 이후를 대비한 대북 진출 거점이라는 본래 취지에 맞게 기능하기를 기대했다.

포스코현대 국제물류단지는 동북3성의 변화와 북·중 협력 그리고 훈춘의 지정학적 위치를 고려한 포스코의 전략적 투자임이 틀림없다. 그러나 북·중·러 협력의 거대한 물결 속에서 한국의 존재는 미미했다. 포스코현대의 투자는 돋보였지만 유일하다보니 고립돼 있다는 인상을 지울 수 없었다.

2013년 11월 13일 박근혜 대통령은 푸틴 러시아 대통령의 방한을 계기로 러시아의 나진항 개발 투자에 참여해 30퍼센트의 지분을 확보하는 데 합의했다. 지난 6년에 걸쳐 중국과 북한·러시아가 추진해온 초국경 협력에 침여히겠다면서 남쪽 정부가 취한 첫 조처일 것이다.

그러나 30퍼센트 지분 참여로 무엇을 할 것인가?

천안함 사건으로 남북 관계의 문을 걸어잠근 남한 정부는 유라시아 이니셔티브, 실크로드 익스프레스 같은 거창한 구호만 내건 채 강 건너 불구경 하듯 이 지역의 변화를 지켜보고만 있다.

국경의 빗장을 열다

들어가며

북한은 2010~2011년 세 번에 걸친 김정일 국방위원장의 중국 방문을 통해, 독자적인 특구 계획(1991년 나진 자유무역경제지대, 2002년 신의주특구 등)에서 중국 접경 지역과의 협력을 통한 발전전략으로 선회했다. 그 합의의 결실이 2010년 12월 나선·황금평 경제지대 공동개발·공동관리 협정 체결이었다. 그 실행 계획요강이 2011년 작성되었으며, 이에 바탕해 김정일 국방위원장의 마지막 중국 방문 직후인 2011년 6월 9일 북한과 중국은 황금평에 이어 '나선경제지대 조·중 공동개발 및 공동관리 대상 착공식'을 거행했다. '공동개발, 공동관리'의 새로운 협력모델을 출범시킨 것이다.

이에 앞서 2010년 8월 창춘 정상회담에서 김정일 국방위원장과 후진타오 국가주석은 새로운 협력관계를 규정하는 16자 원칙을 내놓았다. 홍콩 『아주주간』에 따르면 그것은 '정부 주도·기업 위주·시장 운작運作(운영)·상호 공영'이다. 이는 과거 북·중 두 나라 '친선'의 특수관계를 대변해온 '전통 계승, 미래지향, 선린 우호, 협조 강화'의 다분히 원론적이고 추상적인 16자 방침과는 근본적으로 다른 것이다.

특히 중요한 것은 시장원리에 입각한 정부와 기업의 역할 분담이다. 즉 두 나라 정부 간 협조 지도 체계와 공동관리 체계, 개발경영 체계를 바탕으로 기업들이 시장경제 원칙에 따라 공동 번영에 나서도록 한다는 것이다. 정부 주도의 공동개발·공동관리, 기업 중심의 시장 중시, 공동 번영의 3원칙에 입각한 북·중 협력 시대의 개막이다.

'공동개발·공동관리'를 위해 중앙정부 차원에서는 개발협력 연합지도위원회(중국 천더밍 상무부 부장, 북한 장성택 국방위원회 부위원장 겸 조선노동당 행정부장)가, 지방정부 차원에서는 나선특구의 경우 지린성과 나선특별시 간 관리위원회가 설립되었다. 그리하여 이제 '2개 경제지구'(나선시, 황금평)를 중심으로 한 개발협력은 지방 간 경제·무역 협력 체제가 구축되는 형태로 진행되고 있다. 이에 따라 압록강, 두만강에 면한 국경 지역의 15개 통상구의 협력이 확대되고, 이를 이어주는 교량·도로 건설이 본격화되면서 이른바 '국경의 빗장'이 열리고 있다. 북한을 찾는 중국 관광객도 20만 명을 넘어서는 시대로 접어들고 있다.

1장

북·중 경제협력의 두 축, 공동개발·공동관리*

강태호 기자_ 옌지·투먼·싼허·훈춘**

중국으로 수입되는 무산 철광석

옌지 남서쪽 허룽和龍시를 지나 백두산 관문인 얼다오바이허(이도백하)로 이어지는 2차선 도로 양쪽은 덤프트럭들이 분주히 오가고 있었다. 관광 시즌이 지난 뒤라 간간이 택시들이 눈에 띌 뿐 도로는 톈츠天池공업무역 유한회사의 트럭들이 점령하다시피 했다. 도로 한쪽 산 중턱엔 톈츠가 운영하는 철광분 생산공장이 자리하고 있었다.*** 1시간 30분여 거리의

---

* 민화협 2차 북·중 접경 지역 현지조사 사업의 일환으로 2013년 10월 30일부터 11월 2일까지 옌지를 중심으로 두만강 지역의 북·중 국경 지역을 돌아봤다. 함경북도 회령이 내려다보이는 싼허를 시작으로 투먼을 지나 동쪽으로 훈춘과 인근의 취안허 – 원정리, 팡촨에서 북·중·러가 국경을 접하며 두만강이 동해와 만나는 하구의 풍경을 바라봤다. 짧은 일정이라 카이산툰開山屯 – 삼봉의 통상구는 그냥 지나쳤고, 무산이 한눈에 들어오는 호암전망대까지는 올랐으나, 인근의 무산 철광석이 오가는 주요 통로인 난핑 – 칠성리 통상구까지는 통제로 가보지 못했다. 11월 1일엔 옌벤대학 동북아연구원과 민화협 정책위원회가 주관한 '동북아평화협력 구상과 초국경 협력 방안' 세미나가 있었다. 2013년은 중국이 동북3성 개발을 위한 동북진흥계획을 내놓은 지 10년이 되는 해였다. 이 글은 당시 취재내용을 바탕으로 그동안의 변화 등을 추가해 재정리한 것이다.

** 5부는 강태호가 집필했다.

허룽시 철광장을 오가는 덤프트럭들이 2차선 도로를 가득 메웠다.   ⓒ강태호

무산광산에서 철광석을 잔뜩 싣고 온 트럭들은 뿌연 먼지를 뿜으며 공장
으로 들어갔다 다시 허룽의 국경통상구인 난핑을 거쳐 아시아 최대 노천
광으로 유명한 무산 쪽으로 향했다. 두만강을 사이에 두고 북쪽 무산군
칠성리 통상구와 마주 보는 난핑은 무산 철광석의 주요 반입 통로이다.
그 때문에 난핑 통상구는 국가2급 육로통상구임에도 북·중 육로 국경세
관 가운데 규모가 가장 컸다.『옌벤일보』(2013년 9월 10일)에 따르면 2013
년 1~8월까지 북한산 철광석 통관물량은 38만 6,000톤을 기록했다. 이
는 2012년에 비해 두 배가량 증가한 것이다. 2013년 50만 톤 이상의 북
한산 철광이 난핑 통상구를 통해 수입되며 중국 세관당국은 통관 편의를

*** 옌벤 톈츠공업은 국유기업인 통화강철그룹과 중장中鋼그룹의 자금 지원을 받아 북한에 생산설비
와 운영자금을 제공하고, 무산광산에서 채굴된 철광석을 보상무역 방식으로 중국에 반입하여 통화강철그
룹에 판매하고 있다.

5부 국경의 빗장을 열다

위해 2~3분기에 매일 개관 시간을 한 시간 앞당기고 검사·검역에 걸리는 시간도 최대한 단축했다고 이 신문은 전했다.

무산광산의 철광석과 나진항 석탄 수송

자원개발과 물류는 젓가락의 한 짝처럼 같이 가야 한다. 물류가 뒷받침되지 않는 자원개발은 무의미하고 그 반대도 마찬가지다. 문제는 같이 갈 수 없는 경우 어느 것이 먼저냐다.

　무산광산의 경우 먼저 북한 쪽에 채굴 장비 등을 지원하고 그에 따른 철광석 생산 증가에 맞춰 도로, 교량, 철도 등의 인프라 구축이 추진됐다. 그에 반해 나진에서 북·중 협력은 물류로 먼저 시작됐다. 무산의 경우 북한산 철광석을 중국이 수입하는 것이었다면, 나진은 중국이 석탄을 운송하기 위한 출구로 필요했기 때문이다. 2008년 나진항 1호부두 1번선석 사용권 확보에 나선 곳은 다롄의 화물운송업체 창리그룹이다. 창리그룹은 나진항 부두 보수와 확장 공사로 연간 100만 톤의 하역 능력을 갖췄다. 그러고는 2011년 12월 중순부터 2012년 1월 초 사이 훈춘 일대 석탄 약 1만 6,700톤을 한 달여에 걸쳐 나진항 1호부두에서 상하이로 수송하기 시작했다. 취안허 – 원정리 사이의 두만강교 보수는 2011년 6월 완료됐으나 취안허 – 나진으로 이어지는 도로(53킬로미터 구간)의 개·보수가 완료된 때가 2012년 10월이니, 이때는 공사 기간이었다. 그러자 이번엔 국영 석탄회사들이 뛰어들었다. 『옌볜일보』(2012년 1월 5일)에 따르면 빠롄성八連城 탄광 등 훈춘 일대 3개 탄광을 보유한 훈춘광업그룹은 2010년부터 대대적인 설비 증설 투자를 바탕으로 연간 생산량을 두 배로 늘려 1,000만 톤 채탄 능력을 확보했다. 2012년부터 나진항 물류수송이 본격화될 것으로 본 것이다. 훈춘 등 지린성은 물론이고 지린성 지역에 비해 고열량 석탄이 풍부한 헤이룽장성 지시鷄西 등의 석탄회사들도 가세했다고 이 신문은 덧붙였다.

나진항을 이용해 석탄을 수송하면 물류비가 줄어든다. 중국 『신화넷』(2012년 9월 5일)은 훈춘 지역의 석탄을 나진항을 통해 실어 나를 경우, 다롄항까지 철도로 운송한 뒤 화물선을 이용하거나 철도에 의존하는 과거 방식에 비해 톤당 60위안(9.5달러)의 운송비를 절약할 수 있다고 전했다. 그러나 이보다 더 중요한 것은 다롄, 잉커우 등 남부의 랴오닝성 항구들이 물동량 증가에 따른 적체에다 환경문제 등을 들어 석탄하역 자체를 거부하고 있다는 것이다. 그런 점에서 나진항, 청진항 등 북한 지역의 항만을 확보하는 것은 지린성의 석탄 등 물류수송에 사활이 걸린 문제이다.

석탄 수송이 본격화되자, 나진에서 시작되는 남방 수송로도 상하이는 물론이고 안후이성과 산둥성 등 동부 연안 쪽으로 확대되고 있다. 훈춘 포스코현대 국제물류단지의 이승덕 부장은 2013년 10월 "중국 중앙정부가 해관총서에서 그동안 훈춘→상하이의 일방향 수송만 가능했던 남방 수송로를 쌍방향으로 비준한다는 방침을 내놨다"고 전했다. 훈춘에서 나진을 거쳐 동해로 나가 상하이, 닝보 등 중국 남동부 해안 지역으로 수송하는 남방 항로 시대가 열리는 조건을 갖추게 되는 것이다.* 중국 『신화넷』(2012년 9월 5일)이 지적했듯이 동북의 내륙 지역과 북한을 잇는 교통망이 점차 골격을 갖춰가면서 지린성의 150년 숙원인 '제강추하이'借港出海가 현실화되고 있다.

이미 철광석 수출이 본격화된 무산광산도 이제 문제는 물류다. 그리

---

* 동해 뱃길 확대에 주력해온 지린성은 2014년 1월 남방 항로 노선을 기존의 상하이, 닝보까지에서 푸젠성 취안저우, 광둥성 광저우까지로 연장하는 방안을 추진 중인 것으로 알려졌다.

5부 국경의 빗장을 열다

고 그 방향은 우선 내륙으로 연결한 뒤 동해 쪽 출구로 향하고 있다. 이미 중국 쪽은 허룽시 인근 난핑진까지 철도를 놓았다. 『옌볜일보』(2013년 1월 11일)에 따르면 허룽 – 난핑 간 42.5킬로미터 구간의 철도는 착공한 지 3년 4개월 만인 2012년 12월 완공돼 철도 당국의 검수를 받았다. 산이 많아 대부분 터널로 연결하는 난공사였다. 이 공사에는 11억 9,600만 위안(약 2,000억 원)이 투입됐다.

난핑은 허룽을 통해 중국 동북의 내륙철도망과 연결할 수 있게 됐다. 이제 중국은 난핑 – 무산을 철도로 연결하려 한다. 기존에 트럭을 이용한 철광석 운반에는 한계가 있었다. 난핑 – 칠성리 통상구를 잇는 교량은 1997년에 건설된데다 그 뒤 북쪽 무산광산까지의 구간은 두만강을 따라 U자형으로 굽는 산길 중턱의 좁은 비포장도로였다. 『지린신문』(2013년 2월 25일)에 따르면 왕루린王儒林 성서기는 2013년 2월 첫 지도소조 전체회의에서 난핑과 무산을 철도로 연결해 난핑철도 통상구를 건설하는 방안을 제기했다. 북한의 항구를 이용한 동해 항로 개척에 적극적인 지린성은 무산까지 연결한 뒤엔 이 철도를 다시 북한의 청진까지 연장하겠다는 구상이다.

지린성의 동해 출구전략과 북한의 광산 개발전략

『지린신문』(2012년 9월 6일)에 따르면 2011년 9월 1일 옌볜하이화그룹延邊海華集團과 조선항만총회사는 해항 합작경영회사를 설립했다. 북한이 2011년 말 합작경영법을 수정한 이래 투먼시 기업과 체결한 첫 번째 사례다. 쌍방은 물동능력이 700만 톤인 청진항 3·4호 인접 부두를 공동관리하고, 그 이용에 대해서 구체적으로 합의했다. 이사회 설립, 관리기구 경영 및 투자액, 이윤 분배, 노동자 관리 등 세칙을 비롯해, 북한이 부두와 노천화물 하차장에 대한 30년간의 임대비를 투자금으로 출자해 39.54퍼센트의 지분을 갖고, 중국이 하역 설비, 운수 장비, 항구 건설 기자재 등에 대한 투자금으로 지분의 60.46퍼센트를 갖도록 했다. 2015년까지 항만화물운수량을 100만 톤 이상으로 확장한다는 계획이다.

중국은 위에서부터 차례로 내려오면서 훈춘을 나진으로 연결하고, 투먼 – 남양, 싼허 – 회령, 난핑 – 무산은 거리가 가깝고 항만규모가 큰 청진항을 동해 쪽 출구로 삼으려고 한다. 그것도 훈춘 – 나진 간 도로보다 물동량이 큰 철도로 연결하려 한다. 그러나 그건 중국의 생각이다. 난핑 – 무산 철도 연결에 대한 북한의 생각은 다르다. 그 내막을 들여다보면 자원개발과 수출과 관련해 북한과 중국의 이해가 엇갈려 있기 때문이다.

2006년부터 본격화된 북한과 중국의 무산철광 합작사업은 북한이 중국 기업들의 자금을 끌어들여 설비 투자를 하지만 단독 경영을 고수했다. 또 투자자금에 대해선 철광석이나 분광을 공급해 상환하는 방식이었다. 채광 설비를 확충해 생산을 증대하고 이를 바탕으로 수출하는 것이다. 그러나 『연합뉴스』(2013년 1월 11일)에 따르면 북한은 이제 철광석을 단순 수출하는 것이 아니라 제철 과정을 거친 뒤 가져가라고 요구하고 있다. 반면에 중국 쪽은 광산권을 비롯한 실질적 운영권을 요구하고 있다. 난핑 – 무산 철도 연결이 지체되고 있는 것은 철광석 정광만 가져가는 걸 북한이 원치 않기 때문으로 볼 수 있다. 채굴한 원광을 분쇄만 하는 수준인 정광은 순도가 많이 떨어져 제값을 받지 못한다. 중국의 한 대북 소식통은 "북한은 무산철광을 놓고 중국 유수의 철강그룹들과 양해각서 MOU를 여럿 체결했지만 실질적인 투자계약으로는 이어지지 않고 있다. 중국이 실질적인 운영권을 보장해야 한다고 주장하기 때문이다"라고 설명했다. 이 소식통은 중국이 단순 철광석 정광만 가져갈 생각을 하는 반면 북한은 중국이 북한의 광산뿐만 아니라 제철소 정상화를 위한 투자까지 하기를 요구하고 있는데, 이런 투자는 중앙정부가 직접 나서지 않고는 성사되기 어려울 것이라고 전망했다. 자원개발을 둘러싼 이해 대립은 혜산청년구리광산에서도 전형적으로 나타나고 있다.

북·중 간 마찰의 상징, 혜산청년구리광산

그동안 혜산청년구리광산 투자는 계속되는 문제로 북·중 간 마찰의 상징이었다. 주로 중국 쪽에서 문제를 제기해 일방적인 측면이 있었는데, 북한은 중국 자본의 횡포로 보고 있다.*

북한 양강도 혜산시의 혜산청년구리광산은 최대 6조 달러어치로 추정되는 한반도 최대 규모의 구리광산으로 꼽힌다. 특히 북·중 국경에서 3.2킬로미터밖에 떨어져 있지 않다. 중국은 2007년부터 이 광산 개발에 뛰어들었다. 현재 지분을 51퍼센트 가진 중국의 완샹萬向자원유한공사가 북한과 합작 형태로 독점 개발하고 있다. 중국 최대 자동차 부품 기업이기도 한 완샹의 루관추魯冠球 회장은 2012년 1월 경제전문 매체인 『블룸버그』와 회견에서 예전에 중국에 진출한 외국 기업들이 중국에 했던 말과 다를 바 없는 불만을 쏟아냈다. 그는 도로와 전기 등 북한의 열악한 사회기반시설과 지도부의 말 한마디에 국제관례가 가볍게 무시되는 북한의 현실을 꼬집으면서 북한이 30년 전 중국과 마찬가지로 매우 낙후돼 있다고 잘라 말했다. 그러면서도 그는 "북한이 중국과 접촉하면서 더 개

* 이하 혜산청년구리광산을 둘러싼 북·중 간의 이해 다툼에 대해선 『자유아시아방송』RFA의 다음 보도를 재정리한 것이다. 「북·중, 혜산청년광산 두고 마찰」(2014년 1월 14일); 「중국 기업 북 광산투자는 '밑 빠진 독'」(2013년 3월 20일); 「북, 구리광산 살리기에 안간힘」(2013년 8월 29일); 「북, 중국과 합영 '혜산 청년광산'에 꼼수」(2012년 5월 23일); 「중 총리, 김정일에 항의해 광산 지분 유지」(2012년 1월 23일).

방되고 더 자유로워질 것으로 확신한다"고 강조했다.

루관추 회장이 『블룸버그』에 털어놓은 경험담은 이렇다. 당시 완샹그룹은 북한의 혜산청년구리광산의 지분 51퍼센트를 소유한 중국 기업을 인수했다. 2007년 설립된 혜중광업합영회사의 지분 51퍼센트(혜산청년구리광산은 49퍼센트)를 완샹자원유한공사가 인수해 2011년 9월부터 15년 동안 공동경영하기로 했다. 생산된 구리 정광은 모두 중국에 팔아 수익금의 49퍼센트는 북한이, 51퍼센트는 중국 완샹그룹이 갖기로 했다. 당시 혜산청년구리광산은 폐광으로 방치돼 있었다. 완샹은 지분 인수를 하면서 2년에 걸친 광산 개·보수에 나서 광산을 되살렸다. 완샹은 그동안 대북 투자금으로 5억 6,000만 위안(9,000만 달러)을 투입했다.* 그러나 북한으로부터 아무런 보상 없이 전체 지분을 내놓으라는 통보를 받았다. 급기야 평소 친분이 있던 원자바오 중국 총리에게 도움을 요청한 끝에 완샹그룹은 광산 지분을 계속 소유할 수 있었다고 루관추 회장은 밝혔다.

북한은 중국 쪽에 노동자들의 임금문제를 제기하며 계약을 파기하려 한 것으로 알려졌다. 루관추의 요청으로 원자바오 총리는 2010년 5월 중국을 방문한 김정일 국방위원장에게 이 문제를 제기해 기존 계약을 준수하기로 했다. 그러나 중국 쪽은 그 뒤에도 북한이 완샹을 몰아내기 위해 갖은 방법을 동원해 생산을 방해하고 있다고 주장했다. 혜산청년구리광산의 중국 쪽 기술자는 2013년 3월에도 "북이 혜산청년구리광산의 생산량을 조절하기 위해 일부러 전기를 주지 않고 있다"고 말했다. 이대로 가면 구리 정광 5,000톤을 생산한다는 애초 계획의 절반도 달성하기 어렵다고 소식통은 주장했다.

중국 쪽 소식통은 "북이 정전뿐만 아니라 지하갱도로 통하는 컨베이

---

* 『원트 차이나 타임스』Want China Times, 2013년 3월 17일.

어 설비들을 일부러 수리하지 않고 방치하고 있다. 수단과 방법을 가리지 않고 생산을 방해해 손해를 감당하지 못한 중국 기업이 스스로 물러나도록 만들려는 혜산청년구리광산의 얄팍한 전략이다"라고 주장했다. 그러나 북쪽의 얘기는 다르다. 북은 "혜산청년구리광산에서 생산되는 구리 정광을 제련하기 위해 900만 달러를 들여 양강도 운흥군 일건노동자구제련소를 새로 복구해놓았는데 중국이 생산한 정광을 모두 중국으로 보내면서 일건제련소는 멈춰 있는 상태"라고 말했다. 어느 쪽의 횡포인지는 한쪽 얘기만 듣고 판단할 수 없었다.

그 뒤 2013년 8월 김정은 노동당 제1비서가 특별히 혜산청년구리광산에 들러 약속을 지키도록 지시를 내리면서, 혜산청년구리광산의 구리 정광 생산량은 월간 300톤까지 오른 것으로 알려지고 있다. 양강도의 한 소식통은 "김정은 제1비서가 혜산광산을 비롯해 외국과 합영한 기업들이 약속을 철저히 지킬 것을 지시했다. 이 지시에 따라 혜산광산의 구리 정광이 모두 중국으로 실려 나간다"고 전했다. 이 소식통에 따르면 이는 중국과 합영한 혜산광산에 대해 그동안 북한이 약속을 지키지 않은 것으로 알려지면서 '양강도 경제개발구'에 대한 중국인의 다른 투자에까지 심각한 악영향을 미쳤기 때문이라는 것이다.

그러나 2014년 들어 장성택 처형의 여파인지 혜산청년구리광산은 1월부터 다시 가동을 중단했다. 양강도 무역부문의 북쪽 간부는 '혜산청년구리광산'의 구리 정광 수출이 중단된 것과 관련해 중국과의 합영계약을 완전히 파기하는 것은 아니라고 주장하면서, 일부 불공정한 사항에 대해선 반드시 다시 협의한다는 것이 우리(북한)의 생각이라고 밝혔다. 북쪽이 불공정계약으로 보는 것은 '생산된 구리 정광을 전부 중국에 팔아야만 한다'는 조항이다. 이 무역간부는 "혜산광산에서 생산된 구리 정광에는 금, 은, 아연을 비롯한 희귀금속들이 많이 섞여 있다. 이 때문에 '일건

제련소'를 통해 제련을 거쳐 1차적인 구리제품을 팔아야 한다는 것이 새로 합의해야 할 부분이다"라고 강조했다. 북쪽의 논리는 가진 자, 강자로서 중국이 유리한 지위를 이용해 북쪽의 자원을 독점함으로써 부당 이득을 챙기고 있다는 것이다. 북·중 간 마찰은 이 같은 경제논리에 따른 필연적 측면이 있다. 이 북쪽 무역간부는 또 이렇게 말했다. "이는 '혜중광업합영회사'만이 아닌 중국과의 모든 외화벌이 사업에 해당된다. 과거에 강요된 불공정 조항들을 반드시 바로잡겠다는 것이 중앙의 의지이기 때문에 앞으로 중국과의 무역마찰은 피할 수 없을 것이다."

중국은 지린성의 동해 출항권이 필요하고, 북한은 자원개발과 항만, 철도, 도로 건설을 위한 투자가 절실하다. 서로의 필요에 따라 움직이고 있고 어느 한쪽의 요구가 일방적으로 관철되는 것은 아니지만 혜산청년구리광산이나 무산광산에서 보듯이 필연적으로 이해가 충돌할 수밖에 없다. 자원개발에서 중국에 의존할 수밖에 없지만 캐낸 광물로 중국이 막대한 이익을 내고 있는 걸 북한이 그대로 놔둘 리가 없다. 북한은 경영 주도권을 되찾으려 하고 있고, 나진에 이어 청진에서도 볼 수 있듯이 중국은 중국대로 항만운영의 주도권을 행사하려고 한다. 그러나 북·중 간의 경제적 격차로 보건대 철도, 도로, 교량, 항만 등에 대한 투자 여력이 없는 북한으로서는 중국의 요구를 수용하지 않을 수 없는 측면이 크다.

북·중, 공동개발·공동관리 합의

2010년 5월 중국을 방문한 김정일 국방위원장이 후진타오 주석과 북·중 나선경제무역지대의 '공동개발, 공동관리' 방식에 합의한 것은 북·중 협력이 새로운 단계로 진입하는 기틀이 되었다. 이때부터 두 나라는 중앙정부, 성·지방정부 차원에서 공동지도위원회를 만들었고, 2012년 8월 당시 실권자인 장성택 당 행정부장이 중국을 방문해서 중앙정부 간 3차 북·중 공동지도위원회를 통해 나진과 황금평에 각각 북·중 공동의 관리위원회를 출범시키기로 합의했다. 중앙정부가 주도적으로 나설 수 있는 틀을 만든 것이다.*

엔벤대학 경제관리학원 김성남 교수는 북·중 경제협력의 특징으로 첫째, 중앙정부 주도의 북한 2개 경제특구의 공동개발과 공동관리를 꼽았다. 둘째 역시 중앙정부 주도의 지방정부 간 공동개발 협력이다. 그리고 셋째로 단둥 중·조 무역박람회, 나선 국제상품전시회 등의 상품 교역 및 투자 상담을 위한 기업 간 협력을 들었다.**

엔벤대학 동북아연구원 윤승현 교수도 "북·중은 정부 주도, 시장 운영의 기업 위주, 호리호영(상호 이익과 상호 변영)의 경협 원칙에 합의했으며, 랴오닝성 연해 경제벨트와 평안북도의 신의주특구(황금평·위화도경제지대), 지린성의 창지투 개발·개방 선도구와 함경북도의 나선특구(나진·선봉자유경제무역지대)를 연계한 '양국 양 지역' 모델을 만들었으며, 이제 '양국 일지역' 모델로서 초국경 경제협력지대를 발전시켜가는 이론적 탐색을 진행하고 있다"고 지적했다.

림금숙 옌벤대학 교수는 "'공동개발, 공동관리' 협력모델로 양국 간 경

---

* 중앙정부 차원의 개발협력 연합지도위원회는 2010년부터 2011년까지 모두 두 차례 회의를 했는데, 1차는 2010년 11월 평양에서 개최되었고, 2차는 2011년 6월 랴오닝성과 지린성에서 열렸다. 3차 회의는 김정일 국방위원장 사후 2012년 8월 14일 베이징에서 열려 지린성 정부와 나선특별시 정부가 중·조 나선경제무역구와 황금평·위화도 경제구관리위원회 설립을 정식으로 선포하고 관리위원회를 설립·운영하는 것에 관한 협의, 경제기술협력에 관한 협의, 농업협력에 관한 협의, 송전·공업단지건설 등 관련 구체적인 내용에 합의했다. 이를 바탕으로 2012년 10월 26일에 중·조 나선경제무역구 공동관리위원회 현판식이 나선시에서 거행되었다. 그 뒤 불과 한 달여 만에 장성택은 숙청·처형됐다.
** 2013년 11월 1일 옌벤대학 동북아연구원과 민화협 정책위원회가 주관한 '동북아평화협력 구상과 초국경 협력 방안' 세미나.

제협력은 점차 상호 이익이 되는 차원으로 변화될 것이며, 이는 적어도 특구 내에서는 북한이 중국 정부·기업과 공동으로 개발하고 공동으로 관리하겠다는 뜻이기에 커다란 변화"라고 평가했다.* 그에 따르면 북한은 중국과 경제협력을 해서 산업자원을 개발하고 산업시설을 현대화하며 인프라를 구축해가는 한편, 중국은 대북 투자를 통해 북한의 광물자원 수입을 확대하고, 북한 내 산업·인프라 시설을 이용하여 대외 개방도를 한층 상승시킬 수 있다는 것이다. 현재 북한 경제는 해외자본과 선진 기술의 지원 없이는 생산을 정상화하기 어렵고, 중국의 동북진흥전략은 북한의 항구와 자원을 이용하면 대외 개방도를 한층 높일 수 있다. 그런 점에서 "'공동개발, 공동관리' 협력모델은 단순한 무역과 투자를 넘어선 더 넓고 깊이 있는 경제협력 단계로의 진입을 의미하며 북한의 시장화를 촉진하는 긍정적인 변화를 가져올 수 있다."

정부 주도에서 기업 투자 중심으로 협력 확대 심화

북·중 간 경제협력은 그동안 정부 주도 공기업 중심의 철도, 도로, 교량 등의 인프라 투자와 결합한 자원개발 분야의 협력으로 진행됐다. 북한자원연구소의 보고서에 따르면 중국 기업은 2000년대 중반과 후반에 20개 광산에서 31개 사업을 진행하였다. 중국의 투자가 확인된 북한의 광산으로는 함경북도 무산철광, 함경남도 상농금광, 양강도 혜산청년동광, 평안북도 덕현철광, 평안남도 2·8직동청년탄광, 황해북도 은파아연광산

* 림금숙(옌볜대학 경제관리학원 국제무역학과 교수), 「장길도長吉圖 선도구와 나선특별시 간 경제협력의 새로운 동향」, 『북한경제리뷰』, 한국개발연구원, 2013년 1월.

등이 대표적이다.*

북한 전체로 보면 일부 중국 기업들은 여러 지역의 투자가들에게서 자금을 모집하여 상대적으로 규모가 큰 광산 개발, 제조업, 유통업 등에 투자를 실행하는 것으로 알려져 있다. 항저우 와하하그룹, 허난 일타그룹, 지린 방직진출구공사, 지린 연초유한공사, 옌벤 톈츠공업, 산둥 초금광업그룹, 난진 슝모전자그룹 등은 기업규모와 대북 투자액이 큰 것으로 파악되고 있다.** 나진·선봉특구 중심으로 보면 2012년 중반 이후부터는 관련 산업분야, 예컨대 시멘트, 유통, 농업, 수산물 가공, 금융, 전력 등에서 해당 기업들의 진출이 뒤를 이었다. 이는 이미 정부 간 공동개발, 공동관리의 틀에서 추진된 인프라를 기반으로 기업들이 투자할 여건이 마련됐기 때문이다. 그런 점에서 나선특구에서의 북·중 협력은 이제 기업과 민간 투자 중심의 시장경제적 협력이 확대 심화되는 단계에 들어섰다고 할 수 있다.

초기부터 진행된 나선경제특구에서의 항만, 도로, 철도 등 기반시설과 전력 수송망 개조, 건설 투자 등은 공공성이 강하고 규모가 큰 프로젝트였다. 2013년 초 지린성 경제합작국이 밝힌 바에 따르면 북한 나선경제특구에 투자를 결정한 중국 국유기업은 8~10개에 이르는 것으로 알려졌다. 이에 반해 민간기업들의 경우 북한에 대한 투자나 경제협력에 대해선 공개를 꺼려 전모를 알기가 쉽지 않다. 언론에 보도된 기업들을 보면 중궈中國자오퉁交通그룹, 중궈그룹(철로 건설), 중궈뎬리電力그룹, 항만회사인 홍콩 자오상쥐招商局그룹, 부동산개발회사인 상하이 뤼띠綠地그룹 등이다.

* 「북한 자원개발사업 실태분석 보고서」, 북한자원연구소·한국광물자원공사, 2010.
** 이종림, 「중국의 대북투자 리스크와 대응방안」, 『북한경제리뷰』, 한국개발연구원, 2013년 2월.

한눈에 봐도 철도, 전력, 도로 등 공공 인프라 투자와 관련돼 있음을 알 수 있다. 1873년 설립된 자오상쥐는 중국 최대의 국영 항만운영회사로 자산만 1조 5,000억 위안(약 266조 원)에 달하는 것으로 알려졌다. 1992년 7월 상하이에서 창업한 뤼띠그룹은 2011년 매출액이 200억 달러로 중국 최대 부동산개발회사다. 2011년 중국 500대 기업 중 36위를 차지했다. 뤼띠는 2012년 4월 제주도 헬스케어타운에 웰니스 파크를 개발하는 데 최대 9억 달러를 투자하기로 했다. 뤼띠그룹이 나선특구에서 구체적으로 어떤 투자를 하고 있는지는 알려지지 않았다.

다만 2012년 8월 중국 언론에 보도된 바에 따르면 자오상쥐그룹 투자팀이 2012년 7월 중순 북한 나진·선봉특구를 방문해 북쪽 관리들과 앞으로의 특구 개발에 대해 기본적 합의를 했다고 한다. 그 내용은 초기에 들어간 다롄의 창리그룹이 맡은 나진의 1호부두와 2호부두, 러시아 업체가 개발 중인 3호부두를 자오상쥐가 주도하는 국영기업 컨소시엄이 모두 맡아 개발한다는 것으로, 이 컨소시엄에 각각 뤼띠그룹과 종합건설업체인 중젠中建이 참여한다고 한다. 이 시점은 북한의 실권자인 장성택 당 행정부장이 김정일 국방위원장 사후 처음으로 8월 14일 중국을 방문해 3차 북·중 공동지도위원회를 열기 직전이다. 공동지도위원회에서는 나선과 황금평에 각각 공동관리위원회를 출범시킨다는 결정이 내려졌다. 이를 계기로 나선특구가 좀 더 실질적인 개발단계에 들어섰는데, 이후 나선특구에 중요한 투자 결정이 내려지고 있는 것을 보면, 개발을 자오상쥐 컨소시엄이 맡으려 했던 것으로 보인다.

장성택 방중과 북·중 경제협력

당시 언론보도로는 자오상줘 쪽이 기존 3개 부두 외에 추가로 4·5·6호 부두를 더 건설하기로 북한 쪽과 합의한 것으로 나왔는데, 옌벤대학 동북아연구원 윤승현 교수에 따르면 실제로도 지린성과 나선시 간의 연합지도위원회 3차회의에서 나진 4·5·6호부두 건설이 공식 결정됐다는 것이다. 그 뒤 나진항 4·5·6호부두는 국영기업 중쯔그룹中資集團이 맡은 것으로 보도되기도 했다.

또 장성택 방중 시 북·중 공동지도위원회의 결정에 따라 2012년 10월에는 나선경제무역지대 관리위원회가 정식으로 발족됐으며, 무엇보다도 지린성·나선시의 3차 연합지도위원회에서 부두 확장 이외에 투먼에서 나진으로 이어지는 철도 개·보수, 훈춘에서 나선 지역으로의 대규모 전력 공급, 창춘 야타이亞泰그룹의 나진 건축재료공업원 건설과 헤이룽장성 베이다황北大荒그룹의 현대적 농업시범구역 투자 등 중요한 경협 현안이 결정됐다고 윤 교수는 전했다.

이는 그동안 인프라 투자 위주의 북·중 협력이 부동산, 유통, 농업, 시멘트, 건재 등의 영역으로 확대 심화되었다는 걸 보여준다. 우선 상하이 증시 상장업체로 건축재료와 부동산이 주력업종인 야타이그룹은 2012년 8월 15일 주식시장 공시에서 나선시 인민위원회와 나선경제무역구에 시멘트와 콘크리트 가공 생산라인, 건축 내외장재 생산라인 등을 갖춘 건축재료공업원을 건립하는 투자협약을 체결했다고 밝혔다. 야타이는 나진에 100만 톤 규모의 시멘트 반제품 공장을 짓고 투먼에는 완제품 공장을 지어 연관 생산체제를 갖출 계획이라고 했다. 투먼시 지역에는 석회석이 1억 2,000만 톤 정도 매장되어 있는 것으로 알려지고 있다. 야타이를 비롯해 뤼띠그룹 같은 부동산개발회사의 나진 진출은 북·중 협

력이 만들어내는 교량, 철도, 도로 등의 건설 사업이 새로운 민간 투자를
끌어들이고 있음을 보여준다.

농업·유통업·수산업 분야로 확대되는 경제협력

베이다황그룹의 농업 투자에 대해선 북한『중앙통신』(2012년 9월 5일)이
확인했다. 이에 따르면 중국의 최대 곡물생산기업인 베이다황그룹이 '나
선 베이다황 친선 농업회사'를 설립해 약 555만 제곱미터의 농지에 쌀을
재배하는 등 농업시범구를 운영하고 있다는 것이다. 베이다황그룹은 연
간 매출 40억 달러인 아시아 최대 곡물생산회사 가운데 하나로 중국 헤
이룽장성 농간총국이 소유한 국영기업이다. 헤이룽장성 일대 5만 4,400
제곱킬로미터(약 164억 평)에서 농장 100여 곳을 운영하면서 해마다 1,100
만 톤 이상의 곡물을 생산하는 것으로 알려져 있다.

중국의 친황다오금지부동산개발유한공사가 북한의 나선백호무역회
사와 나선 지역에 국제무역센터를 건설하는 합의도 이 시기에 했다.『중
앙신』(2012년 8월 28일)은 나선백호무역회사와 친황다오금지부동산개발
유한공사가 2012년 4월부터 나선특구에 상점과 식당, 호텔 등이 포함된
건물 16개동 규모(부지면적 4만여 제곱미터)의 국제무역센터를 짓고 있다고
전한 바 있다. 2013년 10월 나진을 다녀온 이종린 교수는 창고 7개와 사
무실, 호텔 겸 주상복합건물로 이뤄진 국제무역센터는 친황다오금지부
동산개발유한공사가 2층을 쓰고 1층은 이재에 밝은 친황다오 상인들에
게 임대해주고 있었으며, 건물 뒤쪽에 12월 완공 예정으로 현대적인 설
비를 갖춘 나진시장이 들어서고 있었다고 전했다.* 중국과의 물류소통
이 활발해진 나선 지역은 중국 상인들이 가져온 물건들이 넘쳐나고, 이

를 사고파는 현대적인 시장이 형성되고 있었다. 친황다오금지부동산개발유한공사의 북쪽 파트너인 나선백호무역회사는 현대아산의 금강산 관광사업을 관장해온 북한 군부가 운영하는 무역회사로 알려져 있다. 그런 점에서 남북 경협에서 큰 역할을 해온 백호무역회사가 금강산 관광사업이 막히자 북·중 경협 쪽으로 사업방향을 전환한 것으로 볼 수 있다. 여기서도 남북 경협 중단이 북·중 경협 활성화로 대체되고 있는 게 확인된다. 백호무역회사는 나선 지역 이외에 황금평·위화도 경제지대, 신의주 특구 등에서 중국 기업들과 합작법인을 세워 각종 외화벌이 사업을 하고 있는 것으로 알려져 있다.

중국 쪽에서 볼 때 기업 주도의 산업협력과 투자가 가장 완벽하게 이뤄지고 있는 분야는 수산업이다. 중국에서는 '청정 지역'의 이미지가 강한 북한에서 수입한 털게, 대게, 가시게, 소라, 가리비 등의 해산물이 자국산보다 비싼 가격에도 큰 인기를 끌고 있다. 바다가 없는 지린성은 예전부터 북한으로부터 수산물을 수입했지만 그동안에는 단순 교역에 머물렀다. 이제 훈춘·나선특구 간 분업체계를 통한 수산물 생산 가공과 수출 협력이 진행되고 있다. 2013년 10월 랴오닝성 다롄에 본사를 둔 훈춘 동양실업유한회사는 나진에 900만 달러를 투자해 대북 수산물 가공무역에 나섰다. 이에 앞서 이 회사는 2012년 4월 훈춘이 국제합작시범구로 지정될 때 이곳에 수산물 수출 가공공장을 설립했으며, 나진에서 1차 가공한 수산물을 훈춘 수출가공구를 통해 해외에 수출할 수 있게 되었다. 훈춘이 투자 유치한 최대 수산물기업인 동양실업유한회사는 매년 1,000만 달러에 달하는 수산 가공품 수출이 가능할 것으로 보고 있다. 이 회사는 수산물의 98퍼센트를 유럽 여러 나라와 일본, 한국으로 수출한다. 최

---

* 2013년 11월 1일 옌볜대학에서 열린 민화협 정책위원회와 옌볜대학 동북아연구원의 공동 학술세미나.

호표 총경리는 현지 언론에 "앞으로의 발전으로 볼 때 훈춘시를 국내 네 번째 수산물 기지로 건설할 수 있다"고 밝혔다.

지린성은 2012년 4월 훈춘 국제합작시범구를 지정한 이래 다롄 기업인 동양실업유한회사의 투자 유치를 훌륭한 성공 사례로 보고 있다. 북한 투자와 역외 가공의 이점을 바탕으로 수출 증대를 이뤄냈기 때문이다. 훈춘 홍하오洪昊식품공업무역유한회사도 마찬가지다. 홍하오식품공업무역유한회사는 동양실업유한회사와 순서만 달리했다. 먼저 북한 나선시 수채봉회사와 수산물 가공 합작 관계를 맺은 다음에 이를 바탕으로 훈춘 국제합작시범구에 대형 수산물 가공시설을 건설했다. 『옌벤인터넷 방송』(2013년 10월 14일)에 따르면, 이 회사는 부지 4만 제곱미터, 건축면적 1만 3,000여 제곱미터에 1,200명의 북한 노동력을 고용해 3개 수산물 가공기지를 운영하며, 수산 가공품 연간 생산규모는 2만 톤에 달했다. 그런 다음 역시 훈춘에 최종적인 가공공장을 세웠다. 훈춘이 나진·선봉 지역의 풍부한 해산물을 기반으로 중국 내 판매는 물론 유럽과 중동 등지로 수출하는 기지가 되고 있는 것이다. 훈춘·나진 간 수산업의 분업적 협력체계는 다른 분야로까지 다양한 형태로 진행될 개연성이 크다.

옌벤대학 김성남 교수에 따르면, 2013년 중국 기업의 북한에 대한 비금융권 직접투자 누적액은 3억 달러를 넘어섰고, 북한 내 투자 대상 기업도 100여 곳에 달한다.* 투자 영역은 광물 이외에 식품, 수산양식, 방직, 경공업, 전자제품, 화학공업, 의약품 등 여러 업종으로 확대되고 있다.

* 2013년 11월 1일 옌벤대학에서 열린 민화협 정책위원회와 옌벤대학 동북아연구원의 공동 학술세미나.

황금평특구 2~3년 내 개발 끝나

中朝睦鄰友好共促經濟繁榮

(중국과 조선은 선린 우호적으로 함께 경제 번영을 촉진하자)

軍地齊心協力同建和諧邊境

(군대와 지방이 합심하여 조화로운 국경 지역을 함께 건설하자)[*]

중국 랴오닝성 단둥시와 북한 평안북도 신도군 황금평이 맞닿아 있는 '황금평경제특구'에 내걸린 선전 구호다. 압록강 하구에 위치한 황금평은 신의주 최대 곡창지대로, 면적은 11만 제곱킬로미터로 여의도 면적의 4배 크기다. 특히 황금평은 압록강의 오랜 퇴적으로 중국 영토와 철조망 하나를 사이에 두고 맞닿아 있다. 2012년 8월 장성택 당 행정부장의 방중과 3차 북·중 공동위 회의는 나진·선봉지대만이 아니라 황금평 개발을 본격화하는 계기가 됐다는 점에서도 북·중 경협을 새로운 단계로 끌어올렸다고 볼 수 있다. 그동안 황금평·위화도, 신의주·단둥 지역은 훈춘·나선특구에 비해 거의 진전이 없는 것으로 알려져왔다.

실제로 북한과 중국은 2011년 6월 황금평과 위화도 지역에 경제특구 건설을 위한 착공식을 하고, 정보산업, 관광문화산업, 농업시설 현대화, 가공업 등을 주요 육성산업으로 하겠다고 발표했으나 그 뒤 1년여 이상 후속 조처가 뒤따르지 않았다. 그래서 중국이 경제적 관점에서 황금평 투자에는 관심이 없으며, 북한은 황금평에 투자하지 않으면 나진특구에서 협력하기 어렵다며 중국을 압박하고 있다는 얘기도 나왔다. 언론보도

---

[*] 「3년째 개발 멈춰선 '황금평'… 北 군인만 나와 밭 갈아」, 특별취재팀 국경 기획취재 ④, 『데일리 NK』, 2014년 5월 27일.

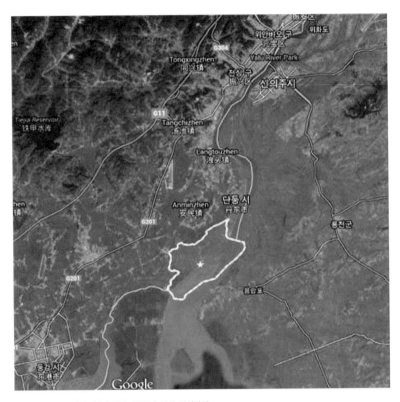

흰색 선으로 둘러싸인 지역이 황금평특구다. 구글 위성사진.

에서도 황금평 관련 움직임은 거의 없었다.

그러나 『38 노스』38 North*가 2013년 8월 황금평경제특구 지역의 상업용 위성사진 분석 결과를 바탕으로 분석한 내용은 그렇지가 않다. 『38 노스』는 장성택 방중으로 특구관리위원회를 발족시킨 2012년 9월 이후 관리사무소 빌딩 등 황금평경제특구를 조성하기 위한 인프라 개발이 상당부분 진척을 보였다고 밝혔다. 황금평경제특구관리위원회가 들어설 관

---

* 미국 존스홉킨스대학의 한미관계연구소가 운영하는 북한 연구 누리집.

5부 국경의 빗장을 열다

황금평특구로 들어가는 문에서 출입을 통제하고 있다.

리사무소 빌딩 건설은 2012년 9월 착공식을 했으며, 2013년 3월에 완공한 것으로 추정된다. 또 각각 140제곱미터 규모의 세관 및 보안관리 빌딩, 2개의 출입통제소가 건설된 것으로 보이며 도로 포장과 전력선 가설도 완료한 것으로 파악된다. 이에 따르면 황금평경제특구 개발은 상당한 진척을 보였으며, 현재와 같은 속도로 개발을 진행한다면 앞으로 2~3년 내에 개발이 완료되어 특구를 운영할 수 있다.

전력망 연계와 인민폐 결제통화 도입

옌벤자치주에서 가장 큰 평야인 훈춘 들판에 접어들면 가장 먼저 눈에 들어오는 것이 도로에서 500미터쯤 떨어진 곳에 위치한 화력발전소다. 훈춘 일대기 거대한 무연탄 산지라는 점을 이용해 들어선 발전소다. 두만강 건너에는 온성·아오지 등 우리에게도 익숙한 함경북도 북부 탄좌가 있다.

그동안 북한 투자에 큰 장애물 가운데 하나는 전력 부족이었다. 무산철광, 혜산구리광산 등에서 북쪽의 자원을 개발하는 데는 중국 쪽에서 전기를 공급했다. 나진 지역도 훈춘에서 전력을 공급해왔다. 중국 기업들의 현지 진출이 늘어나면서 전력 수요를 충족하기 위해서 북·중은 장기적으로 나진·선봉 지역에 화력발전소 건설을 검토하는 한편 훈춘으로부터의 전기 공급을 확대하기 위한 조처에 합의했다. 2013년 2월 중국전력건설집단유한공사가 훈춘에서 생산한 전력을 총 92.5킬로미터(중국 구간 52킬로미터, 북한 구간 40.5킬로미터)의 송전선로(66킬로볼트)를 깔아 나선 지구에 직접 공급한다는 계획을 발표했다. 선로, 측량, 지질, 수문 기술자들이 공동으로 작업에 나서 중국 쪽 구간 조사는 2013년 4월 초 최종 마무리했으며, 2013년 말까지 송전선로 건설 공사를 끝마친다는 계획이었으나 2014년 말까지도 연결되지 못한 상태다. 훈춘시는 화력발전소 증축을 고려하고 있다. 현재 훈춘 다탕大唐화력발전소의 연간 발전량은 44만 5,000킬로와트다. 훈춘시는 이를 120만 킬로와트까지 올리기 위해 추가 건설을 계획하고 있다. 120만 킬로와트는 원자력발전소 1기의 발전량으로 한국 대전직할시의 사용량에 해당된다. 인구가 30만 명에 못 미치는 변경도시인 훈춘이 전력생산 확대에 나선 것은 국제합작시범구 확대와 북한의 늘어나는 전력 수요에 대비하기 위함이다.

전력 문제와 관련해 북한과 중국은 중앙정부 차원에서 2013년 5월부터 네 차례 협상을 벌였으며, 국경 지역의 경우 지방정부들과도 여러 차례 협상을 벌여왔다. 중국의 전기를 끌어다 쓰는 데 기술적인 문제는 없는 것으로 알려지고 있다. 다만 북한이 5년간 차관 형식으로 전력을 공급받길 희망하는 반면, 중국은 상업거래 방식의 전력 판매를 제시해 이견이 있는 것으로 전해진다.

5부 국경의 빗장을 열다

나선특구로 전력을 공급할 예정인 훈춘의 화력발전소.　　　ⓒ강태호

북·중 협력은 금융 분야로까지 확대돼 인민폐(위안화)를 결제통화로 하는 단계에까지 이르고 있다. 옌볜대학 김성남 교수는 "2013년 9월 6일 세계 각지에서 온 1,000여 명의 정계 인사, 다국적기업 고위 경영자들이 참석한 창춘 국제무역전시회에서 구본태 북한 무역성 부상이 '조선과 중국 간의 경제무역협력 효율을 보증하기 위하여 두 나라 관련 은행은 인민폐를 결산화폐로 정할 것에 대해 협의 중'이라는 사실을 밝혔다"고 전했다.* 이미 북한 내 장마당 거래는 중국산 물품이 주로 거래되다보니 위안화가 장악하고 있다는 평가지만, 미국 주도의 유엔 제재, 남북 경협의 완전 단절이라는 상황에서 이는 더 막을 수 없는 대세일 뿐만 아니라 중국 기업 유치와 교역 확대를 위해 불가피하다 .

＊　2013년 11월 1일 옌볜대학에서 열린 민화협 정책위원회와 옌볜대학 동북아연구원 공동 학술세미나.

실제로 중국은 나선경제특구에 인민폐를 공식 결제화폐로 사용하기 위한 은행을 설립했다. 『훈춘넷』(2013년 2월 1일)에 따르면 2013년 1월 18일, 중국이 북한에 세운 첫 단독투자은행인 중화상업은행이 북한 당국의 비준을 받아 정식으로 설립됐다. 중국 다롄유한회사가 설립한 이 은행은 인민폐를 이용한 결산업무와 인민폐를 해외로 송금하기 위한 신용증, 환어음, 보증서, 담보 처리를 담당하며 예금, 대출 업무와 금융·재정관리 업무도 취급한다. 훈춘시 런푸위任璞玉 부시장은 개소식에서 "중화상업은행의 설립은 중국과 조선이 체결한 '나선특구 공동개발 공동관리 합의'의 중요한 조처를 시행하고 양국의 금융협력과 무역거래를 확대해 경제발전을 촉진하는 역할을 할 것"이라고 말했다.

장성택 처형과 북·중 경제협력의 불확실성

장성택은 김일성종합대학 정치경제학부를 졸업하고 모스크바에서 유학한 엘리트다. 1972년 김경희와 결혼하며 본격적으로 북한의 중앙정치 무대에 등장했다. 김일성의 사위로 탄탄대로를 달렸지만 음주가무를 좋아한다는 이유로 김일성 눈 밖에 나면서 강제노역에 처해졌다는 설이 있다. 이후 다시 중용됐지만 처남 김정일이 집권했을 때도 파벌을 만들었다는 이유로 다시 숙청됐다. 하지만 두 번째 재기까지 성공했다. 정치적으로는 온건파, 경제적으로는 개혁·개방파로 알려진 장성택은 김정은 체제에서도 경제개혁을 주도하며 2인자로 군림해왔다.

2012년 8월 김정은 노동당 제1비서의 특사로 중국을 방문했을 때는 국가원수급 대접을 받으며 북·중 경협에서 핵심적 역할을 맡고 있는 것으로 판단됐다. 하지만 2013년부터 공식석상에서 김정은을 수행하는 횟

수가 급격히 줄었고 12월 숙청되기 전 한 달간은 아예 모습을 드러내지 않아 건강 이상설이 돌기도 했다. 그가 공개석상에 마지막으로 모습을 드러낸 때는 일본의 참의원 의원이자 프로레슬러인 이노키 의원 일행을 접견한 2013년 11월 6일이다. 그리고 12월 8일 북한 전역에 체포 장면과 함께 중대범죄 혐의까지 공표되면서 일순간 최고 실세에서 반역자로 전락하고 말았다. 이어 나흘 만에 사형이 선고·집행되면서 평생 2인자로서의 삶도 막을 내렸다.

"판결은 즉시 집행됐다." 북한『중앙통신』은 2013년 12월 13일, "개만도 못한 인간쓰레기"라는 극언을 하며 장성택의 처형 기사를 발신했다. 당 기관지『로동신문』인터넷판은 군사법정으로 보이는 장소에서 두 병사에게 붙들린 채 고개를 숙인 장성택의 사진을 공개했다. 숙청은 북한에서 드문 일은 아니다. 하지만 이런 식으로 극단적인 표현과 함께 처형 사실을 공개한 것은 이례적이며 충격적인 일로 받아들여졌다. 국영 언론을 통해 숙청·처형을 '공고'한 것은 1955년 이래 처음 있는 일이었다. 이는 국내외에 과시하려는 뜻이 강한 것으로 분석됐다.

이에 앞서『중앙통신』은 2013년 12월 9일 김정은 노동당 제1비서가 참석한 가운데 전날 개최된 노동당 중앙위원회 정치국 확대회의 소식을 전하면서 장성택 국방위원회 부위원장의 '반당반혁명적 종파행위'를 적시한 결정서를 공개했다.『로동신문』도 이날 정치국 확대회의 사진을 게재했다. 특히『중앙텔레비전』은 9일 장성택이 정치국 확대회의에서 군복을 입은 인민보안원에게 끌려나가는 모습을 공개했다. 이런 투명성과 공개성은 '김정은식 정치방식'으로 보인다. 김 제1비서는 2012년 4월 위성발사가 실패하자 곧바로 그 사실을 인정했으며, 놀이공원에서는 관리 부실을 들어 간부를 심하게 질타했는가 하면 부인 리설주도 공개하는 등 김정일 시대와는 다른 면모를 보였다.

물론 이전에도 그런 조짐이 있었다. 남쪽 국가정보원이 장성택의 실각 가능성을 밝힌 것은 12월 3일이었다. 다음 날인 4일 『로동신문』은 '정론'에서 "신념과 의리를 지키면 충신이 되고, 버리면 간신이 된다"며 사실상 장성택을 '간신'으로 지목했다. 7일에는 기록영화의 이른바 '1호 영상'에서 장성택이 나오는 장면이 모두 삭제되거나 편집됐다. 이에 앞서 11월 30일 『중앙통신』은 김 제1비서가 김일성 주석의 빨치산 시절 유적지인 백두산 지구 삼지연에서 현지 지도를 했다고 보도했는데, 『로동신문』이 12월 11일 '길이 빛나라 삼지연의 강행군 길이여'라는 제목의 기사에서 '김정은 삼지연 체류'를 다시 강조함으로써 이때 이미 장성택 숙청을 결심했음을 강하게 시사했다. 장성택이 사실상 실각했다고 보이는 이 시기에 '성지' 시찰에 동행한 인물은 김원홍 국가안전보위부 부장과 김양건 통일전선부장이었다.

김일성 사망과 비견되는 사건

　　장성택 처형은 김정은 체제의 안정성에 우려를 불러일으켰다. 미국의 『월스트리트저널』은 2013년 12월 13일 "장성택의 처형으로 '은둔의 나라'의 체제가 안정적으로 유지될지 우려가 커졌다"고 말했다. 이 신문에 따르면 미국의 북한 전문가들은 장성택의 숙청과 처형이 북한을 새로운 불확실의 영역으로 끌어들이고 있다는 견해를 보였다. 마커스 놀런드 Marcus Noland 피터슨국제경제연구소 부소장은 "북한 내부 정치 문제에서 장성택 처형과 비교할 수 있는 사건은 1994년의 김일성 사망뿐이다. 과거에도 북한에서 숙청과 처형이 있었지만 이 정도로 떠들썩하고 극적인 경우는 없었다"고 지적했다. 찰스 암스트롱 Charles Armstrong 컬럼비아

대학 교수도 이 신문에 "1950년대 이후 어떤 지도자도 이처럼 극적으로 제거된 경우가 없었다. 신속하고 공개적으로 이뤄진 장성택의 축출 과정이 놀랍다"고 밝혔다.

그러나 두 사람의 분석에는 차이가 있다. 놀런드 부소장은 "장성택의 숙청과 처형을 김정은의 권력 약화 징후로 볼 수도 있다. 장성택 측근의 망명 가능성 보도가 사실이라면 더 그렇다"고 지적했다. 그는 "북한 정부 대부분 분야에 몸담았던 장성택을 극적인 방법으로 축출한 것은 정치적 견해는 없지만 그에게 애착을 가졌던 많은 사람의 연쇄반응을 촉발할 수 있다. 이들의 등에 갑자기 사격 표지판이 붙었다"고 말했다. 그러나 장성택 처형 이후 북 내부에서 대대적인 숙청이 진행된 징후는 포착되지 않았다. 이에 반해 암스트롱 교수는 "김정은이 고모부인 장성택을 희생시켜 군과 당을 장악했다. 장성택의 숙청과 처형은 김정은이 권력을 장악했다는 것을 보여주려는 의도이다"라고 분석했다.

장성택의 숙청 과정을 보는 차두현 국방연구원 연구위원의 견해는 많이 다르다. 역사적으로 볼 때 그 자체만으로는 극히 이례적인 것으로 볼 수 없다는 것이다. 북한 전문가 중 한 사람인 그는 대부분 언론과 전문가가 당 중앙위 전원회의에서 장성택 축출이 결의되고, 그 이후 군인들이 장성택을 끌고 나간 것을 상당히 파격적이라고 묘사했는데 "원래 그렇게 해왔다"고 말했다.

그는 페이스북에 올린 글에서 이런 견해를 밝혔다. "그럼 그냥 수령이 '쟤 보내' 그러면 밤에 들이닥쳐서 '아오지 탄광'으로 보내는 줄 알았남? 거기도 나름 체제고 제도화된 규칙이 있다. 노동당이 명목상 국가 전위 기구인 만큼, 중요한 거물을 날릴 때면 항상 노동당 중앙위 전원위에서 그의 죄상에 대한 성토가 있은 뒤(때로는 이후 자아비판 절차가 따를 때도 있다), 인민보안성 혹은 국가안전보위부(둘 다 군복을 입고, 임무는 정치 사찰이나 경찰

업무)의 군관들이 체포한다. 장성택을 끌고 나간 군인들도 계급장 배경색이 푸른색인 걸로 미루어 인민보안성 소속일 가능성이 크다. 비디오 시대라 보도가 더 자세히 되어서 그렇지 대체로 과거와 비슷하다."

그에 따르면 장성택의 경우가 좀 특이하다면 김정일 시대에는 주요 숙청이 공개된 적이 드물었기 때문이라는 것인데, "이건 이 '철부지 수령'(김정은)이 자기 할아버지의 통치 스타일을 숙청에도 투영하고 있다는 것을 의미한다"고 부연했다. "과거 갑산특수공작조 출신으로 당 서열 5~7위권의 리효순과 박금철이 숙청당할 때도 놀랄 만큼 유사한 장면이 있었다. 박금철의 경우 결백을 주장하며 의사당 2층에서 투신, 뇌진탕 상태에서 사회안전부(오늘날의 인민보안성) 요원들에게 끌려갔다. 즉, 숙청도 '김일성 스타일'이란 것이다. 두 번째는 숙청 후 북한 매체들이 잠시 시간을 들였다가 일정한 시점이 지난 후 일제히 장성택 성토로 돌아섰는데, 이건 김정은이 숙청 사실을 최초 공개한 이후 나름 여론 동향을 관찰했다는 이야기가 된다. 이게 할아버지인 김일성과의 차이점이다. 권력 기반에 대한 자신감이 확실하지 않기에……"

과거 전례를 볼 때 북한은 북한식대로 장성택 문제를 처리했다고 볼 수는 있다. 그럼에도 문제는 남아 있다. 또 다른 북한 전문가인 김근식 경남대학교 교수는 장성택 처형에 대해 이렇게 말했다. "국가 전복을 꾀했다는 혐의가 사실이라면 정권이 안정되지 않았다는 증거다. 반대로 날조라면 누명을 씌워 제거해야만 하는 위험한 존재였다는 사실을 나타낸다. 어느 쪽이든 정권의 불안정함을 이야기해주고 있다."

장성택은 중국의 신뢰가 두터운 것으로 알려져왔으며, 북·중 경협 등 경제재건을 도맡아왔다. 중국으로서는 장성택이 북·중 경협의 창구였기에 그의 숙청이 당혹스러웠다. 북·중 관계에 영향을 끼칠 수밖에 없다. 중국 전문가인 이희옥 성균관대학교 교수는 "중국 내에서도 이를 두고 북한의 불확실성이 커지고 있다는 견해와 체제 공고화에 기여할 것이라는 두 가지 견해가 동시에 있다. 다만 사전통고 없는 북한식 숙청방식과 1인 지배적 북한체제의 성격에 대한 의문이 제기되고 있다"고 말했다.

중국은 처형과 관련한 평가는 신중하게 피하는 모습이었다. 실제로 중국도 북한 내부에서 무슨 일이 벌어지고 있는지 모르고 있었던 것으로 보인다. 홍레이洪磊 외교부 대변인은 12월 9일 정례 브리핑에서 장성택 사형 집행에 대한 중국의 견해를 묻는 질문에 "관련 보도를 주시하고 있지만 구체적 상황은 잘 모른다"라고 말했다.

처형 당일 중국 관영『신화통신』등은 주요 뉴스로 장성택 전 국방위 부위원장의 사형 집행 소식을 전했다. 특히 장 부위원장이 군사재판에서 군인들에게 제압당한 채 피고인석에서 판결을 듣고 있는 모습을 담은 사진을 메인 화면에 올렸다. 홍 대변인은 "중국은 이웃 국가로서 조선이 국가안정과 인민행복, 경제발전을 이루기 바란다"는 원론적 답변을 되풀이했다. 장성택은 중앙정부 주도의 북한 2개 경제특구 공동개발과 공동관리를 담당한 북·중 공동위원회의 북쪽 책임자로서, 두 나라의 경제협력을 주도했다. 홍 대변인은 장성택 숙청이 끼칠 영향과 관련해서는 "양측의 무역은 공동이익에 부합하는 만큼 지속적으로 발전시켜나갈 것"이라고 강조했다. 실제로 장성택 처형 이후 북·중 간에 동북3성과 지방정부 차원의 교류협력은 계속되고 있다. 무역규모 또한 2013년 사상 최대를 기록한 이래 중국의 원유 공급이 줄어든 것은 확실하나 확대 기조는 여전하다.* 그러나 2013년 6월 최룡해 총정치국장이 베이징을 방문하고 8

---

* 한국무역협회 무역통계에 따르면 2013년 1~12월 북·중 교역액은 65억 4,500만 달러(약 7조 162억 원)로 집계됐다 이는 2012년의 59억 3 100만 달러보다 10.4퍼센트 증가한 액수로, 사상 최대 규모다. 북한의 2013년 대중 수출액은 29억 1,200만 달러로 전년보다 17.2퍼센트 늘었으며 수입액은 36억 3,300만 달러로 5.4퍼센트 증가했다.

월 리위안차오 국가 부주석이 북한을 방문한 이래 1년여 두 나라 지도부 간의 교류가 거의 없는 상태에서 '불편한 관계'가 지속되고 있다. 2014년 8월 10일 북·중은 미얀마에서 열린 아세안지역포럼ARF에서 외무장관 회담을 했으나 북한 관영매체인 『중앙통신』은 리수용 외무상이 다른 나라 외교장관들과 별도로 한 양자회담 소식을 보도하면서도 중국과의 양자회담 소식은 전하지 않았다. 납치자 문제를 매개로 한 북·일 정부 간 교섭과 북·러 간 경제협력이 상대적으로 두드러지는 것 또한 두 나라 사이의 냉랭한 관계를 반영하는 일로, 북한이 중국을 견제하는 것으로 볼 수도 있다. 장성택 처형은 노선 투쟁이라기보다는 김정은 체제의 공고화 또는 불안정을 반영하는 북한 내부의 권력 문제이다. 시간이 지나가면서 회복될지는 모르지만 북·중 관계에 부정적 영향을 끼친 것만은 분명하다.

적어도 2012년 8월 북한의 나진 투자를 주도할 것으로 여겨진 국영기업 자오상쥐의 철수는 장성택 처형과 직접 관련된 것으로 보인다. 자오상쥐는 2013년 11월 장성택과 그의 측근 체포 등 장성택 숙청작업이 진행되던 시점에 북한 투자계획을 취소했다. 자산만 1조 5,000억 위안(약 266조 원)에 달하는 중국 최대 국영 항만운영회사로 중국의 초기 개방지구인 선전특구 개발에 주도적 역할을 했기에 그 뒤 나타나고 있는 중국 쪽의 나진항 개발의 정체는 자오상쥐의 철수 여파로 분석된다.

자오상쥐의 전액 출자사로 나진 공업단지 개발·운영 등을 맡은 자오상쥐 서커우蛇口 공업구의 양톈핑楊天平 총경리는 "개발을 하지 않게 됐다. 조건이 성숙하지 못했다"며 나선과 황금평에서 모두 손을 뗐음을 분명히 했다. 양 총경리는 그 이유를 "북한 측이 제시한 조건이 나빴기 때문이라고 생각한다"라고 설명했다. 중국 측은 개발에 나서면서 "시장주의적 운용을 적극 채용하자"고 요구했다고 한다.* 자오상쥐의 북한 투자는 진출과 철수 시점에서 모두 장성택과의 관련성을 보여주고 있다. 자오상쉬의 투자계획 철회는 규모가 가장 큰 대북 투자였다는 점에서 다른 중국 기업에도 영향을 끼칠 개연성이 크다.

북·중 간 새로운 경제협력의 상징으로 부각된 신압록강대교가 애초 예정했던 2014년 하반기에 이미 건설공사는 거의 마무리됐음에도 양쪽 모두 개통할 움직임을 보이지 않는 것도 같은 맥락에서 볼 필요가 있다.

신압록강대교 완공 예정시점은 2014년 9월이었다. 원래 신압록강대교 개통 시점과 관련해 중국 언론에서는 7월로 보도하고 북한『중앙통신』은 9월로 보도하기도 했다. 2013년 11월 다리 상판 부위가 완전히 연결될 때만 해도 애초 목표 시점보다 앞서 완공될 것으로 예측됐으나, 그 이후로는 공사가 매우 더디게 진행되고 있다. 5월부터 북쪽 신의주로 이어지는 도로 건설이 부진한 상황에서 9월 개통에 대해선 회의적인 전망이 나왔다. "중국 단둥이나 인근 북한 주민들은 이미 오래전부터 공사가 중단되다시피 했다고 말할 정도로 신압록강대교 건설 공사는 더딘 진행을 보이고 있으며 완공 시점을 넘겨 정식 개통하기까지는 상당한 시간이 걸릴 것이라고 말하고 있다."**

이에 따르면 다리 양쪽의 난간 공사, 포장 공사, 다리 위의 조명시설 공사 등은 시작되지 않았고, 신압록강대교의 중국 쪽 끝단 지점에 짓고 있는 출입국 청사 건물은 8월 15일에야 지붕을 덮는 봉정封頂식을 한 상태다. 북한 쪽에서 신압록강대교 개통과 관련해 관심을 두지 않고 있다는 것인데, 단둥 쪽에서 나오는 애기는 애초 이 다리를 건설할 때 북한은 숙청된 장성택 국방위원회 부위원장이 주도적으로 추진했는데 그가 처형된 이후 이를 관리하는 주체가 사라졌다는 것이다.

---

* 『니케이신문』, 2013년 11월 22일.
** 「신압록강대교, 언제 개통할지 안갯속」, 『자유아시아방송』, 2014년 8월 27일.

황금평 개발도 비슷한 상황에 있다. 단둥에서 무역업을 하고 있는 한 대북 소식통은 "황금평에 경제특구가 생긴다고 했을 때 자유롭게 왕래도 하고 장사도 할 수 있을 것이란 기대감이 컸다. 그러나 황금평경제특구를 책임진 장성택이 처형되면서 더 기대하지 않는 분위기다"라고 전했다.* 성 단위, 지방정부 차원의 협력은 어느 정도 진행되고 있으나 장성택 처형의 여파로 북·중 협력이 중앙정부 차원은 물론이고 중국 기업들의 대북 투자 전반에 영향을 끼치고 있는 것은 분명하다.

* 「3년째 개발 멈춰선 '황금평'… 北 군인만 나와 밭 갈아」, 특별취재팀 국경 기획취재 ④, 『데일리 NK』, 2014년 5월 27일.

북·중 간 국경의 빗장을 열어젖히다

중국·북한 접경 지역은 1,334킬로미터에 걸쳐 있다. 압록강 유역이 795킬로미터이고 두만강 유역이 525킬로미터다. 육지로 접한 지역도 45킬로미터에 달한다. 접경 지역 전체로 보면 15개 통상구가 있는데 랴오닝성에 2개 통상구가 있고 나머지 13개 통상구는 지린성 지역 내의 압록강과 두만강 유역에 분포돼 있다. 15개 통상구 가운데 3개는 철도 통상구이며 나머지는 도로 통상구 혹은 부두 통상구이다.

중국은 그동안(2013년 현재) 북·중 경협의 일환으로 두만강 유역에서 일곱 곳의 북·중 통로 개발 정비 사업을 벌였다. 훈춘 세관인 취안허 맞은편 원정리, 쌘허 건너편 회령 등은 이미 현대식 건물의 세관이 들어서 있다.

2014년 들어서도 바인차오루巴音朝魯 지린성장이 1월 2일 성省 인민대표대회 2차 회의에서 2014년 사업계획 보고를 통해 "지역의 개방 수준을 한층 높이고 북한과 접경한 취안허와 투먼 등지의 10개 국경 교량 보수·건설을 추진하겠다"고 밝혔다. 지린성 공안 변방총대(국경경비대) 우옌武岩 총대장은 "이들 10개 국경 교량은 모두 북한으로 연결되는 중요한 무역 통로지만 낡아서 통행이 위험한 상태"라며 "교량 신축과 개조를 추진하면 접경 지역 주민에게 더 많은 경제적 실익이 돌아갈 것"이라고 말했다.* 2013년 이미 교량 신축 계획이 공개된 바 있는 취안허-원정리와 투먼-남양을 제외한 나머지 통상구 여덟 곳은 상대적으로 물동량이 적어 기존의 낡은 교량들을 개·보수할 것으로 보이나, 전체적인 사업 내용은 알려지지 않았다.

* 중국 관영 『중귀신문사』, 2014년 1월 23일.

북·중 국경 지역에서 추진 중인 교량 사업.

　2012년 6월 취안허 통상구와 북한 원정리를 잇는 두만강교를 보수
했고, 10월에는 원정리와 나진항 간 2차선도로 포장공사가 끝났다. 이
밖에 투먼과 남양 – 청진을 잇는 구간과 쌴허와 회령 – 청진 구간, 그
북쪽의 카이산툰과 삼봉 구간, 사뭐즈沙陀子와 경원군 구간, 허룽시 난
핑 – 칠성리와 그 아래쪽의 구청리古城里와 삼장리 구간 등 기존 도로
와 교량이 너무 낡은 네 곳에서도 새로 철도를 건설하거나 낡은 다리와
도로를 보수하는 작업을 했다. 이 가운데 우리에겐 생소하지만 허룽시
구청리와 양강도 대홍단군의 삼장리를 잇는 다리는 백두산 아래 첫 통
상구라 하여 두만강 제1교로 불린다. 옌볜대학 안국산 마케팅학과 교
수는 "구청리 – 삼장리는 2010년 개 · 보수가 완료된 1급 육로통상구로
7개 두만강 지역 통상구 가운데 시설이 가장 양호하다"고 말했다.*
　이들 통상구 가운데 동해 출구와 관련된 통로는 크게 훈춘의 취안
허 – 원정리 – 나진항, 투먼 – 남양 – 나진항, 투먼(쌴허) – 회령 – 청진

---

* 2013년 11월 1일 옌볜대학에서 열린 민화협 정책위원회와 옌볜대학 동북아연구원의 공동 학술
세미나.

훈춘 쪽에서 바라본 두만강교. 그 너머로 신두만강대교 건설을 위한 교각공사가 진행되고 있다. 한국인 사업가 제공.

세 곳이다. 취안허 – 원정리는 2급 포장도로이고 나머지 두 곳은 철도로 각각 158.8킬로미터, 171.1킬로미터에 이른다. 안국산 교수는 "이 두 철도는 시설 노화, 운송능력 부족 등으로 개선이 시급한 상황이며, 투먼시 정부가 투먼 – 회령 – 청진 간 철도보수 계약을 체결해 장기 차관 형태로 북쪽에 철도보수 자금 1,000만 달러를 제공하기로 했다"고 전했으나 실제로 이행되고 있는지는 불분명하다.

　　두만강·압록강을 사이에 두고 기존 북·중을 연결해왔던 교량은 11개로 알려져 있다. 이 가운데 북·중이 추가로 개·보수를 진행하거나 완료한 교량은 두 곳이며, 건설 중이거나 계획 중인 교량은 2~3개에 이른다(2014년 말 현재).

_ 신의주·단둥의 신압록강대교

　　투자규모가 22억 2,000만 위안(약 3,800억 원)으로 가장 큰 '신압록강대교'는 2010년 12월 31일 착공했다. 2014년 7월 완공 예정이라는 보도가 있었으나, 개통 시점이 공식 발표된 바는 없으며 2014년 9월을

2012년 8월 신압록강대교의 건설공사 모습.

완공 시점으로 예상하고 있었다.

중국 단둥의 랑터우浪頭진 궈먼國門만과 북한의 신의주 남쪽에 위치한 삼교천의 동서를 잇게 되는 신압록강대교는 전장 12.7킬로미터의 길이에 폭 33미터로 왕복 4차선이다. 2기의 주탑에서 여러 개 케이블로 다리를 지탱하는 형태의 사장교斜張橋로 건설됐다. 기존의 압록강대교는 랴오닝성과 북한 평안북도 간의 유일한 육로로 1937년 착공됐다. 그러나 일방통행이며 20톤 이하 차량만 통행이 가능했다.

_ 북 주도의 지안·만포 압록강 다리 개·보수

북한의 자강도 만포와 중국 지린성 지안 간 국경다리는 북한 주도로 개·보수가 진행돼 2013년 10월 초 완료됐다.* 이 교량에 관한 양국

---

* 2013년 11월 1일 옌볜대학에서 열린 민화협 정책위원회와 옌볜대학 동북아연구원의 공동 학술세미나에서 옌볜대학 김성남 교수는 이를 직접 확인했다고 밝혔다.

간 협정이 공개된 건 2012년 5월 10일이었다. 당시 북한『중앙통신』은 자세한 설명 없이 평양에서 박길연 외무성 부상과 류홍차이 북한 주재 중국대사가 협정문에 서명했다는 소식만 짤막하게 전했다. 그 뒤 2013년 5월 26일『자유아시아방송』이 입수한 중국어 협정문에 따르면 다리의 주교량과 북쪽 진입교의 설계와 건설을 북한이 책임지기로 한 것으로 밝혀졌다.

신압록강대교 건설과 지린성 훈춘과 나진 간 도로 보강공사 등 북·중 경협을 위한 기반시설 공사는 이제껏 중국 측이 주도해왔던 점에 비춰보면 이례적이다. 북이 이를 주도하게 된 배경으로는 신의주와 나진에 이어 개발이 상대적으로 더딘 북한 내륙 지역을 북·중 경협을 통해 개발하려는 것이라는 관측이 제기됐다. 특히 그에 앞서 일본의『요미우리신문』(2011년 10월 26일)은 중국 측 지역 당국자의 말을 인용해 북쪽이 압록강에 있는 북쪽 섬인 벌등도를 관광지로 공동개발하자는 제안을 해서 협의하고 있다고 전한 바 있다. 벌등도는 강 하류 쪽으로 10킬로미터 정도 내려간 곳에 있으며, 지안 시가지와 가깝다. 이 섬에 북한 식당이나 토산물 판매점을 짓고, 북한 예술단체가 공연을 하게 한 뒤 지안과 벌등도를 유람선으로 잇자는 것인데, 2011년 5월 말 만포시 인민위원회 위원장 등의 대표단이 지안을 방문해 벌등도 공동개발 문제를 논의했다고 한다. 김정일 북한 국방위원장은 2010년 8월 만포–지안 압록강철교를 이용해 동변도철도와의 연결점인 퉁화를 거쳐 창춘에서 후진타오 주석과 정상회담을 한 바 있다. 당시에도 김 위원장이 늘 이용하던 신의주–단둥 경로 대신 만포를 지나 지안으로 건너간 배경을 두고 북·중 간 새로운 내륙교역로를 개척하려는 의도가 내포돼 있다는 분석이 제기됐다.

중국 쪽 창바이에서 혜산의 압록강 친선다리를 넘어가는 차량들. 개·보수되기 전 모습이다.

_ 창바이 – 혜산 간 압록강 친선다리 개·보수

　북한의 혜산과 인근 북한 최대 구리광산을 마주하는 지린성 창바이 사이의 교량은 '압록강 친선다리'로 2013년 10월 확장 재개통했다. 5층짜리 세관을 새로 짓는 공사도 마무리했다. 기존에 있던 세관과 이곳에서 북한과 연결되는 다리는 신축 세관에서 3~4킬로미터쯤 떨어져 있다. 중국은 이 '신축 세관 앞에 새 교량을 건설할 계획'인 것으로 알려지고 있다. 혜산에는 북한 최대 구리광산이 있다. 북한과 중국이 출자해 협력·개발하기로 한 혜산청년구리광산의 준공식이 열린 때는 2011년 9월이다. 실제 운영은 2010년 가을부터 부분적으로 시작됐다. 혜산청년구리광산은 맞은편 중국 창바이에서 3.5킬로미터 정도 떨어져 있으며, 구리의 품위가 1.4~1.5퍼센트 될뿐더러 세계적인 수준의 매장량을 보이는 광산이다. 북한자원연구소 최경수 소장은 북한이 구리 외에도 200여 개 광물자원 중 마그네사이트, 텅스텐, 화강암, 금,

몰리브덴 등 10개 광물은 세계적 수준의 매장량을 보유하는 것으로 판단했다.

_ 취안허 – 원정리 간 신두만강대교 건설 착공

북한과 중국은 2014년 6월 27일 두만강 하류 지역인 나선시 원정리와 훈춘시 취안허를 잇는 새 교량을 공동으로 건설하는 협정을 체결했다. 북한『중앙통신』은 이날 "조선 정부와 중국 정부는 원정리 – 취안허 간 새 국경다리의 공동 건설과 관리 및 보호에 관한 협정을 평양에서 체결했다"고 보도했다. 협정문은 북한 쪽에서는 박명국 외무성 부상이, 중국 쪽에서는 류홍차이 북한 주재 중국대사가 양측 당국의 위임을 받아 서명했다. 신두만강대교는 총연장 637미터(진입 도로를 포함해 총 921.78미터), 폭 23미터의 왕복 4차선으로 설계되었으며, 건설 비용만 총 1억 5,000만 위안(2,500만 달러)이 투입된다. 현재 이용 중인 두만강교에서 30미터 떨어진 곳에 나란히 건설될 신두만강대교는 주로 대형 컨테이너 화물차량이 이용할 예정이며, 기존 두만강교는 관광과 여객 운송에 주로 이용한다는 방침이다.

1937년에 세워진 현 두만강교는 하루 평균 화물통행량이 600톤(연 20만 톤) 정도인 데 비해, 새 교량은 연간 화물통행량 60만 톤, 통과 인원 60만 명으로 설계되어 세 배 가까이 확장된 규모다. 진춘산金春山 훈춘시장은 "(중국이 부두 사용권을 확보한) 북한 나진항으로 통하는 유일한 국경 교량인 기존의 취안허 – 원정리 교량은 1937년 건설돼 낡은 탓에 현재 40톤 이하 차량만 통행을 허용하고 있다. 중국 내륙의 화물을 육로로 나진항까지 보내 해운과 연결하는 복합운송과 양국 간 무역거래에 걸림돌이 되고 있다"라고 지적했다. 지린성 인민대표대회는 수년 전부터 기존 교량이 노후힘에 따라 양국의 인적 왕래와 화물 운송을 감당하기 어려운 점을 고려해 교량 신설이 시급하다고 지적해왔다.

중국 내 북한 노동자 10만 명 시대

한국 정부가 밝힌 북한의 해외 노동자 수는 4만 6,000여 명이다. 외교부가 2013년 10월 중순 국회 외교통일위원회에 제출한 자료에서는 이들 4만 6,000여 명이 40여 개 나라에 파견돼 외화를 벌어들이고 있는 것으로 추정했다.* 이에 따르면 러시아의 경우 대부분 벌목공으로 2만 명에 이른다. 중국에서는 1만 9,000여 명이 생산직 단순노동을 하고 있으며, 몽골에서는 1,800여 명이 건설 분야에서 일하고 있다. 이밖에 중동과 아프리카 지역에서 건설 노동이나 조각 기념물 제작 업무 등에 종사하고 있는 것으로 파악했다.

그러나 중국 동북3성 지역의 현장을 둘러본 전문가나 중국 쪽 전문가들의 얘기를 들어보면 이 숫자가 얼마나 현실과 동떨어진 것인지 알 수 있다. 강주원 고려대 아세아문제연구소 연구교수는 2013년 현재 단둥에 나와 있는 북한 노동자만 무역일꾼 혹은 친척 방문자를 제외하고도, 1만 5,000명은 될 것이라고 밝혔다. 그는 2004년부터 단둥 지역을 연구하기 시작해 2006년부터는 약 1년 6개월 동안 단둥에서 현지 조사를 한 전문가다. 코리아연구원의 최순미 연구원은 2012년 말 기준으로 전 세계 40여 개국에 파견된 북한 노동자 규모를 적어도 6만~6만 5,000여 명으로 추산했다. 최 연구원이 발표한 북한 해외 근로

---

* 영국의 일간지 『가디언』(2014년 11월 8일)은 카타르에서 일하는 북한 노동자들에 관한 르포를 전하면서 해외에 파견된 북한 노동자의 수가 40여 개 나라에 6만 5,000여 명으로 추산된다고 보도했다.

자 실태 보고서(2012년 11월)에 따르면 그 규모는 빠른 속도로 증가하고 있다. 이 보고서는 중국 내 북한 근로자 수가 5만 명 가까이로 불어날 것으로 전망했다. 우선 베이징 등 각 지역 식당, 건설 현장 등에 북한 근로자 7,000~8,000명이 나와 있으며, 지린성은 투먼·훈춘 일대에 북한 근로자 2만 명을 받기로 했다. 압록강 하구의 랴오닝성도 단둥 지역에 추가로 연간 2만 명의 북한 근로자를 산업연수생 형태로 받기로 합의했다.

통일부 산하기관인 남북교류협력지원협회가 조사한 단둥 지역 북한 인력 파견 현황*에 따르면, 단둥의 경우 북한 인력 규모를 1만 5,000명 정도로 추정한다. 2012년 중국 정부 인사는 이 조사에서 단둥에 진출한 북한 인력은 약 1만 5,000여 명이며, 이 가운데 정식으로 체류허가를 받아 1년 단위로 일하는 인력은 전체의 약 30퍼센트로 추정되는 것으로 전했다. 나머지는 단기체류자로 한 달에 한 번 북한(신의주 등)으로 입출국을 반복해 기간을 연장하며 근무하기 때문에 노동력 수급의 불안정성을 야기하고 있다. 중국이 비자발급을 제한하고 있기 때문인데, 자체 노동력을 보호한다는 원칙을 견지하는 것이다. 특히 중국 노동력의 30퍼센트를 초과하지 않는 범위의 조건, 자본금 규정, 북한 노동력을 수용할 만한 기숙사 시설 완비 등 중국 당국이 제시한 조건은 실제 영세한 중국 회사들이 충족하기 어렵다. 단둥에는 다른 지방과 마찬가지로 식당 관련 일을 하는 인원이 가장 먼저 진출했다. 단둥과 둥강의 북한 식당은 15개 정도로 추정된다.

이 협회의 조사에 따르면 그다음으로 단둥에 진출한 북한 인력이

* 남북교류협력지원협회가 발행하는 『남북경협뉴스레터』 15호(2014년 3월)에 실린 북한 대외무역 동향(단둥, 훈춘). http://www.sonosa.or.kr/newsinter/vol15/sub6.html

많은 분야는 봉제다. 2000년대 초·중반 일본 회사가 운영하는 봉제공장에 진출했는데, 5·24조치 이후에는 중국 회사의 북한 내 임가공이 많아지면서 북한 인력 진출이 급격히 확대됐다고 한다. 중국에 진출한 북한 봉제인력은 전체 송출인력의 60~70퍼센트로 추정된다. 세 번째로 많은 것은 수산물 가공업, IT산업 등이다. IT분야는 사업 초기에는 주로 한국 또는 일본 기업의 의뢰를 받아 프로그램 코딩 작업을 수행했으나, 이제는 중국 회사로 넘어갔다고 이 조사는 밝혔다.

이 조사는 지린성보다는 상대적으로 랴오닝성이 북한 인력에 대한 관리·감독을 엄격히 하는 것으로 파악한다. 보통 계약 단가는 노동자 1인당 월 1,200~1,300위안에 비자허가, 연장근무 비용, 숙식문제 해결 등을 전제로 하기 때문에 노동자 1인당 월 1,800위안(약 300달러) 정도의 인건비는 예상해야 한다. 중국 노동자의 임금이 약 2,500위안이므로 언어 문제 등 어려움을 고려하면 큰 차이가 없을 수도 있으나 다음과 같은 장점이 있다고 한다. "우선 중국 노동자의 경우 5대 보험 가입 및 복리후생비를 별도로 지출한다. 계약 체결 시 북한 인력의 기본 노동시간은 10시간으로 중국의 8시간보다 많다. 노동에 대한 열의로 초과근무 수당을 받으면서 더 열심히 근무하며, 봉제업의 특성상 중국인은 이직이 잦으나 북한 인력은 공장 이외 지역으로 벗어날 일이 없어 오히려 노동 안정성과 생산 효율성을 제고할 수 있다."

옌벤대학 김성남 교수는 중국에 나와 있는 북한의 전체 인력 규모를 10만 명 수준으로까지 추산했다.* 그는 "북한의 대중국 투자는 주로 서비스 산업으로 요식업과 노무자 위주인데, 대중국 투자규모는 1억

---

* 2013년 11월 1일 옌벤대학에서 열린 민화협 정책위원회와 옌벤대학 동북아연구원의 공동 학술세미나.

5부 국경의 빗장을 열다

달러, 노무 인원은 10만 명 이상으로 추정한다"고 밝혔다. 김 교수는 동북3성이 노동력 부족에 시달리는 현상을 해소하기 위해 산업연수생 형식으로 북한 노동력을 받아들이고 있으며, 북한의 중국 송출인력 임금은 매월 150달러(한화 약 17만 원) 정도로 개성공단 공식 임금 수준의 임금을 받고 있는 것으로 파악했다.

2장

북·중·러 3국 접경지대의 자유관광

강태호 기자_ 옌지·훈춘·투먼

북·중·러 3국 관광객의 증가

중국의 북한 여행 관광객은 2013년에 이미 20만 명을 넘어섰다.『중국신문망』中國新聞網(2014년 2월 5일)이 옌벤자치주 관광국 자료를 근거로 보도한 데 따르면 2013년 북한을 찾은 중국 관광객은 처음으로 20만 명을 넘어 20만 2,099명을 기록했다. 이는 2012년에 비해 27.19퍼센트 증가한 것이다.* 옌벤조선족자치주와 북한·러시아 간의 3국 관광객은 2013년에 36만 8,941명을 기록했다. 이는 2012년에 비하면 10.32퍼센트 늘어난 것이다.

러시아를 여행한 중국 관광객은 3만 1,943명으로 26.59퍼센트 증가해, 중국의 북한·러시아 방문 관광객은 모두 20퍼센트 이상 증가율을 기

---

* 민화협 정책위원회와 옌벤대학 동북아연구원의 공동 학술세미나(2013년 11월 1일 옌벤대학에서 개최)에서 김성남 경제관리학원 교수도 중국 쪽 통계(출처: http://www.cceebb.com/article/860179/view)에 입각해 북한을 유람한 중국 관광객이 2010년 13만 1,100명에서 2011년에는 19만 3,900명으로 47.9퍼센트 증가했다고 말했고, 2012년에는 20만 명을 넘을 것으로 추정했다.

록했다. 이 자료에 따르면 북한 쪽의 중국 여행객도 1만 490명으로 규모
는 작지만 2012년에 비하면 38.81퍼센트로 큰 폭의 증가율을 보였다. 그
에 비해 옌볜자치주를 방문한 러시아 관광객은 12만 4,409명으로 4.27
퍼센트의 낮은 증가율을 보였다.

이 가운데 북한에서 중국으로 가는 여행객이 급증한 것을 어떻게 볼
것인가? 중국으로 오는 북한 여행객은 관광으로 보기 어려운 측면이 있
다. 중국이 취업비자 발급을 제한하고 있어 취업자들도 3개월 관광비자
로 입국하기 때문이다. 이들 가운데 상당수는 북한 당국이 파견하여 서
비스업 종사, 회의 참석, 사업차 출장 등의 목적으로 중국에 온 것으로
추정된다. 다만 최근 몇 년 사이 높은 증가율을 기록한 것은 과거의 서비
스업 종사자 이외에 북한의 노동력 수출이 늘어났기 때문일 것이다.

두 나라는 북한 관광 확대를 겨냥해 버스, 항공기 운행을 정례화하기
시작했다. 이는 관광객이 증가한 결과이자 원인으로 볼 수 있다.

우선 훈춘시는 2013년부터 중국에서 직접 자가용을 몰고 국경을 넘
어 북한을 둘러보고 오는 북·중 자동차 관광을 확대했다. 옌지시는 2013
년 8월부터 나선으로 가는 정기 버스노선을 개통했다. 네 시간이면 나선
에 도착한다. 이 노선은 옌볜 동북아려객운수그룹유한회사와 지린 우벨
운수그룹유한회사가 조선 나선시 륙해운수총회사, 나선시 관광총회사와
합작한 것으로, 매일 양쪽에서 성수기에는 12대, 평소에는 1대씩을 운영
하기로 했다. 총구간은 200킬로미터로 중국 쪽이 150킬로미터, 북한 쪽
이 50킬로미터다. 요금은 100위안(1만 7,500원), 단체요금은 80위안이다.
훈춘에서 가면 각각 70위안, 50위안이다. 옌지는 이에 앞서 2013년 7월
초부터 금강산 관광을 위한 옌지 – 평양 전세 항공노선을 운항하기 시작
했다. 관광객들이 직접 옌지에서 비행기를 타고 평양으로 간 후 여객운
수 차량을 타고 각지를 관광한다.

엔지 버스터미널.　　　　　　　　　　　　　　　　　　　　　　　　ⓒ강태호

　　중국, 북한, 러시아 3국 주요 관광지로 가는 엔지 – 평양 – 블라디보
스토크를 잇는 전세기 관광상품도 출시됐다. 이 상품은 블라디보스토크
에서 돌아올 때는 차량을 이용해 훈춘·러시아 국경 세관인 창링즈(훈춘
세관으로 명칭이 바뀜)를 거치도록 했다. 옌벤 천우국제려행사(http://www.
ybtianyu.com, http://m.iybrb.com) 지금녀只今如 총경리는 이 관광상품은 5
박 6일(1인당 5,280위안, 92만 4,000원)로 2013년 9월과 10월에 시운행을 했
으며 2014년부터 정식 운행된다고 밝혔다. 이 여행사 누리집에는 엔
지 – 평양 – 묘향산, 엔지 – 평양 – 금강산을 비롯해 엔지 – 나선 – 금강산
의 크루즈여행 등 관광 프로그램의 일정과 가격 등이 소개되어 있다.

북·중 관광의 출발점

중국의 북한 관광이 시작된 건 1988년 단둥 – 신의주 간 단체 관광객이 여행을 하면서부터다. 1988년 4월 18일 단둥시 국제여행사에서 조직한 첫 번째 중국 관광단 44명이 버스로 압록강대교를 통과하여 신의주로 들어갔다. 역사적인 '신의주 1일 관광'이 시작된 것이다. 이를 계기로 북·중 국경 관광의 문이 열렸다. 단둥에서 처음 시작된 중국의 대북 관광은 지린성의 옌지, 투먼, 훈춘, 지안 등으로 점차 확대되었다. 1992년 이후 중국과 북한은 양국 간 회담에서 관광노선을 묘향산과 평양, 개성 판문점, 금강산 등지로 확대하기로 합의하여, '1일 관광'은 '5~6일 관광'으로 늘어났다. 그러나 2010년까지 큰 진전은 없었다. 2001년 북한은 중국 쪽에 북한을 '관광 목적지 국가'로 지정하도록 요청하였으나, 조건을 구비하지 못했다고 본 중국은 이를 수용하지 않았다. 실제로 이 시기 북한의 낙후된 인프라와 서비스 시설 부족, 전기 및 석탄 부족 등으로 겨울철 관광은 불가능했고, 북한 당국도 매년 11월부터 다음 해 2~3월 사이에는 관광단 초청을 중단하기도 했다.

북·중 관광협력이 새로운 단계로 진입하며 전기를 맞이한 건 2010년부터다. 2009년 말 중국이 북한을 '관광 목적지 국가'로 지정했기 때문이다. 2009년 10월 원자바오 중국 국무원 총리가 북한을 방문했을 때 '중국 관광단의 조선민주주의인민공화국 여행 실시 방안에 관한 양해각서'에 서명했다. 원자바오 총리의 북한 방문은 또한 그해 8월 중국 국무원이 창지투 계획요강을 승인하면서 창지투 계획을 실현하고 북한 국경 지역에서 새로운 경제협력을 도모하기 위한 것이었는데, 그 상징이 신압록강대교 건설이었다.

당시 원자바오 총리의 북한 방문은 북·중 수교 60주년을 계기로 이

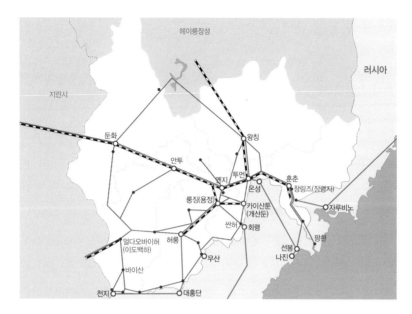

옌볜을 중심으로 한 북·중 관광 노선. 『지린신문』 자료 참고.

뤄진 것이었다. 이때 원자바오 총리는 관광 분야, 신압록강대교 건설 프로젝트만이 아니라 무상 경제원조, 기술 및 교육 분야의 지원 협정을 체결했다. 전문가들은 이를 계기로 중국이 대북 정책을 근본적으로 전환한 것으로 본다.* 실제로 18년 만에 이뤄진 원자바오 총리의 북한 방문은 2010년 5월부터 1년여 사이에 김정일 국방위원장의 세 번에 걸친 중국 방문으로 이어지면서 나진·선봉자유무역지대, 황금평특구에서 북·중

---

* 2009년 5월 25일 북한이 제2차 핵실험을 감행한 후 2009년 7월 후진타오 주석이 참석한 중앙외사영도소조회의에서 중국의 대북정책은 '북핵 문제를 북한 문제와 분리하여 대응하는' 대북 포용정책으로 선회했다. 중국 정부는 북핵 문제가 이미 단순한 핵 문제가 아니라 북한 문제로 비화되었다는 점에 주목하고, 북핵 문제는 북한의 장기적인 국제적 고립의 산물이고 북한 경제파탄의 결과이며 북한 정권 불안정성의 표현이라고 인식했다. 이춘복 성균관대학교 성균중국연구소 책임연구원, 「북한 3차 핵실험 후 중국의 대응과 북·중 관계: 시진핑 시대 중국의 대북정책은 진화하고 있는가」, 제주평화연구원 정책포럼 세미나 (2013년 4월 26일) 발표자료.

5부 국경의 빗장을 열다

협력을 본격화하는 계기가 됐다. 당시 김정일 국방위원장은 원자바오 총리를 맞이하기 위해 직접 공항으로 영접을 나왔으며, 방문을 하루 앞둔 2009년 10월 3일 북한은 『로동신문』 사설에서 "조·중 친선의 역사에 새로운 장을 기록"하는 것이라고 평가했다. 원자바오 총리는 방북 첫날인 4일 "모든 분야에서 교류와 협력을 끊임없이 심화·발전시키기 위해 조선(북한) 동지들과 함께 노력할 것"이라고 호응했다. 김 위원장이 중국의 2인자인 원 총리의 방북 일정에 끝까지 동행한 것은 중국 국가주석이 방북했을 때도 보기 어려운 전례 없는 파격적인 예우였다.

2009년 북한이 '관광 목적지 국가'로 지정되자 지린성은 창지투 계획과 병행해 '두만강 출해 관광 실시방안'을 제정했다. 이를 바탕으로 기존의 변경 관광코스를 활발히 운영함과 동시에 두만강 지역 다국적 관광, 투먼-칠보산 전용열차 관광, 옌지-금강산 호화유람선과 공중 직행항로 관광, 나선시 자가용 관광 등 여덟 갈래 관광코스를 새로 개발함으로써 두만강 지역 다국 관광개발을 활성화하는 조처를 취했다. 북·중 관계의 변화가 관광으로 본격화된 셈이다.

이에 따라 2010년부터 중국인 단체관광단이 북한을 본격적으로 찾기 시작했다. 2010년 4월 12일 중국 단체관광객 20명이 첫 북한 단체여행을 떠났고, 그 후 베이징, 상하이, 산둥, 허베이, 광둥 등 10여 개 성·시 단체관광객 395명이 18개조로 나뉘어 베이징, 선양, 단둥에서 북한으로 출발했다. 북·중 관광은 2011년 들어 3국 관광으로 발전했다. 2011년 4월 26일 처음으로 중국 관광객 21명이 훈춘에서 출발했다. 주 3회, 4일간의 일정으로 중국 훈춘-러시아 블라디보스토크-슬라비얀카-하산-북한 두만강-나선-중국 훈춘 총 3개국 5개 도시를 경유하는 코스였다.*

---

* 3국 관광은 처음엔 훈춘삼강국제여행사琿春三疆國旅 단독으로 하다가 확대됐다. 최철호(옌볜대학 동

2011년 12월, 북한의 최고지도자 김정일 국방위원장이 사망하면서 중국과 북한의 여행산업 교류는 일시적으로 둔화됐다. 하지만 2012년 중국의 5·1노동절 연휴가 도래하면서 회복되었으며, 2012년 4월 27일 하얼빈-평양 간 직항이 매주 월요일, 금요일 두 번 운행되기 시작했다. 항공기종은 러시아에서 제작한 TU134(총 76개 좌석)로, 직항을 이용하는 여행단의 여행 경로는 평양-금강산-남포-개성-묘향산-판문점 등 이었다. 또한 4월 28일에는 중국 지린-북한 나선 경로의 자동차 관광 상품도 회복돼 2012년 들어 처음으로 중국 관광객 55명이 북한 청진, 경성, 칠보산 등을 자동차로 여행했다. 중국청년여행사는 선양, 톈진, 광둥 등에서 자동차 관광객을 모집하였는데, 5월에만 예약된 차량이 600여 대에 달했고, 당시 매주 자동차 여행단이 북한으로 갔다.

3국 관광 확대와 국제 자유관광구 개발

3국 관광을 더욱 발전시키기 위해 지린성 옌볜조선족자치주는 북한, 중국, 러시아 변경 지역을 국제 자유관광구로 공동개발하기로 했다.* 또 훈춘시는 2013년 말 나선시, 연해주 등 3국 지방정부 관계자가 참석한 가운데 회의를 열고 육로와 바닷길을 이용해 각 지역을 환형環形으로 연결하는 국제관광코스를 개통하기 위해 구체적인 협의를 진행하기로 한 데이어, 2014년 3월 나선시와 훈춘시, 블라디보스토크시 3개시 관광국장은 나선-훈춘-블라디보스토크를 연결하는 환형 관광코스를 개발하기

북아연구원 연구원), 「북·중 관광협력의 현황과 전망」, 『북한경제리뷰』, 한국개발연구원, 2011년 10월.
* 「북·중·러, 국제 자유관광구 공동개발」, 『자유라디오방송』, 2014년 6월 30일.

로 했다. 중국인 관광객은 훈춘을 기점으로 블라디보스토크를 거쳐 나선을 둘러본 뒤 다시 훈춘으로, 러시아 관광객은 블라디보스토크를 출발해 나선, 훈춘을 거쳐 다시 블라디보스토크로 돌아가는 코스다. 이 가운데는 팡촨에서 두만강 하류(海口)에 이르는 15킬로미터 노선을 유람선으로 관광할 수 있는 상품도 포함됐다.

자전거 타고 북한 여행

북한·중국 간 관광상품은 지역별·기간별로 단체여행, 자동차 여행, 전용열차 여행, 전세기 여행 등 다양화되고 있으며, 2014년 들어서는 자전거 여행까지 등장했다.

  1988년 북한 관광을 시작한 랴오닝성은 2014년부터 단둥과 접경한 북한 황금평경제특구까지 관광코스로 개발하는 방안을 추진하고 있다. 판솽潘爽 단둥시 부시장은 6월 5일, 2014년 북·중박람회(10월 중순 단둥 개최) 준비 관계기관회의를 주재한 자리에서 "지역 경제를 활성화하기 위해 3회째를 맞는 박람회에서 관광협력과 문화교류의 비중을 크게 늘리고 황금평 관광과 북한 자가용 관광을 개시해 외지 관광객을 끌어들여야 한다"고 주문했다.* 단둥과 맞닿은 압록강 하류의 북한 섬인 황금평은 전체 면적이 14.4제곱킬로미터에 이르는 북·중 경제특구로, 2011년 6월 착공식을 한 지 3년이 지났지만 외형상 큰 변화는 없는 상태다.

  지린성의 경우 2011년부터 중국, 러시아, 북한 3국 간 여행, 북·중 간 자동차 여행, 투먼·북한 변경여행 등 10여 개 접경 여행노선을 운영하고

---

* 중국국제무역촉진위원회CCPIT 단둥시위원회 홈페이지.

훈춘－나진 1박 2일 관광 경로.

있다. 이는 북한·중국을 오가는 교통수단이 다양해지고 있다는 걸 의미한다. 예컨대 지난 60년 동안 주 4회 격일로 중국 단둥－북한 평양을 운행하던 기차는 2013년 1월 1일부터 매일 왕복 1회 운영으로 증편됐다. 또 지린성은 투먼－북한 칠보산 전용열차 관광을 2014년 4월 30일 정식으로 재개통했다. 칠보산 전용열차 관광은 3박 4일 코스로, 투먼에서 북한 회령, 청진, 경성을 거친 후 다음 날 명천군역에 도착해 칠보산 풍경구를 관람할 수 있다. 함경북도의 금강산으로 알려진 칠보산은 중부해안 관광명승지로 북한의 7대 명산의 하나다.*

엔벤주 여유국(관광국) 허리웨이何立偉 연구원은 "대량 인적 교류는 물류와 자금, 정보 이동을 유발한다. 국경 지역 관광은 이미 엔벤의 대외 개방에서 '엔진' 역할을 할 뿐만 아니라 엔벤이 동북아 협력에 참여하는

---

* 전담 여행사인 두만강 국제려행사는 6월까지는 매주 금요일 15시 30분 투먼을 출발하고, 7월에는 주 2회로 늘릴 예정이라고 밝혔다. 『엔벤뉴스넷』, 2014년 4월 20일.

자전거를 타고 투먼 통상구를 통해 북한 남양을 관광할 수 있다. 『지린신문』.

중요한 돌파구가 됐다"고 강조했다. 2013년 옌볜주를 찾은 전체 관광객 167만 명 가운데 외국인 관광객은 58만 2,000명으로, 지린성 전체 외국인 관광객의 절반을 차지한 것으로 나타났다.*

북한, 관광에서 경제난의 돌파구를 찾다

손뼉도 마주쳐야 소리가 나듯이 북·중 관광 활성화는 중국 쪽의 정책 변화만으로 설명할 수는 없다. 조성찬 '토지＋자유연구소' 연구위원은 2009년 5월 2차 핵실험에 성공한 이후 김정일 국방위원장은 외화 획득 수단으로 광산, IT산업과 함께 관광을 지목했으며, 2013년 후계자 김정은은 이러한 전략을 승계하면서도 좀 더 적극적으로 관광산업을 촉진하

---

* 『연합뉴스』, 2014년 6월 28일.

2014년 4월 30일 재개된 투먼 - 칠보산 관광
열차. 『옌벤일보』.

고 있는 것으로 분석했다.* 2009년은 그해 10월 원자바오 총리가 방북해
중국이 북한을 관광대상국으로 지정한 시기와 일치한다.

북한은 관광특구 및 관광개발구를 지정하는 입체적인 관광전략과 함
께 이를 위한 관광상품 개발을 지방정부가 주도하도록 하는 방침을 추진
하고 있다. 2013년 발표한 북한의 경제개발구 정책에도 관광산업 유치
는 매우 중요한 비중을 차지한다.

북한은 2013년 5월 29일에 경제개발구법을 제정하고, 11월에 경제특
구와 13개 지방급 경제개발구를 설치한다는 정책을 발표했다. 2014년 6
월 11일에는 북한 최고인민위원회 상임위원회에서 정령으로 '원산·금
강산 국제관광지대(특구)'를 발표했다. 지방정부가 주도하는 13개 경제개
발구 가운데 관광을 목적으로 하는 '관광개발구'가 2개이며, 관광 기능이
포함된 경제개발구는 모두 4개였다.**

조성찬 연구위원은 특히 2013년 1월 군용으로 사용되던 삼지연공항
(백두산 부근), 어랑공항(칠보산 근처), 갈마공항(원산)을 민간용 공항으로 전

* 조성찬, 「관광 활성화에 올인한 북한, 그 이유는?」, 『통일뉴스』, 2014년 7월 29일.
** 조성찬, 위의 글.

5부 국경의 빗장을 열다

함경북도 온성섬관광개발구
Onsong Tourist Resort

골프장, 수영장, 경마장,
민족음식점을 비롯한
봉사시설을 갖추어놓고
외국인들에 대한 전문적인
휴식관광봉사를 기본으로
하는 관광개발구

There is a tourist resort
where makes a point of
doing a professional
tourist service for
foreigners in golf place,
swimming pool, race-
course & national
restaurant.

북한이 13개 경제개발구의
하나로 지정한 온성섬관광개
발구. 남북 경협 사업자 제공.

환한다는 결정을 한 것은 김정은 체제에서 관광산업을 촉진하겠다는 의
지를 보여준 것으로 보았다. 이에 따른 변화는 북한을 관광하고 돌아온
이들이 확인해주었다.

베이징의 북한 전문 여행사 '영 파이오니어 투어스'의 개러스 존슨
Gareth Johnson 이사는 2014년 6월 11일 경남대 극동문제연구소와 독일
프리드리히 나우만 재단이 주최한 국제학술회의에서 김정은 체제 이후
의 변화를 '놀라운 수준'이라고 평가했다. 존슨은 변화의 핵심 동력 가운
데 하나를 경제난을 해결하려는 국가적 차원의 관광전략으로 봤다. "나
진·선봉에서는 관광객들이 시장과 은행을 이용할 수 있고 회령에서는
중학교도 가볼 수 있습니다. 사진 촬영도 예전처럼 전면 금지는 아니에
요. 김정은 체제 이후 변화는 놀랍다고 할 만큼 큰 폭입니다."

존슨은 "북한이 2013년 신의주를 서방 관광객들에게 개방한 데 이어
자강도를 제외한 함경북도 청진과 함경남도 함흥, 강원도 원산, 황해남
도 해주 등 8개 지역을 개방했으며, 나선 지역에서는 한국 원화 환전도
가능하다"라고 설명했다.

백두산의 창바이산화, 중국 관광객 200만 명 돌파

천지는 발 디딜 틈이 없었다. 사진작가 이정수 씨는 2014년 7월 25일부터 31일까지 광복 70주년에 맞춰 백두산의 사계를 찍기 위해 북파 코스로 불리는 천문봉을 통해 천지에 갔으나 제대로 작업을 하지 못했다. "뒷사람에 밀려 잠깐 보고는 내려와야 했기 때문이다. 삼각대를 놓고 촬영할 시간이 없었다. 천문봉 일대가 사람들로 꽉 차 콩나물 시루 같았다."

4륜구동차를 타고 천문봉에 오르는 데 2~3시간, 천지를 볼 수 있는 데까지 가려면 갈지자로 길게 늘어서 끝이 안 보이는 줄에서 한참 기다려야 했다. 여러 사람이 포즈 잡고 기념사진을 찍기도 쉽지 않았다. 휴대전화로 사진 몇 장 찍고 잠깐 둘러보고는 뒷사람들에게 비켜 줘야 했다.

"관광객이 올라오기 전 새벽부터 8시 사이에 촬영하고 천지 주변에서 벗어나 외곽에서 다시 촬영한 뒤 관광객들이 하산하기 시작하는 4시 이후 사진을 찍어야 하는 상황이었다. 주말엔 천지를 오르는 것 자체를 포기해야 했다."

그는 북쪽 혜산 건너편의 창바이에서 묵으려고 숙소를 찾았는데 여섯 군데를 다녀서야 겨우 방을 구할 수 있었다. 백두산에 오른 것만 40여 회인 그는 이번처럼 '사람에 치인 적은 없었다'고 말했다.

북파에서 두 시간여 떨어진 서파 쪽도 크게 다르지 않았다. 주차장에서 천지까지 가려면 1,400여 개 계단을 올라야 하기에 이곳은 북파보다는 늘 한산했다. 그러나 사람들은 계단을 채웠다. "남쪽 단체여행객들도 있었지만 중국 사람들은 가족단위로 왔는데 이들이 70퍼센트는 되는 것 같았다. 상하이 등 저 멀리 남쪽에서 온 2층 버스들이 주차

백두산 서파에서 불과 20분 거리에 있는 창바이산공항.　　　　　　　　ⓒ강태호

장에 늘어섰는데 운전사가 교대로 운전하며 장거리를 왔다고 했다.”

　　과거 백두산은 한국 관광객이 가는 곳이었지만, 중국 사람들의 관광 명소가 돼 인산인해를 이룬 건 2014년만의 일은 아니다. 10여 년 가까이 백두산 야생화 트래킹 관광을 해온 마중여행사 김창원 본부장은 “7~8월 성수기 백두산 관광객 10명 중 9명은 중국 사람일 것이다. 2~3년 전부터 그랬다”고 말했다.

　　강폭이 1미터도 안 되는 북쪽과의 접경을 따라 올라가는 남파코스는 7월 말 폭우로 길이 무너져서 관광이 잠시 중단된 상태였다. 남파로 가려면 서파 산문을 지나 바이산(백산)시 쪽으로 두 시간여 가야 한다. 이정수 작가는 사진을 찍기 위해 어렵사리 허가를 얻었으나 이번엔 북쪽 경비군인들에게 촬영한 내용을 삭제당하는 수난을 겪었다. 반면에 중국 사람들은 백두산 어디든 간다. 옌벤자치주 허룽시는 2014년 6월부터 북쪽의 혜산을 거쳐 대홍단군, 삼지연군을 지나 백두산에 오르는 동파코스 관광을 시작했다.

사진작가 이정수 씨는 9월 초에 다시 백두산을 가기로 했다. 그동안 금강산, 백두산은 수없이 찍었지만 이번엔 기존 고화질HD 카메라에 비해 4배 이상 선명한 초고화질4K 카메라로 작업을 한다고 했다. 2015년이면 광복 70주년이고 그는 해방둥이다. 그에 맞춰 방송에 내보낼 예정이다. 그런데 이번엔 옌지를 거쳐 가는 것이 아니다. 중국 동방항공이 인천에서 백두산 서파코스로부터 불과 20분 거리에 있는 창바이산공항까지 직항편을 운항하기 때문이다. 창바이산공항이 중국 국내선 전용이기에 옌타이烟台에서 출입국 수속을 하지만 네 시간여 만에 인천에서 서파로 바로 갈 수 있다.* 오히려 비용도 저렴하다. 그동안 백두산에 가려면 중국 옌지, 창춘, 선양, 무단장 공항에 내려 차량으로 이동해야 했다. 비행기 시간까지 고려하면 적게는 일곱 시간에서 열 시간가량 걸렸다.

사진작가 이정수 씨는 이렇게 말했다. "인천에서 비행기를 타면 바로 백두산 발밑에 내리는데, 동파 쪽 북한 경계 내의 백두산 최고봉 장군봉은 사람을 찾아보기 힘들었다. 김대중·노무현 정부 때만 해도 장군봉을 쳐다보면 남쪽, 북쪽의 관광객들이 보이곤 했는데 이제 동파로 가는 건 꿈이 됐다. 7~8년 전 삼지연공항 아스팔트 공사할 때 간 게 마지막이었다. 그사이 백두산은 엄청나게 변했는데 금강산도 언제 갈지 모르는 상황이 됐으니…… 더 무슨 말을 하겠는가."

---

* 남방항공은 2014년 3월 30일엔 다롄－창바이산공항 항공편을 개통했다. 매주 화, 목, 토, 일 네 차례 운행하며, 다롄 출발이 12시 20분, 창바이산 도착이 13시 30분, 창바이산 출발은 16시 10분, 다롄 도착은 17시 20분이다. 『옌벤정보넷』, 2014년 3월 31일.

백두산의 '천지개벽'

백두산은 두만, 압록, 쑹화 세 강이 발원하는 천연의 수원지다. 농푸산 췐, 와하하, 캉스푸 등의 상표로 물을 팔아온 중국 식품회사들은 소비자들이 광천수 등 고급샘물을 찾기 시작하자 너도나도 백두산의 물을 퍼나르기 시작했다. 그동안 들어선 생수공장만 10여 곳은 된다고 한다. 옌볜자치주는 2014년 상반기에 농심그룹의 연생산 200만 톤 광천수 2기 프로젝트, 타이완 통일그룹의 연생산 60만 톤 광천수 1기 프로젝트, 아객雅客그룹의 연생산 90만 톤 광천수 1기 프로젝트, 보장步長그룹의 연생산 106만 톤 광천수 프로젝트, 헝다恒大그룹의 연생산 100만 톤 광천수 1기 프로젝트 등 많은 대형 특색산업 프로젝트가 옌볜주 경제발전에 활력을 불어넣었다고 밝혔다.* 한참 논란이 된 텔레비전 드라마〈별에서 온 그대〉의 주인공 김수현, 전지현을 등장시킨 창바이산 생수 광고는 백두산 생수사업에 뒤늦게 뛰어든 중국의 거대 부동산개발회사 헝다그룹이 내건 것이다.

　관광, 리조트, 생수 등 백두산 개발의 선두주자는 랴오닝성 다롄을 기반으로 하는 부동산개발회사 완다萬達그룹이다. 쇼핑몰과 호텔, 오피스 빌딩 등 중국 상업용 부동산 시장 1위 기업인 완다는 2008년부터 백두산 개발에 나섰다. 이후 2009년부터 여의도 면적의 6배가 넘는 18.34제곱킬로미터의 부지에 '창바이산 국제리조트'라는 초대형 건설프로젝트를 시작했다. 골프장과 스키장, 워터파크가 특급호텔 리조트와 어우러진 사계절 휴양지를 만든다는 것이다. 이제 창바이산공항에서 15분여 거리엔 43면 슬로프의 아시아 최대 스키장과 총 54홀 규모의 골프장이 들

---

* 「상반기 옌볜의 개발개방 성과를 말하다」, 『인민넷』, 2014년 8월 26일.

백두산 서파에 완다그룹이 투자해 만든 완다타운 리조트. ⓒ강태호

어섰으며, 2012년부터 2013년 사이에 완다웨스틴과 완다쉐라톤에 이어 완다파크하얏트, 완다하얏트리젠시, 완다홀리데이인, 완다이비스호텔 등 호텔 여섯 곳이 잇따라 개장했다. 해외 유명 호텔 브랜드를 단 5성급부터 이코노미급 호텔까지 총망라해 완다그룹이 백두산 일대에 독자 또는 합자合資 등의 방식으로 보유한 호텔·리조트만 모두 여덟 곳이고, 객실 수는 3,000여 실에 달한다. 최고급 호텔 주위로 스키장, 골프장이 둘러싼 완다타운이 모습을 드러낸 것이다. 완다그룹은 여기에 2016년까지 여름철에도 운용할 수 있는 아시아 최대 규모의 실내 워터파크까지 건설할 예정이다. 무엇보다 창바이산공항에서 완다타운까지는 셔틀버스로 15~20분밖에 걸리지 않는다.

중국 언론에 따르면, 완다그룹을 필두로 중국의 6개 부동산 자본이

5부 국경의 빗장을 열다

'창바이산 국제리조트' 조성에 쏟아부은 자금은 무려 230억 위안(약 3조 7,500억 원)에 달한다.* 농심의 백산수 공장이 있는 얼다오바이허(이도백하) 는 신도시로 탈바꿈하고 있다. 2001년 초 상하이를 방문한 김정일 국방 위원장이 상하이의 변화를 보고 한 말처럼, 백두산과 인근 지역은 불과 6~7년 만에 '천지개벽'할 정도로 바뀌고 있다.

백두산 관광객 200만 명 시대

소득수준 향상을 배경으로 2014년 중국의 해외 여행객(요우커)은 1억 명 을 기록했다.** 이제 너도나도 여행을 다니기 시작했다. 백두산 인근의 인 프라 구축, 관광지 개발은 저 멀리 남부 광둥성의 관광객까지 끌어들이 면서 백두산 200만 명 관광객 시대를 열어가고 있다. 지린성 정부에 따 르면 2014년 상반기(1~6월) 중국 쪽 백두산 관광객 수는 32만 8,000명이 었다.*** 이는 2013년 같은 기간에 비해 19.3퍼센트 증가한 것이다. 월 평 균 5만 4,000여 명, 매일 1,800여 명이 백두산에 오른 셈이다.

관광객 증가에 힘입어 2014년 상반기 백두산 관광수입도 2013년에 비해 23.2퍼센트 늘어난 9,314만 위안(1,500만 달러)에 이르렀다. 지린성 은 특히 2014년 5월 1일 노동절 연휴 3일 동안에만 1만 7,990명이 백두

---

* 「중국 재벌들 백두산 접수… 생수, 호텔, 골프장, 스키장, 워터파크 등 장악」, 『주간조선』, 2014년 7월 16일. http://news.chosun.com/site/data/html_dir/2014/07/16/2014071601979.html
** 2000년 5월 중국은 처음으로 노동절을 계기로 일주일의 유급휴가제를 도입했으며, 이때 세계관광 기구는 2015년에 해외로 여행하는 중국인이 1억 명을 돌파할 것으로 내다봤다. 중국은 그 예측을 1년 앞 당겼다. 2010년 중국인 해외 관광객은 5,000만 명이었는데 4년 만에 2배가 늘어 2014년 1억 명을 돌파한 것이다.
*** 지린성 공식 홈페이지, 2014년 6월 24일.

산에 올랐는데, 이는 2013년에 비해 3배나 늘어난 수치라고 덧붙였다. 이 사흘 동안 매일 6,000명 가까이 백두산을 찾았다는 것이다. 특히 여름철 성수기인 7~8월의 경우 2013년에 비해 50퍼센트 이상 급증한 것으로 알려졌다. 2013년 백두산을 찾은 중국 관광객이 157만 명이었으니 2014년은 200만 명 수준을 기록할 것으로 예상된다.* 2005년 백두산을 찾은 이들이 50만 명(중국인 35만 명, 외국인 15만 명)**이었으니 10년이 채 안 되는 시점에 4배 가까이 늘어난 것이다.***

북·중, 백두산 동파코스 국경관광 2년 만에 재개

중국의 백두산 관광은 중국에 그치지 않고 북한 국경을 넘어서까지 확대되고 있다. 옌볜주 관광업계(2014년 6월 4일)에 따르면 중국 허룽시에서 두만강을 건너 북한 양강도 대홍단군, 삼지연군, 백두산 동파코스를 둘러보는 중국인 단체관광이 2014년 6월 중순 재개됐다. 6월 18일 중국인 20명이 2박 3일 일정으로 백두산 동파, 즉 동쪽 비탈코스를 둘러봤다. 이들은 2박 3일 일정으로 버스를 타고 허룽시를 출발해 북한에 들어간 뒤 양강도 대홍단군과 삼지연군을 둘러보고 이튿날 공중삭도(케이블카)를 타고 동쪽 산비탈을 통해 백두산에 올라 최고봉인 장군봉을 구경하고 역시 삭도를 이용해 천지 가장자리까지 내려간 것으로 전해졌다.**** 이에 앞서 허

---

* 『자유아시아방송』, 2014년 7월 24일.
** 여행업계는 이 가운데 중국인을 뺀 외국 관광객을 15~20퍼센트로 추산했다. 외국 관광객 십중팔구는 한국인으로, 얼추 10만~12만 명으로 본다. 한국인 관광은 여름 성수기인 두 달에 집중되고 북파코스 등 오르는 곳이 한정되어 있다.
*** 『옌볜인터넷방송』, 2007년 4월 17일.
**** 『옌볜일보』, 2014년 6월 17일.

룽시 정부 관계자들은 6월 11일부터 사흘간 북한을 방문해 북한 측과 백두산 동파 관광 재개에 합의했으며, 고위 관리가 직접 관광객들과 함께 백두산 관광에 나서도록 했다.

지린성 옌벤자치주 허룽시 관광회사 관계자는 "이 관광상품은 중국에서 유일하게 백두산의 동쪽으로 가볼 수 있는 코스다. 요금은 2일 코스가 1,100위안(18만 원), 3일 코스가 1,350위안(22만 원)인데 한 팀에 15명 이상 모집되면 바로 출발할 수 있다"라고 말했다. 허룽시는 이를 "창바이산 아래 진달래가 가장 아름다운 중·조 변경선"이라는 관광 브랜드로 홍보하고 있다.

2014년 6월에 시작된 동파코스를 이용하는 중국인 관광객 수는 매주 한 차례 이상 꾸준히 관광객이 출발하면서 두 달도 안 돼 800명에 달했다.* 현지 업계는 허룽을 통해 백두산 관광에 나서는 중국인이 연간 5,000명 수준에 이를 것으로 추산한다. 1992년 개통된 이 관광코스는 혹독한 추위를 피해 매년 6~9월에만 운영됐다. 2013년에는 북한의 3차 핵실험 이후 북·중 관광협력이 거의 중단된 상태였다. 하지만 동파코스를 이용한 중국인 관광객이 그동안 사실상 거의 없었다는 점에서 동파코스를 통한 백두산 관광길이 열린 것은 22년 만이라고 할 수 있다. 지린성 당국은 또 2014년 4월 북한 국가관광총국에 자가용을 이용한 백두산 북쪽 지역 관광을 제안했다고 밝혔다. 백두산은 1962년 체결된 북·중 국경조약에 따라 양국 영토로 나뉘어 있다. 현재 동서남북의 주요 관광로 네 곳 가운데 동쪽만이 북한 영토다. 그동안 중국을 통한 백두산 관광은 주로 북파와 서파를 중심으로 이뤄졌으며, 2009년부터 남파코스가 본격 개발됐다.

---

* 「북한 쪽 백두산 관광, 중국서 인기몰이」, 『자유아시아방송』, 2014년 8월 8일.

북한은 중국인 관광객들에게 백두산 밀영, 리명수혁명사적지, 무포숙영지(김일성 낚시터), 무산지구전투승리기념탑 등 '혁명전적지'를 관람시키고 백두산 최고봉인 장군봉(해발 2,749미터)과 천지로 안내한다. 허룽시는 백두산 아래 두만강 상류에 위치하며 강을 사이에 두고 북한 양강도와 함경북도를 마주하고 있다. 변경선의 길이는 164.5킬로미터이며, 북쪽과 두 개의 국가급 변경통상구인 난핑 통상구와 고성리 통상구를 갖고 있다. 현재 동파를 통한 백두산 관광은 두 가지 코스가 있다. 지린성 창바이현에서 양강도 혜산시로 넘어가 삼지연군을 통해 올라가는 코스와 옌볜주 안투현安圖縣을 통해 삼지연군으로 가는 코스다. 이들 코스에는 유명한 삼지연대기념비, 백두관, 삼지연스키장, 정일봉(백두산 밀영), 천군암, 리명수폭포, 무포숙영지, 무산지구전투승리기념탑, 장군봉 등 북한의 이름난 관광명소들이 있다.

2003년 동북진흥계획과 창바이산(백두산)종합개발계획

창바이산종합개발계획은 2003년 동북진흥계획의 일환으로 시작됐으며, 2009년 창지투 개발·개방 선도구 계획으로 창춘·지린에서 옌지를 비롯해 훈춘 등 창바이산 인근 지역들에 철도, 도로 인프라 개발이 추진되면서 본격화되었다. 중앙과 지방은 앞서거니 뒤서거니 하면서 창바이산 개발을 위한 조처를 취했다. 우선 2003년 중앙정부는 창바이산을 '중화 10대 명산'으로 지정했다. 지린성은 이어 2005년 옌볜자치주 등 여러 현에 있던 창바이산 관할을 성 직속의 창바이산보호개발구관리위원회로 일원화했다. 2007년엔 국가관광국이 창바이산을 국가 5A급 관광풍경구로 승격시켰다. 이와 동시에 지린성이 '창바이산 보호개발 종합계획'을 수립하면서 창바이산 지역을 ‵세계적인 관광지로 개발하는 사업에 착수했다. 특히 2008년 베이징올림픽을 맞아 창바이산 개발은 더욱 빠른 속도로 진행됐다.

중국 4세대 지도부(후진타오)의 지역균형 발전전략에 따라 추진한 동북진흥계획을 배경으로 창바이산 개발을 주도한 이는 왕민王玟 지린성 당서기이다. 그는 2005년 1월 지린성 성장으로 취임한 뒤 '콰이쩌우快走(빨리 걷기)로부터 콰이파오快跑(빨리 뛰기)로'라는 슬로건을 내걸고, 2006년 창바이산보호개발구관리위원회를 만들어 분산 관리 상태에 종지부를 찍고 '창바이산종합개발계획'을 밀어붙였다. 그 이전까지 창바이산을 두고 지린 창바이산국가급자연보호구관리국, 바이산의 푸쑹현撫松縣과 창바이현, 옌볜의 안투현 등 1국 3현이 지역별로 관할을 주장해 갈등을 빚었다. 예컨대 안투현은 북파, 푸쑹현은 서파, 창바이현은 남파를 차지해 관리와 개발계획을 일관되게 세울 수 없었다. 칭바이산보호개발구관리위원회에 시(㈜)정부에 상당하는 행정관리직권을 부여, 성정부를 대표하는 법에 따라 통일적인 영도와 관리를 하게 만든 것이다. 왕민은 창바이산 자연보호구를 지린성 관광업의 '용의 머리'(용두)로 비유했다. 그리고 2005년엔 중국 국무원의 비준을 얻어 2006년부터 창바이산공항 건설을 시작했다. 용의 비상인 셈이다.

창바이산보호개발구관리위원회가 창바이산 관광의 교통 문제를 근본적으로 해결하기 위해 가장 핵심적인 사업으로 추진한 것이 창바이산공항 건설이다. 지린성은 당시 창바이산공항이 지린성 동부지구 및 전체 성 종합 교통네트워크를 완벽하게 하는 데 중대한 의의가 있으며, 창바이산 지역의 투자환경을 개선해 바이산시가 창바이산 유람발전구역 내에 융합되게 히는 데도 유이할 것으로 내다봤는데, 이것이 현실이 된 것이다. 바이산시 푸쑹현 쑹장허진松江河鎭 동남방향으로 10.6킬로미터, 창바이산 서파 산문에서 18킬로미터 떨어진 곳에 자리 잡은 창바이산공항은 활주로 길이 2,700미터, 폭 45미터로 2015년의 여객유치 목표를 54만 명으로 잡아 설계됐다. 창바이산공항은 창춘의 룽자龍嘉국제공항에 이어 지린성의 두 번째 민용공항으로 '국내지선유람공항'으로 불린다. 하지만 백두산 북쪽과의 국경에 위치하기에 국무원 외에 중앙군사위원회에서 비준을 받은 데서도 알 수 있듯이 군사적 측면도 무시할 수 없다. 지린성의 창바이산보호개발구종합건설계획은 2008년 8월 개최된 베이징올림픽 경제의 훈풍을 타고 크게 도약했다. 이를 계기로 창바이산관리위원회는 2년 반으로 계획했던 창바이산공항의 공사 기일을 2년으로 단축시켜 2008년 7월 1일 개항하도록 했고, 3.5억 위안으로 계획했던 총투자액을 5.5억 위안(820억 원)으로 늘렸다.

창바이산공항이 열리면서 기존 옌지공항 – 북파 중심의 관광은 창바이산공항을 허브로 삼아 서파·북파·남파 쪽으로 확산되는 창바이산 전지역 관광지화로 탈바꿈하는 계기가 됐다. 옌지공항에서 북파 산문까지 가려면 네 시간이 걸린다. 이에 비해 창바이산공항에서 서파 산문까지는 20분 정도 걸린다. 또 북파나 남파 모두 1시간 30분 거리에 들어오게 됐다. 공항에서 겨우 5분 거리에 있는 바이시엔 1만 8,000제곱미터 규모의 부지에 창춘에서 오는 고속버스의 터미널과 상가 등 대규모 리조트단지가 들어섰다. 인근의 완다타운이 그 가운데 하나다. 창바이산공항이 서파를 창바이산 관광의 허브로 변모시킨 것이다.

과거 항공편은 옌벤조선족자치주 옌지의 차오양촨朝陽川공항이 가장 가깝고 거의 유일한 통로였다. 그러나 창바이산공항과 베이징·상하이·칭다오·난징·광저우 등으로까지 국내선 항공이 연결되면서 기존 동북3성에서 중국 전역으로, 여름철엔 인천에서 바로 가는 항공편으로까지 확산되고 있다. 지린성은 2014년 들어 6월 18일부터는 백두산 인근 지린성 퉁화에 산위안푸三源浦공항까지 개항했다. 또 2009년까지 창춘과 옌지에서 백두산으로 이어지는 고속도로 건설 등 백두산 관광을 위한 교통망도 완료했다. 옌지 – 창바이산(얼다오바이허)고속도로(총연장 165킬로미터)는 2008년 착공해 옌지에서 창바이산까지 기존의 3시간 30분 거리를 절반 수준인 1시간 30분으로 줄였다. 2007년에는 창춘(잉청즈營城子) – 창바이산(쑹장허)고속도로(총연장 249킬로미터)가 착공돼 기존 6시간여 거리를 3시간여 거리로 단축시켰다.

북파, 서파에 이어 남파코스 개발에 나선 것은 2008년부터다. 이때부터 창춘, 둔화 등지에서 남쪽 비탈로 가는 도로를 잇달아 개통했다. 남파는 대협곡, 중·조 변계비석 등 저명한 풍경구가 있었지만 북쪽과 폭 1미터도 안 되는 압록강을 사이에 두고 있어 개발되지 못했다.

백두산의 또 다른 변화는 사계절 관광지화이다. 사계절 관광지화는 관리위원회가 주도한 관광 인프라에 대한 집중투자로 가능해졌다. 이전까지 백두산은 관광철 외에 특히 겨울철을 포함해 거의 반 년 이상 산행을 못했다. 그러나 2008년부터 이른바 '봉산'封山이 사라졌다. 산행 금지 조처가 없어진 것이다. 당시 지린성 창바이산보호개발구관리위원회 장웨이張燁 부주임은 이제 "창바이산은 봉산 시대와 작별했으며, 국내 나아가 세계적으로 보기 드문, 정상인이 모두 주봉 정상에 오를 수 있는 설산이 될 것"이라고 말했다.

창바이산은 눈에 덮여 있는 시간이 세계에서 제일 긴 150일이나 된다. 중국은 이 악조건을 이제는 단점이 아니라 장점으로 활용하고 있다. 스키장을 건설하는 것이다. 이로써 창바이산 서파, 북파 모두 365일 사계절 개방이 가능하게 됐다. 북쪽 기슭의 팔가자임업국 선봉임산작업소 안에 총 3,400만 딜리(330억 원)를 투자해 중국 최대 선봉스키장을 지었는데, 17개 슬로프와 9개 리프트를 갖춘 1단계 공사를 마치고 2008년 1월

20일 시험운영에 들어가면서 서쪽 풍경구에서 겨울철에 처음으로 정식으로 관광객을 맞이했다. 현지 언론들은 백두산에서 여름 스키경기가 열렸다면서 알프스에서도 5월까지만 스키가 가능한데 6월에 스키대회를 열 수 있는 곳은 백두산이 세계적으로 유일하다고 전했다.

백두산은 창바이산이 될 것인가

중국 지린성 창춘시는 2007년 '제6회 동계 아시아 경기대회'를 개최하면서 백두산이 관동 문화의 발상지라며 이곳에서 성화를 채화했다. 박선영 포항공대 중국사 교수는 이렇게 말했다. "특히 백두산은 우리와의 관계에서 영토분쟁이 있는 곳입니다. 그렇기 때문에 이 영토분쟁을 사전에 차단하기 위해서라도 백두산을 전 세계에 중국의 명산으로 알리는 작업을 하려고 노력하는 것입니다." 우리나라가 전국체전 성화 채화를 강화도 마니산 참성단에서 하듯이 백두산 성화 채화는 이른바 '동북공정'의 하나로 이뤄지고 있는 창바이공정의 일환이다. 마니산 참성단은 단군이 하늘에 제사를 올렸던 민족의 혼이 서린 곳이다. 2002년 부산아시안게임 성화 역시 민족의 영산 백두산과 한라산에서 동시에 채화했다. 백두산 성화 채화는 40억 아시아 인구에게 중국이 백두산을 성지로 보고 있다는 선포다.

우리는 백두산에 간다고 한다. 서울에서 출발할 때는 분명 백두산이다. 그래도 예전에는 한국인이 여름 성수기인 두 달에 집중적으로 백두산을 가다보니 창바이산이라는 말이 귀에 설어도 그야말로 백두산에 왔구나 하는 생각엔 변함이 없었다.

그러나 중국에서 '백두산'은 적어도 공적 영역에선 금기어다. 중국에서 보고 듣는 건 온통 '창바이산'이다. 2005년 당시 왕민 지린성 성장은 백두산 관할을 옌볜조선족자치주에서 성 직속의 창바이산보호개발구관리위원회로 옮기면서 백두산 지역의 한자·한글 병용 간판을 모두 떼어냈다. 그리고 표기를 한자와 영문으로 바꾸면서 모든 표지와 간판은 '長白山'(창바이산)이 됐다. 북파 산문의 도보코스에서 처음으로 마주치는 폭포에도 창바이폭포라는 푯말이 붙어 있다. 우리에겐 백두폭포다.

2008년 7월 1일 개항한 백두산공항은 공식명칭이 창바이산공항이다. 그뿐이 아니다. 옌지담배공장이 만든 담배도 '창바이산', 인삼도 '창바이산 인삼'이다. 그걸 모두 '백두산'으로 바꿔 말하는 일이 가능할까? 〈별에서 온 그대〉에 나온 김수현, 전지현의 창바이산 생수 광고 논란은 이런 현실의 단면을 보여준 것이다. 창바이산 생수는 중국 헝다그룹이 만든 생수다. 그들에게까지 '백두산'을 쓰라고 할 수는 없다. 농심이 이도백하(얼다오바이허)에서 생산하는 생수는 이걸 교묘히 피했다. 창바이산 생수도 백두산 생수도 아닌 백산수다.*

에베레스트와 초모랑마, 창바이산과 백두산

백두산이라는 이름에는 현지 여행안내인들 사이에 이런 우스갯소리가 있다. 실제는 봉우리가 늘 눈에 덮여 있거나 구름에 가려 있어 백두白頭, 즉 '하얀 머리산'이라는 이름을 갖게 되었지만, 백 번 가면 두 번 본다고 해서 백두산이라는 이름이 되었다는 것이다. 이들은 관광객들이 백두산

---

* 농심에 이어 백두산 생수 생산에 나선 롯데칠성음료도 2014년 5월 중국 내 판매에 나서면서 백두산 자연보호구에서 생산하는 프리미엄급 천연 광천수의 이름을 '백산지'로 했다(한국명 백두산 하늘샘).

날씨가 어떠냐고 물을 때가 제일 곤혹스럽다고 한다. 백두산 날씨는 가
보기 전엔 누구도 모르기 때문이다. 실제로 기후 변화가 잦은 여름엔 천
지를 보기가 더욱 쉽지 않다. 하루에도 날씨가 '백두' 번 변한다고 백두산
이라고 부른다는 얘기도 생겨났다. 천지를 못 본 사람도 '천지'고 본 사람
도 '천지'라서 천지라고 한다는 말도 나왔다. 그러나 백두는 과거의 기억
이 되고 있으며 이제 창바이화되고 있는 게 현실이다.

사물은 언어 이전에 존재하고 독립적이다. 그러나 현실에서 명칭은
그 사물을 지배한다. 영토주권을 둘러싼 국제분쟁에서 지명 문제가 핵심
쟁점이 되는 이유다. 일본이 독도를 다케시마竹島라 하는 것과는 다르지
만 창바이산을 백두산의 다른 이름으로 볼 수 있을까?

이름 명名자가 만들어지게 된 뜻풀이에 따르면 명이라는 글자는 저녁
석夕에 입 구口자가 합쳐진 것이다. 왜 그러냐면 저녁이 돼 어두워지면
서로 얼굴을 분간하지 못하니 입으로 말해 자기가 누군지를 알리게 됐다
는 것이다. 그게 '이름'이다. 이름이란 자기가 누구인지를 말로 알리는 것
이다. 그럼 스스로 알리지 못하는 것들은 어떤가? 누군가가 그 이름을 불
러줘야 한다. 김춘수 시인은 「꽃」에서 이렇게 말했다.

> 내가 그의 이름을 불러주기 전에는 / 그는 다만 / 하나의 몸짓에 지
> 나지 않았다 // 내가 그의 이름을 불러주었을 때 / 그는 나에게로 와
> 서 / 꽃이 되었다.

세계에서 제일 높은 에베레스트산의 원래 명칭은 '초모랑마'Chomo-
langma였다. 티베트어로 그 말뜻은 세 번째 여신(대지의 신들인 네 봉우리 가운
데 세 번째)이다. '에베레스트'는 영국 식민지 시절 1858년 인도의 측량국
장이었던 영국인 조지 에베레스트George Everest에서 따온 것이다. 지금

세계는 측량국장의 이름인 에베레스트는 알아도 유구한 역사를 지닌 이름 초모랑마는 잘 모른다.

남북은 2000년 6월 남북정상회담에서 백두산과 한라산 교차관광에 합의했다. 그리고 2007년 10월 2차 정상회담에서 한 합의를 바탕으로 북한과 현대아산은 2008년 5월부터 백두산 관광을 시작하기로 했다. 당시 백두산 관광사업자인 현대아산의 윤만준 사장은 정부 승인만 있다면 관광이 시작될 수 있다며 이렇게 말했다. "2007년 10월 백두산 현지를 둘러본 이후 11월에는 정부와 공동으로 삼지연공항, 도로, 숙박시설 등에 대한 1차 점검을 했고, 또 경쟁상품이 될 수 있는 중국을 통한 백두산 관광상품에 대한 현지조사도 정부와 합동으로 마친 상태다. 이를 통해 관광에 필요한 기본 인프라 건설 계획과 관광 계획 등을 내부적으로 수립했으나 정세가 여의치 않아 아직 실행하지 못하고 있다. 백두산 관광은 2000년에 고 정몽헌 회장이 직접 답사를 하는 등 오랜 기간 준비해왔다."

윤 사장은 '정세가 여의치 않다'고 에둘러 말했지만, 이명박 정부가 들어서면서 김대중·노무현 정부의 남북 관계를 '잃어버린 10년'이라며 10·4 정상선언의 합의를 모두 중단시켰고, 급기야 2008년 7월 박왕자 씨 피격 사망 사건으로 금강산 관광마저 중단되고 말았다. 2008년 4월 말까지만 해도 금강산과 개성은 각각 10만 명, 4만 명 이상이 관광을 다녀온 상황이었다.

당시 5월 말로 예정되었던 백두산 시범관광에 대한 이명박 정부의 공식 견해는 "항공 협정이 체결돼야 하는데 북쪽이 응하지 않고 있다"는 것이었다. 그 이면에는 돈 문제가 걸려 있었다. 항공 협정을 체결해 직항으로 백두산 관광이 이뤄지려면 항로 문제를 비롯해 삼지연공항을 국제적 안전기준에 맞는 공항으로 개·보수해야 한다. 이를 위해서는 관제 등에 필요한 장비 구입액 120억 원, 활주로 등 노반 정비에 380억 원 등 500

억 원 정도가 소요될 것으로 예상됐다. 항공 협정이 체결돼야 500억 원 규모의 삼지연공항 개·보수 지원이 가능하며 그다음에야 직항로를 이용한 백두산 관광이 가능하다는 것이었다. 그러나 이명박 정부는 이 500억 원을 김대중·노무현 정부의 대북 퍼주기 정책으로 봤다. 그러자 북쪽은 북쪽대로 남쪽으로부터 제의받은 게 없다고 말하면서 남북 모두 시간만 보냈다.

그러나 엄밀히 말하면 서울 – 백두산 직항로를 이용한 관광은 2007년 남북정상선언의 합의였지만 직항로가 아닌 백두산 관광은 항공 협정 체결 없이도 가능한 일이었다. 2007년 2차 남북정상회담 한 달 뒤인 11월 현대와 북한 아태평화위원회(아태)가 체결한 합의서에는 2008년 5월부터 백두산 명소들에 대한 관광 개시와 함께 서울 – 백두산 간 직항로 이용을 포함하고 있었다. 백두산 관광은 이미 2005년 7월 현대아산과 한국관광공사, 그리고 북한의 아태가 합의한 사항이기도 했다. 그렇다면 반드시 항공 협정을 먼저 체결한 다음 백두산 관광을 할 필요는 없었다. 현실적으로 가능한 방안부터 단계적으로 접근하면 백두산 관광은 날씨가 허용하는 5월 말 또는 6월부터 가능한 것이었다. 앞서 북쪽 항공기를 이용한 백두산 관광이라는 전례가 있었기 때문이다. 2003년 9월부터 10월까지 통일교 계열의 평화항공사와 북한 금강산총회사 간의 관광계약에 따라 모두 아홉 차례에 걸쳐 평양과 백두산 관광이 있었으며, 780명이 백두산을 방문했다. 시범관광의 형태로 서울 – 평양 직항로로 평양을 경유해 백두산 관광을 시작하고, 그다음 단계적으로 서울에서 직항이 가능하도록 삼지연공항의 운항 안전 관련 시설 등을 보완하고 항공 협정도 체결하면 되는 것이었다. 게다가 삼지연공항의 군사적 측면에서의 가치도 무시해서는 안 되기에 적극적으로 지원에 나서야 한다는 지적도 있었다. 중국이 창바이산공항을 만든 것도 그렇듯이 삼지연공항은 북·중 국경에서 불과 20킬로미터 이내에 있는 공군비행장으로, 북·중 국경, 동북 3성에 대한 공군의 정찰 감시 등 전초기지가 될 수 있기 때문이다. 매우 예민한 문제이긴 하지만 실제로 북한은 이곳에 미그기를 배치해두고 있었다고 한다.

2007년 말 당시 중국 쪽 창바이산종합개발계획에 따른 백두산 개발사업을 조사하고 온 관광업계의 한 인사는 이렇게 말했다. "창바이산종합개발계획은 마치 장강의 흐름 같다. 투자규모도 조 단위다. 그걸 막을 수는 없을지 모른다. 다만 삼지연공항 현대화에 들어갈 500억여 원도 퍼주기라는 비난이 두려워 머뭇거리고 있는 현실이 너무 안타깝다."

백두산은 이제 관광객 200만 명 시대를 맞고 있다. 이미 예견된 것이다. 다만 계획을 밀고 나가 현실로 바꿔놓은 중국의 힘이 놀랍다. 그 결과 우리는 지금 백두산의 중국화와 창바이산의 세계화를 보고 있다. 2003년 중국이 동북진흥계획을 수립할 때만 해도 북한은 남쪽에 백두산의 문을 열었다. 당시 백두산을 다녀온 이들이 1,000명은 됐다. 지금은 어떤가. 모든 게 막혀 있다. 남북이 서로 열어 그 이름을 불러주지 않는다면 '백두'는 '초모랑마'처럼 토착 현지어로만 기억될지 모른다. 남북이 서로 등을 돌리고 있는 사이 중국이 만들어가고 있는 현실의 변화를 우리는 무기력하게 지켜볼 수밖에 없다는 사실을 백두산은 절실히 보여주고 있다.

경의선과 북방한계선

2007년 5월 17일, 경의선과 동해선 열차 시험운행이 있었다.* 남북의 철도가 분단 이후 처음으로 연결되는 순간이었다. 55년 만의 일이었다. 이날 12시 남쪽 문산역에서 출발한 경의선 열차는 개성 봉동역에, 북쪽 금강산역에서 출발한 동해선 열차는 남쪽 제진역에 도착했다.

이재정 당시 통일부장관은 '시험운행에 즈음해 국민에게 드리는 글'에서 "철마는 달리고 싶다는 꿈이 실현되는 순간입니다"라고 말했다. '철의 실크로드'를 선언했던 김대중 전 대통령의 감회는 남달랐을 것이다. 노무현 당시 대통령도 그에 못지않았을 것이다.

그러나 대륙으로의 철도 연결을 바라보는 남북의 시각은 같지 않았다. 남쪽은 헬기가 동원되고 수백 발의 폭죽과 풍선들이 어우러지는 잔치였는 데 반해, 북쪽은 환호는 물론이고 이렇다 할 행사도 없었다. 말도 달랐다. 이재정 통일부장관은 경의선 열차가 출발하기 전 환담을 나누는 자리에서 "남북이 함께 이뤄낸 위대한 승리의 역사"라고 언급했다. 그러나 권호웅 북쪽 내각 책임참사는 "아직까지 위대하다는 말을 붙이지는 말자"고 했다.

열차 시험운행은 '남쪽'의 행사였다. 왜 일방적인 행사였을까? 대륙 연결의 꿈은 남쪽의 꿈이었을 뿐이기 때문이다. 북은 늘 대륙과 연결돼 있었다. 철도 연결은 북이 남으로 오는 길이 아니라, 남이 북으로 가는 길일 수밖에 없다. 북에서 내려온 기차가 갈 수 있는 곳의 끝은 부산일 따름이다. 그나마 동해선은 제진까지만 연결돼 있다. 북한의 냉담한 반응은 어찌 보면 당연한 것이었다.

이에 반해 서해의 북방한계선NLL은 어떤가. 그 반대다. 이번엔 남쪽이 냉담하다. '철의 실크로드'는 북방으로 가는 길이다. 그러나 남쪽은 북으로 가는 기차를 말하면서도 정작 북방한계선에 대해서는 침묵한다. '경의선의 논리'를 온전히 따른다면, 북방한계선은 우리 스스로 걷어내야

---

* 강태호, 「경의선과 북방한계선」, 『한겨레』, 2007년 5월 23일.

하는 것이다. 실제 말이 북방한계선일 뿐 본질은 남방한계선이다.

애초 북방한계선은 유엔사가 1950년대 북쪽 해안에 대한 군사 침투 등 서해에서 한국 해군의 군사행동을 방지하려고 그어놓은 것이었다. 이는 정전협정의 군사분계선이 아니며, 따라서 그 남쪽이 우리 영해가 아님은 물론이다. 남쪽 군사력의 행동범위를 통제하려던 북방한계선은 북쪽 해군과 선박의 남방저지선이 됐다. 그러므로 경의선은 열고 북방한계선은 열 수 없다는 건 북으로 가는 남쪽의 기차는 되고, 남으로 오는 북쪽의 배는 안 된다는 말이 된다. 바다에도 길이 있다. 군사분계선도 아닌 북방한계선으로 남으로 오는 길을 막아두고, 북에는 대륙으로 가는 길을 열라고 할 수 있을까.

노벨상 수상 작가이자 독일의 지성인 귄터 그라스가 2002년 5월 월드컵축구대회 직전에 서울에 왔다. 그는 판문점을 둘러본 뒤 독일 통일에 대한 성찰과 한반도 문제에 대한 식견을 말하면서 이렇게 충고했다.[*]

"북한의 군사분계선 너머에, 북쪽에 무엇이 있는지를 먼저 생각해야 할 것입니다. 여러분들은 이렇게 오랜 세월 떨어져 있는 북한 사람들이 그동안 무엇을 했으며, 여러분들이 그들의 어떤 점을 높이 평가해줄 수 있는지 알아야 할 것입니다. 상대가 자신의 체면을 잃지 않도록 배려하는 것이 중요합니다. (……) 항상 동등한 파트너로 생각하고, 오랫동안 협상을 하면서도 언제나 상대방을, 상대방이 지금까지 살아온 삶을 존중해야 합니다."

박근혜 정부는 한반도 신뢰프로세스를 내걸었다. 그러나 지금 한반도에는 신뢰도 없고 프로세스도 없다. 한반도 신뢰프로세스의 부재다. 남북 관계는 2010년 천안함 사건 이후 남북 교류협력을 전면 중단한 이명

---

[*] 강태호, 「용천과 귄터 그라스」, 『한겨레』, 2004년 5월 7일.

박 정부의 5·24조치에 갇혀 있다. 박근혜 정부는 북한 탓이라고 말하겠지만, 이 정부가 비판했던 이명박 정부보다 남북 관계가 나아졌다고 볼 수는 없다.

이를 어떻게 극복할 것인가? 유라시아 이니셔티브가 많은 이들의 꿈을 담고 있음은 분명하다. 그러나 귄터 그라스가 지적했듯이, 남북이 서로를 존중하는 입장에서 신뢰의 프로세스를 만들어가지 않는다면 북방으로 가는 길은 열리지 못할 것이다.

5부 국경의 빗장을 열다